Die materielle Rechtskraft im deutschen und türkischen Zivilverfahrensrecht

Studien zum vergleichenden und internationalen Recht -
Comparative and International Law Studies

Herausgeber: Bernd von Hoffmann†, Erik Jayme
und Heinz-Peter Mansel

Band 178

PETER LANG
Frankfurt am Main · Berlin · Bern · Bruxelles · New York · Oxford · Wien

Efe Direnisa

Die materielle Rechtskraft im deutschen und türkischen Zivilverfahrensrecht

PETER LANG
Internationaler Verlag der Wissenschaften

Bibliografische Information der Deutschen Nationalbibliothek
Die Deutsche Nationalbibliothek verzeichnet diese Publikation in der Deutschen Nationalbibliografie; detaillierte bibliografische Daten sind im Internet über http://dnb.d-nb.de abrufbar.

Zugl.: Heidelberg, Univ., Diss., 2011

D 16
ISSN 0930-4746
ISBN 978-3-631-62324-4

www.peterlang.de

Vorwort

Die vorliegende Arbeit wurde im Wintersemester 2010/2011 von der Juristischen Fakultät der Universität Heidelberg als Dissertation angenommen.

Den größten Dank schulde ich meinem verehrten Doktorvater Herrn Prof. Dr. Burkhard Hess, der diese Arbeit betreut und mit wertvollen Hinweisen gefördert hat. Für seine endlose Unterstützung und das Vertrauen, das er mir seit dem ersten Tag gewährt hat, bedanke ich mich vielmals.

Mein Dank gilt auch Herrn Prof. Dr. Andreas Piekenbrock für die zügige Erstellung des Zweitgutachtens.

Ferner bedanke ich mich ganz herzlich bei meinem verehrten akademischen Lehrer, Herrn Prof. Dr. Ali Cem Budak, für die Anregung zu der Arbeit und für die wissenschaftliche und persönliche Unterstützung. Bevor ich die Arbeit fertigstellte, haben wir gemeinsam alle relevanten Aspekte bezüglich des türkischen Rechts besprochen.

Besonders zu danken habe ich noch dem Kuratoriumsvorsitzenden der Universität Yeditepe und Gründer der Stiftung Istek, Herrn Bedrettin Dalan, und Herrn Prof. Dr. Haluk Kabaalioglu, die mich seit meiner Studienzeit persönlich und akademisch vielfältig gefördert haben.

Weiterhin danke ich der Universität Yeditepe (Istanbul), die die Arbeit durch Gewährung eines Promotionsstipendiums ermöglicht hat.

Schließlich danke ich den Herren Prof. Dr. Bernd von Hoffman, Prof. Dr. Dr. Erik Jayme und Prof. Dr. Heinz-Peter Mansel für die Aufnahme der Dissertation in die Reihe „Studien zum vergleichenden und internationalen Recht".

Die Arbeit berücksichtigt den Stand der Gesetzgebung, Rechtsprechung und Literatur bis Januar 2011 unter Einbeziehung des Entwurfs der neuen türkischen ZPO, die im Oktober 2011 in Bezug auf die in der Arbeit erwähnten Vorschriften unverändert in Kraft getreten ist.

Efe Direnisa

Heidelberg, 2011

Inhaltsverzeichnis

Vorwort 5

Abkürzungsverzeichnis 13

A. Einleitung 19

I. Allgemeines zur Rechtskraft 19

II. Gegenstand und Ziel der Arbeit 20

III. Stand der Forschung zu diesem Thema 21

IV. Gegenstandsbestimmung der Arbeit 22

V. Aufbau der Arbeit und Gang der Untersuchung 23

B. Historische Entwicklung der Rechtskraft in der Türkei 27

I. Zeit der Kodifikationen 27
1. Allgemeines zur Entwicklung der Rechtskraft 29
2. Buch der gesetzlichen Bestimmungen (Mecelle) von 1876 29
3. Die Handelsprozessordnung von 1862 und die Zivilprozessordnung von 1879 30

II. Die türkische Revolution 31
1. Allgemeines zum HUMK 31
2. Umsetzung des Art. 211 CPCN a. F. 34
3. Rechtskraftregelung des CPCN 36
4. Rechtskraftregelung der schweizerischen Zivilprozessordnung 37
5. Rechtskraftregelung des Gesetzentwurfs für die neue türkische Zivilprozessordnung (HMKT) 39
a) Allgemeines zum HMKT 39
b) Art. 309 HMKT 40
c) Bewertung und Stellungnahme 43

C. Das Wesen der materiellen Rechtskraft 45

I. Rechtskrafttheorien und Rechtfertigung der Rechtskraft 45

II. Materielle Rechtskrafttheorie 45

III. Prozessuale Rechtskrafttheorie 47

IV. Bewertung und Stellungnahme 49

D. Abgrenzung zu anderen Urteilswirkungen 53
I. Gestaltungswirkung 53
II. Tatbestandswirkung 55
III. Innerprozessuale Bindungswirkung 56
IV. Vollstreckbarkeit 58
V. Interventionswirkung 59
VI. Präjudizienwirkung 60
VII. Formelle Rechtskraft 61

E. Begriffsklärungen und rechtssystematische Verortung beider Rechtskraftregelungen 65
I. Im deutschen Recht 65
1. Begriff und Systematik 65
2. Zweck der materiellen Rechtskraft 66
II. Im türkischen Recht 68
1. Systematik 68
2. Definitionen der materiellen Rechtskraft 68
3. Begriffsunklarheiten 70
a) Terminus technicus 70
b) Klassifizierung 72
4. Zweck der materiellen Rechtskraft 73

F. Die materielle Rechtskraft nach Art. 237 HUMK 75
I. Voraussetzungen der materiellen Rechtskraft nach Art. 237 HUMK 75
1. Formelle Rechtskraft 75
2. Identität der Streitparteien 75
3. Identität des Klagegrunds 76
4. Identität des Streitgegenstandes 83
II. Der materiellen Rechtskraft fähige Entscheidungen 87
III. Der materiellen Rechtskraft unfähige Entscheidungen 90
IV. Objektive Grenzen der materiellen Rechtskraft 94
1. Grundregel 94
2. Rechtskraftfähiger Inhalt der Entscheidung 95
a) Allgemeines 95
b) Urteilstenor 97

c) Entscheidungsgründe ... 98
aa) Allgemeines ... 98
bb) Entscheidungsgründe als Auslegungshilfe ... 98
cc) Mit dem Urteilstenor in enger Verbindung stehende Entscheidungsgründe ... 99
3. Zwingende und verstärkte Beweiswirkung des rechtskräftigen Urteils ... 102
a) Allgemeines ... 102
b) Zwingende Beweiswirkung des rechtskräftigen Urteils ... 104
c) Verstärkte Beweiswirkung des rechtskräftigen Urteils ... 108
4. Rechtskraftfähigkeit der Gegenrechte ... 111

V. Prüfung der materiellen Rechtskraft ... 112

VI. Bewertung und Stellungnahme ... 113
1. Ablehnung der zweifachen Rechtskrafterstreckung ... 113
2. Eventualmaxime und Klageänderungsverbot ... 115
3. Eventualmaxime und Präklusionswirkung ... 116

G. Die materielle Rechtskraft nach § 322 ZPO ... 119

I. Die Voraussetzungen der materiellen Rechtskraft ... 119
1. Formelle Rechtskraft ... 119
2. Rechtskraftfähigkeit ... 119
a) Der materiellen Rechtskraft fähige Entscheidungen ... 119
b) Der materiellen Rechtskraft unfähige Entscheidungen ... 122

II. Auswirkungen der materiellen Rechtskraft ... 123
1. Allgemeines ... 123
2. Ne bis in idem ... 123
3. Bindungslehre ... 124
4. Präklusionswirkung ... 125

III. Die subjektiven Grenzen der Rechtskraft ... 127

IV. Objektive Grenzen der materiellen Rechtskraft ... 127
1. Rechtskraftfähiger Inhalt der Entscheidung ... 127
a) Allgemeines ... 127
b) Urteilstenor ... 127
c) Tatsachenfeststellungen ... 128
d) Gegenrechte ... 129
e) Entscheidungsgründe als Auslegungshilfe ... 130
2. Kontradiktorisches Gegenteil ... 131
3. Präjudizialität ... 135
4. Rechtskrafterweiterung durch Zwischenfeststellungsklage ... 136

5. Umfang der Rechtskraftbindung nach § 16 KapMuG 137

V. Streitgegenstand und Rechtskraft 138
1. Allgemeines 138
2. Identität des Streitgegenstands und Entscheidungsgegenstands 139
3. Der alte materiellrechtliche Streitgegenstandsbegriff 140
4. Der prozessuale Streitgegenstandsbegriff 141
5. Der zweigliedrige Streitgegenstandsbegriff 143
6. Der eingliedrige Streitgegenstandsbegriff 147
7. Die neuen materiellrechtlichen Streitgegenstandsbegriffe 149
8. Der dreigliedrige Streitgegenstandsbegriff 152
9. Der relative Streitgegenstandsbegriff 153
a) Allgemeines: Relativität 153
b) Die Verfahrensmaximen und der Streitgegenstand 154
c) Normzweckorientierte Abgrenzung des Streitgegenstandes 155
d) Interesseorientierte Abgrenzung des Streitgegenstandes 158
10. Die deutsche Rechtsprechung zum Streitgegenstand 160
a) Zweigliedriges Streitgegenstandsverständnis 160
b) Abweichende Rechtsprechung 165
11. Der autonome Streitgegenstandsbegriff des EuGH 167
a) Allgemeines 167
b) Die Kernpunkttheorie und Rechtskraft – Rezeption in Deutschland? 169
12. Bewertung und Stellungnahme 173

VI. Rechtskrafterstreckung auf präjudizielle Vorfragen? 178
1. Herrschende Meinung 178
2. Ausgleichs- und Sinnzusammenhänge (*Zeuner*) 179
a) Grundlagen der Rechtskrafterstreckung 179
b) Beispielfälle 182
aa) Allgemeines 182
bb) Herausgabeanspruch und Eigentum 183
cc) Herausgabeanspruch und Nebenansprüche 184
dd) Grundbuchberichtigungsanspruch und Eigentum 185
ee) Ansprüche aus gegenseitigen Verträgen 187
ff) Schadenersatz nach Irrtumsanfechtung 189
gg) Naturalrestitution und Geldersatz 190
hh) Unterlassungsanspruch 191
3. Der Meinungsstand und die Kritik an der Lehre *Zeuners* 192
a) Fortentwicklung der Lehre *Zeuners* im Schrifttum: *Foerste* – Teleologische Reduktion des § 322 ZPO 192
b) *Lent* – Erweiterte Auslegung des Urteilstenors 193
c) *Habscheid* – Treu und Glauben nach § 242 BGB 194

d) *Schwab* – Erweiterte Auslegung der Begriffe der Präjudizialität und des kontradiktorischen Gegenteils – Beschränkte Bindungswirkung der Entscheidungsgründe ... 195
e) *Peters* – (Ansatzweise) erweiterte Auslegung der Begriffe der Präjudizialität und des kontradiktorischen Gegenteils ... 197
f) *Lüke* und *Jauernig* – Treu und Glauben nach § 242 BGB ... 198
g) *Rimmelspacher* – Rechtsposition ... 198
h) *Henckel* – Wirtschaftlicher Wert ... 199
i) *Reischl* – ipso iure Erstreckung auf Entscheidungsgründe ... 200
j) Weitere Kritikpunkte ... 202
k) Rechtsprechung ... 203
4. Bewertung und Stellungnahme ... 204
a) Allgemeines ... 204
b) Wortlaut des § 322 Abs. 1 ZPO ... 204
c) Das Zusammenspiel von §§ 322 und 256 Abs. 1 ZPO ... 205
d) Ausnahmecharakter des § 322 Abs. 2 ZPO ... 206
e) Bewertung der Zeunerschen Konzeption ... 206
f) Treu und Glauben und Wahrheitspflicht ... 207
g) Andere Erweiterungsformen ... 207
h) Lösung der Beispielfälle und Schlussbetrachtung ... 208

H. Ergebnisse und Lösungsvorschläge ... 209

I. Allgemeines ... 209

II. Wesen der materiellen Rechtskraft ... 209

III. Der deutsche Streitgegenstandsbegriff ... 210

IV. Objektive Grenzen der Rechtskraft im deutschen Recht ... 210

V. Historische Entwicklung der Rechtskraft in der Türkei ... 211

VI. Rechtskraftregelung im türkischen Recht ... 211
1. Gesetzliche Regelung ... 211
2. Streitgegenstandsbegriff im türkischen Recht ... 211
a) Unsaubere Terminologie ... 211
b) Relativer Streitgegenstandsbegriff auch für das türkische Recht ... 212

VII. Objektive Grenzen der Rechtskraft im türkischen Recht ... 213
1. Grundregel ... 213
2. Die zweifache Rechtskrafterstreckung im türkischen Recht ... 214
3. Ist die Erhebung der Zwischenfeststellungsklage auch im türkischen Recht möglich? ... 215

VIII. Thesen ... 221
1. *De lege lata* Lösungsvorschlag für das türkische ... 221
2. *De lege ferenda* Lösungsvorschlag für das türkische Recht ... 222

Literaturverzeichnis ... 223

Abkürzungsverzeichnis

a.F.	alte Fassung
ABD	Ankara Barosu Dergisi (Zeitschrift der Anwaltskammer Ankara)
Abs.	Absatz
AcP	Archiv für die civilistische Praxis
AD	Adalet Dergisi (Zeitschrift für Justiz)
AK-ZPO	Alternativkommentar, Kommentar zur Zivilprozessordnung
Art.	Artikel
Aufl.	Auflage
AÜHFD	Ankara Üniversitesi Hukuk Fakültesi Dergisi (Zeitschrift der Juristischen Fakultät der Universität Ankara)
AÜSBFD	Ankara Üniversitesi Siyasal Bilgiler Fakültesi Dergisi (Zeitschrift der Politikwissenschaftlichen Fakultät der Universität Ankara)
Az.	Aktenzeichen
BVerfGG	Gesetz über das Bundesverfassungsgericht
BGB	Bürgerliches Gesetzbuch
BGE	Die Entscheidungen des Schweizerischen Bundesgerichts
Bger.ch	www.bger.ch (Offizielle Homepage des schweizerischen Bundesgerichts mit Zugriff auf die Rechtsprechung)
BGH	Bundesgerichtshof
BGHZ	Amtliche Entscheidungssammlung des Bundesgerichtshofs in Zivilsachen
BK	Borclar Kanunu (Das türkische Obligationengesetz)
bzw.	beziehungsweise
Civ. Justice Q.	Civil Justice Quartely
CPCN	Code de procédure civile neuchâtelois
CPCN a.F.	Code de procédure civile neuchâtelois (alte Fassung)
d. h.	das heißt
ders.	derselbe

DEÜHFD	Dokuz Eylül Üniversitesi Hukuk Fakültesi Dergisi (Zeitschrift der Juristischen Fakultät der Universität Dokuz Eylül)
E.	Esas (Aktenzeichen)
ECHR	European Court of Human Rights
EGMR	Europäischer Gerichtshof für Menschenrechte
Einl.	Einleitung
Einf.	Einführung
EMRK	Europäische Menschenrechtskonvantion von 1950
EuGH	Europäischer Gerichtshof
EuGVO	Europäische Gerichtsstands- und Vollstreckungsverordnung vom 22.12.2000
EuGVÜ	Übereinkommen über die gerichtliche Zuständigkeit und die Vollstreckung gerichtlicher Entscheidung in Zivil- und Handelssachen
EuZW	Europäische Zeitschrift für Wirtschaftsrecht
f.	folgend (-e, -er, -es)
FamFG	Das Gesetz über das Verfahren in Familiensachen und in den Angelegenheiten der freiwilligen Gerichtsbarkeit
FamRZ	Zeitschrift für das gesamte Familienrecht
ff.	fortfolgende
FG	Festgabe
FS	Festschrift
Fn.	Fußnote
GG	Grundgesetz für die Bundesrepublik Deutschland
GS	Gedächtnisschrift
HBM	Hukuki Bilgiler Mecmuasi (Zeitschrift für Rechtswissenschaft)
HD	Hukuk Dairesi (Zivilsenat)
HG	Hukuk Gazetesi (Juristische Zeitung)
HGB	Handelsgesetzbuch
HGK	Hukuk Genel Kurulu (Großer Senat der Zivilkammern des türkischen Kassationshofs)
Hk-ZPO	Handkommentar ZPO von Saenger
Hrg.	Herausgeber

HMKT	Hukuk Muhakemeleri Kanunu Tasarisi (Gesetzentwurf für eine neue türkische Zivilprozessordnung)
HUMK	Hukuk Usulü Muhakemeleri Kanunu (Die türkische Zivilprozessordnung)
IBD	Izmir Barosu Dergisi (Zeitschrift der Anwaltskammer Izmir)
IBK	Yargitay Ictihadi Birlestirme Karari (Plenarentscheidung des türkischen Kassationshofs)
IIK	Icra ve Iflas Kanunu (Das türkische Zwangsvollstreckungs- und Konkursgesetz)
IKID	Ilmi ve Kazai Ictihatlar Dergisi (Zeitschrift für Jurisprudenz und richterliche Entscheidungen)
IKÜHFD	Istanbul Kültür Üniversitesi Hukuk Fakültesi Dergisi (Zeitschrift der Juristischen Fakultät der Universität Kültür)
IPRax	Praxis des Internationalen Privat- und Verfahrensrechts
ISBD	Istanbul Barosu Dergisi (Zeitschrift der Anwaltskammer Ankara)
IÜHFM	Istanbul Üniversitesi Hukuk Fakültesi Mecmuasi (Zeitschrift der Juristischen Fakultät der Universität Istanbul)
JR	Juristiche Rundschau
Jura	Juristische Ausbildung
JuS	Juristische Schulung
JZ	Juristische Zeitung
K.	Karar (Entscheidungszeichen der Rechtssache)
Kap.	Kapitel
KapMuG	Das Kapitalanleger-Musterverfahrensgesetz
Kazanci	www.kazanci.com.tr (juristische Datenbank mit Entscheidungen)
KHD	Kazanci Hukuk Dergisi (Kazanci-Zeitschrift für Recht)
m. E.	meines Erachtens
MDR	Monatsschrift für Deutsches Recht
MHAD	Mukayeseli Hukuk Arastirmalari Dergisi (Zeitschrift für rechtsvergleichende Rechtsforschung)

MIHDER	Medeni Usul ve Icra-Iflas Hukuku Dergisi (Zeitschrift für Zivilprozess- und Zwangsvollstreckungsrecht)
MÖHUK	Milletlerarasi Özel Hukuk ve Usul Hukuku Hakkinda Kanun (Das Gesetz über das Internationale Privatrecht und Zivilverfahrensrecht)
MÜHFHAD	Marmara Üniversitesi Hukuk Fakültesi Hukuk Arastirmalari Dergisi (Zeitschrift der Juristischen Fakultät der Universität Marmara für Rechtsforschung)
MünchKomm	Münchener Kommentar
NJW	Neue Juristische Wochenschrift
NJW-RR	NJW-Rechtsprechungs-Report
Nr.	Nummer
OGH	Der Oberste Gerichtshof
ÖJZ	Österreichische Juristen-Zeitung
OLG	Oberlandesgerichtshof
op. cit.	opere citato (im zitierten Werk)
PHM	Pratik Hukuk Mecmuasi (Zeitschrift für Rechtspraxis)
Rdn.	Randnummer
RG	Reichsgericht
RG	Resmi Gazete (Amtsblatt der Türkischen Republik)
RGZ	Entscheidungen des Reichgerichts in Zivilsachen - amtliche Sammlung der Reichsgerichtsentscheidungen in Zivilsachen
RJN	Recueil de jurisprudence neuchâteloise
RJTC	Recueil de jugements du Tribunal Cantonal de la République et Canton de Neuchâtel
RKD	Resmi Kararlar Dergisi (Amtliche Entscheidungszeitschrift)
S.	Seite, Satz
SchZPO	Die schweizerische Zivilprozessordnung
SJZ	Schweizerische Juristen-Zeitung
sog.	So genannt (-e, -er, -es)
SZ (Rom. Abt.)	Zeitschrift der Savigny-Stiftung für Rechtsgeschichte, Romanistische Abteilung
T.	Tarih (Datum)
TBMM	Die Große Nationalversammlung der Türkei

TGVG	Das türkische Gerichtsverfassungsgesetz
TMK	Türk Medeni Kanunu (Das türkische Zivilgesetzbuch)
u. a.	und andere
usw.	und so weiter
v.	versus
Vgl.	vergleichen
Vor.	Vorbemerkung
WM	Wertpapier-Mitteilungen, Zeitschrift für Wirtschafts- und Bankrecht
YADÜ	Yargi Dünyasi (Welt der Gerichtsbarkeit [Zeitschrift])
Yarg.	Yargitay (Der türkische Kassationshof)
YD	Yargitay Dergisi (Zeitschrift des Kassationshofes)
YHGKEK	Yargitay Hukuk Genel Kurulu Emsal Kararlari (Sammlung von Präjudizien des türkischen Kassationshofes)
YKD	Yargitay Kararlari Dergisi (Zeitschrift der Entscheidungen des Kassationshofes)
YÜHFD	Yeditepe Üniversitesi Hukuk Fakültesi Dergisi (Zeitschrift der Juristischen Fakultät der Universität Yeditepe)
z. B.	zum Beispiel
ZIP	Zeitschrift für Wirtschaftsrecht
zit.	zitiert
ZPO	Zivilprozessordnung
ZZP	Zeitschrift für Zivilprozess

A. Einleitung

I. Allgemeines zur Rechtskraft

Wie *Hess*[1] zu Recht betont, gehört die Vermeidung von konkurrierenden Verfahren und widersprechenden Urteilen nach dem Grundverständnis der kontinentalen Prozessrechte zu den wichtigsten Zielen des Verfahrensrechts überhaupt. Ähnlich urteilt *Budak*[2]: „The law of *res judicata* is an area of civil procedure where the most complex substantive and procedural issues come together".

Bei *Damaska*[3] liest man: „Where [stability of] decisions can easily be disturbed, the legal process cannot absorb the conflict effectively: disputes can drag on and on or can be rekindled". Allen ist die Erkenntnis gemeinsam, dass aus Gründen des Rechtsfriedens und der Rechtssicherheit der Rechtsstreit zwischen den Parteien zu einem Ende gelangen muss. Diesem Zweck kann nur eine prozessbeendende Entscheidung dienen, und eine derartige Entscheidung ist nur mit der Rechtskraftwirkung möglich. Ansonsten würde die Rechtsstaatlichkeit des Zivilverfahrens Schaden nehmen. Ohne materielle Rechtskraft, also ohne Endgültigkeit, kann das Verfahren seine Rechtsschutzaufgabe gegenüber der begünstigten Partei oder der Gesamtrechtsordnung niemals erfüllen.[4]

Die Endgültigkeit und die Rechtskraft einer gerichtlichen Entscheidung sind auch durch Art. 6 Abs. 1 der Europäischen Menschenrechtskonvention gewährleistet (sog. Recht auf ein faires Verfahren).[5]

Nach *Bruns*[6] zählt „seit es eine Prozeßrechtswissenschaft [sic] gibt, die Rechtskraft zu ihren Hauptproblemen". Um einen Ausgangspunkt oder mögliche Lösungsmodelle zu entwickeln, sollen die dogmatischen und historischen Grundlagen der materiellen Rechtskraft erforscht werden. Zur Präzisierung der Rechtskraftproblematik soll man die Rechtskraftlehre auf ihre Ursprünge zurückführen.

Laut *Sauer*[7] ist es eine eigentümliche Ironie, dass die materielle Rechtskraft in der Wissenschaft im Streit befangen bleibt. Dieser Streit scheint ein ewiger zu sein und keine Theorie je in Rechtskraft zu erwachsen. Nichtsdestoweniger ist

---

1 *Hess*, Europäisches Zivilprozessrecht, § 6 III, Rdn. 152.

2 *Budak*, Civil Justice Quarterly 1992, 261, 261.

3 *Damaska*, The Faces of Justice and State Authority S. 145.

4 *Gaul*, in: FS für Werner Flume, S. 512.

5 Etwa EGMR, 28.10.1999, *Brumarescu v. Roumanie*, Nr. 28342/95, ECHR-Reports 1999-VII, S.201, Rdn. 61, 62.

6 *Bruns*, Zivilprozessrecht, § 43 I.

7 *Sauer*, in: FG für Richard Schmidt Bd. 1, S. 308.

von herausragender Bedeutung, die materielle Rechtskraft rechtsvergleichend und ausführlich zu behandeln, um sie besser zu verstehen.

II. Gegenstand und Ziel der Arbeit

Gegenstand dieser Arbeit ist eine rechtsvergleichende Untersuchung der materiellen Rechtskraft im deutschen und türkischen Recht. Diese Untersuchung macht es sich zur Aufgabe, die Gerichtspraxis, die gesetzlichen Regelungen und die Auffassungen in der Literatur im Hinblick auf die materielle Rechtskraft in beiden Ländern systematisch und dogmatisch zu schildern. Damit werden die langjährigen Erfahrungen beider Länder verdeutlicht und es wird aufgezeigt, wie ähnliche Probleme in beiden Ländern bewältigt werden.

Zum Thema Rechtskraft ist eine Vielzahl von Gerichtsentscheidungen in Deutschland und in der Türkei vorhanden. Die wichtigsten Entscheidungen werden in diese Arbeit einbezogen. Dabei wird die Rechtsprechung des BGH zu § 322 ZPO und des türkischen Kassationsgerichtshofs zu Art. 237 HUMK herangezogen. Diese Entscheidungen werden besonders aus den Rechtsgebieten des Schuldrechts, Sachenrechts und Arbeitsrechts ausgewählt.

Es ist erforderlich, die Rechtskraft in beiden Rechtssystemen erneut in einer anschaulichen Form zu vergleichen. Die objektiven Grenzen der Rechtskraft können mit Begriffsstreitigkeiten nicht bestimmt werden. Das ist ein rechtspolitisches Problem. Dennoch ist für die Rechtskraft eine anschauliche und klare rechtliche Einordnung nötig, damit die Rechtssicherheit und der Rechtsfrieden gesichert werden.

Da das türkische Rechtssystem sich nach anderen Rechtssystemen des kontinentalen Rechtraumes richtet und das türkische Zivilverfahrensrecht Ähnlichkeiten mit dem deutschen Zivilprozessrecht aufzeigt, erscheint hier eine rechtsvergleichende Untersuchung lohnenswert.

Eine Darstellung der Regelungen zur türkischen und deutschen Rechtskraft sowie eine Verdeutlichung der Unterschiede und der verschiedenen Anwendungen erscheinen von Nutzen für das Verständnis beider Rechtsordnungen.

Dabei werden konkrete Lösungen der Probleme in Deutschland im Einzelnen ausgearbeitet und mit den Lösungen der türkischen Rechtsordnung verglichen. In diesem Zusammenhang bietet die Arbeit anhand der Vorgaben der deutschen Literatur und Rechtsprechung neue Ansatzpunkte und Lösungsmodelle für das türkische Recht an. Auch kann die vergleichende Heranziehung des deutschen Rechts der Abgrenzung des Problems im deutschen Rechtssystem dienen.

Es ist besonders im türkischen Recht notwendig, den Umfang der Rechtskraft und ihre verschiedenen Auswirkungen systematisch und ausführlich darzustellen, um die Unklarheiten in diesem Bereich zu beseitigen. Damit leistet eine solche Untersuchung auch einen Beitrag für künftige Gesetzgebungstätigkeiten in der Türkei. Solange die Grenzen der Rechtskraft nicht gesetzlich ohne jeden Zweifel bestimmt werden können, wird es nicht möglich sein, das Recht richtig wahrzunehmen und anzuwenden. Dabei ist jedoch eine klare Terminologie im Gesetz erforderlich.

III. Stand der Forschung zu diesem Thema

Für den Bereich der materiellen Rechtskraft gibt es, was Deutschland betrifft, einen guten Fundus an Literatur in deutscher Sprache. Im Gegensatz zum deutschen Recht wird die materielle Rechtskraft im türkischen Schrifttum nicht umfassend behandelt. Es gibt zunächst zwei (älteren) Monografien über die Rechtskraft, die ausschließlich unter Bezugnahme auf das französische Zivilverfahrensrecht verfasst wurden.[8] Außerdem gibt es zwei neuere Monografien über die subjektiven und objektiven Grenzen der Rechtskraft.[9]

Das geltende türkische Zivilverfahrensrecht ist in der türkischen Zivilprozessordnung[10] („HUMK“) geregelt. Die türkische ZPO bezieht sich zum großen Teil auf eine wörtliche Übersetzung der älteren Fassung der Zivilprozessordnung des schweizerischen Kantons Neuchâtel[11] („CPCN a.F.“).

In Neuchâtel gibt es nahezu keine Kommentare oder Veröffentlichungen über die Rechtskraft, wie sie in Deutschland vorzufinden sind.[12]

Da in Deutschland im Bereich der Rechtskraft ein reicher Erfahrungsschatz in der Praxis und Lehre vorhanden ist, wird die rechtsvergleichende Berücksichtigung der deutschen Rechtskraftlehre im Hinblick auf das türkische Recht von großem Nutzen sein.

---

8 *Gürdogan*, Medeni Usul Hukukunda Kesin Hüküm Itirazi (1960); *Domanic*, Hukukta Kaziyyei Muhkeme ve Nisbi Kuvveti (1964); *Özkaya-Ferendeci*, Kesin Hükmün Objektif Sinirlari (2009).

9 *Deren-Yildirim*, Kesin Hükmün Sübjektif Sinirlari (1996) und *Özkaya-Ferendeci*, Kesin Hükmün Objektif Sinirlari (2009).

10 Die türkische Zivilprozessordnung (Hukuk Usulü Muhakemeleri Kanunu), Gesetz Nr. 1086 vom 18.06.1927, Amtsblatt Nr. 622 vom 02.04.1927.

11 Code de procédure civile neuchâtelois du 7 Avril 1925.

12 Es gibt nur einen Handkommentar: *Bohnet*, Code de procédure civile neuchâtelois (2. Aufl. 2005).

Außerdem ist in der jüngeren Vergangenheit ein Gesetzentwurf für eine neue türkische Zivilprozessordnung („HMKT“)[13] entstanden. Es ist allerdings noch nicht absehbar, wann dieser Gesetzentwurf umgesetzt wird. Art. 309 HMKT ist eine ausführlich formulierte Vorschrift, die die materielle Rechtskraft regelt und Ähnlichkeiten zur deutschen ZPO aufweist. Es gibt bisher keine Untersuchung der materiellen Rechtskraft unter Berücksichtigung des Art. 309 HMKT in der Türkei. In dieser Arbeit wird auch diese Vorschrift unter Berücksichtigung der Gesetzessystematik des HMKT erfasst.

IV. Gegenstandsbestimmung der Arbeit

Diese Arbeit behandelt nur die Rechtskraft im Bereich des Zivilverfahrensrechts und nicht die Rechtskraft in anderen Gebieten, insbesondere nicht im Straf- oder Verwaltungsverfahrensrecht. Die Bindungswirkung von Strafurteilen im Zivilprozess wird daher von dieser Arbeit nicht erfasst.[14] Auch wird die Bindungswirkung ausländischer Urteile oder Schiedssprüche nicht behandelt. Es ist ebenfalls nicht Inhalt dieser Arbeit, die subjektiven[15] oder zeitlichen Grenzen[16] der materiellen Rechtskraft abzuhandeln.

Allerdings bildet die Präklusionswirkung, die die zeitlichen Grenzen der materiellen Rechtskraft betrifft, die notwendige Kehrseite der materiellen Rechtskraft. Es ist undenkbar, die objektiven Grenzen der materiellen Rechtskraft von der Präklusionswirkung isoliert zu untersuchen. Daher wird die Präklusionswirkung in dieser Arbeit, soweit es erforderlich erscheint, im Zusammenhang mit den objektiven Grenzen der Rechtskraft und mit dem Streitgegenstandsbegriff behandelt.

Die Bindung von Gerichten anderer Gerichtszweige an die materielle Rechtskraft wird von dieser Arbeit ebenfalls nicht erfasst. Jedoch wird die Rechtskraftwirkung in der freiwilligen Gerichtsbarkeit im türkischen Recht aufgrund ihrer Besonderheit näher beleuchtet.

Während im deutschen Recht die historische Entwicklung der Rechtskraft bisher umfassend untersucht wurde[17], fehlt es an einer solchen Darstellung im

---

13 Hukuk Muhakemeleri Kanunu Tasarisi, vom 31.05.2006; vgl. *Budak*, Karsilastirmali Hukuk Muhkemeleri Kanunu Tasarisi, S. 335.

14 Vgl. etwa *Umar*, ISBD 1950, 360 ff.

15 Vgl. *Deren-Yildirim*, Kesin Hükmün Sübjektif Sinirlari.

16 Vgl. *Özkaya-Ferendeci*, in: FS für Yavuz Alangoya, S. 183 ff.

17 Vgl. etwa *Kaser/Hackl*, Das Römische Zivilprozessrecht S. 285 ff.; *Reischl*, Die objektiven Grenzen, S. 9 ff.

türkischen Recht. Deshalb wird in dieser Arbeit die historische Entwicklung der Rechtskraft nur im türkischen Recht behandelt.

V. Aufbau der Arbeit und Gang der Untersuchung

Obwohl die beiden Rechtssysteme Ähnlichkeiten aufweisen, bestehen Unterschiede in Bezug auf die Verfahrensstrukturen. Im Hinblick auf die Vorgehensweise im Rahmen dieser Arbeit ist anzumerken, dass die Systematik des deutschen Rechts die Grundlage der Untersuchung darstellt.

Die Arbeit besteht aus insgesamt acht Hauptteilen. Nach der Einleitung werden an zweiter Stelle die historischen Wurzeln der Rechtskraft in der Türkei dargestellt. Um die hinter den Rechtskraftregelungen liegende Struktur (bzw. den Grundgedanken) zu verstehen, ist eine derartige Untersuchung zwingend erforderlich. Diese Betrachtung ist für das türkische Recht von zentraler Bedeutung. Denn die Rechtskraftproblematik wurde bisher in der türkischen Rechtslehre nicht genug aus einer rechtshistorischen Betrachtung dogmatisch behandelt.

An dritter Stelle wird das Wesen der Rechtskraft dargelegt. Im Anschluss werden die Rechtskrafttheorien untersucht. Dabei stehen sich die materiellen und prozessualen Rechtskrafttheorien gegenüber.

Im vierten Teil der Arbeit wird die Abgrenzung zu anderen Urteilswirkungen herausgearbeitet. In diesem Zusammenhang wird die formelle Rechtskraft näher beleuchtet.

Danach werden im fünften Teil der Arbeit die Begriffserklärungen mit Blick auf die Rechtskraftregelungen beider Länder im Einzelnen behandelt. Es gibt besonders in der Türkei noch kein einheitliches Verständnis der Begrifflichkeiten bezüglich der Rechtskraft. Im türkischen Recht gibt es zahlreiche osmanisch-türkische, aus altem Recht stammende Rechtsbegriffe. Nach den notwendigen begrifflichen Klarstellungen wird ein Überblick über den Zweck der Rechtskraft dargestellt.

Der sechste Teil der Arbeit widmet sich der gesetzlichen Grundlage der türkischen Rechtskraftregelung, während sich der siebte Teil in der Hauptsache mit der gesetzlichen Grundlage der deutschen Rechtskraftregelung befasst. Die Rechtskraftregelungen beider Länder, nämlich § 322 Abs. 1 ZPO und Art. 237 HUMK werden dabei im Einzelnen erläutert. Die Gemeinsamkeiten und Unterschiede beider Regelungen werden erörtert. Die verschiedene Wirkungsweise der materiellen Rechtskraft wird systematisch und methodisch dargestellt und verdeutlicht. Auch werden diese Wirkungen unter besonderer Berücksichtigung wichtiger Beispiele aus der Rechtsprechung veranschaulicht.

Im Anschluss an die Untersuchung der gesetzlichen Rechtskraftregelungen werden die objektiven Grenzen der Rechtskraft unter Berücksichtigung vieler Beispiele aus den Rechtsprechungen ausführlich erläutert. Danach lautet die eigentliche Kernfrage, wie die objektiven Grenzen der materiellen Rechtskraft bestimmt werden sollen. Es wird umfassend erforscht, in welchem Umfang die Entscheidungsgründe für die Ermittlung des rechtskräftigen Entscheidungsinhalts von Bedeutung sind. Es ist eine rechtspolitische Entscheidung des Gesetzgebers, die objektiven Grenzen der Rechtskraft eng oder weit zu ziehen. Es hängt auch von den unterschiedlichen kulturellen und rechtlichen Traditionen der Länder ab, diese Grenzen festzulegen. Jedenfalls darf aber die Gerichtspraxis mit der gesetzlichen Regelung nicht im Konflikt stehen. Somit ist eine klare Rechtskraftregelung vor allem aus Gründen der Rechtssicherheit und des Rechtsfriedens erforderlich.

Ob die präjudiziellen Rechtsverhältnisse und Tatsachenfeststellungen in materieller Rechtskraft erwachsen, ist im türkischen Recht umstritten. Ähnlich wie die *res judicata* des Common Law erstrecken sich die Grenzen der Rechtskraft in der türkischen Gerichtspraxis auf Tatsachenfeststellungen und präjudizielle Rechtsverhältnisse. Die herrschende Meinung in der türkischen Literatur geht auch davon aus, dass sich aus der Urteilsbegründung eine Rechtskraftwirkung ergibt. Im deutschen Recht ist die Entscheidung über den prozessualen Anspruch rechtskräftig. Allerdings gibt es über die Rechtskrafterstreckung auf die Urteilselemente keine einheitliche Lehrmeinung in Deutschland. Jedoch stimmt zumindest die Gerichtspraxis mit der engen deutschen Rechtskraftkonzeption grundsätzlich überein. Obwohl eine weitergehende Bindungswirkung kaum mit dem Wortlaut des § 322 ZPO vereinbar ist, gibt es im deutschen Schrifttum anderslautende Lehrmeinungen, wie *Zeuners* Theorie von der Wahrung materiellrechtlicher Sinnzusammenhänge zeigt. Es werden dabei die unterschiedlichen Lehrmeinungen im deutschen und türkischen Recht unter Berücksichtigung der höchstrichterlichen Gerichtspraxis gegenübergestellt.

Weder im deutschen noch im türkischen Recht darf eine Klage mit demselben Streitgegenstand wiederholt werden. Der Streitgegenstandsbegriff ist für die Bestimmung der inhaltlichen Reichweite der materiellen Rechtskraft daher von zentraler Bedeutung. Deshalb werden in dieser Arbeit die Abgrenzungsproblematik des Streitgegenstands und ihr Verhältnis mit den objektiven Grenzen der materiellen Rechtskraft ausführlich unter Berücksichtigung des rechtshistorischen Gesichtspunkts herausgearbeitet. Dabei wird zuerst der Anspruchsbegriff geklärt. Danach werden die unterschiedlichen Streitgegenstandstheorien erläutert. Auch wird das Verhältnis zwischen dem Streitgegenstand und dem Urteilsgegenstand untersucht. Es soll auch darauf hingewiesen werden, dass die Diskussion über die Bestimmung des Streitgegenstands in der Türkei weitgehend auf den Meinungen in der deutschen Literatur basiert.

Im letzten Teil der Arbeit werden zunächst die in den einzelnen Teilen dieser Arbeit gewonnenen praktischen und dogmatischen Erkenntnisse zusammengefasst. Danach werden Lösungsmodelle für das türkische Recht diskutiert. Die Ergebnisse sollen aufzeigen, inwieweit ein gesetzlicher Regelungsbedarf in der Türkei besteht. Es soll auch deutlich werden, inwiefern eine Übertragung der rechtlichen Systematik des deutschen Verfahrensrechts bezüglich der Rechtskraft auf die rechtliche Situation der Türkei möglich ist.

B. Historische Entwicklung der Rechtskraft in der Türkei

I. Zeit der Kodifikationen

Bis zur Tanzimat-Reform[18] vom 03.11.1839 galt im türkischen Recht lediglich unkodifiziertes islamisches Recht (Scharia).[19] Die Einführung der Tanzimat-Reform löste auch die Reformbewegungen in Bezug auf das osmanische Rechtssystem aus. Im Rahmen der Reformbewegungen fing die sog. Zeit der Kodifikationen an, die neben der islamischen Rechtsordnung in das osmanische Rechtssystem die Rezeption der westeuropäischen Gesetze einführte.[20] Diese Verwestlichung und Modernisierung des osmanischen Rechts erfolgte sowohl im Bereich des materiellen Rechts als auch des Verfahrensrechts.

Folglich gab es im Osmanischen Reich eine duale Rechtsanwendung, nämlich ein Nebeneinander von Scharia-Recht und säkularem Recht.

Bis zur Reformzeit wurde die Gerichtsbarkeit nur durch Schariagerichte mit einem Richter (*Kadi*) und durch ausschließliche Anwendung des islamischen Rechts ausgeübt.[21] Durch das Gerichtsverfassungsgesetz von 1879 wurden neben den Schariagerichten säkularen (ordentlichen) Gerichte eingerichtet, die dem säkularen Recht entsprechend gegründet wurden.[22]

Vor der Zeit der Kodifikationen gab es im Osmanischen Reich keine Unterscheidung des Zivil- und Strafverfahrens und für beide galt ein einheitliches Verfahrensrecht.[23]

Die Kodifikationen im Osmanischen Reich bestanden aus zwei Teilen, die einerseits die Rezeption des westlichen Rechts und andererseits die Kodifikation des bereits geltenden islamischen Rechts mit einschlossen. Dabei war das Buch

---

18 Die Tanzimat-Reform „ist nicht im Stil und mit dem Inhalt einer Verfassung geschrieben, sondern enthält die Grundlinien der Reformen und wichtige Gedanken des Sultans darüber. Er hat den Charakter eines zusammenfassenden Verzeichnisses der einzuschlagenden Wege und zu ergreifenden Massnahmen, [sic] um den seit Langem andauernden Missbräuchen und Störungen in den Staatsbehörden ein Ende zu setzen, und einer Vorbereitung, eines Versprechens der später (1876) anzunehmenden Verfassung“, *Ansay*, in: Handbuch der Orientalistik, S. 442 f.

19 *Ulusan*, IKÜHFD 2002, 153, 155; *Gedikli*, TALID 2005, 187, 192.

20 *Emiroglu*, AÜHFD 2002, 85, 95 f.

21 *Ansay*, in: Handbuch der Orientalistik, S. 445.

22 *Ansay*, in: Handbuch der Orientalistik, S. 445.

23 *Üstündag*, Medeni Yargilama Hukuku, S. 84.

der gesetzlichen Bestimmungen („Mecelle")[24], das von 1868 an bis 1876 schrittweise in Kraft trat, eine Kodifikation der zivilrechtlichen Bestimmungen des islamischen Rechts.[25] Obwohl die Mecelle ein islamisches Gesetzbuch war, war sie die erste Kodifikation des Zivilrechts und enthielt auch verfahrensrechtliche Vorschriften.[26] Diese Vorschriften wurden von den Schariagerichten sowie säkularen Gerichten angewendet.

Unter dem Einfluss des französischen Rechtssystems geschah die erste Rezeption im Bereich des Zivilverfahrensrechts durch die Handelsprozessordnung vom 15.10.1862 (*Usul-i Muhakeme-i Ticaret Nizamnamesi*)[27], die eine teilweise Übersetzung des französischen Code de Procédure Civile aus dem Jahre 1806 war. Diese Regelung war lediglich für die Anwendung durch die säkularen Handelsgerichte gedacht.

Die zweite Rezeption war die Zivilprozessordnung vom 21.06.1879 (*Usul-i Muhakeme-i Hukukiye Kanunu*)[28], die auch größtenteils aus dem französischen Code de Procédure Civile übersetzt wurde. Dieses Gesetz regelte das Verfahren vor den säkularen Zivil- und Handelsgerichten und ergänzte die vorherige Handelsprozessordnung. Die Handelsprozessordnung blieb trotz dieses neuen Erlasses weiter in Kraft.[29] Der Zivilprozessordnung von 1879 wurde ein nachträglich erlassener Ergänzungsteil aus dem Jahr 1911 (sog. „Zeyil") hinzugefügt, welcher zahlreiche wesentliche Änderungen brachte.[30] Durch den Nachtrag wurde die Zivilprozessordnung in einigen Artikeln abgeändert, in anderen erweitert und erläutert und er trat am 04.10.1927 aufgrund des HUMK außer Kraft.[31]

Nach dem Erlass der Zivilprozessordnung im Jahre 1879 blieb neben diesem Gesetz auch die Mecelle aufgrund des multirechtlichen Systems und des geteilten Aufbaus der Gerichte im Osmanischen Reich weiter bis zum Inkrafttreten des türkischen Zivilgesetzbuches am 04.10.1926 in Kraft.

---

24 Mecelle-i Ahkam-i Adliyye, vom Jahr 1876, Gesetzessammlung (Düstur), Serie (Tertip): I, Bd. 1, S. 20 ff.

25 Vgl. *Haci Resid Pasa*, Ruhu'l-Mecelle; *Mehmed Hafiz Ziyaeddin*, Mecelle-i Ahkam-i Adliyye Serhi; *Mesud Efendi*, Mir'at-i Mecelle; *Ilhan*, Mecelle: Hukukun Doksan Dokuz İlkesi; *Erdem*, TALID 2005 673, 673 ff.

26 Vgl. *Nuri*, HBM 1927, 342, 342 f.; *Sevki*, HBM 1927, 259, 259 f.; *Milasli Gad Franko*, HBM 1926, 61, 61 ff.; *Milasli Gad Franko*, HBM 1927, 241, 241 ff.; *Kazim*, HBM 1927, 341, 341 f.

27 Usul-i Muhakeme-i Ticaret Nizamnamesi, aus dem Jahr 1862, Gesetzessammlung (Düstur), Serie (Tertip): I, Bd. 1, S. 780 ff.

28 Usul-i Muhakeme-i Hukukiye Kanunu, aus dem Jahr 1879, Gesetzessammlung (Düstur), Serie (Tertip): I, Bd. 4, S. 263 ff.

29 *Demir*, e-Akademi Dergisi 2008, Rdn. 43.

30 *Üstündag*, Medeni Yargilama Hukuku, S. 84.

31 *Ansay*, in: Handbuch der Orientalistik, S. 445.

1. Allgemeines zur Entwicklung der Rechtskraft

Im alten türkischen Recht (besonders vor der Tanzimat-Reform) gab es keinen Rechtsbegriff für die *res iudicata*, *chose jugée* oder *Rechtskraft*. Darüber hinaus war die Rechtskraft dem osmanischen Recht als Rechtsinstitut überhaupt fremd.[32]

Nach der Tanzimat-Reform entstand aufgrund der weiterhin stattfindenden Rezeption der westlichen Verfahrensrechte im osmanischen Verfahrensrecht das Erfordernis, einen türkischen Rechtsbegriff für die Rechtskraft zu entwickeln. Während der Herrschaft von *Sultan Abdülhamit II.* (vom 31.08.1876 bis 27.04.1909) hatte der damalige Botschafter des Osmanischen Reiches in London, *Kostaki Antopolo Pascha*, erstmals den französischen Begriff *chose jugée* als *kaziyye-i kat'iyye-i mahkümunbiha* ins Türkische übersetzt.[33] Danach hat der damalige Vorsitzende des Ministeriums für Erziehung, *Ali Haydar Efendi*, der den umfangreichsten Kommentar zu Mecelle[34] verfasste, den gleichen Begriff als *kaziye-i muhkeme* übersetzt und diese Übersetzung wurde auch im HUMK verwendet.[35]

2. Buch der gesetzlichen Bestimmungen (Mecelle) von 1876

In der Mecelle sind zwei Arten von prozessbeendenden Entscheidungen zu unterscheiden: *Kaza-i ilzam* (auch *kaza-i istihkak* oder *kaza-i mülk*) und *kaza-i terk*. Ein Leistungsurteil, das die Verurteilung zu einer bestimmten Leistung enthält, bezeichnet man als kaza-i ilzam. Dagegen nennt man das eine Leistungsklage abweisende Urteil kaza-i terk (Art. 1786 Mecelle).[36]

Ein Rechtsstreit zwischen dem Kläger und Beklagten wird durch kaza-i ilzam, ähnlich der heutigen rechtkräftigen Beendigung eines Prozesses, beendet.

Im Gegensatz zu kaza-i ilzam besitzt das kaza-i terk trotz seiner Bezeichnung als endgültige Entscheidung keine bindende Wirkung für den Beklagten und schließt einen Zweitprozess nicht aus. Deshalb kann der Beklagte die Klage

32 Inwieweit eine gerichtliche Entscheidung maßgebend ist, hängt im islamischen Recht von der Anwendung der jeweiligen Rechtsschule ab. Daher ist diese Frage nach den Regelungen jeder Rechtsschule (z. B. Hanefitischen, Schafiiten, Malekiten oder Hanbaliten) zu beantworten. Gelegentlich bestehen Meinungsverschiedenheiten zwischen den verschiedenen islamischen Rechtsgelehrten.

33 *Ansay*, Hukuk Yargılama Usulleri, S. 363 (Fn. 807).

34 Dürerül-Hükkam Serh-i Mecellet ül-Ahkam, 1. Aufl. aus dem Jahr 1895/1896.

35 Siehe hierzu unten E-II-3-a.

36 *Berki*, Aciklamali Mecelle, Art. 1786 Mecelle; *Akgündüz*, Ser'iye Sicilleri Bd. 1, S. 71 f.

erneut einreichen und zugleich neue Beweise vorbringen. Das kaza-i terk ist also ein eine Leistungsklage abweisendes Feststellungsurteil, das für den Zweitrichter nicht bindend ist. Der Richter (Kadi) weist eine Klage in einem Verfahren mittels der Ausdrücke, wie z. B. „*du hast kein Recht*" oder „*das Verfahren ist für dich beendet*", zurück.[37]

3. Die Handelsprozessordnung von 1862 und die Zivilprozessordnung von 1879

Wie erwähnt, waren sowohl die Handelsprozessordnung von 1862 als auch die Zivilprozessordnung von 1879 eigentlich im Rahmen der bereits seit dem Jahr 1839 im Osmanischen Reich bestehenden Reformbewegungen aus französischen Gesetzbüchern rezipiert.

Es gab keine Vorschrift in den beiden Gesetzen, die das Institut der Rechtskraft regelt.

Der Begriff *karar-i kat'i* (wörtlich: endgültige Entscheidung), der in einigen Vorschriften der Zivilprozessordnung von 1879 angeführt wird, bezieht sich nicht auf die materielle Rechtskraft, sondern er bezeichnet die Endgültigkeit einer gerichtlichen Entscheidung.[38]

Die Zivilprozessordnung von 1879 enthielt (in Art. 54) auch Verweise auf die Mecelle hinsichtlich beweisrechtlicher Sachen (wie z. B. Zeuge, Urkunde, Eid, Vermutung oder Geständnis). In der Mecelle gab es aber auch keine Regelung bezüglich der Rechtskraft.[39]

Jedenfalls ist festzustellen, dass es im osmanischen Recht im Gegensatz zu den westeuropäischen Rechtsordnungen das Rechtsinstitut der Rechtskraft nicht gibt.[40] Eine Wiederholung von Prozessen wurde durch den Urteilsausspruch der Endgültigkeit vermieden.

---

37 *Ali Haydar,* Dürerül-Hükkam Serh-i Mecellet ül-Ahkam Bd. 4, S. 661 ff.

38 Art. 66 und 197 der Zivilprozessordnung vom 1879; *Apaydin,* KHD 2007, 106, 118; *Ahmed Ziya,* Yeni ve Mufassal Usul-i Muhakeme-i Hukukiye Kanunu Serhi ve Zeyli, Art. 66.

39 *Belgesay,* Kur'an Hükümleri ve Modern Hukuk, Rdn. 381.

40 *Bilmen,* Hukuk-i Islamiyye ve Islahat-i Fikhiyye Kamusu Bd. 8, S. 238-240; *Bayindir,* Islam Muhakeme Hukuku – Osmanli Devri Uygulamasi, S. 113-115.

II. Die türkische Revolution

Im türkischen Recht gab es bereits seit dem 03.11.1839 (Tanzimat-Reform) in geringem Maße Kodifikations- und Rezeptionsbewegungen. Nach der Gründung der türkischen Republik (1923) wurden alle wichtigen Gesetze neu gefasst. Die neue Gesetzgebung beruhte auf der Rezeption der westlichen Gesetze. Dabei wurde in den ersten Jahren der Republik der Übergang von der islamischen zur säkularen Rechtsordnung geschaffen und in allen Rechtsgebieten wurden die islamischen Einflüsse vollständig verdrängt. Bei dieser Gelegenheit wurden die Bestände der Scharia und der religiösen Gerichtsbarkeit im türkischen Recht durch die Einführung einer säkularen Gerichtsbarkeit ersetzt.

1. Allgemeines zum HUMK

Die türkische Zivilprozessordnung wurde in ihren wesentlichen Zügen aus der Zivilprozessordnung des schweizerischen Kantons Neuenburg (Neuchâtel) aus dem Jahre 1925, die neueste ihrer Zeit[41], als Übersetzung übernommen.[42] Während der Kodifikation wurden auch einige Vorschriften aus Deutschland und Frankreich rezipiert. Dabei ist hier der Einfluss der deutschen ZPO besonders hervorzuheben. Zu diesem Einfluss zählt vor allem die rechtssystematische Einordnung einiger Vorschriften in der HUMK.[43] Darüber hinaus wurden manche Vorschriften, die in der CPCN a.F. nicht existierten, direkt von der ZPO als Übersetzung übernommen.[44] Diesbezüglich ist in der Türkei ebenfalls die Rezeption der deutschen Prozessrechtswissenschaft von ausschlaggebender Bedeutung. Obwohl es im HUMK dazu keine Vorschriften gibt, werden einige Rechtsinstitute, wie z.B. Feststellungsklagen, Gestaltungsklagen, Prozessvoraussetzungen, Hauptintervention, Rechtsschutzinteressen, freiwillige Gerichtsbarkeit oder

41 *Umar*, Hukuk Usulü Muhakemeleri Kanunumuzun Mehaz Neuchâtel Kantonundaki Tatbikati, S. 2 f. Die CPCN a.F. wurde unter dem starken Einfluss der ZPO und der Zivilprozessordnung des Kantons Bern von 1918 vorbereitet, *Umar*, YÜHFD 2009, 3, 82.

42 Für die Vorbereitungsphase der CPCN a. F. vgl. *Umar*, IÜHFM 1966, 187, 187 ff.

43 Wie z. B. rechtssystematische Einordnung einiger der Vorschriften über den Zeugnisbeweis, vgl. § 383 ZPO/Art. 245 HUMK, § 384 ZPO/Art. 246 HUMK, § 390 ZPO/Art. 253 HUMK, § 392 ZPO/Art. 261 HUMK, § 393 ZPO/Art. 247 HUMK, § 394 ZPO/Art. 265 HUMK, § 397 ZPO/Art. 267 HUMK.

44 Wie z. B. die Vorschriften über die sachliche und örtliche Zuständigkeit der Gerichte, vgl. § 7 ZPO/Art. 6 HUMK, § 10 ZPO/Art. 29 HUMK, §§ 21, 22 ZPO/Art. 17 HUMK, § 20 ZPO/Art. 20 HUMK, § 32 ZPO/Art. 21 HUMK, § 36 ZPO/Art. 26 HUMK.

Untersuchungs- und Verhandlungsmaxime von der türkischen Lehre und Rechtsprechung wie im deutschen Zivilverfahrensrecht behandelt und angewandt.[45]

Der bedeutendste Einfluss des französischen Rechts auf die HUMK ist die Ausschließung des Zeugenbeweises bei Rechtsgeschäften, deren Gegenstandswert die in Art. 288 Abs. 1 HUMK festgelegte dynamische Summe übersteigt.[46]

Mit Gesetz Nr. 1086 vom 18.06.1927 ist die HUMK am 04.07.1927 verkündet worden und am 04.10.1927 in Kraft getreten.

Es gibt hauptsächlich drei Gründe, weshalb die schweizerische CPCN a.F. für die Rezeption gewählt wurde.[47] Erstens stellte die vorherige Rezeption des schweizerischen Zivilgesetzbuches das schweizerische Zivilverfahrensrecht für die künftige Rezeption der Zivilprozessordnung in den Vordergrund. Obwohl das schweizerische Zivilprozessrecht in zahlreiche kantonale und bundesrechtliche Erlasse zersplittert war, hat die Regierung sich nach längeren Diskussionen entschlossen, die CPCN a.F. zu übernehmen, die damals die neueste Zivilprozessordnung der Schweiz war. Zweitens war die deutsche ZPO zu kasuistisch, weshalb sie die Regierung für ungeeignet bezüglich einer möglichen Rezeption hielt. Zudem konnte die Mehrheit der damaligen Juristen insbesondere im Bereich des Zivilverfahrensrechts als Fremdsprache nur Französisch. Letztlich war es mit dem Anfang der türkischen Rechtsrevolution der türkischen Regierung nicht möglich, eine umfassende Untersuchung und einen Vergleich der unterschiedlichen westlichen Rechtsordnungen vorzunehmen. Denn unter den damaligen Umständen gab es dafür nicht genügend Zeit.

Seit dem Inkrafttreten ist die HUMK – mit vielen grundlegenden Änderungen und der Anpassung an die einheimischen Verhältnisse – immer noch gültig. Heute zeigt das türkische Zivilverfahrensrecht aufgrund der Gesetzesänderungen im Vergleich zu früher weniger Ähnlichkeiten mit dem schweizerischen Zivilverfahrensrecht.

Es gibt allerdings wenige Informationen über die Vorbereitungsphase bzw. damalige Aktivitäten des Gesetzgebers hinsichtlich der HUMK. Folglich bestehen Schwierigkeiten bei der Bestimmung der Schwerpunkte und der Gründe der

---

45 *Kuru*, in: Das deutsche Zivilprozessrecht und seine Ausstrahlung auf andere Rechtsordnungen, S. 336, die Gliederung und innere Systematik der Lehrbücher zum Zivilverfahrensrecht besitzen mit den deutschen Werken große Ähnlichkeiten und jedenfalls wird in diese Bücher die deutsche Literatur zum Zivilverfahrensrecht einbezogen.

46 *Kuru*, in: Das deutsche Zivilprozessrecht und seine Ausstrahlung auf andere Rechtsordnungen, S. 334 (Fn. 6), wie in Art. 1341 des französischen Code Civil, ist laut Art. 288 HUMK der Zeugenbeweis bei allen Rechtsgeschäften ausgeschlossen, falls der Gegenstand einer Rechtsgeschäft eine bestimmte Summe übersteigt.

47 *Umar*, Hukuk Usulü Muhakemeleri Kanunumuzun Mehaz Neuchâtel Kantonundaki Tatbikati, S. 1.

Gesetzgebung. Zudem ist keine amtliche Begründung zu den einzelnen Artikeln vorhanden. Jedoch gibt es eine kurze amtliche Begründung zum Gesamttext. Allerdings enthält diese kurze amtliche Begründung lediglich allgemeine Ausführungen mit Blick auf die Gesetzgebungsphase.[48]

Die Absicht des Gesetzgebers lässt sich auch nicht aus der Gesetzsystematik ableiten.

Im Unterschied zur ZPO regelt die HUMK lediglich das Erkenntnisverfahren (wie CPCN und CPCN a.F.). Das Zwangsvollstreckungs- und Insolvenzrecht wird durch das Zwangsvollstreckungs- und Konkursgesetz[49] geregelt, welches aus dem schweizerischen Schuldbetreibungs- und Konkursgesetz aus dem Jahr 1889 rezipiert wurde.

Nach der HUMK ist der türkische neue Gerichtsaufbau dreistufig. Vor kurzer Zeit fehlte in der türkischen ordentlichen Gerichtsbarkeit eine dem deutschen Oberlandesgericht vergleichbare Berufungsinstanz.[50] Es gab damals nur einen zweistufigen Instanzenbau, bestehend aus Erstgericht und Kassationshof mit Sitz in Ankara. Die Berufungsgerichte und Berufungsverfahren waren dem türkischen Zivilverfahrensrecht fremd. Das einzige Rechtsmittel gegen erstinstanzliche Entscheidungen war deshalb die Revision. Mit Inkrafttreten des neuen türkischen Gerichtsverfassungsgesetzes[51] („TGVG") wurde erst 2005 die Berufungsinstanz in das türkische Recht eingeführt (Art. 25 ff. TGVG). Da die Berufungsgerichte noch nicht gegründet wurden, wurde die Reform noch nicht ganz umgesetzt. Der aktuelle Stand des türkischen Gerichtsaufbaus ist daher zweistufig (Übergangsartikel 3 HUMK). Die Revisionsinstanz bleibt bisher als letzte Instanz für Zivilsachen bestehen.

Dabei bietet sich auch die Berichtigung als ein beschränktes und besonderes Rechtsmittel an (Art. 440 ff. HUMK). Das Rechtsmittel der Berichtigung ist gegen die Bestätigungs- und Aufhebungsentscheidungen des Kassationshofes bei demselben Zivilsenat des Kassationshofes einzulegen, der das Revisionsverfah-

48 „Nach Inkrafttreten der grundlegenden Gesetze ist ein neues Bedürfnis nach Entwicklung eines praktischen und notwendigen Gerätes, insbesondere für die Anwendung des Zivilgesetzbuchs entstanden", TBMM Zabit Ceridesi, Devre: II, Ictima Senesi: IV, Cilt: 33, Ictima: 75, T. 16.06.1927.

49 Das türkische Zwangsvollstreckungs- und Konkursgesetz (*Icra ve Iflas Kanunu*), Gesetz Nr. 1086 vom 09.06.1932, Amtsblatt Nr. 2128 vom 19.06.1932.

50 Vor der Rezeption existierten allerdings das Rechtsmittel der Berufung und die Berufungsgerichte im osmanischen Recht. Diese Berufungsgerichte erschienen erst ab der zweiten Hälfte des 19. Jahrhunderts und wurden im Jahr 1924 aufgehoben, *Berki,* AD 1945, 447, 447.

51 *Adli Yargi Ilk Derece Mahkemeleri ile Bölge Adliye Mahkemelerinin Kurulus, Görev ve Yetkileri Hakkinda Kanun*, Gesetz Nr. 5235 vom 26.09.2004, Amtsblatt Nr. 25606 vom 07.10.2004.

ren bereits durchgeführt hat. Mittels der Berichtigungseinlegung ist es möglich, dass der Kassationshof seine eigene Entscheidung überprüft und Unklarheiten oder Mängel beseitigen kann. Das Rechtsmittel der Berichtigung ist daher keinesfalls mit dem Rechtsmittel der Berufung gemäß Art. 25 ff. TGVG vergleichbar. Im Zusammenhang mit dem Rechtsmittel der Berichtigung spricht man auf keinen Fall von einem Devolutiveffekt. Denn über die Berichtigung entscheidet nicht die nächsthöhere Instanz, sondern der gleiche Zivilsenat des Kassationshofs. Der Zivilsenat überprüft durch Berichtigungseinlegung seine eigene Entscheidung.

Mit der Einführung der Berufungsinstanz in das türkische Recht wurde das Rechtsmittel der Berichtigung durch TGVV abgeschafft. Jedoch bleiben die Vorschriften über das Rechtsmittel der Berichtigung noch bis zur vollständigen Umsetzung der Reform (Übergangsartikel 2, 3 HUMK) in Kraft.

Der Kassationshof besteht aus 21 Zivilsenaten und 11 Strafsenaten. In jedem Senat des Kassationshofes gibt es einen vorsitzenden Richter und andere ausreichende Richter.

In der türkischen Zivilgerichtsbarkeit sind die erstinstanzlichen Gerichte in jedem Verwaltungsbezirk das Amtsgericht (Friedensgericht / Sulh Hukuk Mahkemesi) und das Landgericht (Asliye Hukuk Mahkemesi). Sowohl die Amtsgerichte als auch die Landgerichte sind mit Einzelrichtern besetzt (Art. 4, 5 TGVG). Ausnahmsweise besteht die Handelskammer der Landgerichte (Asliye Ticaret Mahkemesi) aus drei Richtern (Art. 5 TGVG).

Außerdem gibt es in der türkischen Gerichtsbarkeit auf dem Gesetz beruhende Sondergerichte (Fachgerichte), wie Familiengerichte, Arbeitsgerichte, Katastergerichte, Vollstreckungsgerichte, Patentgerichte, Verbrauchergerichte oder Verkehrsgerichte.

2. Umsetzung des Art. 211 CPCN a. F.

Im CPCN a. F. ist die materielle Rechtskraft in Art. 211 geregelt:

> L'autorite de la chose jugee n'a d'effets qu'a l'egard de ce qui a fait l'objet du jugement. Il faut que la chose demandee soit la même, que la demande soit fondee sur la même cause, que les parties soient les mêmes et plaident en la même qualite.[52]

52 Der französische Code Civil hatte wesentlichen Einfluss auf die Kodifikation des CPCN a. F. Gemäß Art. 1351 Code Civil: „L'autorité de la chose jugée n'a lieu qu'à l'égard de ce qui a fait l'objet du jugement. Il faut que la chose demandée soit fondée sur la meme cause; que la demande soit entre les mêmes parties, et formée par elles et contre elles en la même qualité".

In der Regel verleiht Artikel 211 CPCN a.F. nicht nur einem Sachurteil Rechtskraft, sondern allen richterlichen Entscheidungen, die eine rechtliche Frage endgültig klären[53]: z. B. die Zurückweisung eines Gesuchs auf Nachlassstundung[54] (Konkursaussetzung). Dagegen müssen die Voraussetzungen der Rechtskraft, die das Gesetz vorsieht, eng ausgelegt werden. Aus diesem Grund ist z. B. eine Entscheidung, die die Vollstreckbarerklärung eines ausländischen Schiedsspruches zurückweist, eine Entscheidung über die formelle Zulässigkeit und sie entfaltet keine Rechtskraft.[55]

Nach Art. 211 erwächst, genauso wie nach Art. 237 HUMK, lediglich der Tenor in Rechtskraft, nicht die tatsächlichen Feststellungen und Entscheidungsgründe.

Nach der Umsetzung des Art. 211 CPCN a. F. lautet die wörtliche Übersetzung des Art. 237 HUMK:

> Die Rechtskraft besteht nur in Bezug auf den Entscheidungsgegenstand.
>
> Für die Rechtskraft ist es erforderlich, dass die Streitparteien, die Streitgegenstände und die zugrundeliegenden Gründe identisch sind.[56]

Die Voraussetzungen der materiellen Rechtskraft nach Art. 237 HUMK decken sich größtenteils mit denen des Art. 211 CPCN a. F. Es gibt nur eine Ausnahme hinsichtlich der Voraussetzungen der materiellen Rechtskraft. Laut dieser Ausnahme müssen sich die Parteien im Folgeprozess in der gleichen Rolle als Kläger und Beklagter gegenüberstehen. Falls sich die Parteien im Folgeprozess in der umgekehrten Position gegenüberstehen, wird dies nicht von der materiellen Rechtskraft erfasst. Das Fehlen dieser letzten Voraussetzung der materiellen Rechtskraft, die Art. 211 CPCN a. F. vorsieht, im türkischen Recht wurde von *Kilimcioglu* stark kritisiert. Er sagte, dass der Art. 237 HUMK seinem Normzweck entsprechend ausgelegt werden müsse und eine Rechtskrafterstreckung auf das kontradiktorische Gegenteil[57] nicht angenommen werden könne.[58]

Dagegen bejaht die vorherrschende Meinung in der türkischen Literatur eine derartige Rechtskrafterstreckung. Denn durch im Einzelfall ergangene Entscheidung über die Rechtsfolge wird zugleich auch über das kontradiktorische Ge-

---

53 *Bohnet*, CPCN, Art. 193, Rdn. 10.

54 Vgl. Schweizerisches Bundesgesetz über Schuldbetreibung und Konkurs vom 11.04.1889, Art. 293 ff.

55 *Bohnet*, CPCN, Art. 193, Rdn. 10.

56 Die deutsche Übersetzung der gleichen Vorschrift durch *Meric* lautet: „Die Rechtskraft findet hinsichtlich dessen statt, was Gegenstand des Urteils war. Es ist notwendig, dass die Parteien, die gebetene Sache (Forderung) durch Sachantrag, der Klagegrund, auf den der Klageantrag basiert ist, und die des zweiten Prozesses identisch sind“, DE-ÜHFD, 143, 143 (Fn. 1).

57 Zum Begriff des kontradiktorischen Gegenteils siehe unten F-IV-1 und G-IV-2.

58 *Kilimcioglu*, IBD 1946, 15, 16 f.

genteil entschieden.[59] Dieselbe Meinung wird auch vom türkischen Kassationshof vertreten.[60]

3. Rechtskraftregelung des CPCN

Nachdem der CPCN a.F. (seit 01.07.1925) in Neuchâtel 25 Jahre gültig war, wurden ab dem Jahr 1950 wesentliche Teile mehrmals geändert. Im Jahr 1988 ist in Neuchâtel ein Gesetzesentwurf zum Zivilverfahrensrecht entstanden.[61] Dieser Gesetzesentwurf wurde am 30.09.1991 vom Justizministerium dem Parlament vorgeschlagen und am 30.11.1991 bestätigt. Der CPCN ist am 01.04.1992 verkündet worden und in Kraft getreten. Auf diese Weise wurde der CPCN a.F. durch den CPCN ersetzt.

Hinsichtlich der materiellen Rechtskraft ist die Formulierung im Art. 193 CPCN im Vergleich zu HUMK und CPCN a.F. knapp gefasst: „Le jugement passé en force a l'autorité de la chose jugée à l'égard de toutes les parties au procès et de leurs ayants cause“.

Nach dieser Vorschrift erlangt die Entscheidung in Bezug auf die Parteien und ihre Rechtsnachfolger materielle Rechtskraft (entspricht Art. 211 Abs. 1, S. 2 CPCN a.F., Art. 237 Abs. 2 HUMK und Art. 309 Abs. 1, 3, 4 HMKT).

Art. 192 Abs. 1 CPCN verbietet dem Richter nach der Verkündung oder Zustellung des Urteils, dieses zu beseitigen oder zu korrigieren: „Le jugement a pour effet de dessaisir le juge qui l'a rendu“. Dieses Verbot, das man als innerprozessuale Bindungswirkung bezeichnet, enthält § 318 ZPO. Auch ist es im türkischen Zivilverfahrensrecht allgemein anerkannt.[62]

Art. 192 Abs. 2 CPCN enthält eine Regelung über die Vollstreckbarkeit und entspricht § 704 ZPO und Art. 443 S. 1 HUMK: „Sous réserve des exceptions prévues par la loi, il est immédiatement exécutoire“.

---

59 *Alangoya/Yildirim/Deren-Yildirim*, Medeni Usul Hukuku Esaslari, S. 599 f.; *Üstündag*, Medeni Yargilama Hukuku, S. 696; *Kuru*, El Kitabi, S. 883; *Kuru*, Hukuk Muhakemeleri Usulü Bd. 5, S. 5019 f.; *Kuru/Arslan/Yilmaz*, Medeni Usul Hukuku, S. 723; *Bilge/Önen*, Medeni Yargilama Hukuku Dersleri, S. 690; *Pekcanitez/Atalay/Özekes*, Medeni Usul Hukuku, S. 512.

60 Yarg. HGK, E. 1971/787, K. 1971/760, T. 22.12.1971, IBD 1972, 60; Yarg. HGK, E.1993/9-649, K.1994/2, T. 26.01.1994, <www.legalbank.net> (Stand: 21.11.2009); Yarg. 8. HD., E. 1991/8561, K. 1991/9765, T. 17.06.1992, YKD 1992, 1211.

61 *Bauer/Öztek*, in: Facultatis Decima Anniversaria Marmara Üniversitesi Hukuk Fakültesi 10.Yili Armagani (1993), S. 405.

62 Siehe hierzu unten D-III.

Wie im CPCN a.F., erfasst die materielle Rechtskraft gemäß CPCN nicht die tatsächlichen Feststellungen (constatation de faits) und die Entscheidungsgründe (questions de droit).[63]

Die materielle Rechtskraft des Urteils besteht nur für dessen Gegenstand. Das ist der Fall, wenn die Parteien dem Richter denselben Anspruch, der auf dieselbe Rechtsgrundlage begründet werden soll, und dieselben Tatsachen vorlegen.[64]

Nach CPCN kann grundsätzlich nur ein Sachurteil über den Streitgegenstand materielle Rechtskraft entfalten. Ausnahmsweise entfaltet ein Prozessurteil materielle Rechtskraft höchstens in Bezug auf die konkrete Prozess- bzw. Sachurteilsvoraussetzung, die sie entschieden hat.[65]

4. Rechtskraftregelung der schweizerischen Zivilprozessordnung

Die schweizerische Zivilprozessordnung („SchZPO") vom 19.12.2008 ist am 01.01.2011 in Kraft getreten. Die schweizerische Regierung will mit dieser Vereinheitlichung des Zivilprozessrechts die Rechtszersplitterung und die damit verbundene Rechtsunsicherheit beseitigen. Denn das Zivilprozessrecht wurde nicht in einem Bundesgesetz, sondern in kantonalen Zivilprozessgesetzen geregelt. Mit dem Inkrafttreten wurden die 26 kantonalen Zivilprozessgesetze durch die SchZPO ersetzt.

Was die formelle oder materielle Rechtskraft anbetrifft, enthält die neue schweizerische Zivilprozessordnung keine Vorschrift, die das Wesen, den Zweck, die Definition oder die Voraussetzungen der Rechtskraft regelt. Denn die formelle Rechtskraft ergibt sich ohne Weiteres aus dem System der Rechtsmittel und die Ausfüllung des Begriffs der materiellen Rechtskraft (wie bisher) wird bewusst der Lehre und Rechtsprechung überlassen.[66]

Die Botschaft zur schweizerischen Zivilprozessordnung hat die formelle Rechtskraft so definiert: „[Vollstreckbarkeit] tritt regelmäßig mit der formellen Rechtskraft des Entscheids ein. Formelle Rechtskraft bedeutet, dass der Ent-

---

63 *Bohnet*, CPCN, Art. 193, Rdn. 6.

64 *Bohnet*, CPCN, Art. 193, Rdn. 7.

65 *Bohnet*, CPCN, Art. 193, Rdn. 7: „Il y a autorité de la chose jugée lorsque la prétention litigieuse est identique à celle qui a déjà fait l'objet d'un jugement passé en force. Tel est le cas lorsque, dans l'un et l'autre procès, les parties ont soumis au juge la même prétention en se fondant sur les mêmes causes juridiques et les mêmes faits".

66 Botschaft zur schweizerischen Zivilprozessordnung vom 28.10.2006, S. 7345, abrufbar unter: <http://www.admin.ch/ch/d/ff/2006/7221.pdf> (Stand: 22.09.2009).

scheid nicht mehr mit einem ordentlichen Rechtsmittel angefochten werden kann. Doch gibt es Fälle, in denen Rechtskraft und Vollstreckbarkeit zeitlich auseinander fallen".[67]

In der Schweiz ist die materielle Rechtskraft ein bundesrechtliches Institut. Sie bedeutet „die Maßgeblichkeit des Urteils in jeder späteren Auseinandersetzung zwischen den gleichen Parteien".[68] Das rechtskräftige Urteil bindet die Parteien an seinen Inhalt dadurch, dass es eine erneute Verhandlung und Beurteilung der gleichen Streitsache zwischen den Parteien ausschließt.[69] Ziel der materiellen Rechtskraft ist die Schaffung der Rechtssicherheit und Rechtsfrieden für die Parteien durch eine verbindliche Entscheidung.[70]

Nach dem schweizerischen Bundesgericht besteht die normale Funktion der materiellen Rechtskraft darin, dass eine Partei, die in einem früheren Prozess unterlegen sei, am Versuch gehindert werden könne, in einem neuen Prozess ein für sie günstigeres Urteil zu erwirken.[71] Dabei kommt es bei der Frage der materiellen Rechtskraft darauf an, „ob es sowohl heute als auch im früheren Prozess zwischen den gleichen Parteien [oder ihrer Rechtsnachfolger] um den in Bezug auf Inhalt und geltend gemachte Tatsachen gleichen Anspruch geht".[72] Mit anderen Worten: „Eine abgeurteilte Sache liegt vor, wenn der streitige Anspruch mit einem schon rechtskräftig beurteilten identisch ist. Dies trifft zu, wenn der Anspruch dem Richter aus demselben Rechtsgrund und gestützt auf den gleichen Sachverhalt erneut zur Beurteilung unterbreitet wird".[73]

---

67 S. 7345 (op. cit. Fn. 66).

68 *Berger*, Zivilprozessrecht, S. 250; *Gasser/Rickli*, Art. 336 SchZPO, Rdn. 1, „Rechtskraft und Vollstreckbarkeit sind zu unterscheiden: Formelle Rechtskraft bedeutet, dass der Entscheid nicht mehr ordentlich angefochten werden kann; materielle Rechtskraft macht den Entscheid verbindlich - sowohl für die Parteien wie auch für die Behörden (ne bis in idem)".

69 *Berger*, Zivilprozessrecht, S. 250.

70 Oberhammer/*Oberhammer*, Art. 236 SchZPO, Rdn. 28.

71 BGE 83 II 263, 267, Bger.ch.

72 BGE 105 II 149, 151 f., Bger.ch.

73 BGE 4C.314/2004, das Bundesgericht führt weiter an: „Die Rechtskraftwirkung tritt nur soweit ein, als über den geltend gemachten Anspruch entschieden worden ist. Inwieweit dies der Fall ist, ergibt die Auslegung des Urteils, zu welcher dessen ganzer Inhalt heranzuziehen ist. Zwar erwächst der Entscheid nur in jener Form in Rechtskraft, wie er im Urteilsdispositiv zum Ausdruck kommt, doch ergibt sich dessen Tragweite vielfach erst aus einem Beizug der Urteilserwägungen, namentlich im Falle einer Klagabweisung", abrufbar unter: <http://www.polyreg.ch> (Stand: 21.09.2009); zutreffend *Habscheid*, SJZ 1978, 201, 223, „Die Rechtskraft wird in ihrem objektiven Umfang durch die im Dispositiv des Urteils enthaltene Entscheidung über den aus Begehren (Rechtsbehauptung) und zugrunde liegendem Lebenssachverhalt gebildeten Streitgegenstand abge-

Das Fehlen einer *res iudicata* ist im schweizerischen Zivilverfahrensrecht eine Prozessvoraussetzung.[74]

5. Rechtskraftregelung des Gesetzentwurfs für die neue türkische Zivilprozessordnung (HMKT)

a) Allgemeines zum HMKT

Im Jahr 2006 ist in der Türkei ein Gesetzentwurf zum Zivilverfahrensrecht entstanden. Das Hauptziel des Entwurfs ist die Verwirklichung einer praxisnahen und effizienten Zivilprozessordnung. Damit werden auch das Recht auf ein faires Verfahren und die Sicherung des Rechtsfriedens durch einen raschen und wirksamen Rechtschutz gewährleistet. Im Vordergrund steht den Gesetzgeber auch der Gesichtspunkt der Prozessökonomie. Die Gerichte sollen nicht mehrmals mit denselben Angelegenheiten belastet werden.[75]

Das bisherige System, die anerkannten Grundsätze und Prinzipien der HUMK werden durch den Entwurf beibehalten. Mithin dient die neue Zivilprozessordnung zur weiteren Stärkung und Fortführung der durch die mehr als 80-jährige Anwendung der HUMK gewonnenen Rechtstradition im Bereich des Zivilverfahrensrechts. Dabei wendet der Gesetzgeber die Methode an, dass er die bereits bestehenden Vorschriften der HUMK, sofern sie veraltet sind, entweder aufhebt oder sie durch den heutigen Bedürfnissen der Rechtspraxis entsprechende Vorschriften ersetzt.

Andererseits werden die im Ausland entwickelten und im nationalen Recht bislang fehlenden Rechtsinstitute übernommen, soweit sie den tatsächlichen Bedürfnissen der Rechtswirklichkeit in der Türkei entsprechen und mit den nationalen Rechtsinstituten vereinbar sind.

Der HMKT enthält eine umfassende Neufassung in sprachlicher wie auch in inhaltlicher Hinsicht. Es enthält beispielsweise neue Regelungen über die örtliche und sachliche Zuständigkeit, die notwendige Streitgenossenschaft, Rechtsmittel, Schiedsgerichtsbarkeit, über das Beweismittelsystem und den Verbrau-

---

steckt. Urteilsgründe erwachsen nicht in Rechtskraft. Eine Ausnahme besteht für die Verrechnung". Vgl. *Schwander*, Die objektive Reichweite, S. 4 ff., 15 ff.

74 BGE 4C.314/2004 (op. cit. Fn. 73); *Gasser/Rickli*, Art. 59 SchZPO, Rdn. 2.

75 Vgl. *Regierungsbegründung zum Gesetzentwurf für die neue türkische Zivilprozessordnung* (Hukuk Muhakemeleri Kanunu Tasarisi Genel Gerekcesi), TBMM Bülteni, Dönem 23, Yasama Yili 3, S. 1 ff.; *Die Gutachten der Justizkommission* (TBMM Adalet Komisyonu Raporu), 02.06.2009, E. 1/574, K. 24, TBMM Bülteni, Dönem 23, Yasama Yili 3, S. 127 ff.

cherschutz. Obwohl der HMKT zum großen Teil mit der HUMK inhaltlich übereinstimmende Normen besitzt, bringt er jedoch auch völlig neue Regelungen mit sich. Zu diesen neuen Regelungen gehört auch ein neuer Abschnitt über die freiwillige Gerichtsbarkeit (Art. 388 ff. HMKT), die bisher im türkischen Recht nicht gesetzlich geregelt wurde.

Ein anderes wichtiges Ziel des HMKT ist die Modernisierung und Vereinheitlichung der Gesetzessprache. Denn die sprachlichen Formulierungen der HUMK sind veraltet und viele Vorschriften sind vor allem für die Generation der jungen Juristen schwierig zu verstehen. Außerdem wurde die HUMK seit dem Inkrafttreten über die Jahre insgesamt 36 mal abgeändert und diese Änderungen führten zur Einführung neu-türkischer Rechtsbegriffe neben den osmanisch-türkischen Begriffen im Gesetzestext.[76]

Das Inkrafttreten des türkischen Gerichtsverfassungsgesetzes von 2005 erforderte zugleich auch die Einführung einer neuen Zivilprozessordnung. Denn durch das neue Gerichtsverfassungsgesetz (mit der Einführung der Berufungsinstanz) wurde die türkische Gerichtsorganisation grundlegend geändert, so dass eine Komptabilität zwischen dem Gerichtsverfassungsgesetz und der Zivilprozessordnung nur durch eine neue Zivilprozessordnung möglich war.

b) Art. 309 HMKT

Die Rechtskraft wird in Art. 309 HMKT geregelt:

> (1) Für die materielle Rechtskraft eines bereits formell rechtskräftig gewordenen Urteils ist es erforderlich, dass die Parteien des Erst- und Zweitprozesses, die Klagegründe des Erst- und Zweitprozesses und der Urteilstenor beim ersten Prozess mit dem Klageantrag des Zweitprozesses identisch sind.
>
> (2) Ein Urteil ist der Rechtskraft nur insoweit fähig, als über die durch die Klage oder durch die Widerklage erhobenen Ansprüche entschieden sind.
>
> (3) Das rechtskräftige Urteil wirkt auch für die Rechtsnachfolger der Parteien.
>
> (4) Das rechtskräftige Urteil gilt auch für die Personen, die nach dem Eintritt der Rechtshängigkeit von einer der Streitparteien das Eigentum oder ein beschränk-

---

76 Dies ergibt sich vor allem aus dem Art. 13 HUMK, wonach die örtliche Zuständigkeit mit dem osmanisch-türkischen Begriff als *Salahiyet* bezeichnet wurde. Der gleiche Begriff wurde im bereits abgeänderten Art. 9 HUMK als *Yetki* bezeichnet, der dem Neu-Türkischen entspricht. Als andere Beispiele kann man die Folgenden nennen: im Art. 175 HUMK *Tatil* (alter Begriff für Ferien) / Art. 176 HUMK *Araverme* (neuer Begriff für Ferien); im Art. 203 HUMK *Davayi mütekabile* (alter Begriff für Widerklage) / Art. 176 Abs. 2 HUMK *Karsilik dava* (neuer Begriff für Widerklage); im Art. 428 HUMK *Mahkeme-i Temyiz* (alter Begriff für Kassationshof) / Art. 176 HUMK *Yargitay* (neuer Begriff für Kassationshof).

tes dingliches Recht oder einen mittelbaren Besitz an der streitbefangenen Sache erworben haben.

Die Vorschriften des türkischen Zivilgesetzbuchs über die Ansprüche des gutgläubigen Besitzers gelten entsprechend.

(5) Die Rechtskraft eines Urteils, das gegenüber einem Gesamtschuldner oder Gesamtgläubiger ergeht, wirkt nicht gegenüber einem anderen Gesamtschuldner oder Gesamtgläubiger.

Im Gegensatz zur HUMK wird die Rechtskraft im HMKT gesetzessystematisch nicht im Abschnitt über die Beweisaufnahme, sondern zu Recht im Abschnitt über das Urteil geregelt. Denn die materielle Rechtskraft hat einen prozessualen Charakter und ist keinesfalls ein Beweis.

Art. 309 Abs. 1 HMKT unterscheidet zuerst die formelle Rechtskraft von der materiellen Rechtskraft und stellt die formelle Rechtskraft als eine Voraussetzung der materiellen Rechtskraft dar. Danach führt er die Voraussetzungen der materiellen Rechtskraft auf, welche denen des Art. 237 HUMK entsprechen. *Alangoya/Yildirim/Deren-Yildirim* betonen dabei mit Recht, dass dieser Absatz möglichst abstrakt formuliert werden sollte.[77] Denn die aktuelle Formulierung ist kasuistisch und für die Bestimmung der objektiven Grenzen der materiellen Rechtskraft würde eine abstrakte Formulierung zweckmäßiger.[78]

Art. 237 Abs. 1 HUMK, wonach „Die materielle Rechtskraft nur in Bezug auf den Urteilsgegenstand besteht", wurde nicht übernommen. *Kuru* vertritt die Ansicht, dass dies bei der Bestimmung der materiellen Rechtskraft von Prozessurteilen zu Schwierigkeiten führen könne.[79] Denn die Prozessurteile sind der materiellen Rechtskraft lediglich in Bezug auf ihren Urteilsgegenstand, nämlich der Feststellung des Fehlens einer bestimmten Prozessvoraussetzung oder eines Prozesshindernisses, fähig. Also erwächst in materieller Rechtskraft nur die Feststellung des prozessualen Mangels.

Art. 309 Abs. 2 HMKT entspricht dem § 322 Abs. 1 ZPO. Die Formulierung erscheint knapp, abstrakt, deutlich und zweckmäßig.

Art. 309 Abs. 3 HMKT normiert die subjektiven Grenzen der Rechtskraft und entspricht größtenteils dem in § 325 Abs. 1 ZPO verankerten Grundsatz über die Rechtskraft und Rechtsnachfolge, dass das rechtskräftige Urteil auch für die Rechtsnachfolger der Parteien gültig ist. *Alangoya/Yildirim/Deren-Yildirim* haben diese Bestimmung insoweit kritisiert, als sie dem § 325 Abs. 1

77 *Alangoya/Yildirim/Deren-Yildirim*: Hukuk Muhakemeleri Kanunu Tasarisi Degerlendirme ve Öneriler, S. 166.

78 *Alangoya/Yildirim/Deren-Yildirim*: Hukuk Muhakemeleri Kanunu Tasarisi Degerlendirme ve Öneriler, S. 166.

79 *Kuru*, in: Medeni Usul ve Icra-Iflas Hukukculari Toplantisi 5, S. 77.

ZPO entsprechend den Ausdruck *für und gegen die Parteien und die Personen* beinhalten sollte.[80]

Art. 309 Abs. 4 HMKT regelt ebenfalls die subjektiven Grenzen der Rechtskraft und entspricht größtenteils dem § 325 Abs. 1 und 2 ZPO. Nach *Kuru* ist dieser Absatz überflüssig, da die Veräußerung der streitbefangenen Sache nach dem Eintritt der Rechtshängigkeit bereits im Art. 131 HMKT ausführlich geregelt wird. Man solle also in Art. 309 Abs. 4 HMKT vorwiegend *die Veräußerung der streitbefangenen Sache nach dem Eintritt der formellen Rechtskraft* normieren.[81]

Art. 309 Abs. 5 HMKT regelt die Rechtskraft im Falle der Gesamtschuldnerschaft und Gesamtgläubigerschaft. Dies betrifft ebenfalls die subjektiven Grenzen der Rechtskraft und entspricht dem § 425 BGB. Diese Bestimmung ist jedoch zu kritisieren. Denn eine derartige Regelung gehört eher in den Bereich des materiellen Rechts. Die Zivilprozessordnungen bestimmen die subjektiven Grenzen der Rechtskraft durch das prozessuale Prinzip *res iudicata inter partes* und enthalten kaum materiellrechtliche Regelungen. Daher ist diese im HMKT befindliche Bestimmung entbehrlich.[82]

Umar behauptet, dass für den Eintritt der zwingenden Beweiswirkung[83] der Rechtskraft lediglich die formelle Rechtskraft einer Entscheidung ausreichend sei. Die Voraussetzungen der materiellen Rechtskraft seien für die zwingende Beweiswirkung der Rechtskraft nicht entscheidend. Daher bilde die formelle Rechtskraft ein zwingendes Beweismittel in jedem Rechtsstreit und Art. 309 HMKT sollt dahingehend verfasst werden.[84]

Der Gesetzgeber wollte mit dieser Vorschrift klarstellen, dass der Eintritt der Rechtskraftwirkung lediglich für die Angelegenheiten der streitigen Gerichtsbarkeit, aber nicht der freiwilligen Gerichtsbarkeit möglich ist.[85] Zudem erwächst in Rechtskraft nur der Urteilstenor, nicht aber etwa die Entscheidungsgründe und tatsächlichen Feststellungen.[86]

---

80 *Alangoya/Yildirim/Deren-Yildirim*: Hukuk Muhakemeleri Kanunu Tasarisi Degerlendirme ve Öneriler, S. 166.

81 *Kuru*, in: Medeni Usul ve Icra-Iflas Hukukculari Toplantisi 5, S. 77 f.

82 *Alangoya/Yildirim/Deren-Yildirim*: Hukuk Muhakemeleri Kanunu Tasarisi Degerlendirme ve Öneriler, S. 166.

83 Zum Begriff der zwingenden Beweiswirkung siehe unten F-IV-3-b.

84 *Umar*, YÜHFD 2006, 117, 144 f.

85 *Regierungsbegründung* zum Art. 309 HMKT (op. cit. Fn. 75).

86 *Regierungsbegründung* zum Art. 309 HMKT (op. cit. Fn. 75).

c) Bewertung und Stellungnahme

Es ist vor allem zu begrüßen, dass der Wortlaut des Art. 309 HMKT im Gegensatz zum Art. 237 HUMK sprachlich ganz klar und präzise ist.

Im Vergleich zum Art. 237 HUMK enthält Art. 309 HMKT detailliertere und kasuistischere Bestimmungen.

Im Gegensatz zum Art. 237 HUMK unterscheidet Art. 309 HMKT die formelle und materielle Rechtskraft voneinander. Damit bringt Art. 309 HMKT den Begriff der formellen Rechtskraft zum ersten Mal in der Geschichte der türkischen Zivilverfahrensordnung klar zum Ausdruck.

Ferner wird in Art. 309 Abs. 1 HMKT der Begriff des Streitgegenstandes aus Art. 237 Abs. 2 HUMK zu Recht durch den Begriff des Klageantrags ersetzt. Denn der Streitgegenstandsbegriff in Art. 237 Abs. 2 HUMK bezieht sich viel mehr auf den Klageantrag oder das Klagebegehren. Demzufolge beseitigt Art. 309 Abs. 1 HMKT diese terminologische Ungenauigkeit.

Allerdings spricht Art. 309 Abs. 1 HMKT von dem *Urteilstenor* und Art. 309 Abs. 2 HMKT enthält den Begriff der *erhobenen Ansprüche*. Diese beiden Begriffe sind unklar und können bei der Bestimmung der objektiven Grenzen der Rechtskraft zur Schwierigkeiten führen. Daher sollte der Begriff des Urteilstenors als *der im Urteilstenor enthaltene Subsumtionsschluss* verstanden werden. Des Weiteren sollte der Begriff der erhobenen Ansprüche als *die erhobenen prozessualen Ansprüche* verstanden werden.

Ansonsten geht aus Art. 309 HMKT ganz deutlich hervor, dass sich die objektiven Grenzen der Rechtskraft nicht auf die Entscheidungsgründe oder präjudiziellen Rechtsverhältnisse erstrecken. Dies muss als die rechtspolitische Entscheidung des Gesetzgebers angesehen werden. Diese enge Rechtskraftkonzeption des Entwurfs entspricht auch dem geltenden Art. 237 HUMK. Die Entscheidung über den prozessualen Anspruch erwächst in materieller Rechtskraft, nicht dagegen die rechtlichen und tatsächlichen Feststellungen in den Entscheidungsgründen.

Außerdem erscheint Art. 309 Abs. 5 HMKT entbehrlich. Denn die Bestimmung der subjektiven Grenzen der Rechtskraft im Falle der Gesamtschuldnerschaft und Gesamtgläubigerschaft ist vielmehr eine materiellrechtlich orientierte Frage.

Der Begriff der *Klagegründe* wird in Art. 309 Abs. 1 HMKT erwähnt. Dabei sollte auch der Umfang des Klagegrundes klargestellt werden. Es ist also erforderlich darzulegen, welche Tatsachen eigentlich zum Klagegrund gehören und welches Abgrenzungskriterium dafür entscheidend ist. Ob der Klagegrund sich nur auf die vorgetragenen Tatsachen bezieht oder mithilfe eines anderen Kriteriums, wie z. B. des historisches Ereignises, des Lebenssachverhalts usw. bestimmt wird, sollte geklärt werden. An dieser Stelle sind allgemeine Maßstäbe hinsichtlich der Bestimmung des Klagegrunds erforderlich.

In Art. 309 HMKT werden die subjektiven Grenzen der Rechtskraft ausführlich geregelt. Dennoch gibt es in dieser Vorschrift, wie auch im gesamten Entwurf keine ausdrückliche Angabe der zeitlichen Grenzen der Rechtskraft und damit auch der Präklusionswirkung. Der Präklusionsumfang hängt auch von der Bestimmung des Klagegrunds ab. Inwieweit eine Partei mit dem nicht vorgebrachten Prozessstoff präkludiert ist, sollte eindeutig geregelt werden. Die Präklusionswirkung bildet als sog. Schwesterprinzip die notwendige Kehrseite der materiellen Rechtskraft.

In der türkischen Zivilprozessordnung gilt die Eventualmaxime in ihrer strengsten Form und als Folge dieses Prinzips tritt im ersten Stadium des Verfahrens (nach dem ersten Schriftsatzwechsel) das Klageänderungsverbot ein. Man spricht dabei im Gegensatz zum deutschen Recht bereits am Anfang des Prozesses von einer Präklusionswirkung. In Art. 147 Abs. 1 HMTK wird das bisherige strenge Prinzip des Klageänderungsverbots bis zu einem gewissen Grad gelockert. Laut Art. 147 Abs. 1 HMKT tritt das Klageänderungsverbot nach dem zweiten Schriftsatzwechsel (also nach Replik und Duplik) ein. Infolgedessen können die Parteien im Gegensatz zum geltenden Recht auch in der Phase des zweiten Schriftsatzwechsels neue Tatsachen vorbringen.

Unter Berücksichtigung des Art. 147 HMKT sollte die Präklusionswirkung im HMKT eindeutig geregelt werden.

C. Das Wesen der materiellen Rechtskraft

I. Rechtskrafttheorien und Rechtfertigung der Rechtskraft

Obwohl man über den Zweck, die Notwendigkeit und die praktischen Auswirkungen der Rechtskraft einig ist, ist es noch streitig, wie die Bindungswirkung eines rechtskräftigen Urteils auch in Fällen unrichtiger Entscheidung sachgerecht und widerspruchsfrei erklärt werden kann.[87]

Umstritten ist also, auf welchem Weg die Rechtskraft erreicht werden soll. Es ist auch die Aufgabe der Rechtskrafttheorien, die Rechtskraft entweder dem Prozessrecht oder dem materiellen Recht zuzuordnen.[88]

Es gibt zwei verschiedene Rechtskrafttheorien, die versuchen, das Wesen der Rechtskraft zu erklären.

II. Materielle Rechtskrafttheorie

Nach der materiellen Rechtskrafttheorie, die heute nicht mehr vertreten wird, schafft oder vernichtet das rechtskräftige Urteil aufgrund seiner Einwirkung auf die materielle Rechtslage allein subjektives Recht.[89] Im Falle eines unrichtigen Urteils wird die Rechtslage umgestaltet, während im Falle eines richtigen Urteils die Rechtslage bestätigt und der Anspruch begründet wird.[90] Diese Ansicht zeigt Ähnlichkeiten mit der Konsumptionswirkung der römischen *litis contestatio*[91], nach der der ursprüngliche Anspruch mit dem Erlass des Urteils untergeht und mit dem Anspruch aus dem Urteil miteinander verbindet.[92]

Friedrich von Savigny ist der Begründer der materiellen Rechtskrafttheorie und ihm zufolge bildet die Rechtskraft des Urteils eine Fiktion der Wahrheit:

> Wenn in einem gegenwärtigen Rechtsstreit eine Frage vorkommt, worüber schon in einem früheren Rechtsstreit ein Urtheil gesprochen worden ist, so muss der neue Richter den Inhalt jenes Urtheils als wahr annehmen und seinem eigenen Ur-

87 MünchKommZPO/*Gottwald*, § 322 ZPO, Rdn. 6.

88 *Habscheid*, in: FS für Ch. Fragistas Bd. A, S. 531.

89 *Neuner*, ZZP 54 (1929), 217, 225; *Sax*, ZZP 67 (1954), 21, 36.

90 *Kohler*, Der Prozess als Rechtsverhältnis, S. 74 ff.; *Kohler*, in: FS für Franz Klein, S. 1 ff; *Pagenstecher*, Zur Lehre von der materiellen Rechtskraft, S. 305 ff.

91 Vgl. dazu ausführlich *Keller*, Ueber Litis Contestation und Urtheil nach classischem Römishen Recht (1827); *Wolf*, Die litis contestatio im römischen Zivilprozess (1968).

92 MünchKommZPO/*Gottwald*, § 322 ZPO, Rdn. 7.

theil zu Grunde legen. In dieser Formel aber nimmt der Rechtssatz eine völlig positive Gestalt an, und ist der unmittelbare Ausdruck der Fiction der Wahrheit, die [...] der eigentliche Sinn der Rechtskraft, und [...] das wahre praktische Bedürfnis [...] ist.[93]

Bei *Kohler* ist die Rechtskraft, wie nach *Savigny*, auch materiellrechtlich zu erklären:

> Und doch, wie einfach ergibt sich alles nach der zivilrechtlichen Theorie: wenn das rechtskräftige Urteil, falls es unrichtig ist, eine zivilistische Änderung herbeiführt, so ist es doch selbstverständlich, daß, [sic] nachdem diese Wandlung eingetreten ist, alle Staatsbehörden sie ebenso anerkennen müssen, wie wenn sie durch irgend einen zivilistischen Akt hervorgerufen worden wäre.[94]

Ebenfalls bemerkt *Pagenstecher* als Vertreter der materiellen Rechtskrafttheorie dazu: „Ziel des Prozeßes [sic] ist also Wahrheitserforschung. Das Resultat ist seiner Idee nach Deklaration der Wahrheit. Ist das, was der Richter deklariert, aber nicht die Wahrheit, so wird wahr, was er (als wahr) deklariert“.[95]

Da die Einwirkung auf die materielle Rechtslage nur bei einem unrichtigen Urteil erkennbar ist, macht diese Theorie folglich aus den unrichtigen Urteilen Gestaltungsurteile.[96]

Die materielle Rechtskrafttheorie wurde von *Pohle* neu gestaltet. Seine Lehre sieht in der rechtskräftigen Entscheidung eine unwiderlegliche Vermutung für die Richtigkeit und das Bestehen der ausgesprochenen Rechtsfolge, die in Form einer Beweislastnorm das materielle Recht ändert.[97] Da seine Lehre nicht behauptet, dass richterliche Urteile immer richtig seien, wird sie der Realität stärker gerecht.[98] Allerdings kann nach der Lehre *Pohles* die richterliche Bindung lediglich durch die Einwirkung des Urteils auf die materielle Rechtslage erklärt werden. Deshalb ist seine Lehre als eine materiellrechtliche Rechtskrafttheorie zu charakterisieren.[99]

---

93 *Savigny*, System des heutigen römischen Rechts Bd. 6, S. 271 f.

94 *Kohler*, in: FS für Franz Klein, S. 1.

95 *Pagenstecher*, Zur Lehre von der materiellen Rechtskraft, S. 305.

96 *Bötticher*, in Hundert Jahre deutsches Rechtsleben, S. 517.

97 *Pohle*, in: GS für Piero Calamandrei Bd. 2, 1957, S. 377; zustimmend *J. Blomeyer*, JR 1968, 407, 409 („Diese Lehre berücksichtigt die prozessuale Seite der Rechtskraft durch den Begriff der wesensgemäß auf den Prozess zugeschnittenen Vermutung und die materielle Seite durch das Attribut, unwiderleglich“); kritisch etwa *Gaul*, in: FS für Werner Flume, S. 443.

98 MünchKommZPO/*Gottwald*, § 322 ZPO, Rdn. 8.

99 *Koussoulis*, Beiträge zur modernen Rechtskraftlehre, S. 25.

III. Prozessuale Rechtskrafttheorie

Nach dieser heute vorherrschenden Ansicht wird durch das Urteil die materielle Rechtslage (außerhalb der Gestaltungsurteile) nicht verändert, sondern nur festgestellt. Daher leugnet die prozessuale Rechtskrafttheorie jeden Einfluss des rechtskräftigen Urteils auf die materielle Rechtslage und betrachtet die Wirkung der materiellen Rechtskraft allein in der Maßgeblichkeit des Entscheidungsinhalts für das Gericht in künftigen Prozessen.[100]

Es werden zwei Auffassungen innerhalb der prozessualen Rechtskrafttheorie vertreten. Nach der Mindermeinung, die von *Stein*[101] und *Hellwig*[102] vertreten wird, ist der Richter in einem Folgeprozess an die Rechtskraft aufgrund eines Widerspruchsverbots gebunden. Man nennt diese Lehre prozessuale Bindungstheorie. Laut dieser Bindungslehre muss der zweite Richter aufgrund der positiven Bindungswirkung der materiellen Rechtskraft dasselbe Urteil erneut erlassen; es ist also dem Richter verboten, im Folgeprozess abweichend zu entscheiden. Allerdings fehlt es bei der Wiederholung der gleichen Klage zumeist am Rechtsschutzinteresse. Deshalb ist die zweite Klage als unzulässig abzuweisen.[103] Wenn aber ein Rechtsschutzinteresse im Einzelfall gegeben ist, dann muss der Richter eine geleichlautende Entscheidung erlassen. Ausnahmeweise liegt das Rechtsschutzinteresse für ein zweites gleichlautendes Urteil vor, wenn z. B. ein Vollstreckungstitel, der sich nicht wiederherstellen lässt, verloren gegangen ist.[104]

Laut *Schwartz*[105] und *Bötticher*[106] beruht die prozessuale Rechtskrafttheorie hingegen auf dem Grundsatz *ne bis in idem*. Da nach dieser Ansicht die materielle Rechtskraft als eine negative Prozessvoraussetzung gilt, ist der zweite Richter an jeder neuen Verhandlung, Beweiserhebung und Entscheidung des rechts-

100 Stein/Jonas/*Leipold*, § 322 ZPO, Rdn. 18.

101 *Stein*, Über die bindende Kraft der richterlichen Entscheidung nach oesterreichischem Recht (1897).

102 *Hellwig*, Anspruch und Klagerecht, S. 141; *Hellwig*, System des deutschen Zivilprozessrechts Teil 1, S. 777 f. Heute sind die Vertreter dieser Auffassung etwa *J. Blomeyer*, JR 1968, 407, 410 f.; *Grunsky*, Grundlagen des Verfahrensrechts, S. 496; *Blomeyer*, Zivilprozessrecht, S. 470; *Arens/Lüke*, Zivilprozessrecht, S. 330.

103 *Hellwig*, Klagrecht und Klagmöglichkeit, S. 71.

104 *Arens/Lüke*, Zivilprozessrecht, S. 327.

105 *Schwartz*, in: FG für Heinrich Dernburg, S. 309 ff, 347, „[D]eshalb darf und muss unser modernes, öffentlich-rechtliches ne bis in idem auch schon gegenwärtig von Amts wegen gewahrt werden".

106 *Bötticher*, Kritische Beiträge, S. 128, 143; *Bötticher*, in: Hundert Jahre deutsches Rechtsleben, 511 ff.

kräftig beschiedenen Streitgegenstandes gehindert.[107] Die zweite Klage ist also im Falle der Streitgegenstandsidentität von Amts wegen als unzulässig abzuweisen. Dabei ist nach der Ne-bis-in-idem-Lehre das Vorliegen oder Nichtvorliegen des Rechtsschutzinteresses im Gegensatz zur Bindungslehre von keiner Bedeutung.

Meistens bildet die Entscheidung über den Streitgegenstand des ersten Verfahrens lediglich eine Vorfrage für die Entscheidung des Folgeprozesses. An dieser Stelle spricht man von Präjudizialität.[108] In diesem Fall ist die Vorfrage zwischen den Streitparteien als rechtskräftig entschieden anzunehmen. Diese Bindung des Gerichts an die präjudizielle Entscheidung verhindert eine Entscheidung über die neue Hauptsache nicht, allerdings ist eine neue Sachverhandlung oder Entscheidung über die präjudizielle Vorfrage unmöglich.[109]

In der Frage der Präjudizialität kommen also sowohl die Bindungslehre als auch die Ne-bis-in-idem-Lehre zum gleichen Ergebnis.

Die herrschende Lehre nimmt auch im Bereich der Präjudizialität die Ne-bis-in-idem-Lehre an und verneint die Bindungslehre.[110]

Die prozessuale Rechtskrafttheorie wurde später auch von der Rechtsprechung übernommen. Der BGH hat die Wirkung der Rechtskraft so formuliert: „Die Rechtskraft verändert nicht die materielle Rechtslage; sie ist keine causa für den Erwerb und Verlust von Rechten, sondern besteht in der bindenden Kraft der im Urteil enthaltenen Feststellung“.[111]

In einer anderen Entscheidung führt der BGH Folgendes an:

> Die Rechtskraft eines früheren Urteils über denselben Streitgegenstand ist als negative Prozessvoraussetzung auch in der Revisionsinstanz von Amts wegen zu beachten. Aber auch dann, wenn eine im Vorprozess rechtskräftig entschiedene Rechtsfrage lediglich Vorfrage für die Entscheidung des nachfolgenden Rechts-

107 MünchKommZPO/*Gottwald*, § 322 ZPO, Rdn. 9.

108 Siehe hierzu unten G-IV-3.

109 MünchKommZPO/*Gottwald*, § 322 ZPO, Rdn. 11.

110 Etwa *Jauernig*, Zivilprozessrecht, S. 199; *Bettermann*, Rechtshängigkeit und Rechtsschutzform, S. 30 ff.; *Koussoulis*, Beiträge zur modernen Rechtskraftlehre, S. 229 ff.; Thomas/Putzo/*Reichold*, § 322 ZPO, Rdn. 9; *Doderer*, NJW 1991, 878, 879; Musielak/*Musielak*, § 322 ZPO, Rdn. 5; Baumbach/Lauterbach/*Hartmann*, Einf. §§ 322-327 ZPO, Rdn. 12.

111 BGH, 10.07.1951, NJW 1951, 885 ff., der BGH führt weiter aus: „Aber es handelt sich hierbei um eine Wirkung von ganz besonderer Bedeutung, die im öffentlichen Interesse an der Erhaltung des Rechtsfriedens und der Rechtssicherheit ihren Grund hat und so stark ist, daß [sic] sie selbst dann hingenommen werden muß, [sic] wenn die Entscheidung unrichtig ist“; vgl. BGH, 24.11.1981, NJW 1982, 1155; BGH, 21.12.1988, NJW 1989, 2133 ff.

streits ist, hat das Revisionsgericht die Rechtskraft der früheren Entscheidung und die sich daraus ergebende Bindungswirkung von Amts wegen zu beachten.[112]

Obwohl der BGH die prozessuale Rechtskrafttheorie vertritt, haben die Rechtskrafttheorien heute eine abnehmende Bedeutung für die Rechtsprechung. Denn der BGH steht anderen aktuellen Rechtskraftproblemen gegenüber, wie die objektiven oder subjektiven Grenzen der Rechtskraft.

Wenn man die Rechtskraft als ein Institut des Prozessrechts bezeichnet, ist die Rechtskraft vor allem eine negative Prozessvoraussetzung und noch in der Revisionsinstanz zu beachten.[113] Keine Vereinbarung über die Rechtskraft ist möglich und sie ist von allen Gerichtsorganen (nicht nur vom Zivilrichter sondern auch vom Vollstreckungsrichter, von der Organen der freiwilligen Gerichtsbarkeit, von den Verwaltungsbehörden und –gerichten und vom Strafrichter) zu beachten.[114]

IV. Bewertung und Stellungnahme

Sowohl im deutschen[115] als auch im türkischen Recht[116] wird überwiegend der prozessrechtlichen Betrachtungsweise der Vorzug gegeben.

Außerdem findet sich in beiden Rechtsordnungen keine gesetzliche Regelung über das Wesen der Rechtskraft. Daher ist es unmöglich, das Wesen der Rechtskraft aus § 322 ZPO oder Art. 237 HUMK abzuleiten und die Bindung der Parteien oder des Gerichts zu erklären.

Mithilfe der Rechtskrafttheorien sind keine praktischen Fragen über den Umfang oder die Wirkungen der Rechtskraft lösbar und keine der Rechtskraft-

---

112 BGH, 16.01.2008, NJW 2008, 1227 ff.

113 *Rosenberg/Schwab/Gottwald*, Zivilprozessrecht, S. 871.

114 *Rosenberg/Schwab/Gottwald*, Zivilprozessrecht, S. 872.

115 Etwa Zöller/*Vollkommer*, Vor. § 322 ZPO, Rdn. 17; *Schwab*, JuS 1976, 69, 73 f.; MünchKommZPO/*Gottwald*, § 322 ZPO, Rdn. 9; Stein/Jonas/*Leipold*, § 322 ZPO, Rdn. 18; *Schilken*, Zivilprozessrecht, S. 520 f.; *Rosenberg/Schwab/Gottwald*, Zivilprozessrecht, S. 870; *Niese*, Doppelfunktionelle Prozesshandlungen, S. 108 ff.; Prütting/Gehrlein/*Völzmann-Stickelbrock*, § 322 ZPO, Rdn. 3; Musielak/*Musielak*, § 322 ZPO, Rdn. 5; Thomas/Putzo/*Reichold*, § 322 ZPO, Rdn. 6 f.; *Homfeldt*, Die Beachtung der Rechtskraft, S. 107.

116 *Alangoya/Yildirim/Deren-Yildirim*, Medeni Usul Hukuku Esaslari, S. 597 f.; *Pekcanitez/Atalay/Özekes*, Medeni Usul Hukuku, S. 511; *Üstündag*, Medeni Yargilama Hukuku, S. 694 f.; *Özkaya-Ferendeci*, Kesin Hükmün Objektif Sinirlari, S. 105; *Cenberci*, Hukuk Davalarinda Kesin Hüküm, S. 18.

theorien ist mit dem geltenden Recht unvereinbar.[117] Obwohl dem Wesen der materiellen Rechtskraft keine praktische Bedeutung für die Lösung einzelner Rechtskraftfragen zukommt, sind die Rechtskrafttheorien von maßgebender Bedeutung bei der anschaulichen und rechtstheoretisch richtigen Erklärung der Folgen der Rechtskraft.[118]

Die materielle Rechtskraft gehört als ein Rechtsinstitut zum Prozessrecht. Sie hat zwei verschiedene Funktionen, nämlich eine positive Funktion mit Bedeutung für Präjudizialfälle und eine negative in Gestalt einer negativen Prozessvoraussetzung für Wiederholungsfälle mit identischem Streitgegenstand.[119]

Die Ne-bis-in-idem-Lehre ist für die Erklärung der negativen Funktion der materiellen Rechtskraft bei Streitgegenstandsidentität vorzüglich geeignet. Denn in diesen Fällen ist der Streitgegenstand des Erst- und Zweitprozess identisch, so dass die materielle Rechtskraft eine negative Prozessvoraussetzung bildet, die die Wiederholung des bereits rechtskräftig entschiedenen Rechtsstreits verhindert.

Jedoch ist im Hinblick auf die Erklärung der Präjudizialwirkung (also positive Wirkung) der Rechtskraft die Ne-bis-in-idem-Lehre nicht unbedenklich. Denn mit dem Wiederholungsverbot ist es nur schwerlich möglich die Bindung bei der Präjudizialität zu erklären: „Weil das Parteivorbringen im Präjudizialpunkt unzulässig ist und das Gericht folglich darüber nicht mehr befinden darf, soll das Gericht gebunden sein".[120] Es erscheint folglich nicht unbedingt logisch, bei der Präjudizialität vom Wiederholungsverbot zu sprechen.

Gottwald weist zu Recht darauf hin, dass die Bindungslehre und die Ne-bis-in-idem-Lehre keine selbständigen Alternativen, sondern lediglich einander ergänzende prozessuale Wirkungen der materiellen Rechtskraft seien.[121]

Ähnlich sei nach *Schilken* innerhalb der prozessualen Theorie weder der Lehre vom Widerspruchsverbot noch derjenigen vom Wiederholungsverbot allein zuzustimmen, sondern beide Grundsätze seien miteinander zu verbinden.[122]

Darüber hinaus nimmt auch *Gaul* mit Recht eine gegenseitige Ergänzung beider Rechtskraftwirkungen an:

> [Bei Präjudizialität] greift vielmehr die positive Funktion der Rechtskraft in ihrer spezifischen Bedeutung ein und zwar unmittelbar in Gestalt des Bindungsgebots

---

117 MünchKommZPO/*Gottwald*, § 322 ZPO, Rdn. 12; zustimmend etwa 224 ff; *Schwab*, JuS 1976, 69, 74; Wieczorek/Schütze/*Büscher*, § 322 ZPO, Rdn. 28; Thomas/Putzo/*Reichold*, § 322 ZPO, Rdn. 5; Zöller/*Vollkommer*, Vor. § 322 ZPO, Rdn. 14.

118 MünchKommZPO/*Gottwald*, § 322 ZPO, Rdn. 12.

119 *Gaul*, in: FS für Friedrich Weber, S. 164.

120 *Gaul*, in: FS für Werner Flume, S. 518.

121 MünchKommZPO/*Gottwald*, § 322 ZPO, Rdn. 14.

122 *Schilken*, Zivilprozessrecht, S. 521; *Schilken*, ZZP 101 (1988), 106, 109.

an den Richter: Weil der Richter sich zu der früheren Entscheidung nicht in Widerspruch setzen darf, muß [sic] er ihren Inhalt seiner eigenen Entscheidung zugrunde legen. So wie dem ne bis in idem das uneingeschränkte Wirkungsfeld dort vorzubehalten ist, wo es als negative Prozessvoraussetzung zu wirken vermag, nämlich in Fällen der Identität des Streitgegenstandes, so dem Widerspruchsverbot (Bindungsgebot) im Bereich der Präjudizialität. Insofern ergänzen sich beide Rechtskraftfunktionen.[123]

Die doppelte Funktion der Rechtskraft kann lediglich auf der Grundlage der prozessualen Rechtskrafttheorie dogmatisch einwandfrei erklärt werden. Innerhalb der prozessualen Theorie sollte man in den Fällen der Präjudizialität die positive Wirkung der Rechtskraft und damit die Bindungslehre annehmen, während in den Fällen der Streitgegenstandsidentität die Ne-bis-in-idem-Lehre maßgebend sein sollte.

123 *Gaul*, in: FS für Werner Flume, S. 518.

D. Abgrenzung zu anderen Urteilswirkungen[124]

I. Gestaltungswirkung

Die Gestaltungswirkung tritt erst mit der formellen Rechtskraft der Gestaltungsurteile ein. Sie ist eine unmittelbare Änderung der Rechtslage (Rechtsänderung), die das Gesetz als bestimmungsgemäße Folge an das Urteil knüpft und diese Wirkung tritt im Unterschied zur materiellen Rechtskraft nicht nur zwischen den Streitparteien, sondern auch im Verhältnis zu Dritten ein.[125]

Die Gestaltung kann, wie bei einem Scheidungsurteil (§ 1564 S. 2 BGB) oder bei der Auflösung einer offenen Handelsgesellschaft (§ 133 HGB), nicht nur das materielle Recht betreffen, sondern auch das Prozessrecht, wie bei einer Änderungsklage (§ 323 ZPO), bei einer Vollstreckungsgegenklage (§ 767 ZPO) oder bei einer Drittwiderspruchsklage (§ 771 ZPO).[126]

Das eine Gestaltungklage abweisende Urteil ist jedenfalls rechtskraftfähig, da ein derartiges Urteil kein Gestaltungsurteil, sondern ein Feststellungsurteil ist.

Die Gestaltungswirkung unterscheidet sich durch die Einwirkung auf die materielle Rechtslage von den Auswirkungen der materiellen Rechtskraft, wie sie die prozessuale Rechtskrafttheorie versteht.[127]

Ob die Gestaltungsurteile mit Blick auf das der Gestaltung zugrunde liegende Recht auch in materieller Rechtskraft erwachsen, ist jedoch umstritten.

Nach der heute überwiegend herrschenden Meinung wirkt einerseits die materielle Rechtskraft grundsätzlich nur zwischen den Parteien und andererseits ist die Gestaltungswirkung von Bedeutung für und gegen alle.[128] Dabei stellt das Gestaltungsurteil fest, dass zurzeit der letzten mündlichen Verhandlung ein Recht des Klägers zur Umgestaltung der Rechtslage bestand.[129] Diese Feststel-

124 Grundlegend hierzu: *Kuttner*, Urteilswirkungen außerhalb des Zivilprozesses (1914).

125 Wieczorek/Schütze/*Büscher*, § 322 ZPO, Rdn. 42.

126 Prütting/Gehrlein/*Völzmann-Stickelbrock*, § 322 ZPO, Rdn. 6.

127 Wieczorek/Schütze/*Büscher*, § 322 ZPO, Rdn. 42; hierzu näher oben C-III.

128 *Schlosser*, Gestaltungsklagen und Gestaltungsurteile, S. 406 ff.; Stein/Jonas/*Leipold*, § 322 ZPO, Rdn. 58; *Bötticher*, in Hundert Jahre deutsches Rechtsleben, S. 517, 539; MünchKommZPO/*Gottwald*, § 322 ZPO, Rdn. 19, 188; *Blomeyer*, Zivilprozessrecht Erkenntnisverfahren, S. 527 f.; *Arens/Lüke*, Zivilprozessrecht, S. 327; *Arens*, Streitgegenstand und Rechtskraft im aktienrechtlichen Anfechtungsverfahren, S. 39 ff.; *Zeuner*, Die objektiven Grenzen der Rechtskraft im Rahmen rechtlicher Sinnzusammenhänge, 116 ff.; *Baumgärtel/Prütting*, Einführung in das Zivilprozessrecht, S. 82; *Rosenberg/Schwab/Gottwald*, Zivilprozessrecht, S. 503.

129 MünchKommZPO/*Gottwald*, § 322 ZPO, Rdn. 188.

lung ist neben der Gestaltungswirkung nicht bedeutungslos. Die materielle Rechtskraft eines Gestaltungsurteils ist zur Vermeidung von späteren Schadensersatz- und Bereicherungsansprüchen des Beklagten (des Erstprozesses), die sich auf die Behauptung rechtswidriger Umgestaltung der Rechtslage stützen, notwendig.[130]

Nach der Mindermeinung kommt einem Gestaltungsurteil keine Rechtskraftwirkung zu. Nach *Lent*:

> […] daß [sic] die Anerkennung – und gerade die allgemeine, unbeschränkte – sich nicht auf die durch Urteile herbeigeführte Gestaltung beschränkt, sondern genau so gilt für jede Gestaltung, auch für die durch andere Staatsakte geschaffene, sogar für die durch Privatrechtsgeschäft hervorgerufene. Bei all diesen kommt eine sachliche Rechtskraft nicht in Frage. Daher läßt [sic] sich auf diesem Wege der strikte Beweis führen, daß [sic] die Anerkennung der Gestaltungswirkung nicht auf der Rechtskraft beruhen kann.[131]

Die Bindungswirkung bei Gestaltungsurteilen sei zwar an den Eintritt der formellen Rechtskraft geknüpft, aber beschränkt sich nicht auf die materielle Rechtskraftwirkung, sondern ist Ausfluss der auch von Dritten zu beachtenden Rechtsänderung.[132]

Im türkischen Schrifttum bejahen – soweit ersichtlich – *Önen*[133], *Budak*[134], *Deren-Yildirim*[135] und *Sungurtekin-Özkan*[136] die deutsche herrschende Auffassung hinsichtlich einer materiellen Rechtskraftwirkung neben der Gestaltungswirkung.

Bei *Kuru* hingegen erweist es sich als praktisch als inhaltslos und überflüssig, falls man neben der Gestaltungswirkung des Urteils, auch die Feststellung des Gestaltungsrechts, also eine materielle Rechtskraftwirkung bejaht.[137] Nach *Lent* sei dies ebenfalls unmöglich.[138]

---

130 MünchKommZPO/*Gottwald*, § 322 ZPO, Rdn. 19, 188; *Schlosser*, Gestaltungsklagen und Gestaltungsurteile, S. 406, „In Wirklichkeit ist aber die materielle Rechtskraft der Gestaltungsurteile vonnöten, um den Prozeßsieger davor zu bewahren, daß [sic] er vom unterlegenen Beklagten wegen Auslösung der Gestaltungswirkung auf Leistung von Schadensersatz oder mit Kondiktionsansprüchen belangt wird".

131 *Lent*, ZZP 61 (1939), 279, 305.

132 Prütting/Gehrlein/*Völzmann-Stickelbrock*, § 322 ZPO, Rdn. 6.

133 *Önen*, Insai Dava, 182.

134 *Kuru/Budak*, Tespit Davalari, S. 50 f.

135 *Deren-Yildirim*, Kesin Hükmün Sübjektif Sinirlari, S. 60.

136 *Sungurtekin-Özkan*, in: FS für Baki Kuru, S. 565.

137 *Kuru*, Hukuk Muhakemeleri Usulü Bd. 5, S. 5094; *Kuru/Arslan/Yilmaz*, Medeni Usul Hukuku, S. 730; *Kuru*, El Kitabi, S. 895 f.

138 *Lent*, ZZP 61 (1939), 279, 310.

Der BGH nimmt neben der Gestaltungswirkung auch die Rechtskraft eines Gestaltungsurteils an.[139]

Wohingegen der türkische Kassationshof zwar die Gestaltungswirkung eines Gestaltungsurteils bejaht, die materielle Rechtskraftwirkung jedoch weiterhin verneint.[140] Ferner entfaltet laut dem Gericht die durch das Gestaltungsurteil bewirkte Rechtsänderung grundsätzlich eine ex-nunc-Wirkung.[141]

II. Tatbestandswirkung

Es ist weiterhin die sog. Tatbestandswirkung eines Urteils von der materiellen Rechtskraft zu unterscheiden. Im Rahmen der Tatbestandswirkung kann das Urteil Tatbestandsmerkmal für die Veränderung der Rechtslage sein. Hier knüpft das materielle Recht bzw. das Prozessrecht die Rechtswirkungen nur an die Existenz einer rechtskräftigen oder einer vorläufig vollstreckbaren Entscheidung.[142]

Zivilurteile können Tatbestandswirkungen sowohl im Bereich des Zivilrechts als auch in anderen Rechtsgebieten haben.

Einerseits gibt es im Bereich des Zivilrechts nach § 197 Abs. 1 Nr. 3 BGB eine dreißigjährige Verjährungsfrist für rechtskräftig festgestellte Ansprüche, unabhängig davon, ob sie einer kürzeren Verjährungsfrist unterliegen; oder der der Erlass eines vollstreckbaren Urteils ist nach § 775 Abs. 1 Nr. 4 BGB Voraussetzung des Befreiungsanspruchs.[143]

Andererseits haben z. B. die Entscheidungen, die eine Verurteilung oder eine Arrestmaßnahme aufheben, im Bereich des Prozessrechts nach § 302 Abs. 4 S. 2, 3, § 600 Abs. 2, § 717 Abs. 2, 3 und § 945 ZPO Tatbestandswirkung für die Schadensersatz- und Bereicherungsansprüche.[144]

---

139 BGH, 05.06.1963, BGHZ 40, 130.

140 Yarg. HGK, E. 1989/6-362, K. 1989/551, T. 25.10.1989, Kazanci; Yarg. HGK, E. 1989/2-263, K. 1990/33, T. 31.01.1990, ABD 1990, 469 f.; Yarg. 3. HD., E. 2007/13778, K. 2007/17232, T. 25.10.1989, Kazanci; Yarg. HGK, E. 1966/2, K. 1966/60-283, T. 09.10.1966, RKD 1967, 19-21.

141 Yarg. IBK, E. 1996/4, K. 1998/3, T. 04.12.1988, RG 06.05.1999 sayi 23687, 43-46; in der Formulierung des Kassationshofs ist aber eine begriffliche Unklarheit in Bezug auf die formelle Rechtskraft, Gestaltungswirkung und Vollstreckbarkeit festzustellen, hierzu näher: *Budak*, Medeni Usul Hukukunda Üccüncü Kisilerin Haklarinin Korunmasi, S. 27 f. (Fn. 65).

142 MünchKommZPO/*Gottwald*, § 322 ZPO, Rdn. 20.

143 Stein/Jonas/*Leipold*, § 322 ZPO, Rdn. 16.

144 Stein/Jonas/*Leipold*, § 322 ZPO, Rdn. 16.

Im türkischen Recht ist die Tatbestandswirkung, wie im deutschen Recht, von Bedeutung.[145] Falls ein Ehegatte durch die Scheidung bedürftig geworden ist, kann er gemäß Art. 175 TMK unter bestimmten Voraussetzungen Bedürftigkeitsunterhalt erhalten. Ein Anspruch auf nachehelichen Bedürftigkeitsunterhalt kann ebenfalls nach rechtskräftiger Ehescheidung in einem gesonderten Verfahren geltend gemacht werden.[146] Ähnlich wie nach § 197 Abs. 3 BGB gibt es im türkischen Recht eine neue Verjährungsfrist für rechtskräftig festgestellte Ansprüche, die nach Art. 135 Abs. 2 BK zehn Jahre beträgt.[147]

III. Innerprozessuale Bindungswirkung

Gemäß § 318 ZPO ist das Gericht an die Entscheidung, die in den von ihm erlassenen End- und Zwischenurteilen enthalten ist, in einem noch anhängigen Prozess gebunden. Der Richter kann die Entscheidung nicht mehr ergänzen, abändern oder aufheben und muss sie seinem weiteren Verfahren zugrunde legen. Die innerprozessuale Bindungswirkung tritt also bereits vor der formellen Rechtskraft ein. Diese Vorschrift gilt aber grundsätzlich nicht für die Beschlüsse.[148]

Im Umfang entspricht die innerprozessuale Bindungswirkung der materiellen Rechtskraft, doch beruht diese Bindungswirkung nicht auf der materiellen Rechtskraft, da sie bereits mit dem Erlass des Urteils eintritt.[149] Außerdem bildet sie die Voraussetzung für jede Rechtskraftwirkung.

Obwohl im türkischen Recht die innerprozessuale Bindungswirkung nicht gesetzlich geregelt ist, ist eine allgemeine Bindung des Richters nach dem Erlass des Urteils anerkannt. Ähnlich dem deutschen Recht ist der Richter im türkischen Recht an die von ihm erlassenen End- und Zwischenurteile grundsätzlich gebunden.[150] An die Zwischenurteile, die nicht über den Streitgegenstand, son-

---

145 *Budak*, Medeni Usul Hukukunda Ücüncü Kisilerin Haklarinin Korunmasi, S. 25 f.; *Deren-Yildirim*, Kesin Hükmün Sübjektif Sinirlari, S. 55; *Alangoya/Yildirim/Deren-Yildirim*, Medeni Usul Hukuku Esaslari, S. 594 (Fn. 1).

146 Yarg. IBK, E. 1956/15, K. 1956/15, T. 28.11.1956, RG sayi 9494; Yarg. HGK, E. 2003/2-280, K. 2003/274, T. 09.04.2003, <www.hukuki.net> (Stand: 22.11.2009); Yarg. 2. HD., E. 2000/14218, K. 2000/14480, T. 20.11.2000, Kazanci; Yarg. 3. HD., E. 2004/2671, K. 2004/2934, T. 29.3.2004, Kazanci.

147 Yarg. IBK, E. 1940/15, K. 1940/70, T. 11.04.1940, RG sayi 4607.

148 Wieczorek/Schütze/*Büscher*, § 322 ZPO, Rdn. 39.

149 Prütting/Gehrlein/*Völzmann-Stickelbrock*, § 322 ZPO, Rdn. 4.

150 Yarg. 1. HD., E. 2002/13589, K. 2002/14189, T. 12.12.2002, YKD 2003, 1033; Yarg. 3. HD., E. 1970/2714, K. 19702203/6573, T. 29.05.1970, RKD 1971, 5.

dern nur über einzelne Streitpunkte entscheiden, ist der Richter nicht gebunden. Denn er kann jederzeit grundsätzlich diese Zwischenurteile abändern oder erheben.[151]

Nach der Verkündung ist der Richter an sein eigenes Urteil gebunden. Er darf es nicht mehr abändern, aufheben oder ergänzen, auch wenn er später zu der Überzeugung gelangt, dass sein Urteil nicht richtig (fehlerhaft) war.[152]

Dieses Verbot, von der ergangenen Entscheidung nicht abzuweichen, wird von *Pekcanitez/Atalay/Özekes* als negative Bindungswirkung der Entscheidung bezeichnet.[153] *Üstündag* spricht dabei von der Rechtkraft im engeren Sinne.[154]

Das Abweichungsverbot betrifft allerdings im Gegensatz zum türkischen Recht im deutschen Recht nur den Urteilstenor und nicht die Tatsachenfeststellungen oder Begründungselemente, die der Entscheidung zugrunde liegen.[155]

Im türkischen Recht erstreckt sich das Verbot grundsätzlich auf alle Urteilselemente.[156]

Die einzige Ausnahme enthält an dieser Stelle die Plenarentscheidung des türkischen Kassationshofes aus dem Jahr 1992.[157] In der türkischen Gerichtspraxis wird in der letzten Verhandlung zunächst eine abgekürzte Form des Urteils verkündet, was meistens nur aus dem Urteilstenor besteht. Die vollständige Form des Urteils im Nachtrag erfolgt. Der Richter muss aufgrund der innerprozessualen Bindungswirkung die vollständige Form des Urteils seiner abgekürzten Form entsprechend abfassen. Steht die abgekürzte Form des Urteils im Widerspruch zur vollständigen Form des Urteils, bildet dieser Widerspruch einen Revisionsgrund. Gegen dieses Urteil kann also das Rechtsmittel der Revision eingelegt werden. Jedoch ist der Richter bis zur Aufhebung dieses Urteils durch den Kassationshof an die abgekürzte Form des Urteils gebunden. Nach der Aufhebung dieses Urteils durch den Kassationshof erfolgt die Zurückweisung der Sache an die erste gerichtliche Tatsacheninstanz (also an die Ausgangsinstanz). Nunmehr kann der Richter den Widerspruch zwischen der abgekürzten und voll-

151 Yarg. 2. HD., E. 1972/6799, K. 1972/7039, T. 12.02.1972, ISBD 1973, 428 f.; *Savata-Tanverdi*, Medeni Usul Hukukunda Kazanilmis Haklar S. 97 f.

152 Yarg. HGK, E. 2002/752, K. 2002/768, T. 20.10.2002, ABD 2002, 135 ff.; Cour de cassation de Neuchâtel, Urteil vom 06.09.1955, RJN Bd. 1, S. 206 = Umar/1967, S. 210 f.; *Belgesay*, Hukuk Usulü Muhakemeleri Kanunu Serhi, S. 192 f.; *Karafakih*, Hukuk Muhakemeleri Usulü Esaslari, S. 245; *Tutumlu*, Medeni Usul Hukuku Sorunlari, S. 35 ff.

153 *Pekcanitez/Atalay/Özekes*, Medeni Usul Hukuku, S. 490.

154 *Üstündag*, Medeni Yargilama Hukuku, S. 693.

155 Wieczorek/Schütze/*Büscher*, § 322 ZPO, Rdn. 40.

156 *Üstündag*, Medeni Yargilama Hukuku, S. 806; *Kuru/Arslan/Yilmaz*, Medeni Usul Hukuku, S. 482; *Alangoya/Yildirim/Deren-Yildirim*, Medeni Usul Hukuku Esaslari, S. 511.

157 Yarg. IBK, E. 1991/7, K. 1992/4, T. 10.04.1992, YKD 1992, 997 ff.

ständigen Form des Urteils gemäß der Plenarentscheidung des türkischen Kassationshofes aus dem Jahr 1992 selbst beseitigen. Er ist dabei nicht mehr an die abgekürzte Form des Urteils gebunden.

IV. Vollstreckbarkeit

Grundsätzlich bilden alle formell rechtskräftigen Urteile einen Vollstreckungstitel (§ 704 Abs. 1 ZPO). Durch den Eintritt der formellen Rechtskraft wird also zugleich die endgültige Vollstreckbarkeit des Urteils herbeigeführt.[158]

Ein noch nicht formell rechtskräftiges Urteil kann im deutschen Recht vollstreckt werden, falls es gemäß §§ 704, 708 ff. ZPO für vorläufig vollstreckbar erklärt wird.

Im türkischen Recht findet die Zwangsvollstreckung aus Endurteilen gemäß Art. 443 S. 1 HUMK (vgl. Art. 426/J Abs. 1 HUMK) grundsätzlich vor dem Eintritt der formellen Rechtskraft statt.[159] Die Einlegung des Rechtmittels der Revision verhindert die Vollstreckung nicht. Der Beklagte kann aber im Kassationsverfahren gegen eine Sicherheitsleistung die Einstellung der Zwangsvollstreckung erreichen (Art. 443 S. 2 HUMK, vgl. Art. 426/J Abs. 1 HUMK, Art. 36 IIK[160]).

Für die Vollstreckung der Klagen aus einem Recht an einem Grundstück, aus dinglichen Rechten und dem Familien- und Personenrecht ist jedoch die formelle Rechtskraft erforderlich.

Leistungsurteile haben im Allgemeinen vollstreckungsfähigen Inhalt, falls ihr Urteilstenor ausreichend bestimmt ist oder nicht auf eine unmögliche Leistung gerichtet ist.[161]

Gestaltungsurteile, klageabweisenden Urteile und Feststellungsurteile sind nicht vollstreckungsfähig. Als Ausnahme sind sie nur aufgrund der im Urteil enthaltenen Kostenentscheidung vollstreckbar.[162]

158 MünchKommZPO/*Gottwald*, § 322 ZPO, Rdn. 21.

159 Yarg. 13. HD., E. 1990/1571, K. 1990/6573, T. 22.10.1990, Kazanci; hierzu näher *Domanic*, Hukukta Kaziyyei Muhkeme, S. 26 f.; *Postacioglu*, Medeni Usul Hukuku Dersleri, S. 679; *Berkin*, Medeni Usul Hukuku Rehberi, 773.

160 Das türkische Zwangsvollstreckungs- und Konkursgesetz (*Icra ve Iflas Kanunu*), Gesetz Nr. 1086 vom 09.06.1932, Amtsblatt Nr. 2128 vom 19.06.1932.

161 Wieczorek/Schütze/*Büscher*, § 322 ZPO, Rdn. 41.

162 Prütting/Gehrlein/*Völzmann-Stickelbrock*, § 322 ZPO, Rdn. 5.

V. Interventionswirkung

Mit der Rechtskraft tritt nach §§ 68, 74 Abs. 3 ZPO für die Nebenintervention und die zulässige Streitverkündung die Interventionswirkung ein.[163]

Die Bindungswirkung ist bei der Interventionswirkung umfassender als die Wirkung der materiellen Rechtskraft. Denn die Bindungswirkung erstreckt sich gemäß § 68 ZPO auf die gerichtliche Entscheidung im Vorprozess und auf die der Entscheidung zugrunde liegenden rechtlichen und tatsächlichen Feststellungen. Andererseits ist die Bindungswirkung bei der Interventionswirkung enger als die Wirkung der materiellen Rechtskraft, weil ihr gegenüber die Einrede mangelhafter Prozessführung erhoben werden kann.[164]

Die Interventionswirkung knüpft nur an die formelle Rechtskraft der Entscheidung an und basiert als eine Urteilswirkung *sui generis* auf der tatsächlichen bzw. in jedem Fall möglichen Beteiligung eines Dritten am Vorprozess.[165]

Es gibt im türkischen Recht keine allgemeine gesetzliche Bestimmung über die Interventionswirkung. Lediglich Art. 190 Abs. 2 BK enthält eine Sonderbestimmung: „Ist die Streitverkündung rechtzeitig erfolgt, so wirkt ein ungünstiges Ergebnis des Prozesses auch gegen den Verkäufer, sofern er nicht beweist, dass es durch böse Absicht oder grobe Fahrlässigkeit des Käufers verschuldet worden sei".

Im Schrifttum wird vorgeschlagen, diese Sonderbestimmung durch Analogie auch auf andere Fälle zu übertragen.[166] Jedenfalls kann die Interventionswirkung lediglich durch Berücksichtigung der Sonderbestimmung (Art. 190 Abs. 2 BK) und der allgemeinen Vorschriften über die Nebenintervention (Art. 53-57 HUMK) erklärt werden.[167] Die Interventionswirkung wird im HMKT ausführlich geregelt (Art. 75 HMKT).

---

163 *Rosenberg/Schwab/Gottwald*, Zivilprozessrecht, S. 865.

164 Prütting/Gehrlein/*Völzmann-Stickelbrock*, § 322 ZPO, Rdn. 8.

165 Prütting/Gehrlein/*Völzmann-Stickelbrock*, § 322 ZPO, Rdn. 8.

166 *Alangoya/Yildirim/Deren-Yildirim*, Medeni Usul Hukuku Esaslari, S. 511; *Pekcanitez*, Medeni Usul Hukukunda Fer'i Müdahale, S. 170 ff.; *Kuru*, Hukuk Muhakemeleri Usulü Bd. 3, S. 2519; *Deren-Yildirim*, Kesin Hükmün Sübjektif Sinirlari, S. 64.

167 *Alangoya/Yildirim/Deren-Yildirim*, Medeni Usul Hukuku Esaslari, S. 511; *Karsli*, Usul Hukuku Acisindan Rücu Davalari, S. 192 f; *Budak*, Medeni Usul Hukukunda Üccüncü Kisilerin Haklarinin Korunmasi, S. 49 ff.

VI. Präjudizienwirkung

Die Urteile, besonders die der Obergerichte, tragen über den Einzelfall hinaus zur Auslegung und Fortentwicklung des Rechts bei.[168] Ihnen kommt damit eine informelle Leitbildfunktion zu, die als abstrakte Urteilskraft gekennzeichnet werden kann.[169] Aus Gründen der Rechtssicherheit, der Rechtsanwendungsgleichheit und des Rechtsfriedens ist die Präjudizienwirkung ebenso von Bedeutung.

Im deutschen Recht, abgesehen von bestimmten Entscheidungen des Bundesverfassungsgerichts (§ 31 BVerfGG) sind später entscheidende Gerichte anders als im common law nicht von Rechts wegen an die Leitgedanken früherer Entscheidungen gebunden; es herrscht der Freiheit der richterlichen Urteilsbildung kein System formeller Präjudizienbindung.[170] Dies entspricht der richterlichen Unabhängigkeit (Art. 97 Abs. 1 GG).

Nach Art. 138 der türkischen Verfassung sind die Richter, wie im deutschen Recht, nur dem Gesetz unterworfen und eine Bindung an Präjudizien besteht nicht:

> Die Richter sind in der Ausübung ihrer Ämter unabhängig; sie sprechen die Urteile gemäß ihrem Gewissen in Übereinstimmung mit der Verfassung, den Gesetzen und dem Recht. Kein Organ, keine Behörde oder Person darf den Gerichten und Richtern bei der Ausübung ihrer Gerichtsbarkeit Anordnungen oder Anweisungen erteilen, Runderlasse zusenden, Empfehlungen geben oder suggestive Winke zukommen lassen.[171]

Dagegen erlangen die Entscheidungen des türkischen Verfassungsgerichts Gesetzeskraft und sind mithin bindend für alle Gerichte.

Außerdem kommt den Plenarentscheidungen des türkischen Kassationshofes, die die Rechtsprechungskonflikte zwischen den Senaten beseitigen, in der türkischen Rechtsordnung aus Gründen der Rechtssicherheit und Rechtseinheit eine gesetzesähnliche allgemeine Bindungswirkung zu (Art. 45 des Gesetzes über den Kassationshof[172]). Infolgedessen sind die Gerichte an derartige Entscheidungen gebunden.

---

168 MünchKommZPO/*Gottwald*, § 322 ZPO, Rdn. 23.

169 Stein/Jonas/*Leipold*, §322 ZPO, Rdn. 17.

170 MünchKommZPO/*Gottwald*, § 322 ZPO, Rdn. 23; *Rosenberg/Schwab/Gottwald*, Zivilprozessrecht, S. 865.

171 Die Verfassung der Republik Türkei (Türkiye Cumhuriyeti Anayasasi), Gesetz Nr. 2709 vom 18.10.1982, Amtsblatt Nr. 17863 vom 09.11.1982, Übersetzung von Christian Rumpf, <http://www.tuerkei-recht.de/Verfassung.pdf> (Stand: 11.12.2009).

172 Yargitay Kanunu, Gesetz Nr. 2797 vom 04.02.1983, Amtsblatt Nr. 17953 vom 08.02.1983.

VII. Formelle Rechtskraft

Die oben dargestellten Urteilswirkungen treten teilweise erst ein, wenn das Urteil formell rechtskräftig ist. Dagegen ist für die innerprozessuale Bindungswirkung der Eintritt der formellen Rechtskraft nicht erforderlich. Das erlassende Gericht ist bereits im laufenden Verfahren an sein Urteil gebunden (§ 318 ZPO). Gleiches gilt gemäß Art. 443 S. 1 HUMK für das türkische Recht (vgl. Art. 426/J Abs. 1 HUMK).

Die formelle Rechtskraft hat im Gegensatz zur materiellen Rechtskraft keine Urteilswirkung, ist hingegen Voraussetzung von Urteilswirkungen.[173] Durch die formelle Rechtskraft ist die Entscheidung in ihrem Bestand gesichert und unterliegt nicht mehr dem Einspruch oder einem Rechtsmittel, d.h. sie wird unanfechtbar und unangreifbar.[174]

Die formelle Rechtskraft ist eine erforderliche Voraussetzung für die materielle Rechtskraft. Denn nur eine Entscheidung, die formell rechtskräftig ist, kann in materieller Rechtskraft erwachsen. Obwohl die formelle Rechtskraft eine Voraussetzung der materiellen Rechtskraft ist, ist jede formell rechtskräftige Entscheidung nicht der materiellen Rechtskraft fähig (z. B. Vorbehaltsurteile nach §§ 302 Abs. 3, 599 Abs. 3 ZPO).[175]

Gemäß § 705 ZPO tritt die Rechtskraft der Urteile mit Ablauf der für die Einlegung des zulässigen Rechtsmittels oder des zulässigen Einspruchs bestimmten Frist ein. Der Eintritt der Rechtskraft wird also durch rechtzeitige Einlegung des Rechtsmittels oder des Einspruchs verhindert. Die Entscheidung kann daher mit ordentlichen, fristgebundenen Rechtsmitteln (Berufung nach §§ 511 ff. ZPO, Revision nach §§ 542 ff. ZPO, sofortige Beschwerde nach §§ 567 ff. ZPO, Rechtsbeschwerde nach §§ 574 ff. ZPO) und mit dem Einspruch (§§ 388, 700 ZPO) nicht mehr angefochten werden.[176]

Falls gegen eine Entscheidung kein Rechtsmittel mehr statthaft ist, wird es bereits mit der Verkündung formell rechtskräftig. Die formelle Rechtskraft tritt z. B. bei Endurteilen des BGH stets sofort mit dem Erlass des Urteils ein. Die formelle Rechtskraft kann auch durch Rechtsmittelverzicht oder Rechtsmittelrücknahme eintreten (§§ 346, 515, 516, 565 ZPO).

Die Entscheidung ist nach Eintritt der formellen Rechtskraft endgültig vollstreckbar. Gemäß § 706 ZPO kann eine Streitpartei ein Rechtskraftzeugnis in der Geschäftsstelle erhalten.

---

173 Zöller/*Vollkommer*, Vor. § 322 ZPO, Rdn. 6.

174 *Rosenberg/Schwab/Gottwald*, Zivilprozessrecht, S. 863.

175 Stein/Jonas/*Leipold*, §322 ZPO, Rdn. 10; AK-ZPO/*Fenge*, § 322 ZPO, Rdn. 10.

176 Wieczorek/Schütze/*Büscher*, § 322 ZPO, Rdn. 2.

Alle Urteile und Beschlüsse, die einer befristeten selbständigen Anfechtung unterliegen oder für unanfechtbar erklärt werden, die Zwischenurteile nach §§ 280, 304 ZPO und auch die nach § 302 Abs. 3, 599 Abs. 3 selbständig anfechtbaren Vorbehaltsurteile sind der formellen Rechtskraft fähig.[177] Die weder unanfechtbaren, noch selbständig anfechtbaren Zwischenentscheidungen (z. B. nach § 303 ZPO) werden dagegen im Rahmen der Anfechtung des Endurteils überprüft (§§ 512, 557 Abs. 2 ZPO); sie sind also der formellen Rechtskraft nicht fähig.[178]

Die Verfassungsbeschwerde, die Nichtigkeitsklage (§§ 578, 579 ZPO) und die Restitutionsklage (§§ 578, 580 ZPO), der Antrag auf Bewilligung von Prozesskostenhilfe für ein Rechtsmittelverfahren, der Antrag auf Wiedereinsetzung in den vorigen Stand (§§ 223 ff. ZPO), der Antrag auf Berichtigung (§ 319 ZPO) oder Urteilsergänzung (§ 321 ZPO) hemmen die formelle Rechtskraft nicht.[179] Denn in diesen Fällen kann die formelle Rechtskraft erst mit einer stattgebenden Entscheidung durchbrochen werden.[180] Anders verhält es sich bei Verletzung des Anspruchs auf rechtliches Gehör, wenn ein Rechtsmittel oder ein anderer Rechtsbehelf gegen die ergangene Entscheidung gegeben ist. Hier ist das Verfahren gemäß § 321a ZPO auf die Rüge der durch die Entscheidung beschwerten Partei hin, fortzuführen.

Im türkischen Recht liegt formelle Rechtskraft, wie im deutschen Recht, vor, wenn die Einlegung der Rechtsmittel ausgeschlossen ist. Die formelle Rechtskraft ist eine notwendige Voraussetzung für die materielle Rechtskraft.[181]

Im Gegensatz zum deutschen Recht gibt es in der HUMK keine Definition oder Sonderregelung (wie § 706 ZPO) der formellen Rechtskraft. In manchen Vorschriften wird aber der Begriff der Rechtskraft angeführt. Gemeint ist damit entweder die formelle oder die materielle Rechtskraft. Insbesondere wird in den Vorschriften über Revision, Berufung und Wideraufnahme der Begriff der Rechtskraft im Sinne der formellen Rechtskraft erwähnt.[182]

Wenn gegen eine Entscheidung das Rechtsmittel der Revision nicht statthaft und unzulässig ist, wird sie bereits mit der Verkündung formell rechtskräftig. Eine Revision gegen die meisten Urteile der ersten Instanz ist statthaft und zulässig (Art. 427 HUMK, vgl. Art. 426/A HUMK), wenn die Revisionssumme in Art. 427 Abs. 2 HUMK (vgl. Art. 426/A Abs. 2 HUMK) überstiegen ist. Ferner

177 Stein/Jonas/*Leipold*, §322 ZPO, Rdn. 4.

178 Stein/Jonas/*Leipold*, §322 ZPO, Rdn. 4.

179 Wieczorek/Schütze/*Büscher*, § 322 ZPO, Rdn. 2.

180 Wieczorek/Schütze/*Büscher*, § 322 ZPO, Rdn. 2.

181 Yarg. 16. HD., E. 1991/12819, K. 1991/10931, T. 15.07.1991, YKD 1992, 741 f.

182 *Kuru*, Hukuk Muhakemeleri Usulü Bd. 5, S. 4981; *Gürdogan*, Kesin Hüküm Itirazi, S. 14 ff.; *Üstündag*, Medeni Yargilama Hukuku, S. 693 f.

tritt die formelle Rechtskraft der Urteile mit Ablauf der Revisionsfrist für die Einlegung des zulässigen Rechtsmittels ein. Die Revisionsfrist beträgt für die Urteile der Landgerichte 15 Tage (Art. 432 HUMK) und für die Urteile der Amtsgerichte acht Tage (Art. 437 HUMK) (vgl. Art. 426/E HUMK).

Die formelle Rechtskraft kann auch durch Rechtsmittelverzicht oder Rechtsmittelrücknahme eintreten (durch analoge Anwendung des Art. 535 HUMK, vgl. Art. 426/İ HUMK).

Die das Rechtsmittel zurückweisende Entscheidung des Kassationshofes (also Bestätigung des Urteils) ist sofort formell rechtskräftig, falls bei dieser Bestätigungsentscheidung das Rechtsmittel der Berichtigung ausgeschlossen ist (Art. 440 ff. HUMK, vgl. Art. 426/M Abs. 2 HUMK).

Das Rechtsmittel der Berichtigung ist bei demselben Zivilsenat des Kassationshofes einzulegen, der das Urteil bereits im Revisionsverfahren überprüft hat.

Wenn man gegen die Bestätigungsentscheidung des Kassationshofes innerhalb von 15 Tagen kein Rechtsmittel der Berichtigung einlegt, wird das Urteil mit Ablauf der Rechtmittelfrist formell rechtskräftig. Legt man gegen die Bestätigungsentscheidung des Kassationshofes innerhalb der 15 Tagen das Rechtsmittel der Berichtigung ein, wird das Urteil erst mit dem Erlass des Berichtigungsurteils, das den Antrag auf die Berichtigung zurückweist, formell rechtskräftig. Legt man das Rechtsmittel der Berichtigung gegen die Aufhebungsentscheidung des Kassationshofes ein, wird das Urteil mit dem Erlass des Berichtigungsurteils, das dem Antrag auf Berichtigung stattgibt, formell rechtskräftig.

Eine formell rechtskräftige Entscheidung kann im türkischen Recht grundsätzlich lediglich durch die Wiederaufnahme des Verfahrens (Art. 445 ff. HUMK) oder Wiedereinsetzung in den vorigen Stand (Art. 166 ff. HUMK) beseitigt werden.

Grundsätzlich sind die Sachurteile und Prozessurteile der formellen Rechtskraft fähig. Es gibt keine Regelung im türkischen Recht über die formelle Rechtskraftfähigkeit der Zwischenurteile. In der Gerichtspraxis entfalten die Zwischenurteile keine formelle Rechtskraft.

Für den Eintritt der materiellen Rechtskraft muss die Entscheidung erst für beide Parteien formell rechtskräftig werden.

E. Begriffsklärungen und rechtssystematische Verortung beider Rechtskraftregelungen

I. Im deutschen Recht

1. Begriff und Systematik

Rechtssystematisch findet sich die Regelung der materiellen Rechtskraft (§ 322 ZPO) im zweiten Buch der ZPO (Verfahren im ersten Rechtszug), Abschnitt 1 (Verfahren vor den Landgerichten), Teil 2 (Urteil). Die Regelung der formellen Rechtskraft (§ 705 ZPO) steht im achten Buch der ZPO (Zwangsvollstreckung), Abschnitt 1 (Allgemeine Vorschriften).

Der Begriff der Rechtskraft wird von der ZPO sowohl für die Unanfechtbarkeit der Entscheidung im anhängigen Rechtsstreit (die formelle Rechtskraft § 705 ZPO) als auch für die inhaltliche Maßgeblichkeit der Entscheidung über den anhängigen Rechtsstreit verwendet (§ 322 ZPO).[183]

Obwohl in den Vorschriften der ZPO allgemein der Begriff der Rechtskraft angeführt wird, führt diese sich nicht unterscheidende Gesetzessprache der ZPO kaum zu Schwierigkeiten.[184] Denn aus dem Zusammenhang ist es wohl zu erkennen, ob in einer Vorschrift die formelle Rechtskraft (z. B. §§ 269 Abs. 3. S. 1, 578 Abs. 1, 586 Abs. 2 ZPO) oder die materielle Rechtskraft (z. B. §§ 69) oder beides zusammen (z. B. § 1055 ZPO) gemeint ist.[185]

Die Regelung der Rechtskraft wird durch §§ 323 ff. ZPO ergänzt und in §§ 704 ff. ZPO für die Zwangsvollstreckung weiterentwickelt.[186]

Für die materielle Rechtskraft gibt es keine gesetzliche Begriffsbestimmung in der ZPO oder im BGB. Über den Begriff und das Wesen der Rechtskraft lassen sich also aus dem geschriebenen Recht keine Erkenntnisse ableiten.[187] Wie in Art. 237 HUMK, findet sich in § 322 ZPO keine Definition der materiellen Rechtskraft, sondern es werden nur ihre objektiven Grenzen erwähnt: „Urteile sind der Rechtskraft nur insoweit fähig, als über den durch die Klage oder durch die Widerklage erhobenen Anspruch entschieden ist […]“.

---

183 Stein/Jonas/*Leipold*, § 322 ZPO, Rdn. 1; Musielak/*Musielak*, § 322 ZPO, Rdn. 1.

184 Stein/Jonas/*Leipold*, § 322 ZPO, Rdn. 2; Wieczorek/Schütze/*Büscher*, § 322 ZPO, Rdn. 1.

185 Stein/Jonas/*Leipold*, § 322 ZPO, Rdn. 2; Wieczorek/Schütze/*Büscher*, § 322 ZPO, Rdn. 1.

186 Baumbach/Lauterbach/*Hartmann*, § 322 ZPO, Rdn 1.

2. Zweck der materiellen Rechtskraft

Aufgrund des Rechtsstaatsprinzips (Art. 2 Abs. 1 GG) sowie der im konkreten Fall jeweils betroffenen grundrechtlichen Gewährleistungen ist die Aufgabe der formellen und materiellen Rechtskraft die Gewährleistung der Rechtssicherheit, des Rechtsfriedens zwischen den Parteien sowie der Entlastung der Justiz von der Befassung mit bereits entschiedenen Rechtsstreitigkeiten.[188]

Bei der formellen Rechtskraft handelt es sich um die Unanfechtbarkeit einer gerichtlichen Entscheidung durch ordentliche Rechtsmittel. Kraft der formellen Rechtskraft wird die Rechtssicherheit garantiert. Die formelle Rechtskraft ist aber nicht allein ausreichend für die Verhinderung der Wiederholung eines bereits formell rechtskräftig entschiedenen Rechtsstreits und damit der Gewährleistung des Rechtsfriedens. Jeder Rechtsstreit muss aufgrund des Rechtsfriedens unter den Prozessparteien und der langfristigen Gewährleistung der Autorität des Gerichts[189] einmal ein prozessuales Ende finden.[190] Diesem Zweck dient die Maßgeblichkeit des Entscheidungsinhalts. Die Maßgeblichkeit einer gerichtlichen Entscheidung wird durch die materielle Rechtskraft sichergestellt. Die materielle Rechtskraft bedeutet, dass der Inhalt der formell rechtskräftigen Entscheidung in einem späteren Prozess für die Parteien und das Gericht bindend ist, wenn es im Folgeprozess um dieselbe Rechtsfolge geht.[191] Also soll im Interesse des Rechtsfriedens und der Autorität des Gerichts verhindert werden, dass um die bereits rechtskräftig entschiedene Rechtsfolge oder ihren Gegenteil wiederholt prozessiert und widersprechend entschieden wird.[192]

Formelle und materielle Rechtskraft ergänzen sich gegenseitig und gewährleisten, dass zwischen den Parteien in der rechtskräftig entschiedenen Streitsache dauerhaft Rechtssicherheit und Rechtsfrieden herrscht.[193]

Die Rechtskraft besteht auch im öffentlichen Interesse.[194] Die Gerichte werden durch die Rechtskraft vor einer mehrfachen Inanspruchnahme mit demsel-

---

187 Musielak/*Musielak*, § 322 ZPO, Rdn. 4.

188 *Germelmann*, Die Rechtskraft, S. 10 f.

189 Ablehnend Stein/Jonas/*Leipold*, § 322 ZPO Rdn. 30 („Dagegen ist es nicht als einer der Zwecke der Rechtskraft anzuerkennen, die Autorität des Staates und das Ansehen der Gerichte zu fördern; diesem Anliegen können Qualität und Schnelligkeit der Rechtsprechung dienen, nicht aber der von vornherein vergebliche Versuch, den nicht mehr anfechtbaren Gerichtsurteilen einen Anflug von Unfehlbarkeit zu verschaffen").

190 Musielak/*Musielak*, § 322 ZPO, Rdn. 1; MünchKommZPO/*Gottwald*, § 322 ZPO, Rdn. 4.

191 Thomas/Putzo/*Reichold*, § 322 ZPO, Rdn. 1; *Zeiss/Schreiber*, Zivilprozessrecht, S. 210.

192 Thomas/Putzo/*Reichold*, § 322 ZPO, Rdn. 1; Hk-ZPO/*Saenger*, § 322 ZPO, Rdn. 1.

193 Prütting/Gehrlein/*Völzmann-Stickelbrock*, § 322 ZPO, Rdn. 1.

ben Streitstoff geschützt.[195] Dabei trägt der Entlastungsaspekt der Rechtskraft zur Sicherstellung der Funktionsfähigkeit der Justiz und zur Sicherung des Justizgewährungsanspruchs bei.[196]

Es ist die Aufgabe des Staates, aufgrund der gegen ihn bestehenden Rechtsschutzgewährung durch die staatlichen Gerichte das subjektive materielle Recht der Beteiligten zu verwirklichen, also den Beteiligten bei der Durchsetzung ihrer Rechte zu helfen.[197] Der Staat erfüllt seine Pflicht, wenn er seine Hilfe in einem ordnungsgemäß durchgeführten Verfahren gewährt hat.[198] Deshalb hat die obsiegende Partei auch in Fällen unrichtiger Entscheidung grundsätzlich ein Recht darauf, dass die in einem ordnungsgemäßen Verfahren ergangene Entscheidung respektiert wird.[199] Der Rechtsstreit muss also auch in den Fällen der Fehlentscheidung (grundsätzlich) trotz der materiellen Gerechtigkeit ein Ende finden, weil die Rechtskraft unabhängig von der dem Urteil zugrundeliegenden materiellen Rechtslage eintritt.[200]

Das Institut der Rechtskraft trägt also nicht nur im Einzelfall zu einer Befriedung des betreffenden Rechtsverhältnisses bei, sondern sie dient auch abstrakt zur allgemeinen Schaffung von Rechtsfrieden und Rechtssicherheit.[201]

---

194 *Windscheid/Kipp*, Lehrbuch des Pandektenrechts, S. 652, „Die Rechtskraft des Urteils besteht im öffentlichen Interesse und beruht auf einem Satze des zwingenden Rechts. Die Parteien können auf die Wirkungen der Rechtskraft nicht verzichten".

195 Wieczorek/Schütze/*Büscher*, § 322 ZPO, Rdn. 12.

196 MünchKommZPO/*Gottwald*, § 322 ZPO, Rdn. 4; Wieczorek/Schütze/*Büscher*, § 322 ZPO, Rdn. 12.

197 *Grunsky*, Grundlagen des Verfahrensrechts, S. 484.

198 *Grunsky*, Grundlagen des Verfahrensrechts, S. 484.

199 MünchKommZPO/*Gottwald*, § 322 ZPO, Rdn. 5, „Zweck der Rechtskraft ist es daher nicht primär, Macht gegenüber einer eventuell zu Unrecht unterlegenen Partei auszuüben, sondern der obsiegenden Partei die Vorteile einer in einem mit größtmöglichen Rechtsschutzgarantien ausgestalteten Verfahren zu sichern".

200 *Germelmann*, Die Rechtskraft, S. 12 f.; *Maurer*, Staatsrecht 1, S. 226, „Im Interesse der Rechtssicherheit und des Rechtsfriedens müssen daher auch Urteile hingenommen werden, die möglicherweise rechtswidrig sind. Das ist deshalb, aber auch nur deshalb vertretbar, weil die gerichtlichen Entscheidungen durch unabhängige Richter in einem mit förmlichen Garantien ausgestatteten Verfahren ergehen und daher eine erhöhte Richtigkeitsgewähr besitzen".

201 *Germelmann*, Die Rechtskraft, S. 12.

II. Im türkischen Recht

1. Systematik

Die materielle Rechtskraft ist im türkischen Recht in Art. 237 HUMK und (wie Art. 211 CPCN a.F.) in einem Abschnitt über die Beweisaufnahme geregelt. Da die Rechtskraft unter dem Titel Beweisaufnahme geregelt ist, wird diese Regelung in der türkischen Literatur kritisiert. Denn die materielle Rechtskraft hat einen prozessualen Charakter und ist grundsätzlich kein Beweis, sondern eine Auswirkung der Entscheidung, betrifft als eine Eigenschaft der Entscheidung demnach die Entscheidung selbst. Sie übt verschiedene Funktionen aus. Manchmal ist sie eine negative Prozessvoraussetzung und findet so Beachtung, manchmal kann sie als ein zwingendes Beweismittel in das türkische Verfahren vorgebracht werden. Jedenfalls wird der Rechtsstreit zwischen den Parteien durch die materielle Rechtskraft endgültig beendet.[202]

Man ist sich in der türkischen Literatur darüber einig, dass die Regelung der Rechtskraft das Urteil betrifft und dem Prozessrecht angehört und sich aus dem Prozesszweck rechtfertigt.[203] Die Rechtskraft müsste nach dem Schrifttum gesetzlich am besten in einem Abschnitt über das Urteil geregelt werden.

Es gibt nur wenige (und alte) Darstellungen in der türkischen Literatur, die die Rechtskraft im Rahmen der Beweistheorie behandeln.[204] Im Gesetzentwurf für eine neue türkische Zivilprozessordnung ist die materielle Rechtskraft mit Recht in einem Abschnitt über das Urteil geregelt (Art. 309 HMKT).

Außerdem enthält die HUMK im Gegensatz zur ZPO keine gesetzliche Regelung für die formelle Rechtskraft.[205]

2. Definitionen der materiellen Rechtskraft

Im türkischen Recht ist Art. 237 HUMK der einzige Artikel des Gesetzes, der die materielle Rechtskraft regelt. Genauso wie im deutschen Recht (§ 322 ZPO) beinhaltet Art. 237 HUMK keine Definition der materiellen Rechtskraft, sondern nennt ihre Voraussetzungen.

---

202 *Gürdogan*, Kesin Hüküm Itirazi, S. 34.

203 *Kuru/Arslan/Yilmaz*, Medeni Usul Hukuku, S. 799; *Üstündag*, Medeni Yargilama Hukuku, S. 693; *Postacioglu*, Medeni Usul Hukuku Dersleri, S. 678, *Pekcanitez/Atalay/Özekes*, Medeni Usul Hukuku, S. 478.

204 Wie z. B. *Berkin*, Medeni Usul Hukuku Esaslari, S. 174 ff.; *Berkin*, Medeni Usul Hukuku Rehberi, S. 771 ff.

205 Siehe hierzu oben D-VII.

Im türkischen Schrifttum gibt es verschiedene Definitionen der materiellen Rechtskraft mit unterschiedlichen Nuancen:

Nach *Gürdogan*[206] *Ansay*[207] und *Kuru*[208] ist die materielle Rechtskraft eine gesetzliche Wahrheit, die den richterlichen Entscheidungen durch das Gesetz zugesprochen wird.

Bei *Belgesay*[209] ist die materielle Rechtskraft die gesetzliche Entscheidung, die jemandem ein subjektives Recht zuspricht.

Nach *Karafakih*[210] ist die materielle Rechtskraft eine an die Entscheidung des Richters geknüpfte Wahrheit, deren Gegenteil nicht bewiesen werden kann.

Laut *Bilge/Önen*[211] ist die materielle Rechtskraft die Einwirkung des Urteils auf das Rechtsverhältnis zwischen den beiden Parteien.

Das türkische juristische Wörterbuch beschreibt die materielle Rechtskraft als eine gesetzliche Wirkung, die den prozessbeendenden Entscheidungen der Richter zugesprochen werden und die jedermann beachten müsse.[212]

Gemäß *Pekcanitez/Atalay/Özekes*[213] bedeutet die materielle Rechtskraft die Unabänderbarkeit der Entscheidung durch ordentliche Rechtsmittel, Verhinderung des möglichen Zweitprozesses in derselben Sache und die Bindung des Richters im Zweitprozess.

Laut *Domanic*[214] ist die materielle Rechtskraft die unter bestimmten Voraussetzungen erlangte gesetzliche Wahrheit der Entscheidung des Richters im gerichtlichen Verfahren oder des Schiedsrichters im Schiedsverfahren.

Nach *Alangoya/Yildirim/Deren-Yildirim*[215] ist die materielle Rechtskraft nach der prozessbeendenden Entscheidung des Richters die Verhinderung des möglichen Zweitprozesses in derselben Sache.

Der gemeinsame Punkt dieser Definitionen ist, dass für die materielle Rechtskraft vor allem eine gerichtliche (richterliche) Entscheidung vorliegen muss. Die materielle Rechtskraft kann lediglich vom Gesetz eingeräumt werden.

---

206 *Gürdogan*, Kesin Hüküm Itirazi, S. 29.

207 *Ansay*, Hukuk Yargilama Usulleri, S. 363.

208 *Kuru*, Hukuk Muhakemeleri Usulü Bd. 5, S. 4986.

209 *Belgesay*, Hukuk Usulü Muhakemeleri Kanunu Serhi Bd. 2, S. 41 f.; *Belgesay*, in: Iktisat ve Ticaret Ansiklopedisi, S. 270.

210 *Karafakih*, Hukuk Muhakemeleri Usulü Esaslari, S. 172.

211 *Bilge/Önen*, Medeni Yargilama Hukuku Dersleri, S. 689; vgl. auch *Önen*, Medeni Yargilama Hukuku, S. 329.

212 *Türk Hukuk Lügati*, S. 196.

213 *Pekcanitez/Atalay/Özekes*, Medeni Usul Hukuku, S. 510.

214 *Domanic*, Hukukta Kaziyyei Muhkeme, S. 4.

215 *Alangoya/Yildirim/Deren-Yildirim*, Medeni Usul Hukuku Esaslari, S. 594.

Ferner erfordert die materielle Rechtskraft die Beachtung einer rechtskräftigen Entscheidung als gesetzliche Wahrheit.[216]

3. Begriffsunklarheiten

Was den Terminus technicus und die Klassifizierung der Rechtskraft anbelangt, bestehen im türkischen Recht Unklarheiten.

Die heutige türkische Sprache geht auf die osmanisch-türkische Sprache zurück, die in vielen Fällen durch die arabische und persische Sprache ergänzt wurde. Um das türkische Element in der Sprache durch den Rückgriff auf alte türkische Begriffe zu stärken, hat man ab dem 20. Jahrhundert damit begonnen, Vorsorgemaßnahmen zu treffen. Was die türkische Rechtssprache betrifft, werden deshalb in türkischen Gesetztexten zahlreiche osmanisch-türkische Rechtsbegriffe durch neu-türkische Rechtsbegriffe wiedergegeben. Die türkische Rechtssprache ist immer noch in ständiger Bewegung. In den älteren Gesetztexten gibt es viele osmanisch-türkische Rechtsbegriffe, andere Gesetztexte sind eher modern gefasst und enthalten neu geschaffene Begriffe.

Obwohl die Gesetzessprache des CPCN a.F. so verständlich, klar und präzise war, gilt das Gleiche aufgrund der osmanisch-türkischen Elemente nicht für seine türkische Übersetzung, die HUMK.[217]

Bezüglich des Rechtskraftbegriffs gibt es im türkischen Recht viele unterschiedliche und irreführende Begriffe. Denn jeder Rechtsbegriff wird in der neuen und alten türkischen Sprache durch zwei oder mehrere Begriffe wiedergegeben. Um den Rechtskraftbegriff in Übereinstimmung mit der modernen türkischen Sprache und zutreffend auszudrücken, wurden bisher viele verschiedene Begriffe entwickelt.

a) Terminus technicus

Im alten türkischen Recht verwendete man zuerst für den Begriff der Rechtskraft den juristischen Begriff *emr-i makzi*, was wörtlich *die bereits gerichtlich entschiedene Sache* bedeutet. Danach verwendete man den Begriff *kaziye-i mahkumunbiha*, was (ähnlich wie emri makzi) wörtlich *die Sache, die durch gerichtliches Urteil erledigt wird,* bedeutet.

---

216 *Gürdogan*, Kesin Hüküm Itirazi, S. 29; *Kuru*, Hukuk Muhakemeleri Usulü Bd. 5, S. 4986.

217 *Umar*, Hukuk Usulü Muhakemeleri Kanunumuzun Mehaz Neuchâtel Kantonundaki Tatbikati, S. 5.

Später wurde der Terminus *kaziye-i muhakeme* in der Rechtsprechung und Literatur übernommen. Aufgrund der missverständlichen und unklaren Bedeutung dieses Begriffs, hat der Gesetzgeber danach den Begriff *kaziye-i muhkeme* im Gesetz formuliert.[218] Diese gesetzliche Formulierung findet sich in Art. 237, 445 und 447 HUMK. *Kaziye-i muhkeme* wird von Rechtsprechung und Lehre auch als *kaziye-i muhkem* bezeichnet. Dieser osmanisch-türkische Terminus wird in Übereinstimmung mit der neu-türkischen Grammatik auch als *muhkem kaziye* gebraucht. Dieser Begriff kann wörtlich als *eine sichere Sache* aus dem Türkischen ins Deutsche übersetzt werden.

Heute lautet der vorherrschende Begriff in Lehre und Praxis für die Rechtskraft hingegen *kesin hüküm*, was wörtlich *sicheres Urteil* bedeutet. Außerdem lässt sich der Terminus *kesin yargi* (*sicheres Verfahren*) in einigen Entscheidungen des türkischen Kassationshofes finden.

Auffallend ist dabei, dass alle diese Begriffe im türkischen Recht zur Bezeichnung sowohl der formellen als auch der materiellen Rechtskraft gebraucht werden. Sinngemäß bedeuten alle diese Begriffe *Rechtskraft* und stellen Synonyme dar. Aber sie haben verschiedene wörtliche Bedeutungen.

Das grundsätzliche Problem bei diesen Begriffen liegt darin, dass ursprünglich alle diese Begriffe eine Übersetzung von *jugement définitif* aber nicht von *res iudicata* oder *chose jugée* sind.[219] Der Gesetzgeber hat eigentlich mit dieser Übersetzung die Rezeption des Begriffs der Rechtskraft (res iudicata / chose jugée) beabsichtigt, doch der von ihm als Ausgangspunkt bevorzugte Rechtsbegriff *jugement définitif* war für diesen Zweck nicht geeignet. Denn der Begriff *jugement définitif* hat vielmehr mit der Endgültigkeit der Entscheidung oder der innerprozessualen Bindungswirkung zu tun, nicht aber mit der formellen oder materiellen Rechtskraft. Da diese Übersetzung im türkischen Recht im Sinne der Rechtskraft verwendet wurde, führt sie zu Unklarheiten.[220] Folglich stellen sich die Fragen zur Terminologie bezüglich der Rechtskraft im türkischen Recht immer noch und es bestehen verschiedene Klassifizierungen der Rechtskraft.

Es reicht manchmal im türkischen Recht nicht aus, sich an den Rechtsbegriffen der kontinentalen europäischen Länder zu orientieren, falls diese Rechtsbegriffe (oder Rechtsinstitute) der geltenden Rechtsordnung völlig fremd sind. Im alten türkischen Zivilverfahrensrecht wurde die Rechtskraft als Rechtsinstitut

---

218 Der Begriff *Muhkem* bedeutet unabänderliches Wort oder unabänderlicher Text und der Begriff *kaziye* bedeutet eine Sache, ein Ding, *Devellioglu*, Osmanlica-Türkce Ansiklopedik Lügat, S. 499, 673.

219 Im anglo-amerikanischen Recht verwendet man den modernen lateinischen Grammatikregeln entsprechend den Begriff *res judicata* statt *res iudicata*. „An issue that has been definitively settled by judicial decision“, *Garner*, Black's Law Dictionary, S. 1336 f.

220 *Gözler*, AÜHFD 2007, 45, 57; *Önen*, ABD 1976, 26, 35.

nicht geregelt und das Fehlen dieses Instituts führte folglich zu Schwierigkeiten bei der Rezeption der Rechtskraft.[221]

Kuru hält den Begriff *kesin hüküm* zur Bezeichnung der Rechtskraft für angemessen und trifft folgende Klassifizierung als Unterarten des Begriffes der Rechtskraft: *sekli anlamda kesin hüküm* (formelle Rechtskraft / force de chose jugée) und *maddi anlamda kesin hüküm* (materielle Rechtskraft / L'autorité de la chose jugée).[222]

Postacioglu hat die Verwendung des Begriffs *kesin hüküm* für die Rechtskraft kritisiert.[223] Er behauptet, dass dieser Begriff für die Beschreibung der Rechtskraft nicht ausreichend sei und unglücklich gewählt worden sei. *Kaziyei muhkeme* (oder *muhkem kaziye*) dagegen drücke die Rechtskraft besser, deutlicher und weniger missverständlich aus.[224]

Nach *Gözler* seien lediglich die Begriffe *emri makzi* und *kaziye-i mahkumunbiha* zur Benennung der Rechtskraft zutreffend und zweckmäßig.[225] Denn im Gegensatz zu den anderen Begriffen, die von dem Begriff jugement définitif ins Türkische übersetzt werden, basieren die Begriffe *emri makzi* und *kaziye-i mahkumunbiha* auf der wörtlichen Übersetzung des Begriffs der Rechtskraft (res iudicata / chose jugée).

b) Klassifizierung

Eine andere Unklarheit im Hinblick auf die Rechtskraft ist bei ihrer Klassifizierung festzustellen:

Postacioglu[226], *Berkin*[227], *Üstündag*[228] und *Domanic*[229] verwenden statt der Unterscheidung der formellen und materiellen Rechtskraft, Rechtskraft im engeren und weiteren Sinne. Nach dieser Klassifizierung spricht man von der Rechtskraft im engeren Sinne (*dar manada/nisbi kaziyei muhkeme*), wenn das Gericht ein Endurteil erlässt. Beim Urteilerlass ist der Richter in einem noch anhängigen Prozess an sein Urteil gebunden.

---

221 *Ansay*, Hukukta Yargilama Usulleri, S. 353.

222 *Kuru*, Hukuk Muhakemeleri Usulü Bd. 5, S. 4980; zustimmend *Önen*, ABD 1976, 26, 33 f.

223 *Postacioglu*, IBD 1990, 10, 10; *Postacioglu*, Medeni Usul Hukuku Dersleri, S. 488.

224 *Postacioglu*, IBD 1990, 10, 10; *Postacioglu*, Medeni Usul Hukuku Dersleri, S. 488.

225 *Gözler*, AÜHFD 2007, 45, 58 f.

226 *Postacioglu*, Medeni Usul Hukuku Dersleri, S. 420.

227 *Berkin*, Medeni Usul Hukuku Esaslari, S. 174; *Berkin*, Medeni Usul Hukuku Rehberi, S. 771 f.

228 *Üstündag*, Medeni Yargilama Hukuku, S. 693 f.

229 *Domanic*, Hukukta Kaziyyei Muhkeme, S. 24 f.

Mit der Rechtskraft im engeren Sinne bezeichnet man sozusagen die innerprozessuale Bindungswirkung[230], die bereits vor der formellen Rechtskraft eintritt.

Falls eine Entscheidung jedoch durch die ordentlichen Rechtsmittel nicht mehr angefochten werden kann, also formell rechtskräftig geworden ist, kommt nach dieser Ansicht die Rechtskraft im weiteren Sinne zustande (*genis manada/mutlak kaziyei muhkeme*).

Die Rechtskraft im weiteren Sinne hat eine negative und positive Wirkung. Die positive Wirkung bedeutet die Bindung der Parteien an die rechtskräftige Entscheidung. Daneben verhindert die negative Wirkung eine erneute Verhandlung über eine einmal rechtskräftig festgestellte Rechtsfolge (Wiederholungsverbot).

Nach *Pekcanitez/Atalay/Özekes*[231] hat die Rechtskraft ebenfalls zwei Seiten: die Rechtskraft im engeren und weiteren Sinne. Die Rechtskraft im engeren Sinne steht aber im Gegensatz zur Auffassung von *Postacioglu* und *Üstündag*, für die formelle Rechtskraft. Die Rechtskraft im weiteren Sinne schließt sowohl die materielle als auch die formelle Rechtskraft mit ein. Die Rechtskraft im engeren Sinne bildet dabei die erforderliche Voraussetzung für die materielle Rechtskraft.

Die herrschende Klassifizierung der Rechtskraft im türkischen Recht beruht dagegen zu Recht (wie im deutschen Recht) auf der Unterscheidung der formellen und materiellen Rechtskraft.[232]

4. Zweck der materiellen Rechtskraft

Wie im deutschen Recht, so ist die Rechtskraft auch im türkischen Recht ein Institut des Prozesses, also des öffentlichen Rechts, und ist von allen Staatsorganen zu beachten.[233] Die Rechtskraft gehört zur öffentlichen Ordnung. Die Auffassung von *Emcet Belgesay*[234], die die Rechtskraft losgelöst von der öffentlichen Ordnung sieht, wird in der türkischen Literatur stark kritisiert.[235]

230 Siehe hierzu oben D-III.

231 *Pekcanitez/Atalay/Özekes*, Medeni Usul Hukuku, S. 509.

232 *Kuru*, Hukuk Muhakemeleri Usulü Bd. 5, S. 4981 ff.; *Kuru/Arslan/Yilmaz*, Medeni Usul Hukuku, S. 716 ff.; *Cenberci*, Hukuk Davalarinda Kesin Hüküm, S. 15; *Alangoya/Yildirim/Deren-Yildirim*, Medeni Usul Hukuku Esaslari, S. 594 f., *Gürdogan*, Kesin Hüküm Itirazi, S. 4 f.; *Selcuk*, AD 1973, 937, 939 f.

233 *Ansay*, Hukuk Yargilama Usulleri, S. 310.

234 *E. Belgesay*, PHM 1949-1950, 54, 54.

235 *Domanic*, Hukukta Kaziyyei Muhkeme, S. 6.

Dem türkischen Kassationshof zufolge, bezweckt die Rechtskraft den Rechtsstreit zwischen den Parteien endgültig beizulegen. Folglich kann eine Partei die Wiederholung des gleichen Verfahrens nicht verlangen oder eine Entscheidung erneut überprüfen lassen.[236]

Die materielle Rechtskraft ermöglicht das Vertrauen auf den Bestand einer rechtskräftigen Entscheidung und dient der Beachtung (und Folgeleistung) der gerichtlichen Entscheidungen. Indem der Erlass von sich widersprechenden Entscheidungen verhindert wird, wird der Rechtsfrieden gewahrt.[237]

Art. 138 Abs. 4 der türkischen Verfassung betrifft ebenso unmittelbar die Rechtskraftwirkung: „Die Organe der Gesetzgebung und der vollziehenden Gewalt sowie die Verwaltung haben den Gerichtsentscheidungen Folge zu leisten: diese Organe und die Verwaltung dürfen auf keine Weise die Gerichtsentscheidungen abändern und ihre Vollstreckung verzögern“.[238]

Ferner haben die Nichtigkeitsurteile des Verfassungsgerichts keine Rückwirkung. Falls eine Entscheidung in der Hauptsache rechtskräftig wird, hat z. B. ein Nichtigkeitsurteil des Verfassungsgerichts über die betreffende Vorschrift, worauf die Entscheidung beruht, keine Auswirkung auf die rechtskräftige Entscheidung.[239]

Nach *Pekcanitez/Atalay/Özekes* sollte die Rechtskraft als die Grundlage der Rechtssicherheit und des Rechtsfriedens akzeptiert werden.[240] Zudem dient die materielle Rechtskraft sowohl dazu, dass die Entscheidung über den Streitgegenstand im Erstprozess nicht in einem weiteren Rechtsstreit erneut infrage gestellt werden kann, als auch zur Verhinderung von einander widersprechenden Entscheidungen.[241]

Fabreguettes beschreibt die Rechtskraft als den Beschützer der modernen Zivilisation und des gesellschaftlichen Friedens.[242] Ihm zufolge ist eine schlechte Vereinbarung immer noch besser als gar keine Einigung.[243]

---

236 Yarg. IBK, E. 1972/2, K. 1972/12, T. 23.10.1972, RG 18.12.1972 sayi 14395.

237 *Kuru*, Hukuk Muhakemeleri Usulü Bd. 5, S. 4986 f.

238 *Rumpf* (op. cit. Fn. 171).

239 Yarg. HGK, E. 2003/30, K. 2003/57, T. 05.02.2003, YKD 2003, 845; *Alangoya/Yildirim/Deren-Yildirim*, Medeni Usul Hukuku Esaslari, S. 569 (Fn. 3).

240 *Pekcanitez/Atalay/Özekes*, Medeni Usul Hukuku, S. 509.

241 *Pekcanitez/Atalay/Özekes*, Medeni Usul Hukuku, S. 509.

242 *Fabreguettes*, Adalet Mantigi ve Hüküm Verme Sanati, S. 70.

243 *Fabreguettes*, Adalet Mantigi ve Hüküm Verme Sanati, S.68; zutreffend *Selcuk*, AD 1973, 937, 937.

F. Die materielle Rechtskraft nach Art. 237 HUMK

I. Voraussetzungen der materiellen Rechtskraft nach Art. 237 HUMK

1. Formelle Rechtskraft

Wie oben dargestellt[244], bedeutet die formelle Rechtskraft die Unanfechtbarkeit einer Entscheidung mit ordentlichen Rechtsmitteln. Die formelle Rechtskraft tritt bei der Urteilsverkündung in letzter Instanz, durch Ablauf der Rechtsmittelfrist oder durch Rechtsmittelverzicht ein. Die formelle Rechtskraft ist eine erforderliche Voraussetzung für die materielle Rechtskraft, obwohl sie in Art. 237 HUMK nicht ausdrücklich geregelt ist.[245]

2. Identität der Streitparteien

Die materielle Rechtskraft setzt die Identität der Streitparteien des Erstprozesses beim Zweitprozess voraus (Art. 237 Abs. 2 HUMK).[246] In der Regel wirkt die materielle Rechtskraft lediglich zwischen den Streitparteien (*res iudicata inter partes*).[247] Stehen sich die Parteien im Zweitprozess in der umgekehrten Position (als Kläger oder Beklagter) gegenüber, wird dies auch von der materiellen Rechtskraft erfasst.[248]

---

244 Siehe hierzu oben D-VII.

245 Yarg. 16. HD., E. 1990/12819, K. 1991/10931, T. 15.07.1991, in: Ergün, 707 f.

246 Yarg. 7. HD., E. 2005/2906, K. 2005/2783, T. 29.09.2005, YKD 2006, 40 ff.; Yarg. 16. HD., E. 1998/1473, K. 1998/1279, T. 27.03.1998, YKD 1999, 664 f.; „[...] Selbst wenn die Streitgegenstände der beiden Prozesse identisch sind, spricht man nicht von der Rechtskraft, wenn die Streitparteien nicht identisch sind", Yarg. 4. HD., E. 2004/16882, K. 2005/175, T. 24.11.2005, <www.diaport.com.tr> (Stand: 01.22.2010).

247 *Deren-Yildirim*, Kesin Hükmün Sübjektif sinirlari, S. 15; *Postacioglu*, Medeni Usul Hukuku Dersleri, S. 679; *Önen*, Medeni Yargilama Hukuku, S. 331; Yarg. HGK, E. 1997/2, K. 1997/888-306, T. 09.04.1997, IKID 1998, S. 13083 ff.

248 *Alangoya/Yildirim/Deren-Yildirim*, Medeni Usul Hukuku Esaslari, S. 599; *Önen*, Medeni Yargilama Hukuku, S. 331; *Bilge/Önen*, Medeni Yargilama Hukuku Dersleri, S. 690; Yarg. 8. HD., E. 1992/8561, K. 1992/9765, T. 17.06.1992, YKD 1992, 1211 f. Vgl. oben B-II-2.

Selbst wenn also die Streitgegenstände und die Klagegründe des ersten Prozesses mit dem Zweiten identisch sind, spricht man nicht von der materiellen Rechtskraft, sofern die Streitparteien nicht identisch sind.

Ein die Gestaltungsklage abweisendes Urteil wirkt nur zwischen den Streitparteien. Denn diese Urteile enthalten die Feststellung der konkreten Rechtsfolge. Solche Urteile sind Feststellungsurteile. Sie verändern die Rechtslage nicht, sondern stellen sie nur fest.[249]

Das rechtskräftige Urteil gilt nach Lehre und Rechtsprechung auch für die Rechtsnachfolger der Parteien[250] und für die Personen, die nach dem Eintritt der Rechtshängigkeit von einer der Streitparteien das Eigentum oder ein beschränktes dingliches Recht oder mittelbaren Besitz an der streitbefangenen Sache erworben haben.[251]

Es gibt zahlreiche Ausnahmen von der Grundregel des *res iudicata inter partes*, welche sich aus dem materiellen Recht ergeben. Es ist aber nicht Sinn und Zweck dieser Arbeit, diese Fälle zu behandeln. Denn diese betreffen die subjektiven Grenzen der Rechtskraft.[252]

3. Identität des Klagegrunds

Zum Eintritt der materiellen Rechtskraft ist die Identität des Klagegrundes des Erstprozesses mit dem Klagegrund des Zweitprozesses erforderlich. Im Gegensatz zum deutschen Recht ist im türkischen Recht der Klagegrund in Art. 237 Abs. 2 HUMK als eine eigenständige und unabhängige Voraussetzung der materiellen Rechtskraft vorgesehen. Daneben steht in derselben Vorschrift die Streitgegenstandsidentität auch als eine eigenständige und unabhängige Voraussetzung der materiellen Rechtskraft. Der Begriff des Streitgegenstandes bezieht sich gemäß Art. 237 Abs. 2 HUMK vielmehr auf den Klageantrag (das Klagebegehren). Dabei sollte man den Streitgegenstand aus Gründen der Verfahrenskonzentration für die Rechtshängigkeit, Klageänderung und Klagehäufung eingliedrig bestimmen. Für die Rechtskraft sollte aber der zweigliedrige Streitgegenstandsbegriff maßgebend sein.

---

249 Anders als die Rechtskraftwirkung gilt die Gestaltungswirkung der Gestaltungsurteile auch für Dritte (*inter omnes*), Yarg. HGK, E. 1966/2-60, K. 1966/283, T. 09.11.1966, ABD 1967, 92; Vgl. oben D-I.

250 *Üstündag*, ISBD 1961, 227, 227 f.; *Benlioglu*, Jurisdictio 1957, 388 f.; *Kazanci*, Jurisdictio 1956, 148, 148 f.

251 Yarg. HKG, E. 2003/3-604, K. 2003/686, T. 12.11.2003, YHGKEK (2002-2003 Bd. 1), 982 f.; auch entspricht: § 325 Abs. 1 ZPO und Art. 309 Abs. 1, 2 HMKT.

252 Vgl. ausführlich hierzu *Deren-Yildirim*, Kesin Hükmün Sübjektif Sinirlari.

Was unter dem Begriff des Klagegrundes zu verstehen ist, ist im türkischen Recht, wie im deutschen Recht, umstritten. In diesem Meinungsstreit geht es darum, ob der Klagegrund durch ein Rechtsverhältnis (also einem Rechtsgrund) oder durch die vom Kläger aufgestellten Tatsachen gebildet wird. Hierzu liegen hauptsächlich zwei verschiedene Theorien vor.[253] Nach der Individualisierungstheorie muss die Klage durch Angabe eines Rechtsverhältnisses individualisiert werden und nach der Substanziierungstheorie durch Tatsachen substanziiert werden.[254]

Die klassische Individualisierungstheorie versteht unter dem Klagegrund die Angabe der Merkmale (wie z. B. Eigentum, Darlehen, Miete, Kauf) durch die sich das Rechtsverhältnis von anderen Rechtsverhältnissen unterscheidet.[255] Die Angabe der Tatsachen ist für den Kläger nicht erforderlich. Es muss das Rechtsverhältnis (Rechtsgrund) vorgetragen werden, damit es nicht mit anderen Rechtsverhältnissen verwechselt werden kann.[256]

Nach der im deutschen Recht überwiegend vorherrschenden verbesserten Individualisierungstheorie ist keine juristische Bezeichnung des Rechtsverhältnisses erforderlich. Diesbezüglich ist die Angabe der das Rechtsverhältnis individualisierenden tatsächlichen Merkmale ausreichend, um den Klagegrund zu bestimmen.[257] Dabei ist ein lückenloser Tatsachenvortrag entbehrlich; der Kläger soll also so viele Tatsachen anführen, dass der Streitgegenstand von anderen Ähnlichen unterscheidbar ist.[258]

---

253 *Budak*, Civil Justice Quarterly 1992, 261, 269.

254 *Habscheid*, Der Streitgegenstand im Zivilprozess, S. 184; sowohl die tatsächlichen Vorgänge (wie z. B. ein Verkehrsunfall) als auch Rechtstatsachen (wie z. B. der Abschluss eines Kaufvertrages) gehören zum Tatsachenbegriff, *Kuru*, Hukuk Muhakemeleri Usulü Bd. 2, S. 1587; *Bruns*, Zivilprozessrecht, S. 192 f.

255 *Habscheid*, Der Streitgegenstand im Zivilprozess, S. 184 f.; „Die sog. Individualisierungstheorie lehrt, daß [sic] nach dem Zwecke, dem die Klageschrift im heutigen Prozesse zu dienen hat, der Vorschrift des § 253 II genügt wird, wenn das konkrete Rechtsverhältnis, das der Kläger zum Gegenstand des Prozesses macht und wegen dessen er Rechtsschutz nachsucht", *Hellwig*, Lehrbuch des deutschen Zivilprozessrechts Bd. 3, S. 15.

256 *Nikisch*, Der Streitgegenstand im Zivilprozess, S. 55 ff; *Habscheid*, Der Streitgegenstand im Zivilprozess, S. 185.

257 *Lent*, ZZP 57 (1933), 1, 1 ff.; *Lent*, Gesetzeskonkurrenz, S. 360 f.; im türkischen Recht wird diese Theorie durch *Yilmaz*, *Tanriver* und *Meric* vertreten, *Yilmaz*, Medeni Yargilama Hukukunda Islah, S. 130; *Tanriver*, Medeni Usul Hukukunda Derdestlik Itirazi, S. 88; *Meric*, MIHDER 2007, 377, 397 f.

258 *Baumgärtel*, JuS 1974, 69, 70; *Bruns*, Zivilprozessrecht, S. 192 f.; *Jauernig*, Zivilprozessrecht, S. 120; vgl. § 253 Abs. 2 Nr. 2 ZPO.

Laut der Substanziierungstheorie bildet der Tatsachenkomplex, welcher der Klage zugrunde liegt, den Klagegrund. Die Theorie verlangt also eine in die Einzelheiten gehende, lückenlose Darstellung des Sachverhalts.[259]

In der türkischen Lehre[260] und Rechtsprechung[261] steht übereinstimmend fest, dass der Tatsachenkomplex als Klagegrund anzusehen ist. Es gibt nur wenige Vertreter der Individualisierungstheorie, die den Rechtsgrund bzw. das Rechtsverhältnis als den Klagegrund annehmen.[262]

Nach *Alangoya* ist der Klagegrund der Lebensvorgang, welcher die Tatbestandsmerkmale der anzuwendenden Rechtsnorm restlos ausfüllt, d.h. der Lebenssachverhalt umfasst alle die Rechtsnorm ausfüllenden Tatsachen.[263]

Auffallend ist dabei, dass *Alangoya* bei der Bestimmung des Klagegrundes neben dem Begriff des Tatsachenkomplexes auch den Begriff des Lebenssachverhaltes verwendet, während andere Verfasser vielmehr den Begriff des Tatsachenkomplexes[264] benutzen.

---

259 *Habscheid*, Der Streitgegenstand im Zivilprozess, S. 188; *Jauernig*, Zivilprozessrecht, S. 120.

260 *Üstündag*, Iddia ve Müdafaanin Degistirilmesi Yasagi, S. 65 ff.; *Üstündag*, Medeni Yargilama Hukuku, S. 704 f.; *Alangoya*, Medeni Usul Hukukunda Vakialarin ve Delillerin Toplanmasina Iliskin Ilkeler, S. 106 ff.; *Alangoya/Yildirim/Deren-Yildirim*, Medeni Usul Hukuku Esaslari, S. 603 f.; *Pekcanitez/Atalay/Özekes*, Medeni Usul Hukuku, S. 513 f.; *Kuru*, in: Makaleler, S. 215 ff.; *Kuru*, El Kitabi, S. 881; *Kuru*, Hukuk Muhakemeleri Usulü Bd. 5, S. 4995 f.; *Kuru/Arslan/Yilmaz*, Medeni Usul Hukuku, S. 720 f.; *Bilge/Önen*, Medeni Yargilama Hukuku Dersleri, S. 694 f.; *Ansay*, Hukukta Yargilama Usulleri, S. 237 f.; *Özkaya-Ferendeci*, Kesin Hükmün Objektif Sinirlari, S. 48; *Özbay*, in: FS für Ergun Önen, S. 296; *Tanriver*, Medeni Usul Hukukunda Derdestlik Itirazi, S. 88 f.; *Meric*, MIHDER 2007, 377, 397; *Gürdogan*, AÜSBFD 1956, 258, 258 f.; *Arslan*, ABD 1988, 722, 729 f.; *Cenberci*, AD 1964, 1132, 1173; *Musul*, Medeni Usul Hukukunda Terdit Iliskileri, S. 113 f.; *Ulukapi*, YD 1995, 395, 429 f.

261 Yarg. HGK, E.2002/2-484, K.2002/544, T.19.06.2002, YHGKEK (2002-2003 Bd. 1), 365; Yarg. HGK, E.2002/3-1088, K.2002/1088, T.20.12.2002, YHGKEK (2002-2003 Bd. 1), 644 ff.; Yarg. HGK, E.1997/8-241, K.1997/479, T.28.05.1997, in: Özmen (1988-1997 Bd. 2), 2106; Yarg. HGK, E.1989/14-478, K.1990/66, T.14.02.1990, in: Özmen (1988-1997 Bd. 2), 761 f.

262 *Postacioglu*, in: FS für Recai Seckin, S. 503; *Postacioglu*, Medeni Usul Hukuku Dersleri, S. 687 f; *Domanic*, Hukukta Kaziyyei Muhkeme, S. 82 ff.; *Belgesay*, Hukuk Usulü Muhakemeleri Kanunu Serhi, S. 201 f.; *Berkin*, Medeni Usul Hukuku Esaslari, S. 176; nach *Postacioglu* und *Domanic* spielen auch die Tatsachen (aber wenig) eine Rolle bei der Bestimmung des Rechtsgrundes. Jedoch ist der Rechtsgrund (das Rechtsverhältnis) maßgebend für den Klagegrund, nicht aber der Tatsachenkomplex.

263 *Alangoya*, in: Zivilverfahrensrechtliche Probleme des 21. Jahrhunderts, S. 192.

264 Etwa *Kuru*, in: Makaleler, S. 224, 237, 243; *Üstündag*, Medeni Yargilama Hukuku, S. 705; *Kuru/Arslan/Yilmaz*, Medeni Usul Hukuku, S. 720; *Pekcanitez/Atalay/Özekes*,

Die Individualisierungstheorie verlangt vom Kläger die juristisch-technische Bezeichnung des Rechtsverhältnisses und missachtet dabei den Grundsatz *iura novit curia*.[265] Diese Theorie sollte abgelehnt werden.

Art. 179 HUMK bestimmt den teils notwendigen, teils instruktionellen Inhalt der Klageschrift. Nach Art. 179 Nr. 3 HUMK muss die Klageschrift in nummerischer Ordnung eine offene (konkrete) Zusammenfassung aller klagebegründenden Tatsachen, auf die sich der Kläger beruft, und die Bezeichnung der Beweismittel enthalten. Der Tatsachenvortrag und die Beweisführung werden also im türkischen Recht aufgrund der Verhandlungsmaxime unbedingt durch die Streitparteien durchgeführt. Nach Art. 75 Abs. 1 HUMK ist das Gericht an das Vorbringen der Parteien gebunden und darf nicht von Amts wegen die Tatsachen, die die Parteien nicht vorgetragen haben, berücksichtigen und in den Rechtsstreit einbeziehen. Darüber hinaus darf das Gericht die Parteien auf die von ihnen nicht vorgebrachten Tatsachen nicht aufmerksam machen.

Gemäß Art. 179 Nr. 4 HUMK muss die Klageschrift auch die Zusammenfassung des Rechtsgrundes enthalten. Dabei führt diese Regelung natürlich zu der Problematik, ob eine gesetzliche Sanktion im Falle eines Mangels hinsichtlich des Rechtsgrundes in der Klageschrift eintritt. Gemäß Art. 187 Nr. 7 HUMK steht dem Beklagten eine prozesshindernde Einrede zu, wenn bei dem notwendigen Inhalt der Klageschrift ein Mangel vorliegt.[266] Der Beklagte soll eine derartige prozesshindernde Einrede nach der Zustellung der Klageschrift binnen zehn Tagen oder binnen der vom Richter festgelegten Frist in der Klageerwiderung vorbringen (Art. 195 Abs. 1 HUMK). Der Richter hat danach diese mangelhafte Klageschrift aufzuheben (Art. 193 Abs. 1 HUMK). Es wird darauf hingewiesen, dass die Angabe des Rechtsgrundes nur einen instruktionellen Inhalt der Klageschrift bildet.[267] Daher bedeutet das Fehlen der Angabe des

---

Medeni Usul Hukuku, S. 513. Zum Begriff des Lebenssachverhalts im deutschen Recht siehe unten G-V-5.

265 *Jauernig*, Zivilprozessrecht, S. 120.

266 Nach der türkischen Lehre kann der Mangel bzw. das Fehlen mancher Angaben (wie z. B. die Bezeichnung der Parteien, des Gerichts oder der Wert des Streitgegenstandes) in der Klageschrift zur Prozessabweisung führen. Derartige Mängel sind von Amts wegen zu beachten, *Kuru*, Hukuk Muhakemeleri Usulü Bd. 2, S. 1571; *Pekcanitez/Atalay/Özekes*, Medeni Usul Hukuku, S. 289 f.; *Üstündag*, Medeni Yargilama Hukuku, S. 502.

267 *Kuru*, in: Makaleler, S. 221 f.; *Kuru*, El Kitabi, S. 335 f.; *Kuru/Arslan/Yilmaz*, Medeni Usul Hukuku, S. 316.

Rechtsgrundes in der Klageschrift keinesfalls einen Verstoß gegen Art. 179 HUMK und daher ist die Klageschrift nicht aufzuheben.[268]

Nach Art. 76 HUMK hat der Richter die türkischen Gesetze von Amts wegen anzuwenden. Er ist nicht an die Rechtsausführungen der Parteien gebunden: *da mihi factum, dabo tibi ius*. Die richterliche Beurteilung des im Prozess festgestellten Sachverhalts steht allein dem Gericht zu und das Gericht hat den Sachverhalt unter jedem denkbaren rechtlichen Gesichtspunkt zu beurteilen, selbst wenn der Kläger nicht auf ihn hingewiesen hat.[269]

Obgleich der Klagegrund aus den Tatsachen zustande kommt, ist im türkischen Recht allerdings streitig, inwieweit der Kläger die Tatsachen in seiner Klageschrift wiedergeben soll.

Im türkischen Zivilverfahrensrecht ist im Gegensatz zum deutschen Recht als ordentliches Verfahren (Hauptverfahren) das schriftliche Verfahren anerkannt. Folglich herrscht im Zivilverfahrensrecht für die Angriffs- und Verteidigungsmittel die Eventualmaxime (Häufungsgrundsatz). Das Tatsachenvorbringen kann lediglich durch Schriftsatzwechsel zwischen den Parteien erfolgen.

Nach *Üstündag* hat die Klageschrift, dem Verständnis des gemeinen Rechts entsprechend, keine vorbereitende Funktion, sondern eine bestimmende und feststellende Funktion und aufgrund dieses Unterschiedes gebe es im deutschen und türkischen Zivilprozessrecht Unterschiede in Bezug auf ein Verbot zur Änderung der Klage.[270] Daher sei im türkischen Recht eine Erweiterung der Klage, also die Einführung neuer Tatsachen unzulässig. Es sei im türkischen Recht nur zulässig, eine in der Klageschrift bereits enthaltene Tatsache offenzulegen und diesen Anhaltspunkt somit zu ergänzen.[271] Ihm zufolge ist zumindest eine lückenlose Angabe des Sachverhalts erforderlich.

Dagegen vertritt *Alangoya* die Auffassung, dass eine lückenlose Angabe des Sachverhalts nicht erforderlich ist.[272] Ihm zufolge reicht es aus, wenn die Tatsachen, aus denen der Lebenssachverhalt besteht, diesen Lebenssachverhalt von einem anderen Lebenssachverhalt abgrenzen und sich in diesem Grade im Klageantrag widerspiegeln. In diesem Fall liege ein zulässiger Klageantrag vor. Es wäre also eine untragbare Last für die Parteien, wenn man erwarten würde, alle

---

268 Yarg. HGK, E.1961/2, K.1961/66-35, T.27.09.1961, ABD 1961, 481 f.; Yarg. HGK, E.1972/6, K.1972/801-31, T.19.01.1972, RKD 1972, 1 ff.; Yarg. HGK, E.1973/2, K.1973/790-66, T.14.02.1973, IKID 1973, 2122 f.

269 Wie im deutschen Recht, *Nikisch*, AcP 154 (1955), 269, 283.

270 *Üstündag*, in: FS für Hans Friedhelm Gaul, S. 753.

271 *Üstündag*, in: FS für Hans Friedhelm Gaul, S. 753.

272 *Alangoya*, Medeni Usul Hukukunda Vakialarin ve Delillerin Toplanmasina Iliskin Ilkeler, S. 106.

Tatsachen, aus denen der Klagegrund besteht, lückenlos aufzuzählen.[273] Darüber hinaus verlangt der Wortlaut des Art. 179 Nr. 3 HUMK die *offene* Zusammenfassung aller Tatsachen und diese Offenheit müsse nach *Alangoya* als die Abgrenzbarkeit des Lebenssachverhalts zu anderen Sachverhalten verstanden werden. Daher ist es auch „keine Klageänderung, wenn Tatsachen, die nicht in dem ausreichend individualisierten Lebenssachverhalt mitaufgenommen [sic] wurden, die aber zum Klagegrund zählen, später in die Klage miteinbezogen [sic] werden".[274]

Trotz dieser unterschiedlichen Ansichten ist aber zumindest zu bejahen, dass im türkischen Recht gemäß Art. 179 Abs. 3 HUMK eine nachträgliche (aber sehr beschränkte) Ergänzung und Berichtigung der tatsächlichen Anführungen möglich ist. Wenn der Klagegrund nicht geändert wird, liegt in diesem Fall zugleich keine Änderung der Klage vor.

Im Rahmen der richterlichen Hinweis- und Aufklärungspflicht im deutschen Recht (§ 139 Abs. 1 ZPO) verpflichtet sich das Gericht unter bestimmten Voraussetzungen zur Mitwirkung an der Aufklärung des Lebenssachverhalts oder zur Hinweispflicht an die Streitparteien besonders bei ungenügenden Angaben zu den geltend gemachten Tatsachen. Allerdings müssen durch die Aufklärung des Lebenssachverhalts keine neuen Tatsachen, Einreden oder Anträge in das Verfahren eingeführt werden. Ansonsten liegt eine Klageänderung vor.[275] Ähnlich gibt es in Art. 75 Abs. 2 HUMK auch die richterliche Aufklärungspflicht. Nach *Üstündag* müsse diese Aufklärungspflicht allerdings eng ausgelegt werden, denn sie sei nicht so umfangreich wie im deutschen Recht gemäß § 139 Abs. 1 ZPO.[276] Der Richter habe lediglich bei Unklarheiten und Widersprüchlichkeiten im Prozessstoff eine solche Aufklärungspflicht.[277] In ähnlicher Weise soll nach *Kuru* diese Aufklärungspflicht lediglich auf die in der Klageschrift vorgebrachten Tatsachen beschränkt sein.[278]

Alangoya vertritt dagegen die Ansicht, dass, obwohl der Richter keine tatsächliche Ausführung von Amts wegen in den Prozess einführen und auf keine

273 *Alangoya*, in: Zivilverfahrensrechtliche Probleme des 21. Jahrhunderts, S. 192 f.; zustimmend *Yilmaz*, Medeni Yargilama Hukukunda Islah, S. 130; *Tanriver*, Medeni Usul Hukukunda Derdestlik Itirazi, S. 88; *Meric*, MIHDER 2007, 377, 397 f.

274 *Alangoya*, in: Zivilverfahrensrechtliche Probleme des 21. Jahrhunderts, S. 193.

275 Im deutschen Recht ist es aber nach § 264 Nr. 1 ZPO als eine Änderung der Klage nicht anzusehen, wenn ohne Änderung des Klagegrundes die tatsächlichen oder rechtlichen Anführungen ergänzt oder berichtigt werden.

276 *Üstündag*, in: FS für Hans Friedhelm Gaul, S. 753; *Üstündag*, Medeni Yargilama Hukuku, S. 241.

277 *Üstündag*, in: FS für Hans Friedhelm Gaul, S. 753.

278 *Kuru*, Hukuk Muhakemeleri Usulü Bd. 2, S. 1588.

konkrete Tatsache hinweisen dürfe, er aber darauf aufmerksam machen könne, dass der Klagegrund die Tatbestandsmerkmale des angestrebten Ziels des Klägers nicht ausfülle (also die betreffende Rechtsnorm nicht anwendbar sei), wenn im Klageantrag der Klagegrund nicht hinreichend individualisiert sei.[279] Demzufolge könne der Richter die Klage nicht abweisen und er müsse sobald wie möglich eine ausreichende Frist gemäß Art. 163 S. 2, 3 HUMK für die Einbringung der tatsächlichen Ausführungen setzen.[280] Nach *Üstündag* trifft eine solche breite Auslegung der Aufklärungspflicht nicht zu, denn alle tatsächlichen Ausführungen, die den Klagegrund bilden, müssten im Klageantrag lückenlos vorgebracht werden.[281]

Falls der Klagegrund des Erstprozesses mit dem Klagegrund des Zweitprozesses nicht identisch ist, spricht man keinesfalls von der materiellen Rechtskraft. Demzufolge können die Streitparteien in einem Zweitprozess die neu entstandenen Tatsachen vortragen. Denn in diesem Fall sind die Klagegründe des ersten und zweiten Prozesses nicht identisch.

Eine vor dem Erstprozess bereits bestehende (alte) Tatsache, die im Erstprozess nicht vorgetragen wurde, kann im Zweitprozess vorgebracht werden, sofern sie unabhängig von dem Klagegrund des Erstprozesses ist und selbständig einen anderen (neuen) Klagegrund für den Zweitprozess bildet.[282] Wenn sie aber selbständig keinen Klagegrund für den Zweitprozess darstellt, bedeutet dies, dass sie zum Klagegrund des Erstprozesses gehört.[283]

Der Kläger verlangt z. B. im ersten Prozess Schadensersatz vom Beklagten wegen Körperverletzung durch Verkehrsunfall und seine Klage wurde rechtskräftig abgewiesen. Später verlangt er im zweiten Prozess Schadensersatz von demselben Beklagten (aber diesmal) wegen Körperverletzung durch Faustschläge ins Gesicht. Die zweite Klage ist zulässig, denn es liegt ein anderer Sachverhalt vor.[284]

Wenn sich im Zweitprozess mit umgekehrten Parteirollen der Kläger (also der Beklagte des Erstprozesses) auf die bereits im Erstprozess behandelten Tatsachen beruft, welche er im Erstprozess in seiner Klageerwiderung (als Vertei-

279 *Alangoya*, in: Zivilverfahrensrechtliche Probleme des 21. Jahrhunderts, S. 194 f.

280 *Alangoya*, in: Zivilverfahrensrechtliche Probleme des 21. Jahrhunderts, S. 195; hierzu ausführlich: *Alangoya*, Medeni Usul Hukukunda Vakialarin ve Delillerin Toplanmasina Iliskin Ilkeler, S. 146 ff.

281 *Üstündag*, Iddia ve Müdafaanin Degistirilmesi Yasagi, S. 106 ff.; *Üstündag*, Medeni Yargilama Hukuku, S. 707; zustimmend *Pekcanitez/Atalay/Özekes*, Medeni Usul Hukuku, S. 285.

282 *Kuru*, Hukuk Muhakemeleri Usulü Bd. 5, S. 5012 f.

283 *Kuru*, Hukuk Muhakemeleri Usulü Bd. 5, S. 5013.

284 *Üstündag*, Medeni Yargilama Hukuku, S. 706.

digungsmittel) vorgebracht hat, ist in diesem Fall nach dem türkischen Kassationshof die Klage als unzulässig abzuweisen, sofern die anderen Voraussetzungen der materiellen Rechtskraft vorliegen.[285] Das Gericht sollte in einem solchen Fall die vom Beklagten (im Erstprozess) in der Klageerwiderung zur Verteidigung vorgebrachten Tatsachen und die Entscheidung des Gerichts über die beantragte Rechtsfolge mit den durch den Kläger des Zweitprozesses in der Klageschrift vorgebrachten Tatsachen vergleichen. Falls das Gericht nach dieser Prüfung davon überzeugt ist, dass die vorgetragenen Tatsachen in beiden Prozessen identisch sind, sind auch die Klagegründe beider Prozesse identisch.[286]

4. Identität des Streitgegenstandes

Der Streitgegenstand ist ein zentraler Begriff im türkischen Zivilverfahrensrecht. Er ist für die materielle Rechtskraft, den Umfang der Rechtshängigkeit, das Verbot der Klageänderung, die Ermittlung der sachlichen und örtlichen Zuständigkeit, die Bestimmung des Streitwertes und die Frage der Klagehäufung maßgebend.

Im türkischen Zivilverfahrensrecht wird allerdings der Streitgegenstandsbegriff im Vergleich zum deutschen Zivilverfahrensrecht von der Lehre nicht so tiefgreifend behandelt und diskutiert. Da im türkischen Zivilverfahrensrecht die Eventualmaxime in ihrer strengsten Form gilt, muss das Gericht nach dem Parteivorbringen zuerst im Rahmen des Prozessstoffs den Klagegrund bestimmen.[287] Dabei wird der Streitgegenstand quasi mit dem Klagegrund gleichgesetzt.[288] Ebenfalls wird gelegentlich in der Lehre der Streitgegenstand mit dem Klagegrund zusammen, aber nicht etwa umfassend untersucht. Demzufolge wird er nicht in einer unabhängigen und eigenständigen Weise wissenschaftlich ausreichend thematisiert.

Der Streitgegenstandsbegriff findet in den verschiedenen Vorschriften der HUMK Erwähnung. Die HUMK verwendet für den Streitgegenstandsbegriff zwei verschiedene, aber gleichbedeutende Begriffe, nämlich den osmanisch-türkischen Begriff *Müddeabih* und den neu-türkischen Begriff *Dava Konusu*. Trotz der gleichen Bedeutung dieser Begriffe wurde der Begriff Müddeabih in

285 Yarg. 7. HD., E.1971/4774, K.1971/4681, T.29.06.1971, RKD 1971, 387 ff.

286 *Kuru*, Hukuk Muhakemeleri Usulü Bd. 5, S. 5013.

287 *Yildirim*, HAD 1991, 23, 29.

288 *Yildirim*, HAD 1991, 23, 28.

der Lehre und Rechtsprechung auch zur Bezeichnung des Streitwertes oder der streitbefangenen Sache verwendet.[289]

Heute wird im türkischen Recht vor allem vom überwiegenden Teil der Prozessrechtswissenschaft[290] und von der Rechtsprechung[291] die Ansicht vertreten, dass der deutschen Lehre vom eingliedrigen Streitgegenstand entsprechend der Klageantrag (das Klagebegehren) des Klägers den Streitgegenstand bildet. Dabei spielt der Klagegrund keine Rolle für die Bestimmung des Streitgegenstandes. Auffallend ist, dass diese herrschende Meinung größtenteils auf das eingliedrige Streitgegenstandskonzept und die Prozessstruktur der HUMK basiert. Denn die HUMK führt den Streitgegenstandsbegriff in unterschiedlichen Vorschriften als einen eigenständigen Begriff, also unabhängig von dem Klagegrund an.

Ein anderer Teil der türkischen Lehre vertritt die Lehre vom zweigliedrigen Streitgegenstand, wonach sich der Streitgegenstand aus zwei gleichwertigen Elementen, nämlich dem Klageantrag und dem Klagegrund zusammensetzt.[292] Die Vertreter dieser Auffassung behaupten, dass der Streitgegenstandsbegriff in

289 *Yildirim*, HAD 1991, 23, 23 (Fn. 4); *Bilge/Önen*, Medeni Yargilama Hukuku Dersleri S. 420.

290 *Yilmaz*, Medeni Yargilama Hukukunda Islah, S. 154; *Tanriver*, Medeni Usul Hukukunda Derdestlik Itirazi, S. 77; *Budak*, Civil Justice Quarterly 1992, 261, 268; *Postacioglu*, Medeni Usul Hukuku Dersleri, S. 232; *Pekcanitez/Atalay/Özekes*, Medeni Usul Hukuku, S. 514; *Kuru*, El Kitabi, S. 880; *Kuru*, Hukuk Muhakemeleri Usulü Bd. 2, S. 1586; *Kuru/Arslan/Yilmaz*, Medeni Usul Hukuku, S. 719; *Berkin*, Medeni Usul Hukuku Rehberi, 778; *Bilge/Önen*, Medeni Yargilama Hukuku Dersleri, S. 692; *Önen*, Medeni Yargilama Hukuku, S. 332; *Özkaya-Ferendeci*, Kesin Hükmün Objektif Sinirlari, S. 43; *Meric*, MIHDER 2007, 377, 397; *Cenberci*, Hukuk Davalarinda Kesin Hüküm, S. 86 ff.; *Cenberci*, AD 1964, 1132, 1164; *Alangoya/Yildirim/Deren-Yildirim*, Medeni Usul Hukuku Esaslari, S. 605; *Ulukapi*, YD 1995, 395, 425; *Ulukapi*, Medeni Usul Hukukunda Dava Arkadasligi, S. 19; *Gürdogan*, Kesin Hüküm Itirazi, S. 75; *Özkaya*, Kadastro Hukuku Ders Notlari, S. 144 f.; *Kilic*, Kadastro Davalari Bd. 2, S. 1172 ff.

291 Etwa Yarg. HGK, E. 1985/10-800, K. 1985/827, T. 16.10.1985, Kazanci; Yarg. HGK, E. 1986/11-225, K. 1987/248, T. 27.3.1987, Kazanci; Yarg. 1. HD., E.2002/2765, K.2002/3639, T.20.03.2002, YKD 2003, 521; Yarg. 7. HD., E. 2004/981, K. 2004/1282, T. 05.04.2004, Kazanci; Yarg. 8. HD., E. 1981/2479, K. 1981/2752, T. 16.03.1981, Kazanci; Yarg. 21. HD., E. 2003/11297, K. 2004/1087, T. 16.02.2004, Kazanci.

292 *Alangoya*, MHAD 1969, 125, 149 (Fn. 68); *Yildirim*, HAD 1991, 23, 40; *Üstündag*, Medeni Yargilama Hukuku, S. 245; *Üstündag*, Iddia ve Müdafaanin Degistirilmesi Yasagi, S. 151; *Musul*, Medeni Usul Hukukunda Terdit Iliskileri, S. 112; *Meric*, MIHDER 2007, 377, 394 f.

der HUMK in Anlehnung an die deutsche zweigliedrige Streitgegenstandstheorie einschließlich des Klageantrags und Klagegrunds ausgelegt werden soll.[293]

Wenn man verschiedene Vorschriften der HUMK näher betrachtet, stellt man fest, dass die HUMK vielmehr von einem eingliedrigen Streitgegenstandsbegriff ausgeht.

Vor allem gehört gemäß Art. 179 Nr. 2 HUMK die konkrete Bezeichnung des Streitgegenstandes zum notwendigen Inhalt der Klageschrift. Daneben muss nach Art. 179 Nr. 3 HUMK die Klageschrift den Klagegrund beinhalten. Es ist deshalb also ganz offensichtlich, dass im Rahmen dieser Vorschrift der Klagegrund nicht ein Bestandteil des Streitgegenstandes ist. Denn die beiden Begriffe werden in derselben Vorschrift unabhängig voneinander angeordnet.

Art. 1 Abs. 2 HUMK ist eine allgemeine Vorschrift über die sachliche Zuständigkeit. Danach ist immer wieder die Bestimmung des Streitwertes für die sachliche Zuständigkeit maßgebend, wobei der Wert der streitbefangenen Sache gemeint ist. Aus dem Wortlaut dieser Vorschrift geht daher der eingliedrige Streitgegenstandsbegriff hervor, d.h. der Klagegrund ist nicht von Bedeutung.

Aus dem in Art. 8 Abs. 1 HUMK geregelten Zuständigkeitsstreitwert ergibt sich die sachliche Zuständigkeit der Amtsgerichte. In Art. 8 Abs. 2 HUMK gibt es allerdings keinen Zuständigkeitsstreitwert. Denn in dieser Vorschrift wird für bestimmte Angelegenheiten eine sachliche Zuständigkeit unabhängig vom Streitwert festgelegt. Die Amtsgerichte sind deshalb z. B. bei Mietstreitigkeiten, Besitzschutzklagen, Teilungsklagen oder Streitigkeiten über Stockwerkeigentum ohne Berücksichtigung des Streitwertes sachlich zuständig. Hierbei spielt der Klagegrund oder Streitwert keine Rolle bei der Bestimmung der sachlichen Zuständigkeit im Hinblick auf die aufgezählten Angelegenheiten in Art. 8 Abs. 2 HUMK.[294]

Ferner ist in Art. 186 HUMK bei der Veräußerung des Streitgegenstandes während des Prozesses mit dem Streitgegenstandsbegriff die streitbefangene Sache gemeint. Dabei spricht man ebenfalls nicht vom Klagegrund und die streitbefangene Sache wird vom Klageantrag bestimmt.[295]

Weiterhin werden in Art. 43 HUMK die Voraussetzungen für die einfache Streitgenossenschaft dargestellt. Mehrere Personen können gemeinsam klagen oder verklagt werden, falls sie sich im Hinblick auf den Streitgegenstand in einer Rechtsgemeinschaft befinden. Dabei handelt es sich um den Klageantrag,

293 *Yildirim*, HAD 1991, 23, 41.

294 *Yilmaz*, Medeni Yargilama Hukukunda Islah, S. 153.

295 *Yilmaz*, Medeni Yargilama Hukukunda Islah, S. 154; *Tanriver*, Medeni Usul Hukukunda Derdestlik Itirazi, S. 77.

nicht aber um den Klagegrund. Entscheidend für den Streitgegenstand in dieser Vorschrift ist das Klagebegehren.[296]

Gemäß dem Wortlaut in Art. 237 Abs. 2 HUMK ist gleichfalls zu ermitteln, dass der Streitgegenstand gemäß der HUMK durch den Klageantrag bestimmt werden kann. Art. 237 Abs. 2 HUMK zufolge bildet die dreifache Identität, nämlich die Streitgegenstandsidentität, die Identität der Klagegründe und die Identität der Streitparteien, die Voraussetzung der materiellen Rechtskraft. Der Gesetzgeber sieht also die Streitgegenstandsidentität als eine eigenständige Voraussetzung der materiellen Rechtskraft neben der Identität der Klagegründe und der Identität der Streitparteien vor. Falls der Klagegrund ein Element des Streitgegenstandes wäre, würde er in dieser Vorschrift nicht als eine unabhängige Voraussetzung der materiellen Rechtskraft geregelt werden.[297] Die klare Absicht des Gesetzgebers beruht dabei nicht auf einem zweigliedrigen Streitgegenstandsbegriff.

Außerdem wird besonders in Art. 2, 3, 4, 101 Nr. 2 HUMK der Streitgegenstandsbegriff stets im Sinne entweder der streitbefangenen Sache oder des Klagebegehrens verwendet. Es ist folglich ganz klar, dass innerhalb des Systems der HUMK unabhängig vom Klagegrund nur die Lehre vom eingliedrigen Streitgegenstand anzunehmen ist. Der Streitgegenstand ist daher der Klageantrag.

Um die Streitgegenstandsidentität im Einzelfall herauszufinden, sollte der Richter den Urteilstenor beim ersten Prozess mit dem Klageantrag (also Streitgegenstand) des Zweitprozesses vergleichen. Dabei ist die inhaltliche Übereinstimmung des Urteilstenors beim Erstprozess mit dem Klageantrag (Streitgegenstand) des Zweitprozesses entscheidend.[298] Wenn also der Urteilstenor und der Klageantrag wörtlich anders formuliert werden, hat dieser Formulierungsunter-

---

296 *Yilmaz*, Medeni Yargilama Hukukunda Islah, S. 153; *Tanriver*, Medeni Usul Hukukunda Derdestlik Itirazi, S. 77.

297 *Yilmaz*, Medeni Yargilama Hukukunda Islah, S. 154; *Tanriver*, Medeni Usul Hukukunda Derdestlik Itirazi, S. 77.

298 *Berkin*, Medeni Usul Hukuku Rehberi, 778; *Berkin*, Medeni Usul Hukuku Esaslari, S. 174; *Bilge/Önen*, Medeni Yargilama Hukuku Dersleri, S. 692; *Önen*, Medeni Yargilama Hukuku, S. 332; *Kuru*, Hukuk Muhakemeleri Usulü Bd. 5, S. 4987 f.; *Pekcanitez/Atalay/Özekes*, Medeni Usul Hukuku, S. 514; etwa Yarg. 7. HD., E. 2003/3468, K. 2004/466, T. 19.02.2004, Kazanci; Yarg. 16. HD., E. 2006/5685, K. 2006/8005, T. 15.12.2006, Kazanci; Yarg. 17. HD., E. 2005/19, K. 2005/2521, T. 20.03.2005, Kazanci; Yarg. 20. HD., E. 2001/3450, K. 2001/4177, T. 22.5.2001, Kazanci; Yarg. HGK, E. 1998/1-42, K. 1998/69, T. 04.02.1998, Kazanci; Yarg. HGK, E. 2000/7-1234, K. 2000/1304, T. 18.10.2000, Kazanci; Yarg. HGK, E. 2006/8-106, K. 2006/68, T. 15.03.2006, Kazanci; Yarg. HGK, E. 2008/20-177, K. 2008/200, T. 27.02.2008, Kazanci; Yarg. HGK, E. 2008/7-16, K. 2008/25, T. 23.01.2008, Kazanci.

schied keine Wirkung auf die Identität des Streitgegenstandes von Erst- und Zweitprozess.[299]

Falls die streitbefangene Sache in beiden Prozessen gleich bleibt (also in materiellem Sinne) und auf diese Sache unterschiedliche Rechte (in den ersten und zweiten Prozessen) verlangt werden, sind in einem solchen Fall die Streitgegenstände von Erst- und Zweitprozess nicht identisch.[300] Wenn z. B. eine Klage, deren Streitgegenstand Grundstückseigentum betrifft, abgewiesen wird, kann der Kläger später auf Zusprechung der Dienstbarkeit auf dasselbe Grundstück klagen.[301]

Sofern das Gericht über einen Antrag versehentlich nicht entscheidet, besteht keine Rechtskraftwirkung hinsichtlich dieses Antrags.[302]

Der Richter sollte in jedem Fall im Rahmen seiner Aufklärungspflicht laut Art. 75 Abs. 2 HUMK bei Unklarheiten und Widersprüchlichkeiten bezüglich des Streitgegenstandes (also des Klageantrags) eine Erklärung von dem Kläger verlangen.[303] Dabei darf der Richter den Streitgegenstand nicht ändern, sondern er kann nur dessen Inhalt klarstellen.[304]

II. Der materiellen Rechtskraft fähige Entscheidungen

Die Zivilurteile, die von türkischen Gerichten erlassen wurden, sind der materiellen Rechtskraft fähig.[305] Dazu zählen alle Leistungsurteile und Feststellungsur-

---

299 Yarg. 2. HD., E.1969/6504, K.1969/1518, T.18.03.1969, IBD 1969, 316 f.

300 *Selcuk*, AD 1973, 1063, 1070 f.; *Berkin*, Medeni Usul Hukuku Rehberi, 778 f.; *Bilge/Önen*, Medeni Yargilama Hukuku Dersleri, S. 692; *Kuru*, Hukuk Muhakemeleri Usulü Bd. 5, S. 4991; *Önen*, Medeni Yargilama Hukuku, S. 332.

301 *Kuru*, Hukuk Muhakemeleri Usulü Bd. 5, S. 4991; *Bilge/Önen*, Medeni Yargilama Hukuku Dersleri, S. 692.

302 *Kuru*, Hukuk Muhakemeleri Usulü Bd. 5, S. 4995; vgl. *Rosenberg/Schwab/Gottwald*, Zivilprozessrecht, S. 874, „[…] zwar [erwächst] auch antraglose Entscheidung in Rechtskraft“.

303 *Yavas*, in: FS für Yavuz Alangoya, S. 309.

304 *Alangoya*, Medeni Usul Hukukunda Vakialarin ve Delillerin Toplanmasina Iliskin Ilkeler, S. 155 f.

305 *Belgesay*, Hukuk Usulü Muhakemeleri Kanunu Serhi, S. 196; *Bilge/Önen*, Medeni Yargilama Hukuku Dersleri, S. 698; *Berkin*, Medeni Usul Hukuku Esaslari, S. 174; *Postacioglu*, Medeni Usul Hukuku Dersleri, S. 677 f.; *Karafakih*, Hukuk Muhakemeleri Usulü Esaslari, S. 245; *Domanic*, Hukukta Kaziyyei Muhkeme, S. 16; *Önen*, Medeni Yargilama Hukuku, S. 330; *Üstündag*, Medeni Yargilama Hukuku, S. 693; *Alan-*

teile. Es ist gleichgültig, ob der Klage stattgegeben oder ob sie abgewiesen wird. Denn sie enthalten eine Entscheidung über die Hauptsache. Rechtskraftfähig sind nach herrschender Meinung auch die Anerkenntnis- und Verzichtsurteile.[306] Im Falle des Fehlens der Sachlegitimation ist die Klage durch eine Sachentscheidung als unbegründet abzuweisen. Eine solche Entscheidung ist auch der materiellen Rechtskraft fähig.[307]

Ein Abweisungsurteil aufgrund Nichteinhaltung einer richterlichen Frist (wie z. B. Zahlungsfrist für die Erstattung von Sachverständigen- und Augenscheinkosten) ist auch der Rechtskraft fähig.[308]

Ein zwischen den Parteien vor dem Gericht abgeschlossener Vergleich, sowie ein gemäß Art. 151 Abs. 2 HUMK zu richterlichem Protokoll genommener außergerichtlicher Vergleich sind beide nach der herrschenden Lehre als gerichtliche Vergleiche der Rechtskraft fähig, falls ein Urteil auf der Grundlage dieser Vergleiche ergeht.[309]

Prozessurteile, die endgültig sind, sind ebenfalls rechtskraftfähig. Da gemäß Art. 237 Abs. 1 HUMK die materielle Rechtskraft nur in Bezug auf den Urteilsgegenstand besteht, entfalten die Prozessurteile materielle Rechtskraft nicht in der Hauptsache.[310] Sie sind der materiellen Rechtskraft lediglich hinsichtlich der Feststellung des Fehlens einer bestimmten Prozessvoraussetzung oder eines Prozesshindernisses fähig. Also erwächst in materieller Rechtskraft nur die Feststellung des prozessualen Mangels, der für die Abweisung maßgebend war. Der

---

goya/Yildirim/Deren-Yildirim, Medeni Usul Hukuku Esaslari, S. 597; *Pekcanitez/Atalay/Özekes*, Medeni Usul Hukuku, S. 509 f.

306 *Ansay*, Hukukta Yargilama Usulleri, S. 364; *Berkin*, Medeni Usul Hukuku Rehberi, 772; *Kuru*, Hukuk Muhakemeleri Usulü Bd. 5, S. 5037; *Üstündag*, Medeni Yargilama Hukuku, S. 575; *Alangoya/Yildirim/Deren-Yildirim*, Medeni Usul Hukuku Esaslari, S. 461 ff.; *Ermenek*, Medeni Usul Hukukunda Davayi Kabul, S. 129. Andere Ansicht *Önen*, ABD 1976, 26, 35; *Bilge/Önen*, Medeni Yargilama Hukuku Dersleri, S. 698; *Gürdogan*, Kesin Hüküm Itirazi, S. 37; *Selcuk*, AD 1973, 937, 945, Diese Verfasser gehen im Hinblick auf die Anerkenntnis- und Verzichtsurteile vielmehr von der formellen Rechtskraft aus.

307 *Kuru*, El Kitabi, S. 887; *Üstündag*, Medeni Yargilama Hukuku, S. 308; *Alangoya/Yildirim/Deren-Yildirim*, Medeni Usul Hukuku Esaslari, S. 133.

308 *Kuru*, Hukuk Muhakemeleri Usulü Bd. 5, S. 5036.

309 *Kuru/Arslan/Yilmaz*, Medeni Usul Hukuku, S. 557, 725; *Alangoya/Yildirim/Deren-Yildirim*, Medeni Usul Hukuku Esaslari, S. 465; *Pekcanitez/Atalay/Özekes*, Medeni Usul Hukuku, S. 510. Andere Ansicht *Önen*, Medeni Yargilama Hukukunda Sulh, S. 145 ff.; *Gürdogan*, Kesin Hüküm Itirazi, S. 38. Vgl. § 278 Abs. 4 ZPO.

310 *Belgesay*, Hukuk Usulü Muhakemeleri Kanunu Serhi, S. 196; *Bilge/Önen*, Medeni Yargilama Hukuku Dersleri, S. 698; *Kuru/Arslan/Yilmaz*, Medeni Usul Hukuku, S. 725; *Pekcanitez/Atalay/Özekes*, Medeni Usul Hukuku, S. 510.

Kläger kann seinen Anspruch selbstverständlich erneut klageweise geltend machen, wenn die fehlende Prozessvoraussetzung erfüllt wird oder die Prozesshindernisse beseitigt werden.[311]

Hat ein Gericht mangels sachlicher oder örtlicher Zuständigkeit die Klage als unzulässig abgewiesen (Art. 193 Abs. 4 HUMK), entfaltet ein derartiges Prozessurteil keine materielle Rechtskraft in der Hauptsache. Dieses Urteil ist der materiellen Rechtskraft nur bezüglich seines Gegenstandes, nämlich der Unzuständigkeit des betreffenden Gerichts fähig.[312]

Falls eine Widerklage als unzulässig oder verspätet zurückgewiesen wurde, verhindert dies eine mögliche spätere Einzelklage des Beklagten nicht. Denn in diesem Fall ergeht im Erstprozess auch keine rechtskräftige Sachentscheidung über die Widerklage.[313]

Ein Schiedsspruch erwächst nach überwiegend herrschender Meinung erst dann in materieller Rechtskraft, wenn er vom sachlich und örtlich zuständigen Gericht bestätigt wird (Art. 536 HUMK). Falls innerhalb der zweiwöchigen Frist gegen ihn ein Rechtsmittel eingelegt wird, ist er rechtskräftig mit der Bestätigung des Kassationshofes.[314] Im Gegensatz hierzu bedarf es im Falle eines Schiedsspruches gemäß § 1055 ZPO keiner gesonderten Bestätigung durch ein Gericht.

Die materielle Rechtskraftwirkung der ausländischen Entscheidungen hängt von ihrer Anerkennung nach dem Gesetz über das Internationale Privat- und Zivilverfahrensrecht („MÖHUK“) ab.[315] Nach dem Erlass der Anerkennungsent-

311 *Bilge/Önen*, Medeni Yargilama Hukuku Dersleri, S. 698; *Kuru*, Hukuk Muhakemeleri Usulü Bd. 5, S. 5036; *Belgesay*, Hukuk Usulü Muhakemeleri Kanunu Serhi, S. 196; *Alangoya/Yildirim/Deren-Yildirim*, Medeni Usul Hukuku Esaslari, S. 597; *Pekcanitez/Atalay/Özekes*, Medeni Usul Hukuku, S. 510.

312 *Bilge/Önen*, Medeni Yargilama Hukuku Dersleri, S. 698; *Kuru*, Hukuk Muhakemeleri Usulü Bd. 5, S. 5038; *Pekcanitez/Atalay/Özekes*, Medeni Usul Hukuku, S. 511; Yarg. 20. HD., E. 2005/1505, K. 2005/5630, T. 2.5.2005, Kazanci.

313 *Kuru*, Hukuk Muhakemeleri Usulü Bd. 5, S. 5039.

314 *Ansay*, Hukukta Yargilama Usulleri, S. 364; *Karafakih*, Hukuk Muhakemeleri Usulü Esaslari, S. 285; *Bilge/Önen*, Medeni Yargilama Hukuku Dersleri, S. 698; *Kuru/Arslan/Yilmaz*, Medeni Usul Hukuku, S. 866; *Gürdogan*, Kesin Hüküm Itirazi, S. 39; *Domanic*, Hukukta Kaziyyei Muhkeme, S. 19; *Alangoya/Yildirim/Deren-Yildirim*, Medeni Usul Hukuku Esaslari, S. 685; *Pekcanitez/Atalay/Özekes*, Medeni Usul Hukuku, S. 661; etwa Yarg. HGK, E. 2002/8-625, K. 2002/780, T. 09.10.2002, YHGKEK (2002-2003 Bd. 1), 460 ff. Andere Ansicht *Önen*, Medeni Yargilama Hukuku, S. 330.

315 *Milletlerarasi Özel Hukuk ve Usul Hukuku Hakkinda Kanun*, Gesetz Nr. 5718 vom 27.11.2007, Amtsblatt Nr. 26728 vom 12.12.2007. Die Vollstreckbarkeitserklärung von Gerichtsentscheidungen ist in Art. 50 ff. MÖHUK und die Anerkennung in Art. 58 MÖHUK geregelt. Der Unterschied zwischen der Vollstreckbarkeitserklärung und An-

scheidung gemäß Art. 58 MÖHUK gilt die ausländische Entscheidung als nunmehr rechtskräftig in der Türkei. Sie ist dabei ab dem Zeitpunkt der rechtskräftigen Feststellung des ausländischen Gerichts (nicht Anerkennungsentscheidung) als rechtskräftig anerkannt (Art. 59 MÖHUK).

III. Der materiellen Rechtskraft unfähige Entscheidungen

Die in der freiwilligen Gerichtsbarkeit[316] ergangenen Entscheidungen sind nach einhelliger Meinung der türkischen Lehre nicht der Rechtskraft fähig.[317] Die Mehrzahl der Entscheidungen der freiwilligen Gerichtsbarkeit entfaltet Gestaltungswirkung, da derartige Entscheidungen die materielle oder prozessuale Rechtslage ändern.[318] Als Beispiele können gemäß Art. 32 TMK Verschollenerklärung, gemäß Art. 132 TMK Aufhebung der Wartefrist für Frauen und gemäß Art. 713 TMK die Eintragung der außerordentlichen Ersitzung im Grundbuch genannt werden.[319] Obwohl diese Entscheidungen Gestaltungswirkung entfalten, sind sie der materiellen Rechtskraft nicht fähig.[320] Denn laut der herrschenden Ansicht in der türkischen Literatur ist die Rechtskraftwirkung neben der Gestaltungswirkung überflüssig.[321]

---

erkennung ist, dass die Vollstreckbarkeitserklärung die Vollstreckung der Entscheidung ermöglicht und die Anerkennung der Entscheidung die zwingende Beweiswirkung zuspricht. Zum Begriff der zwingenden Beweiswirkung siehe unten F-IV-3-b.

316 In der Türkei gibt es kein besonderes Gesetz über die freiwillige Gerichtsbarkeit und die HUMK enthält darüber ebenfalls keine Bestimmungen. Lediglich Art. 8 HUMK regelt die sachliche Zuständigkeit für einige Angelegenheiten der freiwilligen Gerichtsbarkeit. Außerdem sind einige Verfahren der freiwilligen Gerichtsbarkeit jeweils in jenen Gesetzen kodifiziert, die ein Eingreifen der Gerichte in zivilrechtliche Verhältnisse vorsehen, *Kuru*, in FS. Für Fadil H. Sur, S. 404. Dagegen ist die freiwillige Gerichtsbarkeit in Art. 386-392 des Gesetzentwurfs für eine neue türkische Zivilprozessordnung ausführlich geregelt.

317 *Ansay*, Hukukta Yargilama Usulleri, S. 29; *Gürdogan*, Kesin Hüküm Itirazi, S. 35; *Üstündag*, Medeni Yargilama Hukuku, S. 35 f., 699; *Bilge/Önen*, Medeni Yargilama Hukuku Dersleri, S. 697; *Önen*, Medeni Yargilama Hukuku, S. 330; *Alangoya/Yildirim/Deren-Yildirim*, Medeni Usul Hukuku Esaslari, S. 58, 597; *Pekcanitez/Atalay/Özekes*, Medeni Usul Hukuku, S. 64.

318 *Kuru*, Nizasiz Kaza, S. 183.

319 *Kuru*, Nizasiz Kaza, S. 183 f.

320 *Budak*, in: Medeni Usul ve Icra-Iflas Hukukculari Toplantisi 4, S. 174.

321 Siehe hierzu oben D-I.

Andererseits entfalten manche Entscheidungen der freiwilligen Gerichtsbarkeit sogar nicht einmal Gestaltungswirkung. Denn sie stellen lediglich die Rechtslage fest und sind der materiellen Rechtskraft nicht fähig.[322] Demzufolge ist der Richter nach dem Erlass einer solchen Entscheidung berechtigt, diese nachträglich zu ändern, sofern sie für ungerechtfertigt erachtet wird oder spätere Änderungen in der Rechtslage entstanden sind.[323] Im deutschen Recht sind parallele Regelungen in §§ 45, 48 FamFG zu finden.

Beispielsweise ist die Entscheidung des Amtsgerichts über den Antrag auf Erteilung eines Erbscheins nicht der materiellen Rechtskraft fähig.[324] Aber wenn ein Dritter während der Untersuchung des Gerichts einen Einspruch (aufgrund eines subjektiven Rechts) einlegt, zudem er auch als Erbe berechtigt ist, wird die Entscheidung des Gerichts nunmehr der materiellen Rechtskraft fähig. Denn mit der Beteiligung einer dritten Person fällt diese Angelegenheit ab dem Zeitpunkt der Beteiligung in den Bereich der streitigen Gerichtsbarkeit.[325] Durch die Beteiligung einer dritten Person wird das Verfahren der freiwilligen Gerichtsbarkeit in einen ordentlichen Zivilprozess umgewandelt,[326] denn die Beteiligung von Dritten kann nur durch Einreichung einer Klageschrift erfolgen und diese Klageschrift ist der anderen Partei zuzustellen.[327]

Nicht der Rechtskraft fähig sind regelmäßig die Entscheidungen des Vollstreckungsgerichts zur Durchführung des Mahn- und Vollstreckungsverfahrens

---

322 *Kuru*, Nizasiz Kaza, S. 189 f.

323 *Kuru*, Nizasiz Kaza, S. 189 f.

324 *Budak*, in: FS für Baki Kuru, S. 294; *Budak*, in: Medeni Usul ve Icra-Iflas Hukukculari Toplantisi 4, S. 134; „Die Erteilung des Erbscheins ist eine Angelegenheit, die zum Bereich der freiwilligen Gerichtsbarkeit gehört und deshalb entfaltet die materielle Rechtskraft keinesfalls", Yarg. 16. HD., E. 2003/13093, K. 2004/1171, T. 22.1.2004, Kazanci; „Obwohl die Entscheidungen der freiwilligen Gerichtsbarkeit der formellen Rechtskraft fähig sind, sind sie nicht der materiellen Rechtskraft fähig", Yarg. HGK, E. 1993/1-80, K. 1993/201, T. 26.5.1993, Kazanci; Tribunal cantonal de Neuchâtel, Urteil vom 09.07.1938, RJTC Bd. 8, S. 427 = Umar/1967, S. 31; Tribunal cantonal de Neuchâtel, Urteil vom 05.01.1939, RJTC Bd. 8, S. 451 = Umar/1967, S. 34 f.

325 *Budak*, in: Medeni Usul ve Icra-Iflas Hukukculari Toplantisi 4, S. 154.

326 Aber „wenn dagegen der zwischen dem Antragsteller und einer dritten Person während der Anhängigkeit [des Verfahrens der freiwilligen Gerichtsbarkeit] entstandene Streit nicht über ein subjektives (privates) Recht ist, bleibt die Angelegenheit weiterhin eine solche der freiwilligen Gerichtsbarkeit; der Streit wird also weiterhin im freiwilligen Gerichtsbarkeitsverfahren behandelt", *Kuru*, in FS. Für Fadil H. Sur, S. 405; zustimmend *Alangoya/Yildirim/Deren-Yildirim*, Medeni Usul Hukuku Esaslari, S. 58.

327 *Budak*, in: Medeni Usul ve Icra-Iflas Hukukculari Toplantisi 4, S. 154, die Beteiligung einer dritten Person kann auch gemäß Art. 83 ff. HUMK erfolgen.

und der Zwangsvollstreckungsmaßnahmen.[328] Die Entscheidungen des Vollstreckungsgerichts sind nur im Rahmen des vorliegenden Mahn- und Vollstreckungsverfahrens der materiellen Rechtskraft fähig. Sie sind für andere Gerichte aber nicht bindend.

Wenn im Rahmen der Zwangsvollstreckung Gegenstände gepfändet und weggenommen wurden, kann ein Dritter an der gepfändeten und weggenommenen Sache ein stärkeres Recht durch Erhebung einer Herausgabeklage (Art. 97, 99, 228 IIK) beim Vollstreckungsgericht geltend machen.

Ob der Entscheidung des Vollstreckungsgerichts über die Herausgabeklage die materielle Rechtskraftwirkung zukommt, ist jedoch umstritten. Teilweise wird in der Literatur die Meinung vertreten, dass derartige Entscheidungen des Vollstreckungsgerichts nicht der Rechtskraft fähig seien.[329] Denn die Herausgabeklage im Zwangsvollstreckungsverfahren gehöre zum Bereich des Zwangsvollstreckungsrechts und sie stelle nur fest, ob die dritte Person ein Recht an dem gepfändeten Gegenstand hat oder nicht. Nach der Abweisung ihrer Herausgabeklage könne die dritte Person später erneut klagen und dieses Mal ihre Klage auf allgemeine Vorschriften (Art. 683 TMK) stützen. Einer anderen Ansicht zufolge erwächst die Entscheidung des Vollstreckungsgerichts über die Herausgabeklage im gewöhnlichen Umfang in der materiellen Rechtskraft.[330] Denn im Gegensatz zu den anderen Entscheidungen des Vollstreckungsgerichts, die aufgrund der beschränkten Prüfungskompetenz des Vollstreckungsgerichts nur nach einer (sehr) eingeschränkten Prüfung der Sach- und Rechtslage ergehen, handele es sich bei einer Herausgabeklage beim Vollstreckungsgericht im rechtstechnischen Sinne um eine vollständige Klage. Damit ist gemeint, dass die

---

328 Yarg. HGK, E. 2004/12-706, K. 2004/739, T. 22.12.2004, Kazanci; Yarg. 11. HD., E. 1983/5024, K. 1983/5181, T. 23.11.1983, Kazanci; Yarg. 11. HD., E. 1988/8045, K. 1989/56852, T. 06.10.1989, Kazanci; Yarg. 11. HD., E. 2005/9724, K. 2005/10207, T. 14.10.2005, Kazanci; Yarg. 12. HD., E. 2006/10995, K. 2006/13170, T. 19.06.2006, Kazanci; Yarg. 19. HD., E. 2007/8454, K. 2008/2146, T. 07.03.2008, Kazanci; Yarg. 13. HD., E. 2009/415, K. 2009/6772, T. 18.05.2009, Kazanci; Yarg. 3. HD., E. 2006/8677, K. 2006/11139, RG 22.12.2009 sayi 27440; Cour de cassation de Neuchâtel, Urteil vom 13.10.1958, RJN Bd. 2, S. 63 = Umar/1967, S. 224; *Bilge/Önen*, Medeni Yargilama Hukuku Dersleri, S. 698; *Belgesay*, PHM 1950, 177, 178; *Önen*, Medeni Yargilama Hukuku, S. 330; *Kuru*, El Kitabi, S. 889; *Domanic*, Hukukta Kaziyyei Muhkeme, S. 17; *Gürdogan*, Kesin Hüküm Itirazi, S. 39; *Pekcanitez*, Icra – Iflas Hukukunda Sikayet, S. 178 ff.

329 *Aslan*, Hacizde Istihkak Davasi, S. 621 ff. *Üstündag*, Icra Hukukunun Esaslari, S. 204 f.; *Yildirim*, Icra Hukuku Ders Notlari S. 99; *Ansay*, Hukuk Icra ve Iflas Usulleri, S. 113 ff.

330 *Domanic*, Hukukta Kaziyyei Muhkeme, S. 18; *Kuru*, Icra ve Iflas Hukuku Bd. 2, S. 1107; *Kuru*, Hukuk Muhakemeleri Usulü Bd. 5, S. 5048. Vgl. § 771 ZPO.

Entscheidungen über eine Herausgabeklage beim Vollstreckungsgericht nach einer vollständigen Schlüssigkeitsprüfung ergehen und sachliche Entscheidungen enthalten. Also stellt diese Meinung die Herausgabeklage beim Vollstreckungsgericht einer allgemeinen Herausgabeklage gleich.

Obwohl die Entscheidungen des Vollstreckungsgerichts grundsätzlich nicht der materiellen Rechtskraft fähig sind, besteht eine weitere Ausnahme, wenn mit der Beschwerde die Aufhebung des Zuschlages (in Zwangsversteigerung, gemäß Art. 134 IIK) verlangt wird: Legt der Kläger gegen den Zuschlag Beschwerde ein und lehnt das Vollstreckungsgericht diese Beschwerde ab, ist diese ablehnende Entscheidung des Vollstreckungsgerichts der materiellen Rechtskraft fähig.[331]

Die Zwischenurteile, die nicht über den Streitgegenstand, sondern nur über einzelne Streitpunkte entscheiden, sind ebenfalls nicht der materiellen Rechtskraft fähig.[332] Dies ist z. B. der Fall, wenn der Beklagte die Einrede der Rechtshängigkeit (Art. 187 Abs. 4 HUMK) oder der örtlichen Zuständigkeit (Art. 187 Abs. 2 HUMK) erhoben hat und das Gericht diese verneint.

Arrest, einstweilige Verfügung und Beweissicherung haben vorläufigen Charakter und sind somit nicht der materiellen Rechtskraft fähig.[333] *Özekes* bezeichnet Arrest und einstweilige Verfügung als vorläufige endgültige Entscheidung.[334]

Im Jahr 1985 wurde durch das Gesetz Nr. 3156 das Versäumnisverfahren im türkischen Zivilprozessrecht (Art. 398-408, 410-412, 563 f. HUMK a. F.) abgeschafft. Infolgedessen ergehen im türkischen Zivilverfahrensrecht keine Versäumnisurteile mehr. Falls die Säumnis einer Partei vorliegt, wird die Verhandlung ohne diese Partei mit Einwilligung der Gegenpartei weitergeführt und das

---

331 *Kuru*, Icra ve Iflas Hukuku Bd. 2, S. 1506; *Kuru*, Hukuk Muhakemeleri Usulü Bd. 5, S. 5048. *Domanic*, Hukukta Kaziyyei Muhkeme, S. 18; *Pekcanitez*, Icra – Iflas Hukukunda Sikayet, S. 175; Yarg. 12. HD., E. 2000/8866, K. 2000/9783, T. 13.06.2000, Kazanci.

332 *Ansay*, Hukukta Yargilama Usulleri, S. 364; *Postacioglu*, Medeni Usul Hukuku Dersleri, S. 504; *Gürdogan*, Kesin Hüküm Itirazi, S. 35; *Kuru*, Hukuk Muhakemeleri Usulü Bd. 5, S. 5036 (Fn. 115); *Karsli*, Medeni Usul Hukukunda Usuli Islemler, S. 150; *Bilge/Önen*, Medeni Yargilama Hukuku Dersleri, S. 697; *Savata-Tanverdi*, Medeni Usul Hukukunda Kazanilmis Haklar S. 97 f.

333 *Belgesay*, Hukuk Usulü Muhakemeleri Kanunu Serhi, S. 196; *Kuru*, Hukuk Muhakemeleri Usulü Bd. 5, S. 5036 (Fn. 115); *Üstündag*, Medeni Yargilama Hukuku, S. 581 ff.; *Alangoya/Yildirim/Deren-Yildirim*, Medeni Usul Hukuku Esaslari, S. 443; *Pekcanitez/Atalay/Özekes*, Medeni Usul Hukuku, S. 622; *Özekes*, Icra Iflas Hukukunda Ihtiyati Haciz, S. 12 ff.

334 *Özekes*, YD 2000, 661, 665.

Urteil ergeht in Abwesenheit der säumigen Partei (Art. 213 Abs. 2 HUMK).[335] Dieses Urteil ist ein normales rechtkräftiges Urteil und es ist der säumigen Partei zuzustellen. Die säumige Partei kann nicht gegen die in ihrer Abwesenheit vorgenommenen Prozesshandlungen Einspruch einlegen.

Im türkischen Recht kann nach der einhelligen Meinung kein bedingtes Urteil ergehen, das an eine außer- oder innerprozessuale Bedingung (aufschiebend oder auflösend) geknüpft wird. Selbst wenn z. B. im deutschen Recht die Verurteilung zur Leistung Zug-um-Zug gemäß § 322 Abs. 1 BGB möglich ist, ist ein derartiges bedingtes Urteil im türkischen Recht nach der einhelligen Ansicht kein Thema.[336] Darüber hinaus regelt Art. 38 des türkischen Zwangsvollstreckungs- und Konkursgesetzes, das die möglichen vollstreckbaren Urkunden aufzählt, die Vollstreckung eines bedingten Urteils (z. B. bei Zug-um-Zug-Leistungen) nicht.

IV. Objektive Grenzen der materiellen Rechtskraft

1. Grundregel

Nach Art. 237 Abs. 1 HUMK ist nur der Tenor des Urteils der materiellen Rechtskraft fähig. Es wird also lediglich die Entscheidung über den Streitgegenstand (Klageantrag) rechtskräftig. Darüber besteht sowohl im Schrifttum als auch in der Rechtsprechung Einigkeit. Ferner steht die Rechtskraft auch einer neuen Klage mit dem kontradiktorisch gegenteiligen Antrag entgegen. Falls also der Beklagte den Streit in seiner Umkehrung anhängig macht, hat der Richter diese Klage wegen der Rechtskraft als unzulässig abzuweisen.[337]

Der Wortlaut in Art. 237 Abs. 1 HUMK ist allerdings nicht deutlich. Denn er wurde aus Art. 211 CPCN a.F. nicht klar und deutlich übersetzt und entspricht sprachlich dem Osmanisch-Türkischen. Zum Einen besteht die Rechtskraft nach dem Wortlaut dieser Vorschrift lediglich hinsichtlich des Entscheidungsgegen-

---

335 Hierzu näher *Ulukapi*, Medeni Usul Hukukunda Taraflarin Durusmaya Gelmemesi, S. 52 ff.

336 *Tanriver*, in: Makalelerim 1, S. 85; *Kaniti*, Akdin Ifa Edilmedigi Def'i, S. 168 f.; *Karsli*, Medeni Usul Hukukunda Usuli Islemler, S. 103 ff.; *Tutumlu*, Hukuk Yargilamasinda Hüküm ve Gerekceli Karar, S. 352 f.; *Budak*, in: Medeni Usul ve Icra-Iflas Hukukculari Toplantisi 2-3 (2003-2004), S. 105 ff. Andere Ansicht *Belgesay*, Hukuk Usulü Muhakemeleri Kanunu Serhi, S. 181 f.; *Postacioglu*, Medeni Usul Hukuku Dersleri, S. 711 ff.; *Postacioglu*, AD 1941, 112, 112 ff.

337 *Pekcanitez/Atalay/Özekes*, Medeni Usul Hukuku, S. 515; *Kuru/Arslan/Yilmaz*, Medeni Usul Hukuku, S. 726.

standes.[338] Zum Anderen enthält der Wortlaut dieser Vorschrift im Kernteil einen singulären Ausdruck, nämlich *husus* (Sache), der nicht zu einer weiten Auslegung geeignet ist.[339] Hieraus ergibt sich die Folgerung, dass die Entscheidungsgründe nach dem Wortlaut dieser Vorschrift nicht von der materiellen Rechtskraft erfasst werden.

Die Entscheidungsgründe, also die tatsächlichen Feststellungen und rechtlichen Folgerungen, sind nur im Falle der Undeutlichkeit des Urteilstenors sowie des Vorliegens eines klageabweisenden Urteils (als Auslegungshilfe) von Bedeutung.[340]

Abgesehen von der erwähnten gesetzlichen Grundlage der objektiven Grenzen der materiellen Rechtskraft gibt es in der türkischen Gerichtspraxis und im Schrifttum bestimmte Ausnahmen, in denen eine Rechtskrafterstreckung auf die Entscheidungsgründe angenommen wird.

2. Rechtskraftfähiger Inhalt der Entscheidung

a) Allgemeines

Nach Art. 141 Abs. 3 der türkischen Verfassung müssen jegliche Entscheidungen aller Gerichte zusammen mit den Gründen schriftlich abgefasst werden. Im Gegensatz zum deutschen Recht ist das Weglassen von Tatbestand und Entscheidungsgründen (§ 313a ZPO) deshalb nicht möglich.

Art. 388 HUMK sieht die Bestandteile eines Urteils vor. Danach enthält ein Urteil grundsätzlich einen Urteilskopf, die Gründe sowie den Urteilstenor.

Der Urteilskopf enthält das Aktenzeichen, die Bezeichnung des Gerichts (und seines Spruchkörpers), die Bezeichnung der Richter und der Protokollführer, die Bezeichnung der Parteien (und anderen Beteiligten), ihrer gesetzlichen Vertreter und der Prozessbevollmächtigten, den Ort und das Datum der Entscheidung und Klageerhebung (Art. 388 Nr. 1, 2, 5 HUMK).

Die Gründe enthalten die Zusammenfassung des Tatbestands und der Entscheidungsgründe. Dazu gehört die Zusammenfassung der Erwägungen, auf denen die Entscheidung in tatsächlicher und rechtlicher Hinsicht beruht, die Bezeichnung der Beweismittel sowie die unstreitigen und noch streitigen Punkte, die erhobenen Ansprüche und die dazu vorgebrachten Angriffs- und Verteidigungsmittel (Art. 388 Nr. 3 HUMK).

---

338 *Üstündag*, YADÜ 2003, 9, 13.

339 *Budak*, Kara Avrupasi ve Anglo-Amerikan Medeni Usul Hukuklarinda Kesin Hüküm, S. 112 f.

340 Siehe hierzu oben F-IV-c-bb.

Der Urteilstenor umfasst in nummerischer Ordnung die Entscheidung des Gerichts über den Rechtsstreit, die Rechtsmittelbelehrung und den Kostenfestsetzungsbeschluss (Art. 388 Nr. 4 und Abs. 2 HUMK). Dabei muss die Entscheidungsbegründung nicht im Tenor wiederholt werden (Art. 388 Abs. 2 HUMK).

In der türkischen Gerichtspraxis wird in der letzten Verhandlung zunächst eine abgekürzte Form des Urteils verkündet, das meistens nur aus dem Urteilstenor besteht. Später erfolgt die vollständige Form des Urteils (also Erteilung der Ausfertigung), die durch die in Art. 388 HUMK bezeichneten Angaben vervollständigt wird. Nach der Verkündung sollte das Urteil in Kurzfassung binnen 15 Tagen vervollständigt werden (Art. 381 Abs. 3 HUMK). Je nach der Belastung der Gerichte beträgt diese Zeit in der Praxis fünf bis sechs Wochen.[341] Steht die abgekürzte Form des Urteils im Widerspruch zu der vollständigen Form des Urteils, bildet dieser Widerspruch einen Revisionsgrund.[342]

Das Gericht hat die Pflichten und Rechte der Parteien im Urteilstenor ganz eindeutig festzulegen (Art. 389 HUMK). Das Urteil muss von dem mitwirkenden Richter (oder den Richtern) und dem Protokollführer unterschrieben und dann zu den Akten gelegt werden (Art. 388 Nr. 5 und Art. 390 HUMK).[343]

Gemäß Art. 459 HUMK können Schreibfehler, Rechnungsfehler und ähnliche offenbare Unrichtigkeiten, die in dem Urteil vorkommen, jederzeit vom Gericht entweder von Amts wegen oder auf Antrag einer Partei berichtigt werden. Allerdings muss diese Berichtigung des Urteils nicht zur Änderung der rechtkräftig festgestellten Rechte und Pflichten der Parteien führen.[344]

Das Urteil (also die Ausfertigung) ist beiden Parteien zuzustellen (Art. 392 HUMK). Mit der Zustellung beginnt die Rechtsmittelfrist (Art. 432 Abs. 1 und Art. 437 Abs. 1 HUMK).

---

341 *Umar*, Hukuk Baslangici, S. 190.

342 Siehe hierzu oben D-III.

343 Wenn der mitwirkende Richter (nach der Verkündung) die vollständige Form des Urteils nicht unterschreiben konnte (z. B. wegen Krankheit, Todesfall, Abdankung oder Pensionierung), ist dieses Urteil wirkungslos, sofern es unmöglich ist, die Rechte und Pflichten der Parteien der abgekürzten Form des Urteils zu entnehmen, Yarg. HGK, E. 1997/8-385, K. 1997/590, T. 25.06.1997 in: Özmen (1988-1997 Bd. 2), 2109 f.

344 Yarg. HGK, E. 2008/1-796, K. 2009/14, T. 21.01.2009, Kazanci; Yarg. HGK, E. 2009/13-370 K: 2009/480 T: 04.11.2009, Kazanci; Yarg. 1. HD., E. 2009/5325, K. 2009/6439, T. 05.06.2009, Kazanci.

b) Urteilstenor

Wie auch im deutschen Recht, erwächst im türkischen Recht grundsätzlich nur der Urteilstenor in Rechtskraft. Der im Urteilstenor enthaltene gesamte Subsumtionsschluss, also die festgestellte Rechtsfolge, ist der materiellen Rechtskraft fähig. Vor allem wird dies durch Art. 237 Abs. 1 HUMK bestätigt. Danach ist lediglich der Urteilstenor von der Rechtskraft erfasst. Es herrscht in der türkischen Lehre[345] und Rechtsprechung[346] darüber Einigkeit, dass auf jeden Fall (zumindest) der Urteilstenor von der Rechtskraft erfasst wird. Fraglich ist, ob eine Rechtskrafterstreckung auf die anderen Urteilselemente möglich ist.

Falls der Richter im Einzelfall über einen Antrag (z. B. Zinsantrag) versehentlich nicht entscheidet, spricht man nicht von der materiellen Rechtskraft bezüglich dieses nicht entschiedenen Antrags.[347] Denn nur bereits entschiedene Anträge, die im Urteilstenor stehen, sind rechtskräftig. Daher werden nicht entschiedene Anträge von der materiellen Rechtskraft nicht erfasst.

Wenn eine Entscheidung keine Gründe, sondern nur einen Tenor hat, ist diese Entscheidung wirksam. Im umgekehrten Fall ist die Entscheidung hingegen wirkungslos. Wenn die Entscheidungsgründe darüber hinaus zum Urteilstenor im Widerspruch stehen, ist der Urteilstenor maßgebend.[348]

---

345 *Ansay*, Hukukta Yargilama Usulleri, S. 370; *Belgesay*, Hukuk Usulü Muhakemeleri Kanunu Serhi, S. 195; *Karafakih*, Hukuk Muhakemeleri Usulü Esaslari, S. 172; *Arslan*, ABD 1988, 722, 732; *Bilge/Önen*, Medeni Yargilama Hukuku Dersleri, S. 700; *Önen*, Medeni Yargilama Hukuku, S. 333; *Domanic*, Hukukta Kaziyyei Muhkeme, S. 30; *Selcuk*, AD 1973, 1063, 1069; *Özkaya-Ferendeci*, Kesin Hükmün Objektif Sinirlari, S. 50; *Meric*, MIHDER 2007, 377, 411; *Gürdogan*, Kesin Hüküm Itirazi, S. 42 f.; *Alangoya/Yildirim/Deren-Yildirim*, Medeni Usul Hukuku Esaslari S. 607 (Fn. 20); *Üstündag*, Medeni Yargilama Hukuku, S. 718; *Kuru*, El Kitabi, S. 890; *Kuru*, Hukuk Muhakemeleri Usulü Bd. 5, 5049; *Pekcanitez/Atalay/Özekes*, Medeni Usul Hukuku, S. 515; *Postacioglu*, Medeni Usul Hukuku Dersleri S. 732; *Berkin*, Medeni Usul Hukuku Esaslari, S. 175; *Berkin*, Medeni Usul Hukuku Rehberi, 782.

346 „Der rechtskraftfähige Teil des Urteils ist lediglich der Urteilstenor. Die Entscheidungsgründe sind dagegen nicht der materiellen Rechtskraft fähig“, Yarg. 2. HD., E. 1971/2640, K. 1971/3531, K. 01.06.1971, T. 01.06.1971, RKD 1971, 327; „Es ist gleichgültig, ob die Entscheidungsgründe mit dem Urteilstenor in Verbindung stehen oder nicht. Rechtskräftig ist der Urteilstenor“, Yarg. 8. HD., E. 1979/5920, K. 1979/6914, T. 15.06.1979, in: Erdemir, 1057.

347 *Bilge/Önen*, Medeni Yargilama Hukuku Dersleri, S. 699; *Berkin*, Medeni Usul Hukuku Rehberi, 782; *Ansay*, Hukukta Yargilama Usulleri, S. 370 f.; *Ansay*, ABD 1953, f.

348 *Berkin*, Medeni Usul Hukuku Rehberi, 782; *Bilge/Önen*, Medeni Yargilama Hukuku Dersleri, S. 702. Vgl. oben D-III.

c) Entscheidungsgründe

aa) Allgemeines

Nach Art. 237 1 Art. HUMK, der Lehre und der Rechtsprechung werden die Entscheidungsgründe grundsätzlich nicht von der materiellen Rechtskraft erfasst. Lediglich die Entscheidung über das Klagebegehren erwächst in der materiellen Rechtskraft. Allerdings werden die Entscheidungsgründe trotz der Regelung in Art. 237 Abs. 1 HUMK in bestimmten Fällen nicht vom Urteilstenor getrennt gehalten. Dabei werden durch die Lehre und Rechtsprechung bestimmte Ausnahmen von der Grundregel entwickelt.

bb) Entscheidungsgründe als Auslegungshilfe

Wie im deutschen Recht[349] hat auch im türkischen Recht[350] das Gericht die Entscheidung auszulegen, wenn der Urteilstenor unklar ist. Denn diese Auslegung ist zur Bestimmung der Reichweite der materiellen Rechtskraft erforderlich. Dabei soll das Gericht herausfinden, inwieweit über den Klageantrag entschieden wird.

Das Gericht führt diese Auslegung unter Heranziehung der Entscheidungsgründe durch. Der Entscheidungsumfang wird also mithilfe der Entscheidungsgründe bestimmt.

Besonders wenn im Einzelfall ein klageabweisendes Urteil vorliegt, ist diese Auslegung von entscheidender Bedeutung. Denn es ist unmöglich, den Abweisungsgrund dem Urteilstenor zu entnehmen. Der Abweisungsgrund ist entscheidend für die Bestimmung der objektiven Grenzen der Rechtskraft. Ob die Klage als unzulässig oder unbegründet (endgültig bzw. derzeit) abgewiesen ist, ist lediglich mithilfe der Entscheidungsgründe zu ermitteln. Wenn z. B. der Gläubiger vor der Fälligkeit der Forderung klagt und seine Klage aufgrund des Fehlens der Fälligkeit aus prozessualen Gründen abgewiesen wird, kann er später mit dem Eintritt der Fälligkeit erneut klagen. Denn es liegt keine materielle rechtskräftige Entscheidung vor.[351] In diesem Fall wird die Klage als derzeit unbegründet abgewiesen. Dieser Abweisungsgrund lässt sich nicht allein dem Ur-

---

349 Siehe hierzu unten G-IV-1-e.

350 *Belgesay*, Hukuk Usulü Muhakemeleri Kanunu Serhi, S. 199; *Önen*, Medeni Yargilama Hukuku, S. 334; *Bilge/Önen*, Medeni Yargilama Hukuku Dersleri, S. 702; *Gürdogan*, Kesin Hüküm Itirazi, S. 43; *Üstündag*, Medeni Yargilama Hukuku, S. 718; *Kuru*, Hukuk Muhakemeleri Usulü Kanunu El Kitabi, S. 890; *Pekcanitez/Atalay/Özekes*, Medeni Usul Hukuku, S. 511; *Selcuk* AD 1973, 1063, 1069; *Töre*, AD 1973, 617; *Özkaya-Ferendeci*, Kesin Hükmün Objektif Sinirlari, S. 50.

351 Yarg. HGK, E. 1969/1-429, K. 17, T. 16.01.1971, ABD 1971, 531 f.

teilstenor entnehmen. Das Gericht sollte deshalb die Entscheidungsgründe zur Ermittlung dieses Abweisungsgrundes mit heranziehen.[352]

cc) Mit dem Urteilstenor in enger Verbindung stehende Entscheidungsgründe

Eine andere Ausnahme der in Art. 237 Abs. 1 HUMK formulierten Grundregel ist die Rechtskrafterstreckung auf die Entscheidungsgründe, die mit dem Urteilstenor in enger Verbindung stehen. Diese Ausnahme ist nicht gesetzlich normiert und wurde von der Lehre und Rechtsprechung unter Bezugnahme auf das französische Zivilverfahrensrecht entwickelt.[353] In der Lehre und Rechtsprechung besteht größtenteils darüber Einigkeit, dass ein zwingender logischer Zusammenhang zwischen dem Subsumtionsschluss und den Entscheidungsgründen zugleich zu einer Ausdehnung der Rechtskraft auf die betreffenden Entscheidungsgründe führe.[354] Die Bestimmung der engen Verbindung zwischen dem Tenor und den Entscheidungsgründen hängt vom Einzelfall ab. Dies zeigt das folgende Beispiel: K klagt gegen B auf Zahlung eines bestimmten Betrags aus dem Bürgschaftsvertrag. Durch rechtskräftiges Urteil wird B zur Zahlung des Betrags (an K) verurteilt. Später erhebt B gegen K eine Klage auf Rückzahlung des Geleisteten und stützt seine Klage auf ungerechtfertigte Bereicherung wegen Nichtigkeit des Bürgschaftsvertrags. In dieser Konstellation ist die Klage auf Rückzahlung des Geleisteten als unzulässig abzuweisen. Denn im Erstprozess stellt das Gericht fest, dass der Bürgschaftsvertrag zwischen K und B wirksam

---

352 *Gürdogan*, Kesin Hüküm Itirazi, S. 43; *Kuru*, Hukuk Muhakemeleri Usulü Kanunu El Kitabi, S. 890; *Bilge/Önen*, Medeni Yargilama Hukuku Dersleri, S. 702 f.; *Pekcanitez/Atalay/Özekes*, Medeni Usul Hukuku, S. 511 f.

353 *Bilge/Önen*, Medeni Yargilama Hukuku Dersleri, S. 700 f.; *Özkaya-Ferendeci*, Kesin Hükmün Objektif Sinirlari, S. 69 ff.; *Belgesay*, Hukuk Usulü Muhakemeleri Kanunu Serhi, S. 196.

354 *Belgesay*, Hukuk Usulü Muhakemeleri Kanunu, S. 128; *Belgesay*, Hukuk Usulü Muhakemeleri Kanunu Serhi, S. 196; *Umar*, in: FS für Baki Kuru, S. 697; *Arslan*, ABD 1988, 722, 732; *Domanic*, Hukukta Kaziyyei Muhkeme, S. 33; *Özkaya-Ferendeci*, Kesin Hükmün Objektif Sinirlari, S. 50 f.; *Karsli*, Usul Hukuku Acisindan Rücu Davalari, S. 159 f.; *Bilge/Önen*, Medeni Yargilama Hukuku Dersleri, S. 700; *Meric*, MIHDER 2007, 377, 404 f.; *Gürdogan*, Kesin Hüküm Itirazi, S. 44; *Alangoya/Yildirim/Deren-Yildirim*, Medeni Usul Hukuku Esaslari S. 607 (Fn. 20); *Üstündag*, Medeni Yargilama Hukuku, S. 719; *Kuru*, El Kitabi, S. 890; *Kuru*, Hukuk Muhakemeleri Usulü Bd. 5, 5049; *Pekcanitez/Atalay/Özekes*, Medeni Usul Hukuku, S. 515; *Postacioglu*, Medeni Usul Hukuku Dersleri S. 702.

ist. Die Wirksamkeit des Bürgschaftsvertrags steht in enger Verbindung mit dem Urteilstenor und erwächst deshalb in der materiellen Rechtskraft.[355]

Ähnlich ist es, wenn in der Erbschaftsklage der Kläger die Herausgabe einer Erbschaftssache verlangt und das Gericht dem Herausgabeanspruch des Klägers stattgibt. Dann erwächst die Erbschaft des Klägers in einem Zweitprozess (z. B. Herausgabe einer anderen Erbschaftssache) gegen denselben Beklagten in der Rechtskraft. Die Feststellung des Zustandes der Erbschaft bezüglich des Klägers kann also im Zweitprozess nicht erforscht werden.[356]

Falls das Gericht im Erstprozess festgestellt hat, dass das Werk vertragsmäßig hergestellt wurde, und dem Antrag des Klägers stattgibt, kann der Beklagte später nicht behaupten, dass das Werk nicht vertragsmäßig hergestellt wurde. Denn die tatsächliche Feststellung der Vertragsmäßigkeit des Werkes gehört zwar zu den Entscheidungsgründen, steht aber mit dem Urteilstenor in enger Verbindung und wird deshalb von der materiellen Rechtskraft erfasst.[357]

Ebenso ist in einem Scheidungsverfahren die tatsächliche Feststellung des Verschuldens an der Scheidung der Ehe für die Beurteilung auf notwendigen Unterhalt im Zweitprozess rechtskräftig. Denn die Feststellung des Verschuldens steht in enger Verbindung mit dem Tenor des Scheidungsurteils im Erstprozess.[358]

In ähnlicher Weise geht der Kassationshof in einem anderen Urteil von folgender Überlegung aus: „Wenn am Vorprozess festgestellt wird, dass das Unternehmen die Leistung der versprochenen Dienste erfüllt hat, wird die Klage als unbegründet abgewiesen. In einem zweiten Prozess darf der Auftraggeber nicht geltend machen, dass der Auftragnehmer seinen vertraglichen Pflichten ungenügend nachgekommen sei. Denn die Feststellung der Erfüllung der Werkleistungen ist mit der Entscheidung des Vorprozesses verknüpft“.[359]

Das deutsche Prozessrecht enthält für die Aufrechnung eine Sondervorschrift Art. 322 Abs. 2 ZPO lautet: „Hat der Beklagte die Aufrechnung einer Gegenforderung geltend gemacht, so ist die Entscheidung, dass die Gegenforderung nicht besteht, bis zur Höhe des Betrages, für den die Aufrechnung geltend gemacht worden ist, der Rechtskraft fähig“. Im Gegensatz zu dieser Vorschrift gibt es in der HUMK keine solche Sonderregelung für die Aufrechnung. Allerdings gilt das gleiche Ergebnis für das türkische Recht. Im Umfang der Hauptforderung wird also auch über die Aufrechnungsforderung rechtskräftig ent-

355 *Gürdogan*, Kesin Hüküm Itirazi, S. 44; *Kuru/Arslan/Yilmaz*, Medeni Usul Hukuku, S. 726 f.; *Bilge/Önen*, Medeni Yargilama Hukuku Dersleri, S. 701.

356 *Bilge/Önen*, Medeni Yargilama Hukuku Dersleri, 701.

357 Yarg. 4. HD., 30.05.1967, in: Bilge/Önen, 701.

358 Yarg. 2. HD., 10.02.1993, 668/1096, in: Kuru Bd. 5, 5053.

359 *Meric*, DEÜHFD, 143, 165.

schieden. Das Urteil stellt rechtskräftig auch fest, dass die aufgerechnete Gegenforderung entweder überhaupt nicht besteht oder zwar bestanden hat, infolge Aufrechnung aber erloschen ist. Diese Feststellung in den Entscheidungsgründen steht in enger Verbindung mit dem Urteilstenor, der lediglich die Entscheidung über die Hauptforderung enthält, aber nicht über die Gegenforderung. Daher erwächst die Feststellung über die Aufrechnungsforderung aufgrund der engen Verbindung in der materiellen Rechtskraft.[360] Die praktische Folge ist, dass man später nicht auf die Feststellung des Bestehens dieser Aufrechnungsforderung klagen kann.[361] Diese Folge wird auch vom Kassationshof bestätigt: „Das Gericht ist mit der Feststellung des Nichtbestehens der zur Aufrechnung gestellten Mietforderung im ersten Prozess gebunden. Demzufolge kann auf diese Forderung aufgrund der Rechtskraft in einem späteren Prozess nicht geklagt werden".[362]

Grundsätzlich besteht das berechtigte Interesse (Beschwer), das die Voraussetzung für die Zulässigkeit jedes Rechtsmittels des Rechtsmittelwerbers ist, nur in Bezug auf den Urteilstenor, nicht auf die Entscheidungsgründe. Wenn die Entscheidungsgründe aber mit dem Urteilstenor in enger Verbindung stehen, ist das berechtigte Interesse auch hinsichtlich der Entscheidungsgründe in diesem Fall zu bejahen.[363]

Nach den erwähnten Beispielen ist zu konstatieren, dass im türkischen Recht nach Lehre und Rechtsprechung, trotz des Wortlauts von Art. 237 Abs. 1 HUMK, eine Rechtskraftbindung an präjudizielle Rechtsverhältnisse anzunehmen ist. Dabei geht aber das türkische Zivilverfahrensrecht im Vergleich zum deutschen Recht von einem weiten Präjudizialitätsverständnis aus, nämlich die Bindung auch an einzelne Urteilselemente wie Tatsachenfeststellungen und rechtliche Folgerungen. Präjudizielle Rechtsverhältnisse, die lediglich als Vorfrage beurteilt werden, werden also auch von der materiellen Rechtskraft erfasst.

Auf diese Weise trägt diese Auffassung nach der Lehre und Rechtsprechung als Folge der Gerechtigkeit zur Vermeidung von widersprüchlichen Entscheidungen und zur Förderung der Prozessökonomie bei.[364]

---

360 *Ansay*, Hukukta Yargilama Usulleri, S. 370; *Kuru/Arslan/Yilmaz*, Medeni Usul Hukuku, S. 727; *Bilge/Önen*, Medeni Yargilama Hukuku Dersleri, S. 701.

361 *Ansay*, Hukukta Yargilama Usulleri, S. 370; *Kuru/Arslan/Yilmaz*, Medeni Usul Hukuku, S. 727; *Bilge/Önen*, Medeni Yargilama Hukuku Dersleri, S. 701.

362 Yarg. 4. HD. 12.11.1966, 1966/7368-9793, in: Bilge/Önen, 702.

363 *Bilge/Önen*, Medeni Yargilama Hukuku Dersleri, S. 702; *Kuru/Arslan/Yilmaz*, Medeni Usul Hukuku, S. 635.

364 *Cenberci*, Hukuk Davalarinda Kesin Hüküm, S. 18; nach *Meric*, könne die Verneinung der Teilnahme der Urteilsgründe an der Rechtskraft zu absurden Konsequenzen und zu Ungerechtigkeit führen, DEÜHFD, 143, 167; *Birben*, MIHDER 2007, 349, 355.

3. Zwingende und verstärkte Beweiswirkung des rechtskräftigen Urteils

a) Allgemeines

In der HUMK sind Beweismittel und Beweisaufnahme in Art. 236-367 geregelt.[365] Es gelten im türkischen Zivilverfahrensrecht einige Regeln, wonach bestimmt wird, welches Beweismittel die höchste Beweiskraft besitzt. Dabei wird zwischen *zwingenden* (unanfechtbaren) *Beweismitteln* und *der richterlichen Beweiswürdigung unterliegenden Beweismitteln* unterschieden, je nachdem, ob das Gericht an bestimmte gesetzliche Beweismittel gebunden ist oder diese frei würdigen kann.[366] Infolgedessen ist ein zwingendes (unanfechtbares) Beweismittel kraft Gesetzes bindend für den Richter, er kann also ein zwingendes Beweismittel nicht frei würdigen. Liegt ein zwingendes Beweismittel vor, gilt dann auch eine zwingende Beweisregel, die der Richter beachten muss.

Die *zwingenden Beweismittel* sind: Geständnis[367] (Art. 236 HUMK), Urkundenbeweis (öffentliche Urkunden oder durch Unterschrift bekräftigte Privaturkunden) (Art. 287 ff. HUMK), Eid (Art. 337 ff. HUMK) und das rechtskräftige Urteil (Art. 237 HUMK). Dagegen gehören zu den der *richterlichen Beweiswürdigung unterliegenden Beweismitteln*: Zeugen (Art. 245 ff. HUMK) Sachverständige (Art. 275 ff. HUMK), richterlicher Augenschein (Art. 363 ff. HUMK) und richterlicher Augenschein im weiteren Sinne (Art. 367 ff. HUMK).[368]

Nach Art. 240 HUMK hat der Richter die aufgenommenen Beweismittel frei zu würdigen, falls das Gesetz nicht etwas anderes bestimmt. Deshalb ist die freie Beweiswürdigung ein Grundprinzip des türkischen Zivilverfahrensrechts. Jedoch steht dem Richter hinsichtlich einer zwingenden Beweisregel kein Würdigungsspielraum zu.

---

365 Vgl. *Yildirim*, Medeni Usul Hukukunda Delillerin Degerlendirilmesi.

366 Die Unterscheidung zwischen *Streng-* und *Freibeweis* betrifft vielmehr, ob das Gericht an bestimmte gesetzliche Formen der Beweisaufnahme gebunden ist oder diese frei gestalten kann. Diese Begriffe sind aber nicht geeignet für die Bezeichnung der Beweiskraft der verschiedenen Beweisarten im türkischen Recht. Deshalb trifft die Unterscheidung als *zwingendes* und *der richterlichen Beweiswürdigung unterliegendes Beweismittel* vorwiegend zu.

367 *Umar/Yilmaz*, Isbat Yükü, S. 191 ff.; *Olgac/Cenberci*, Hukuk Davalarinda Ikrar, S. 12 ff.

368 Laut Art. 288 Abs. 2 HUMK ist der Zeugenbeweis (und andere der *richterlichen Beweiswürdigung unterliegenden* Beweismittel) grundsätzlich nur bei Rechtsgeschäften zulässig, deren Gegenstand den Geschäftswert von einer bestimmten Summe nicht übersteigt. Vgl. auch Art. 290 HUMK. Außerdem ist die Parteivernehmung in Art. 230-235 HUMK geregelt. Sie wird doch nicht zu den Beweismitteln gezählt.

Eine Urteilsausfertigung kann als zwingendes Beweismittel in das Verfahren eingeführt werden und so Beachtung finden. Denn in Art. 295 HUMK begründet der Inhalt einer Urteilsausfertigung und öffentlichen Urkunde vollen Beweis, solange die Unrichtigkeit dieser Urteilsausfertigung oder öffentlichen Urkunde durch das Gericht nicht festgestellt wird.

Die Beweisregel des Art. 295 HUMK zeigt eigentlich Ähnlichkeit mit § 417 ZPO: „Die von einer Behörde ausgestellten, eine amtliche Anordnung, Verfügung oder Entscheidung enthaltenden öffentlichen Urkunden begründen vollen Beweis ihres Inhalts". Davon ist die Rechtskraft systematisch zu trennen. Dabei begründet nach der Beweisregel des Art. 295 HUMK (und auch nach § 417 ZPO) ein rechtskräftiges Urteil (als zwingendes Beweismittel) den vollen Beweis seines Inhalts streng genommen nicht für die Richtigkeit des Inhalts. Nach Art. 295 HUMK erstreckt sich die Beweiskraft einer Entscheidung nicht darauf, dass sie richtig und wirksam ist.

Jedoch wird einem rechtskräftigen Urteil als zwingendes Beweismittel der vorherrschenden Meinung in der türkischen Literatur und der Rechtsprechung zufolge hinsichtlich der objektiven Grenzen der Rechtskraft eine andere und weitere Bedeutung als im deutschen Recht zugeschrieben.

Obwohl der Wortlaut in Art. 295 HUMK nichts hierzu aussagt, begründet ein rechtkräftiges Urteil nach herrschender Meinung und Gerichtspraxis im türkischen Recht den vollen Beweis seiner Richtigkeit. Wenn man also ein rechtskräftiges Urteil als zwingendes Beweismittel in das Verfahren einführt, entfaltet dieses rechtskräftige Urteil eine sog. zwingende Beweiswirkung.[369] Aufgrund dieser Wirkung sind der Inhalt und die Richtigkeit dieses rechtskräftigen Urteils für den Richter bindend, solange seine Unechtheit und Verfälschung durch das Gericht nicht festgestellt wird. Alle Bestandteile des Urteiltextes, die die Entscheidung bilden, sind also für den zweiten Richter bindend.[370]

Im Rahmen der objektiven Grenzen der Rechtskraft spielt ein rechtskräftiges Urteil als zwingendes Beweismittel zwei verschiedene Rollen. Als zwingendes Beweismittel entfaltet es im Folgeprozess entweder eine zwingende Beweiswirkung oder eine sog. verstärkte Beweiswirkung.

---

369 *Alangoya/Yildirim/Deren-Yildirim*, Medeni Usul Hukuku Esaslari, S. 376; *Kuru/Arslan/Yilmaz*, Medeni Usul Hukuku, S. 729; *Pekcanitez/Atalay/Özekes*, Medeni Usul Hukuku, S. 516; Yarg. HGK., E. 2002/9-154, K. 2002/165, T. 13.03.2002, in: YHGKEK (2002-2003 Bd. 1), 157 ff.

370 Yarg. 7. HD., E. 2005/2765, K. 2005/2838, T. 30.09.2005, MIHDER 2006, 720 f.; Yarg. 19. HD., 28.06.1993, E. 1992/5635, K. 1993/4728, YKD 1993, 1858 f.

b) Zwingende Beweiswirkung des rechtskräftigen Urteils

Nach der gefestigten Rechtsprechung des türkischen Kassationshofes[371] und überwiegenden Meinung in der Lehre[372] entfaltet ein rechtkräftiges Urteil als ein zwingendes Beweismittel gemäß Art. 295 HUMK in einem späteren Verfahren, dessen Streitparteien, Streitgegenstand und Klagegrund mit denen des Erstprozesses identisch sind, eine zwingende Beweiswirkung neben der Rechtskraftwirkung. Dabei hat der Richter die zweite Klage sowohl aufgrund der zwingenden Beweiswirkung als auch aufgrund der Rechtskraftwirkung als unzulässig abzuweisen.

Auffallend ist, dass der Kassationshof in solchen Fällen neben der Rechtskraftwirkung auch eine zwingende Beweiswirkung anerkennt. Nach dieser Ansicht kann das Gericht des Zweitprozesses die zweite Klage entweder aufgrund der Rechtskraft oder wegen des zwingenden Beweismittels als unzulässig abweisen, wenn die notwendige dreifache Identität im Einzelfall vorliegt.

Diese Auffassung wird in der Literatur kritisiert. Denn die Anerkennung einer zwingenden Beweiswirkung neben der Rechtskraftwirkung erscheint entbehrlich. Es liegt in einem derartigen Fall, in dem die notwendige dreifache Identität für die Rechtskraftwirkung bereits existiert, ohnehin eine negative Prozessvoraussetzung vor und die Klage ist daher aufgrund der Rechtskraft als unzulässig abzuweisen.[373] Selbst der türkische Kassationshof verwendet die Begriffe nicht immer richtig, z. B. statt Abweisung wegen Rechtskraft, Abweisung aufgrund Vorliegens eines zwingenden Beweismittels gemäß Art. 295 HUMK. Diese begriffliche Unklarheit ändert jedoch nichts am Ergebnis. Die Klage ist jedenfalls als unzulässig abzuweisen. Allerdings ist der Richter des zweiten Prozesses (im Gegensatz zur Rechtskraftwirkung) wegen der zwingenden Beweiswirkung an die das Urteil tragenden tatsächlichen und rechtlichen Feststellungen in der Begründung des ersten Urteils gebunden. Also sind alle Bestandteile des Urteilstextes für den Richter bindend.

---

371 Yarg. HGK, 1/96-178, T. 18.03.1992, in: Inal Bd. 2, 1635.

372 *Belgesay*, Hukuk Usulü Muhakemeleri Kanunu Serhi, S. 196; *Postacioglu*, Medeni Usul Hukuku Dersleri, S. 678; *Gürdogan*, Kesin Hüküm Itirazi, S. 51; *Alangoya/Yildirim/Deren-Yildirim*, Medeni Usul Hukuku Esaslari, S. 376; *Kuru*, Hukuk Muhakemeleri Usulü Bd. 5, S. 5067; *Kuru*, Hukuk Usulü Muhakemeleri Kanunu El Kitabi, 894; *Kuru/Arslan/Yilmaz*, Medeni Usul Hukuku, S. 729; *Bilge/Önen*, Medeni Yargilama Hukuku Dersleri, S. 574; *Üstündag*, Medeni Yargilama Hukuku, S. 646; *Pekcanitez/Atalay/Özekes*, Medeni Usul Hukuku, S. 516; *Özkaya-Ferendeci*, Kesin Hükmün Objektif Sinirlari, S. 49 (Fn. 172); *Meric*, MIHDER 2007, 377, 404 f.; *Birben*, MIHDER 2007, 349, 358.

373 *Alangoya/Yildirim/Deren-Yildirim*, Medeni Usul Hukuku Esaslari, S. 376.

Dabei zeigt diese Auffassung Ähnlichkeit mit dem Prinzip der Rechtskraftfähigkeit der mit dem Urteilstenor in enger Verbindung stehenden Entscheidungsgründe. Jedoch geht die Ausdehnung beim Urteil als zwingendes Beweismittel über dieses Prinzip hinaus. Denn im Rahmen der zwingenden Beweiswirkung des Urteils ist nicht zu beachten, ob die Entscheidungsgründe mit dem Urteilstenor in enger Verbindung stehen oder nicht. Maßgebend ist lediglich das Vorliegen eines materiell rechtskräftigen Urteils. Es ist ein zwingendes Beweismittel und bindend für den Richter des weiteren Prozesses. Die Entscheidungsgründe des rechtskräftigen Urteils sind stets bindend für den Richter, ungeachtet dessen, ob sie mit dem Urteilstenor in enger Verbindung stehen oder nicht. Dieser Auffassung zufolge sollte der Richter alle Bestandteile des Urteiltextes als richtig ansehen. Er ist an die tatsächlichen und rechtlichen Feststellungen gebunden, auf denen das Urteil basiert.

Was die Präjudizialität betrifft, so ist zu betonen, dass die präjudiziellen Rechtsverhältnisse von der zwingenden Beweiswirkung erfasst werden. Denn bei der zwingenden Beweiswirkung handelt es sich um eine umfangreiche Bindungswirkung auf einen Rechtsstreit im Vergleich zur Präjudizialitätswirkung im deutschen Recht. Die präjudiziellen Rechtsverhältnisse werden jedenfalls von der zwingenden Beweiswirkung erfasst, egal ob sie nur als Vorfragen beurteilt werden oder ob sie selbst nur Streitgegenstand sind.

In einer anderen Konstellation, in der die Streitparteien und die Klagegründe identisch, die Streitgegenstände beider Prozesse jedoch nicht identisch sind, tritt auch nach dem Kassationshof[374] und der herrschenden Lehre die zwingende Beweiswirkung ein. Dabei kann man in diesem Fall normalerweise nicht von einer Rechtskraftwirkung sprechen, doch die zwingende Beweiswirkung führt zu Ergebnissen, die nicht weit von der Rechtskraftwirkung entfernt sind. An dieser Stelle hat der Richter des Folgeprozesses das rechtskräftige Urteil seiner Entscheidung zugrunde zu legen. Das rechtskräftige Urteil des ersten Prozesses begründet vollen Beweis für die Richtigkeit seines Inhalts. Die rechtlichen und tatsächlichen Feststellungen in den Entscheidungsgründen sind bindend für den Richter des zweiten Prozesses.

Nach der herrschenden Meinung in der türkischen Gerichtspraxis[375] haben die Leistungsurteile zwei Bestandteile, nämlich die Feststellung der Leistungspflicht, also des Schuldverhältnisses, und daneben die Verurteilung des Beklagten zur Leistung. Infolgedessen entfaltet der Feststellungsteil eines Leistungsur-

374 Yarg. 11. HD., E. 2004/11831, K. 2005/9091, T. 03.10.2005, MIHDER 2005, 467 f.

375 Yarg. HGK, 10-42/403, T. 20.04.1977, in: Kacak, 941; Yarg. HGK, E. 1983/7-367, K. 1985/14, T. 18.01.1985, Kazanci; Yarg. 2. HD., E. 1976/203, K. 1976/633, T. 29.01.1976, YKD 1976, 451 ff.

teils eine zwingende Beweiswirkung in einem späteren Verfahren, dessen Streitparteien und Klagegrund mit dem ersten Verfahren identisch sind. Dabei bewirkt z. B. ein Urteil, das einen Teilanspruch zuspricht, eine zwingende Beweiswirkung hinsichtlich des Bestehens des Gesamtschuldverhältnisses.[376]

Im Rahmen des Dauerschuldverhältnisses (wie z. B. Mietvertrag, Arbeitsvertrag, Darlehensvertrag) enthält eine Verurteilung des Beklagten zur Zahlung für einen bestimmten Monat auch die Feststellung des Schuldverhältnisses. Deshalb dient diese Feststellung als ein zwingendes Beweismittel hinsichtlich des Bestehens des Schuldverhältnisses in einem Folgeprozess.

Außerdem bewirkt ein Feststellungsurteil eine zwingende Beweiswirkung in einer späteren Leistungsklage, falls die Streitparteien und die Klagegründe von Erst- und Zweitprozess identisch sind. Laut dem Kassationshof ist die Feststellung des Mietverhältnisses im ersten Verfahren bindend für den Richter in der späteren Leistungsklage des Vermieters, die auf Zahlung der ausstehenden Miete gerichtet ist.[377] Dieses Beispiel zeigt im Ergebnis Ähnlichkeit mit dem deutschen Prinzip der Präjudizialität. Dennoch sind die Ausgangspunkte unterschiedlich. Im Falle der Präjudizialität besteht eine Bindungswirkung, wenn die Entscheidung über die rechtskräftig festgestellte Rechtsfolge für die Entscheidung im Folgeprozess (im streng logischen Sinne) vorgreiflich ist. Dagegen ist aufgrund der zwingenden Beweiswirkung der Richter des Zweitprozesses nicht nur an die rechtskräftig festgestellte Rechtsfolge, sondern auch an die Entscheidungsgründe des ersten Urteils gebunden.

In einer anderen Entscheidung führt der Kassationshof Folgendes aus: Die in dem ersten Verfahren zwischen dem Arbeitgeber und Arbeitnehmer festgestellte Arbeitsunfähigkeit des Arbeitnehmers durch eine Berufskrankheit gilt bei der Rückgriffsklage des Sozialversicherungsträgers (als Rechtsnachfolger des Arbeitnehmers) gegen den Arbeitgeber als ein zwingendes Beweismittel. Im Rahmen dieses zwingenden Beweismittels hat der Richter die Richtigkeit der bereits

376 Yarg. HGK, 9-1684/295, T. 25.03.1983, in: Kacak, 937; Yarg. HGK, 10/827-663, T. 03.07.1985, YKD 1986, 1593 ff; Die Bedeutung und die objektiven Grenzen der materiellen Rechtskraft hinsichtlich der Teilklagen sind in beiden Rechtsordnungen umstritten. Dabei ist es von großer Bedeutung, aufzuklären, ob bei einer Teilklage die Rechtskraft des Urteils nur den geltend gemachten Anspruch im beantragten Umfang betrifft oder ob sie sich auf den Gesamtanspruch erstreckt. Für eine detaillierte Untersuchung bezüglich des Umfangs der Rechtskraft im Hinblick auf die offenen und verdeckten Teilklagen in beiden Ländern, vgl. *Kulaksiz*, Die Teilklage im deutschen und türkischen Zivilprozessrecht (2004).

377 Yarg. HGK, E. 1979/1, K. 1979/3, T. 12.11.1979, <www.diaport.com.tr> (Stand: 21.11.2009).

festgestellten Tatsache (die Berufskrankheit des Arbeitnehmers) als gesetzliche Wahrheit anzunehmen und seiner Entscheidung zugrunde zu legen.[378]

Ähnlich sei die erstgerichtliche Beurteilung der Verschuldensfrage durch das Arbeitsgericht im ersten Verfahren bindend für den Richter des zweiten Verfahrens.[379]

In einer anderen Entscheidung hat der 8. Zivilsenat Folgendes ausgeführt: Im ersten Grundbuchberichtigungsprozess stellte das Katastergericht für den Einzelfall fest, dass der Kläger S nicht Eigentümer sei. Dieses Urteil des Katastergerichts sei auch vom 7. Zivilsenat des Kassationshofs bestätigt. Im zweiten Verfahren zwischen den gleichen Parteien werde die Frage des Bestehens oder Nichtbestehens des Eigentums wieder vom Gericht behandelt, was einen Verstoß gegen Art. 237 HUMK darstelle. Denn diese Frage werde bereits im ersten Verfahren als rechtskräftig entschieden. Das erste Urteil stelle zugleich fest, dass S nicht Eigentümer sei.[380]

Im ersten Prozess geht es um eine Streitigkeit aus dem Arbeitsverhältnis. Das Hauptverfahren wurde durch die rechtskräftige Entscheidung des Arbeitsgerichts abgeschlossen und der Beklagte (Arbeitnehmer) auf Rückzahlung zu viel gezahlten Arbeitsentgelts verurteilt. In diesem Prozess wurde zugleich rechtskräftig festgestellt, dass der Beklagte eigentlich Arbeitnehmer ist. Diese Feststellung dient (zusammen mit der ersten rechtskräftigen Entscheidung) als ein zwingendes Beweismittel vor dem Gericht bei einer späteren Klage aus demselben Arbeitsverhältnis. Im zweiten Prozess geht es um die Lohnansprüche des Arbeitnehmers. Dabei kann das Arbeitsgericht in diesem zweiten Prozess nicht entscheiden, dass der Kläger eigentlich nicht Arbeitnehmer ist.[381]

Dass die Entscheidung über die gesetzliche Unterlassungspflicht zugleich das Bestehen einer Rechtsverletzung für einen folgenden Schadensersatzprozess rechtskräftig feststellt, hat der große Senat der Zivilkammern des türkischen Kassationshofs bejaht. Der spätere Schadensersatzprozess kann nicht auf dieselbe Rechtsverletzung gestützt werden. Denn die Feststellung des Bestehens der Rechtsverletzung im Unterlassungsurteil bildet ein zwingendes Beweismittel für den späteren Schadensersatzprozess, obwohl in diesem Fall keine Streitgegenstandsidentität vorliegt. Die Identität der Klagegründe und die Parteiidentität seien für die zwingende Beweiswirkung ausreichend.[382]

In einer anderen Entscheidung führt das Gericht Folgendes aus: Art. 143 Abs. 2 TMK setze für die Verurteilung zu Schmerzensgeld die Schuldlosigkeit

378 Yarg. HGK, 10/472-64, T. 11.02.1981, IKID 1981, 476 f.

379 Yarg. HGK, 1993/9-649-2, T. 26.01.1994, IKID 1994/405, 10558.

380 Yarg. 8. HD, E. 7351, K. 11650, T. 18.12.1984, ABD 1985, 89 f.

381 Yarg. HGK, E. 969/9-448, K. 197, T. 15.04.1970, ABD 1970, 865 f.

382 Etwa Yarg. HGK, 4/215-257, T. 27.03.1985, IBD 1985, 103.

des Ehegatten an der Scheidung voraus. Im (ersten) Ehescheidungsverfahren wurde festgestellt, dass die Ehefrau an der Scheidung schuldig sei. Das Scheidungsurteil stelle zugleich das Verschulden der Ehefrau rechtskräftig fest. Diese Feststellung sei für den Richter des (zweiten) Schmerzensgeldprozesses im Rahmen des zwingenden Beweismittels bindend.[383]

Der Kassationshof verwendet die Begriffe selbst nicht immer konsequent. Als Beispiel verwendet das Gericht in der folgenden Entscheidung den Begriff der materiellen Rechtskraft statt des zwingenden Beweismittels, obwohl die Streitgegenstände beider Prozesse nicht identisch waren und deswegen keine Rechtskraftwirkung bestand: Im Fall der fehlenden Identität der Streitgegenstände von Erst- und Zweitprozess sei die Feststellung des Bestehens des Rechtsverhältnisses (als Vorfrage) zwischen den Parteien maßgebend für den zweiten Prozess, dessen Parteien und Klagegründe mit dem ersten Prozess identisch seien. Denn die Feststellung des Bestehens des Rechtsverhältnisses erwachse in Rechtskraft.[384]

In einem anderen ähnlichen Fall verwandte der Kassationshof entsprechend seiner gefestigten Rechtsprechung den Begriff des zwingenden Beweismittels: Gemäß Art. 295 HUMK diene die im ersten Prozess ergangene Entscheidung als zwingendes Beweismittel in einem späteren Prozess, dessen Klagegrund und Parteien mit dem ersten Prozess identisch seien. In dem vorliegenden Fall werde das Fortbestehen des Mietverhältnisses bei der ersten Klage auf Zahlung ausstehender Mietzinsen festgestellt. Die Feststellung des Fortbestehens des Mietverhältnisses im ersten Prozess hindere die Geltendmachung der Unwirksamkeit des Mietvertrags im folgenden Prozess auf die Anfechtung des Mietvertrags. Denn diese Feststellung im ersten Prozess diene als ein zwingendes Beweismittel hinsichtlich der Wirksamkeit des Mietvertrags. Daher solle das Gericht die zweite Klage aufgrund des zwingenden Beweismittels als unzulässig abweisen.[385]

c) Verstärkte Beweiswirkung des rechtskräftigen Urteils

Grundsätzlich ist für den Eintritt der zwingenden Beweiswirkung zumindest die Identität der Streitparteien von Erst- und Zweitprozess erforderlich, selbst wenn die Streitgegenstände und die Klagegründe nicht identisch sind.[386]

In einer Konstellation, wo die Streitgegenstände und die Klagegründe beider Prozesse identisch sind, aber die Streitparteien nicht identisch sind[387], kommt

383 Yarg. 2. HD., 07.12.1995, 12458/13353, YKD 1996, 954.

384 Yarg. HGK, E. 2002/2-484, K. 2002/544, T. 19.06.2002, ABD 2002, 140 ff.

385 Yarg. 13. HD., 7139/7326, in: Inal Bd. 2, 1631 f.

386 *Alangoya/Yildirim/Deren-Yildirim*, Medeni Usul Hukuku Esaslari, S. 377.

eine zwingende Beweiswirkung nicht in Betracht. Jedoch tritt diesmal nach der Rechtsprechung[388] und herrschenden Lehre[389] die sog. verstärkte Beweiswirkung ein. Dabei ist also Nichtidentität der Streitparteien für den Eintritt der verstärkten Beweiswirkung maßgebend.[390] Laut dem Kassationshof: Die Rechtskraft wirke nur zwischen den Parteien des Prozesses, in dem die Entscheidung ergangen sei. Jedoch entfalte die rechtskräftige Entscheidung eine verstärkte Beweiswirkung gegenüber Dritten.[391]

Im Rahmen der verstärkten Beweiswirkung ist der Richter des Folgeprozesses nicht verpflichtet, das rechtskräftige Urteil seiner Entscheidung zugrunde zu legen. In diesem Fall dient das rechtkräftige Urteil nicht als ein zwingendes Beweismittel, sondern als ein der *richterlichen Beweiswürdigung unterliegendes* Beweismittel (Art. 367 HUMK). Der Kassationshof schafft keine neue Beweiskategorie zwischen den zwingenden und den der *richterlichen Beweiswürdigung unterliegenden* Beweismitteln.[392] Allerdings soll der Richter des Zweitprozesses aufgrund der verstärkten Beweiswirkung sein Urteil überzeugend und befriedigend begründen, falls es von dem rechtskräftigen Urteil des ersten Prozesses abweicht.[393] Laut dem Kassationshof sei also die Feststellung über die Entscheidungsgründe im Vorprozess nicht in Rechtskraft erwachsen, sondern bilde eine

387 Yarg. 1. HD., 9259/8432, T. 19.12.1967, in: Kacak, 954; Yarg. 10. HD., E. 1992/9462, K. 1993/1602, T. 22.02.1993, in: Ergün, 724 f.

388 Yarg. HGK, E. 2008/13-217, K. 2008/219, T. 05.03.2008, MIHDER 2008, 704 ff.; Yarg. HGK, 7-54/790, T. 08.10.1997, in: Kacak, 737; Yarg. 5. HD., E. 1992/6049, K. 1992/10708, T. 21.04.1992, YKD 1992, 864; Yarg. 7. HD., E. 2004/59, K. 2004/1469, T. 13.04.2004, Kazanci; Yarg. 7. HD., E. 2006/1636, K. 2006/1661, T. 23.05.2006, Kazanci; Yarg. 8. HD., E. 1988/17391, K. 1989/747, T. 31.01.1989, Kazanci; Yarg. 14. HD., E. 2003/6851, K. 2003/6788, T. 06.10.2003, Kazanci; Yarg. 14. HD., E. 1989/7440, K. 1989/11004, T. 28.12.1989, YKD 1990, 711.

389 *Kuru*, Hukuk Muhakemeleri Usulü Bd. 5, S. 5084; *Kuru*, Hukuk Usulü Muhakemeleri Kanunu El Kitabi, 895; *Kuru/Arslan/Yilmaz*, Medeni Usul Hukuku, S. 729 f.; *Alangoya/Yildirim/Deren-Yildirim*, Medeni Usul Hukuku Esaslari, S. 377; *Özkaya-Ferendeci*, Kesin Hükmün Objektif Sinirlari, S. 49 (Fn. 172); ansatzweise *Belgesay*, Hukuk Usulü Muhakemeleri Kanunu Serhi, S. 202.

390 Etwa Yarg. 21. HD., E. 1994/9122, K. 1996/16519, T. 27.12.1996, in: Ergün, 715 ff.

391 Yarg. 16. HD., E. 2000/3760, K. 2000/4482, T. 17.11.2000, Kazanci; zutreffend Yarg. 6. HD., E. 2001/5632, K. 2001/6192, T. 10.9.2001, Kazanci.

392 *Budak*, Medeni Usul Hukukunda Üçüncü Kisilerin Haklarinin Korunmasi, S.19 f.; *Deren-Yildirim*, Kesin Hükmün Sübjektif Sinirlari, S. 150.

393 *Alangoya/Yildirim/Deren-Yildirim*, Medeni Usul Hukuku Esaslari, S. 378.

überwiegende Wahrscheinlichkeit, die das zweite Gericht bei seiner Entscheidung würdigen müsse.[394]

Die folgenden Beispiele aus der Rechtsprechung dienen zur Veranschaulichung der verstärkten Beweiswirkung:

Die in der Schadensersatzklage des Geschädigten gegen den Geschäftsmann (Art. 55 Abs. 1 BK) ergangene Entscheidung gelte bei der Rückgriffsklage des Geschäftsmannes gegen denjenigen, der den Schaden hervorgerufen habe, nicht als ein zwingendes Beweismittel, sondern als ein verstärktes Beweismittel.[395]

Die gegen nur einen Miteigentümer ergangene Entscheidung im ersten Verfahren werde bei einer späteren Klage der anderen Miteigentümer nicht als ein zwingendes, sondern als ein verstärktes Beweismittel betrachtet.[396]

Im ersten Verfahren habe das Gericht festgestellt, dass der Miteigentümer A seinen Anteil an M veräußert habe. Danach hätten die anderen Miteigentümer gegen die Erben von M auf Nichtigkeit der früheren Veräußerung geklagt. Da die Streitparteien beider Prozesse nicht identisch seien, könne die Feststellung der Veräußerung im ersten Prozess im Zweitprozess nicht im Rahmen von Art. 237 HUMK als rechtskräftig betrachtet werden, sondern sei nur ein verstärktes Beweismittel bezüglich des Zweitprozesses.[397]

Trotz der gefestigten Rechtsprechung gibt es ausnahmsweise auch abweichende Entscheidungen des Kassationshofes.

In einer neueren Entscheidung hat der 4. Zivilsenat folgendermaßen entschieden: Im ersten Verfahren zwischen dem Bauherrn und dem Auftraggeber werde festgestellt, dass die Mängel durch Verschulden des Bauunternehmers entstanden seien. Nach dieser Entscheidung diene bei der Rückgriffsklage des Bauherrn gegen den Bauunternehmer diese Feststellung des Verschuldens als ein zwingendes Beweismittel (nicht verstärktes Beweismittel).[398]

In erwähnter Entscheidung hat der 4. Zivilsenat die Feststellung des Verschuldens im ersten Verfahren als ein zwingendes Beweismittel betrachtet, obwohl die Streitparteien des Folgeprozesses nicht identisch sind.[399]

---

394 *Meric*, DEÜHFD, 143, 166; vgl. etwa Yarg. 7. HD., E. 2005/1382, K. 2005/1878, T. 07.06.2005, Kazanci; Yarg. 11. HD., E. 2004/14433, K. 2006/1209, T. 09.02.2006, Kazanci.

395 Yarg. 8. HD., E. 1981/12206, K. 1981/12135, T. 16.12.1981, YKD 1982, 349.

396 Yarg. HGK, E. 1967/1-218, K. 287, T. 15.03.1972, ABD 1973, 525 f.

397 Yarg. 8. HD., E. 1665, K. 3758, T. 07.05.2002, in: Ergün, 703.

398 Yarg. 4. HD., E. 2005/14100, K. 2006/13210 (unveröffentlicht).

399 Ausnahmsweise geht der Kassationshof bei der Rückgriffsklage des Sozialversicherungsträgers davon aus, dass in diesem Fall die Streitparteien mit dem ersten Verfahren (zwischen dem Arbeitgeber und Arbeitnehmer) identisch sind. Denn das Gericht be-

Dahingegen hat der Kassationshof in einer neueren Entscheidung Folgendes ausgeführt: Wenn im Einzelfall die dreifache erforderliche Identität hinsichtlich der materiellen Rechtskraft nicht (zusammen) vorliegt, könne man nicht von einer Rechtskraftwirkung sprechen, sondern es handele sich in einem solchen Fall um ein verstärktes Beweismittel. [...] In dem vorliegenden Fall bestehe keine Streitgegenstandsidentität, obwohl die Parteien und die Klagegründe identisch seien. Denn die erste Klage sei auf die Zahlung von Mietzins gerichtet und in dieser Klage (zweiten Klage) gehe es um den Herausgabeanspruch des Beklagten (des Erstprozesses). Die zweite Klage auf Herausgabe von Eigentum sei zulässig. Die Entscheidung des ersten Prozesses sei als ein verstärktes Beweismittel anzusehen.[400]

In der erwähnten Entscheidung liegt keine Streitgegenstandsidentität vor. Das Gericht ist in dieser Entscheidung trotz seiner gefestigten Rechtsprechung von der verstärkten Beweiswirkung ausgegangen. In der überwiegenden Zahl seiner Entscheidungen spricht dagegen das Gericht von der zwingenden Beweiswirkung, falls im Einzelfall die Parteien und die Klagegründe von Erst- und Zweitprozess identisch sind und keine Streitgegenstandsidentität vorliegt.

In einer anderen abweichenden Entscheidung hat das Gericht das erste rechtskräftige Urteil auch als ein verstärktes Beweismittel betrachtet. In diesem Fall sind jedoch die Streitgegenstände und die Parteien von Erst- und Zweitprozess identisch, während die Klagegründe beider Prozesse nicht identisch sind.[401]

4. Rechtskraftfähigkeit der Gegenrechte

Nach Art. 237 Abs. 1 HUMK entscheidet das Urteil rechtskräftig nur über den prozessualen Anspruch, nicht über die Gegenrechte.

Obwohl die HUMK keiner der in § 322 Abs. 2 ZPO genannten ähnliche gesetzliche Ausnahme hinsichtlich der Prozessaufrechnung enthält, stellt das Urteil nach einhelliger Meinung in der Lehre und Rechtsprechung auch rechtskräftig fest, dass die aufgerechnete Gegenforderung überhaupt nicht besteht oder bestanden hat und aufgrund der Aufrechnung erloschen ist.[402]

Dennoch kommt in einigen Entscheidungen des türkischen Kassationshofes auch eine Rechtskrafterstreckung auf die Gegenrechte in Betracht. Danach wer-

---

trachtet den Sozialversicherungsträger als Rechtsnachfolger des Arbeitnehmers. Vgl. oben (Fn. 376).

400 Yarg. HGK, E. 2006/19-505, K. 2006/504, T. 05.07.2006, MIHDER 2008, 192 ff.

401 Yarg. HGK, E. 2007/7-748, K. 2007/761, T. 24.10.2007, Kazanci; zutreffend Yarg. 11. HD., E. 2005/12751, K. 2007/4161, T. 8.3.2007, Kazanci.

402 Siehe hierzu oben (Fn. 360).

den die Gegenrechte (wie Anfechtung, Erfüllung, Wandlung oder Rücktritt), die im ersten Prozess bereits geltend gemacht, aber nicht berücksichtigt oder zurückgewiesen wurden, von der Rechtskraft erfasst. Sie können also nicht auf eine neue Klage gestützt werden. Denn in diesem Fall liegt ein rechtskräftiges Urteil vor.[403]

V. Prüfung der materiellen Rechtskraft

Die materielle Rechtskraft stellt eine negative Prozessvoraussetzung dar.[404] Daher ist eine zweite Klage als unzulässig abzuweisen, falls die Streitgegenstände, Streitparteien und Klagegründe mit dem ersten Prozess identisch sind.[405] Aufgrund des Wiederholungsverbots (*ne bis in idem*) hat das Gericht in jeder Instanz von Amts wegen zu prüfen, ob über den Streitgegenstand bereits anderweitig entschieden wurde.[406] Die Rechtskraft liegt auch im öffentlichen Interesse und bildet die gesetzliche Wahrheit.[407] Infolgedessen können die Parteien auf die Rechtskraft einer Entscheidung nicht verzichten oder eine Rechtskraftwirkung einer Entscheidung vertraglich vereinbaren.[408] Die Nichtbeachtung der Rechtskraft ist ein Mangel, dem die Wiederaufnahme des Verfahrens entgegensteht.[409] Die Rechtskraft ist eine prozesshindernde Einrede und kann in jedem Stadium des Verfahrens erhoben werden.[410]

403 Yarg. 7. HD., E. 1971/4774, K. 1971/4681, T. 29.06.1971, RKD 1971, 387; ähnlich *Postacioglu*, Medeni Usul Hukuku Dersleri, S. 704 f.

404 Yarg. HGK., 8-690/4, T. 18.01.1984, in: Kacak, 943; Yarg. 4. HD., E. 1990/185, K. 1990/10875, T. 24.12.1990, YKD 1991, 342; Yarg. 7. HD., E. 2007/2134, K. 2007/2679, T. 16.7.2007, Kazanci; Yarg. 7. HD., E. 2007/2580, K. 2007/2536, T. 9.7.2007, Kazanci.

405 Yarg. 8. HD., E. 2000/838, K. 2000/1440, T. 21.02.2002, YKD 2000, 1530 f.

406 Yarg. HGK, 11-1150/549, T. 02.06.1982, in: Kacak, 943; Yarg. 7. HD., E. 1993/6610, K. 1995/4463, T. 20.04.1995, YKD 1995, 1393.

407 *Belgesay*, HG 1935, 2, 2; *Berkin*, Medeni Usul Hukuku Esaslari, S. 174; *Berkin*, Medeni Usul Hukuku Rehberi, 784 f.; *Alangoya/Yildirim/Deren-Yildirim*, Medeni Usul Hukuku Esaslari, S. 598.

408 Yarg. 1. HD., E. 2001/3741, K. 2001/4242, T. 09.04.2001, YKD 2002, 17 f.

409 *Selcuk*, AD 1973, 1063, 1077; *Alangoya/Yildirim/Deren-Yildirim*, Medeni Usul Hukuku Esaslari, S. 609 ff.

410 Yarg. HGK, E. 1997/2-803, K. 1997/1045, T. 10.12.1997, YKD 1998, 1605 ff.; *Berkin*, Medeni Usul Hukuku Rehberi, S. 785; *Cernis*, Tatbikattan Cizgiler, S. 501; *Bilge*, AD 1954, 592, 596.

VI. Bewertung und Stellungnahme

1. Ablehnung der zweifachen Rechtskrafterstreckung

Wie oben dargelegt wurde, spricht man im türkischen Zivilverfahrensrecht von einer zweifachen Rechtskrafterstreckung auf die Entscheidungsgründe. Einerseits ist eine Rechtskrafterstreckung auf die Elemente der Entscheidungsgründe, die mit dem Urteilstenor in enger Verbindung stehen, gegeben und andererseits ist eine Rechtskrafterstreckung auf die Entscheidungsgründe aufgrund der zwingenden Beweiswirkung (Art. 295 HUMK) gegeben. Im Falle der verstärkten Beweiswirkung entfaltet das Urteil keine Bindung *per se*, wird jedoch als ein sog. privilegiertes Beweismittel verwendet, das dem Richter eine besondere Begründungslast auferlegt, falls er abweichen möchte. Dass hier zumindest Gehörsverletzungen drohen, liegt auf der Hand. Die Rechtsprechung des Kassationsgerichtshofs ist auch nicht ganz kohärent.

Art. 237 HUMK sieht enge objektive Grenzen für die materielle Rechtskraft vor. Demnach ist nur der Urteilstenor der materiellen Rechtskraft fähig. Darüber hinaus lässt sich eine Rechtskrafterstreckung auf die Urteilselemente nicht aus Art. 295 HUMK ableiten. Denn vor allem betrifft diese Vorschrift nicht die Rechtskraft, sondern die Beweiskraft der öffentlichen Urkunden. Der eigentliche Inhalt dieser Vorschrift enthält keinen Ausdruck des Begriffs der Rechtskraft. Sie regelt entweder die Beweiskraft einer Urteilsausfertigung oder einer öffentlichen Urkunde. Im Rahmen dieser Beweisregel begründet eine Urteilsausfertigung oder öffentliche Urkunde einen vollen Beweis ihres Inhalts. Diese Beweisregel des Art. 295 HUMK und die daraus folgende zwingende Beweiswirkung sind aber mit der Rechtskraftwirkung nicht vergleichbar und systematisch von der Rechtskraft zu trennen. Das Urteil als zwingendes Beweismittel wirkt nur als ein Beweis des früheren Prozesses, dass die Entscheidung so ergangen ist. Anders ausgedrückt, eine Urteilsausfertigung als zwingendes Beweismittel ist kein Beweis für die Richtigkeit ihres Inhalts, sondern sie weist lediglich als ein Beweismittel darauf hin, dass das frühere Verfahren stattgefunden hat.[411] Der Richter muss in einem gegebenen Fall nach Art. 295 HUMK zwingend beachten, dass ein Urteil ergangen ist. Dagegen er ist an die tatsächlichen oder rechtlichen Feststellungen des Urteils nicht gebunden. Die Bindung an den Inhalt einer Entscheidung hat daher mit dieser Beweisregel nichts zu tun, sondern sie benötigt die Rechtskraftwirkung.

411 *Budak*, in: Medeni Usul ve Icra-Iflas Hukukculari Toplantisi 4, S. 229; *Budak*, Kara Avrupasi ve Anglo-Amerikan Medeni Usul Hukuklarinda Kesin Hüküm, S. 118.

Nachdem beispielsweise ein Verfahren stattgefunden hat, kann in einem späteren Rechtsstreit um Anwaltskosten zwischen dem Anwalt und seinem Mandanten (Auftraggeber) die rechtskräftige Entscheidung als ein zwingendes Beweismittel verwendet werden. Der Anwalt kann mithilfe dieses zwingenden Beweismittels die entstandenen Anwaltskosten beweisen. Mit der Einführung dieses zwingenden Beweismittels wird klargestellt, dass sich der Kläger im früheren Verfahren eigentlich durch einen Anwalt hat vertreten lassen.[412]

Außerdem hat der Gesetzgeber Art. 295 HUMK in einem anderen Abschnitt (über die Urkunde) und nicht anschließend, sondern nach 58 Artikeln die Rechtskraftregelung (Art. 237 HUMK) vorgesehen. Daher bestätigt die rechtssystematische Verortung dieser Regelung auch, dass Art. 295 HUMK nichts mit der Rechtskraft zu tun hat.[413]

Zudem kann das Gericht die Behörde, die die Urkunde ausgestellt hat, gemäß Art. 295 Abs. 2 HUMK zu einer Erklärung über die Echtheit der Urkunde veranlassen, falls ein Verdacht in Bezug auf die Echtheit der Urkunde besteht.[414] Diese Bestimmung ist ebenfalls mit der Rechtskraftwirkung unvereinbar.[415] Ferner sollte das Gericht die Echtheit der Urkunde von Amts wegen prüfen, denn diese Prüfung liegt im öffentlichen Interesse.[416]

Es ist offensichtlich, dass diese zweifache Rechtskrafterstreckung keine gesetzliche Grundlage hat. *Budak* hebt mit Recht hervor, dass die Gerichtspraxis nicht mit der gesetzlichen Regelung in Konflikt stehen soll und sich die türkische Gerichtspraxis *contra legem* entwickelt hat.[417] Er führt weiter aus: „[...] the rule in any jurisdiction concerning the scope of *res judicata* should be stated clearly by positive law“.[418]

Obschon nach einhelliger Meinung in der türkischen Literatur nicht die Entscheidungsgründe, sondern nur der Urteilstenor der Rechtskraft fähig ist, wird diese zweifache Rechtskrafterstreckung auch als Ausnahme durch die Lehre angenommen. Trotz dieser Ausnahmenatur ist diese zweifache Rechtskrafterstre-

412 *Budak*, in: Medeni Usul ve Icra-Iflas Hukukculari Toplantisi 4, S. 229.

413 *Budak*, Kara Avrupasi ve Anglo-Amerikan Medeni Usul Hukuklarinda Kesin Hüküm, S. 119.

414 Vgl. § 437 ZPO.

415 „[I]f the issue preclusion effect of the Article 295 is true, one should also accept that the trial court which has doubts about such an effect in a particular case, may ‚require information‘ from the previous judge (or even maybe from the clerk's office) which has ‚prepared‘ the copy of the decision“, *Budak*, Civil Justice Quarterly 1992, 261, 279.

416 *Tugsavul*, AD 1951, 1060, 1088; *Karafakih*, in: FS für Sabri Sakir Ansay, S. 179.

417 *Budak*, Civil Justice Quarterly 1992, 261, 279.

418 *Budak*, Civil Justice Quarterly 1992, 261, 281.

ckung in der Gerichtspraxis in der Mehrheit der Fälle immer wieder zu beobachten.

Eine mögliche Ansicht, die eine Rechtskrafterstreckung im türkischen Zivilverfahrensrecht als vorteilhaft ansehen könnte, könnte lediglich auf das Fehlen der Zwischenfeststellungsklage (§ 256 ZPO) beruhen, die den Parteien die Möglichkeit eröffnet, Vorfragen zum Gegenstand der Rechtskraft zu machen. Im deutschen Recht ist durch eine Zwischenfeststellungsklage eine Rechtskraftausdehnung auf die Entscheidungsgründe möglich. Aber diese Ausdehnung basiert auf einer gesetzlichen Regelung (§ 256 ZPO). Die Zwischenfeststellungsklage kann auch in das türkische Recht eingeführt werden. Damit kann eine gesetzliche Rechtskrafterstreckung unter Berücksichtigung der Parteiautonomie ermöglicht werden. Ferner erscheint auch *de lege lata* Erhebung einer Zwischenfeststellungklage im türkischen Recht möglich, obwohl sie nicht gesetzlich ausdrücklich geregelt wurde.[419]

Letztendlich kann aber eine *contra legem* Rechtskrafterstreckung in keiner Weise mit dem Fehlen einer ausdrücklich geregelten Zwischenfeststellungsklage legitimiert werden. Zudem trägt diese systemwidrige und nicht einheitliche Rechtskrafterstreckung nicht zum Rechtsfrieden bzw. zur Rechtssicherheit bei.

2. Eventualmaxime und Klageänderungsverbot[420]

Im türkischen Zivilverfahrensrecht gilt die Eventualmaxime in ihrer strengsten Form. Aufgrund dieses Prinzips wird eine umfassende Verfahrenskonzentration geschaffen. Als Folge der Eventualmaxime spricht man vom Verbot der Klageänderung. Das Klageänderungsverbot tritt nach dem ersten Schriftsatzwechsel ein. Demzufolge kann ein verspätetes Vorbringen durch das Gericht nicht berücksichtigt werden. In der Phase des zweiten (und letzten) Schriftsatzwechsels (Replik und Duplik) gilt ebenso das Klageänderungsverbot. Die Geltendmachung von neuen Tatsachen ist ausgeschlossen.

Das Gericht ist mit dem Parteivorbringen gebunden. Es kann also nicht (von Amts wegen) vom richtigen Sachverhalt ausgehen, obwohl es im Einzelfall davon Kenntnis hat. Eine Partei kann später nur solche Tatsachen vorbringen, die den Sachverhalt lediglich berichtigen oder ergänzen. Aufgrund der Eventualmaxime kann man im türkischen Recht nicht von der verbesserten Individualisierungstheorie sprechen. Der Substanziierungstheorie entsprechend verpflichtet sich der Kläger, alle möglichen klagebegründenden Tatsachen für den Erfolg der Klage erschöpfend vorzutragen.

---

419 Siehe hierzu unten H-VII-3.

420 Siehe hierzu unten G-II-4.

Außerdem ist die richterliche Aufklärungspflicht im türkischen Recht wegen der Eventualmaxime im Gegensatz zum deutschen Recht sehr beschränkt. Der Richter hat keine ausreichende Möglichkeit, den Kläger auf die Schlüssigkeitsmängel hinzuweisen. Denn die Parteien müssen bereits am Anfang des Prozesses alle Tatsachen vortragen und danach tritt das Klageänderungsverbot ein.

Es gibt im türkischen Recht zweifache (sehr) beschränkte Ausnahmen der strengen Regel vom Klageänderungsverbot. Erstens kann eine neue Tatsache mit der Einwilligung der Gegenpartei vorgetragen werden. Wenn z. B. der Kläger eine neue Tatsache vorträgt und der Beklagte keinen Widerspruch dagegen erhebt, dann hat das Gericht diese neue Tatsache zu berücksichtigen. Zweitens kann jede Partei vom einmaligen Recht der Klageänderung gemäß Art. 83 HUMK Gebrauch machen. Mit der Geltendmachung dieses Rechts entsteht für die Partei die (einmalige) Möglichkeit, ihre Klage auf andere (neue) Tatsachen zu stützen. Ansonsten besteht keine andere Ausnahme.

3. Eventualmaxime und Präklusionswirkung

Als natürliche Folge des strikten Klageänderungsverbots tritt auch eine übermäßige Präklusionswirkung[421] (neben dem Klageänderungsverbot) ein. Denn es wird aufgrund des Klageänderungsverbots Druck auf die Parteien ausgeübt, alle denkbaren Tatsachen lückenlos und erschöpfend im ersten Stadium des Prozesses vorzutragen.

Die Präklusionswirkung tritt im ersten Stadium des Verfahrens, also sofort nach dem ersten Schriftsatzwechsel ein. Man spricht dabei im Gegensatz zum deutschen Recht bereits am Anfang des Prozesses von einer Präklusionswirkung. Denn im deutschen Recht wird der Schluss der letzten mündlichen Tatsachenverhandlung als maßgeblicher Zeitpunkt für den Eintritt der Präklusionswirkung angesehen.

Aufgrund des Klageänderungsverbots wird im türkischen Recht der Prozessstoff ausgeweitet und das Verfahren durch überflüssigen Prozessstoff unnötig aufgebläht. Daher tritt eine weitgehende Präklusionswirkung bereits in der ersten Phase des Verfahrens einschließlich der nicht entscheidungserheblichen Tatsachen ein.

Die Präklusion des nicht vorgebrachten Prozessstoffes wird im türkischen Recht von der Lehre nicht tiefgreifend behandelt. Ferner gibt es keine Vorschrift, die die Präklusionswirkung regelt. Dennoch ist die Präklusionswirkung

421 Zum Begriff der Präklusionswirkung siehe unten G-II-4.

als die Kehrseite oder das Schwesterprinzip der materiellen Rechtskraft notwendig und sollte gesetzlich eindeutig geregelt werden.

Theoretisch beschränkt sich der Präklusionsumfang im türkischen Recht nicht nur auf den vorgetragenen Tatsachenkomplex, sondern der zugrunde liegende Klagegrund wird von der Präklusion erfasst. Die Partei ist mit den nicht vorgebrachten Alttatsachen ausgeschlossen, soweit diese Tatsachen zum Klagegrund des ersten Prozesses gehören. Also sind die versehentlich oder unverschuldet nicht vorgetragenen Alttatsachen als präkludiert anzusehen, wenn sie zu demselben Klagegrund gehören. Dabei fehlt es aber an einem scharfen Abgrenzungskriterium für die Bestimmung der zum Klagegrund gehörenden Tatsachen. Das Kriterium der natürlichen Betrachtungsweise gilt im türkischen Recht nicht.[422]

In der Praxis bringen die Parteien (als Folge der Eventualmaxime) aufgrund der Befürchtung eines Klageänderungsverbots alle denkbaren Tatsachen vor, die zum Zeitpunkt der Klageerhebung vorhanden sind. Man spricht in der Gerichtspraxis kaum von nicht vorgebrachten Alttatsachen. Daher ist die Frage, wie die nicht vorgebrachten Alttatsachen abzugrenzen sind, wegen der Eventualmaxime nicht von großer Bedeutung. Maßgeblich ist vielmehr, ob sich das identische Klagebegehren auf denselben Tatsachenkomplex stützt oder nicht.

Schließlich ist festzustellen, dass im türkischen Recht bereits aufgrund der Eventualmaxime eine weitergehende Präklusionswirkung als Kehrseite der materiellen Rechtskraft besteht. Diese weitergehende Präklusionswirkung ist nur als zumutbar anzusehen, wenn der Umfang der materiellen Rechtskraft eng bestimmt wird. An dieser Stelle stellt die weithergehende Präklusionswirkung einen anderen Grund für die Ablehnung der zweifachen Rechtskrafterstreckung im türkischen Recht dar.

422 Zum Begriff der natürlichen Betrachtungsweise siehe unten G-V-5 und G-V-10-a.

G. Die materielle Rechtskraft nach § 322 ZPO

I. Die Voraussetzungen der materiellen Rechtskraft

1. Formelle Rechtskraft

Die formelle Rechtskraft ist die erforderliche Voraussetzung der materiellen Rechtskraft.[423] Zum Eintritt der materiellen Rechtskraftwirkung muss die Entscheidung zuerst formell rechtskräftig sein.

2. Rechtskraftfähigkeit

a) Der materiellen Rechtskraft fähige Entscheidungen

Alle endgültigen und vorbehaltlosen Entscheidungen deutscher Gerichte, die eine Rechtslage feststellen, sind der materiellen Rechtskraft fähig.[424] Dabei sind alle stattgebenden oder klageabweisenden Endurteile, wie z. B. Leistungsurteile, positive oder negative Feststellungsurteile, Versäumnisurteile[425], Gestaltungsur-

---

423 Siehe hierzu oben D-VII.

424 Baumbach/Lauterbach/*Hartmann*, § 322 ZPO, Rdn. 3; Stein/Jonas/*Leipold*, § 322 ZPO, Rdn. 47 ff.; Wieczorek/Schütze/*Büscher*, § 322 ZPO, Rdn. 14; MünchKommZPO/*Gottwald*, § 322 ZPO, Rdn. 26; Zöller/*Vollkommer*, Vor. § 322 ZPO, Rdn. 8; Thomas/Putzo/*Reichold*, § 322 ZPO, Rdn. 3; Musielak/*Musielak*, § 322 ZPO, Rdn. 6; Prütting/Gehrlein/*Völzmann-Stickelbrock*, § 322 ZPO, Rdn. 10; Hk-ZPO/*Saenger*, § 322 ZPO, Rdn. 6; *Sauer*, Grundlagen des Prozessrechts, S. 202; *Kleinfeller*, Lehrbuch des deutschen Zivilprozessrechts, S. 234; *Arens/Lüke*, Zivilprozessrecht, S. 328. Ausländische Entscheidungen entfalten Wirkungen im Inland nach der Anerkennung: „Eine inhaltliche Bindung an die ausländische Entscheidung kommt nur in Betracht, wenn und soweit diese von deutschen Gerichten anzuerkennen ist", BGH, 26.06.2003, Az.: III ZR 245/98 <http://www.jurathek.de> (Stand: 21.11.2009). Nach der Anerkennung ist aber der subjektive und objektive Umfang der materiellen Rechtskraft grundsätzlich nach dem ausländischen Prozessrecht zu bestimmen.

425 Versäumnisurteile und Anerkenntnis- und Verzichtsurteile ergehen ohne Tatbestand und Entscheidungsgründe. Zur Ermittlung des rechtskräftigen Inhalts eines Anerkenntnis- oder Verzichtsurteils muss ersatzweise auf das Klagevorbringen und die Anerkenntnis und Verzichtserklärung zurückgegriffen werden, Musielak/*Musielak*, § 322 ZPO, Rdn. 53. Auch ist das tatsächliche Vorbringen des Klägers bei der Bestimmung des Inhalts eines Versäumnisurteils maßgebend, MünchKommZPO/*Gottwald*, § 322 ZPO, Rdn. 180 f.

teile[426], Teilurteile, Anerkenntnis- und Verzichtsurteile[427] der materiellen Rechtskraft fähig.

Die materielle Rechtskraft tritt erst bei einem Vorbehaltsurteil ein, falls dieses im Nachprozess formell rechtskräftig für vorbehaltlos erklärt wird.[428] Da die Urteile, die sich unter Vorbehalt der Haftungsbeschränkung (§ 305 ZPO) befinden, aufgrund der Begründetheit des Anspruchs endgültig sind, sind sie der materiellen Rechtskraft fähig.[429]

Ein Prozessurteil, durch das eine Klage aufgrund des Fehlens einer Prozessvoraussetzung oder wegen eines Prozesshindernisses als unzulässig abgewiesen wird oder ein Rechtsmittel oder Einspruch verworfen wird, erwächst nach einhelliger Meinung in Bezug auf die (in diesem Prozessurteil) entschiedene Prozessfrage ebenso in materieller Rechtskraft.[430]

Arrest- und Verfügungsurteile sind trotzt summarischer Prüfung der vorherrschenden Meinung nach der materiellen Rechtskraft fähig.[431] Allerdings ist die Rechtskraftwirkung bei den Arrest- und Verfügungsurteilen stattgebenden Entscheidungen durch den Vorbehalt erleichterter Abänderbarkeit durch den

---

426 Ob den Gestaltungsurteilen neben der Gestaltungswirkung zugleich eine Rechtskraftwirkung zukommt, ist umstritten. Die überwiegend herrschende Ansicht bejaht diese Frage, siehe hierzu oben D-I.

427 *Häsemeyer* bezeichnet Anerkenntnis und Verzicht als die einzigen echten und gewissermaßen urteilsgestaltenden Dispositionsakte der ZPO; also rechtskraftfähige Parteidispositionen, *Häsemeyer* ZZP 85 (1972), 207, 225, 228.

428 Stein/Jonas/*Leipold*, § 322 ZPO, Rdn. 49.

429 MünchKommZPO/*Gottwald*, § 322 ZPO, Rdn. 36.

430 Stein/Jonas/*Leipold*, § 322 ZPO Rdn. 55; Baumbach/Lauterbach/*Hartmann*, § 322 ZPO, Rdn. 5; MünchKommZPO/*Gottwald*, § 322 ZPO, Rdn. 27; Zöller/*Vollkommer*, Vor. § 322 ZPO, Rdn. 8; Thomas/Putzo/*Reichold*, § 322 ZPO, Rdn. 3; Musielak/*Musielak*, § 322 ZPO, Rdn. 6; Prütting/Gehrlein/*Völzmann-Stickelbrock*, § 322 ZPO, Rdn. 10; Wieczorek/Schütze/*Büscher*, § 322 ZPO, Rdn. 14; Hk-ZPO/*Saenger*, § 322 ZPO, Rdn. 6; *Schellhammer*, Zivilprozessrecht, S. 398. Andere Ansicht *Kleinfeller*, Lehrbuch des deutschen Zivilprozessrechts, S. 234 („der materiellen Rechtskraft sind nur Endurteile fähig und nur insoweit, als sie über den durch Klage oder Widerklage erhobenen materiellen Anspruch entscheiden, auch wenn sie zu einer rechtlich oder tatsächlich unmöglichen Leistung verurteilen. Dem Endurteil steht der Vollstreckungsbefehl gleich. Ausgeschlossen sind hiernach die Endurteile, die nur über eine prozessrechtliche Frage entscheiden"). Zur Zweiteilung in Zulässigkeit und Begründetheit der Klage hinsichtlich der Prozess- und Sachurteile vgl. näher *Grunsky*, ZZP 80 (1967), 55, 60 ff.

431 Zöller/*Vollkommer*, Vor. § 916 ZPO, Rdn. 13; Wieczorek/Schütze/*Büscher*, § 322 ZPO, Rdn. 15; Baumbach/Lauterbach/*Hartmann*, § 322 ZPO, Rdn. 29 f.; Prütting/Gehrlein/*Völzmann-Stickelbrock*, § 322 ZPO, Rdn. 10. Andere Ansicht Wieczorek/Schütze/*Thümmel*, Vor. § 916 ZPO, Rdn. 16. Vgl. *Blomeyer*, ZZP 65 (1952), 52, 56 ff.

Richter gemäß § 927 ZPO eingeschränkt.[432] Wenn das Gericht den Arrestantrag ablehnt, ist ein neues Gesuch bei unveränderter Sachlage aufgrund der materiellen Rechtskraft unzulässig.[433] Das neue Gesuch sollte nur auf die nach der ersten abweisenden Entscheidung entstandenen Tatsachen beruhen. Wenn ein Urteil den Antrag auf einstweilige Verfügung wegen des Nichtbestehens eines Verfügungsanspruchs ablehnt, entfaltet es hingegen keine Rechtskraftwirkung.[434]

Zwischenurteile sind lediglich ausnahmsweise der materiellen Rechtskraft fähig, soweit sie im Verhältnis zu Dritten endgültig entscheiden (z. B. Zwischenurteile nach §§ 71, 135, 387, 407 ZPO).[435]

Falls sie formell rechtskräftig werden können und eine sachliche Entscheidung enthalten, erwachsen auch die Beschlüsse in der materiellen Rechtskraft (wie z. B. Kostenfestsetzungsbeschluss, Festsetzung der Anwaltsgebühren, Richterablehnung nach § 46 ZPO, gerichtliche Entscheidung über die notarielle Kostenberechnung).[436]

Laut § 16 Abs. 1 S. 2 KapMuG erwächst der Musterentscheid in Rechtskraft, obwohl er nach dem KapMuG nur das Vorliegen oder Nichtvorliegen einzelner anspruchsgründender oder –ausschließender Voraussetzungen feststellt oder eine vorgreifliche Rechtsfrage klärt (§ 1 Abs. 1 KapMuG).[437]

Ein Vollstreckungsbescheid zählt zu den endgültigen Entscheidungen, weil er in § 700 Abs. 1 ZPO ohne Einschränkung einem für vorläufig vollstreckbar erklärten Versäumnisurteil gleichgestellt wird.[438] Die Vollstreckungsbescheide erwachsen in gewöhnlichem Umfang in der materiellen Rechtskraftfähigkeit und die Vollstreckung aus einem rechtskräftigen Vollstreckungsbescheid kann nur durch Klage wegen vorsätzlicher sittenwidriger Schädigung gemäß § 826 BGB

---

432 Prütting/Gehrlein/*Völzmann-Stickelbrock*, § 322 ZPO, Rdn. 10.

433 Baumbach/Lauterbach/*Hartmann*, § 322 ZPO, Rdn. 30; MünchKommZPO/*Gottwald*, § 322 ZPO, Rdn. 33.

434 MünchKommZPO/*Gottwald*, § 322 ZPO, Rdn. 33.

435 Zöller/*Vollkommer*, Vor. § 322 ZPO, Rdn. 8; MünchKommZPO/*Gottwald*, § 322 ZPO, Rdn. 33; Prütting/Gehrlein/*Völzmann-Stickelbrock*, § 322 ZPO, Rdn. 10; Stein/Jonas/*Leipold*, § 322 ZPO, Rdn. 51.

436 *Werner*, Rechtskraft und Innenbindung zivilprozessualer Beschlüsse im Erkenntnis- und summarischen Verfahren, S. 84 ff.; Stein/Jonas/*Leipold*, § 322 ZPO, Rdn. 51; MünchKommZPO/*Gottwald*, § 322 ZPO, Rdn. 29; Wieczorek/Schütze/*Büscher*, § 322 ZPO, Rdn. 20 ff.

437 KölnKomm/*Hess*, § 16 KapMuG, Rdn. 4; MünchKommZPO/*Gottwald*, § 322, Rdn. 30.

438 Stein/Jonas/*Leipold*, § 322 ZPO, Rdn. 62; Musielak/*Musielak*, § 322 ZPO Rdn. 6; MünchKommZPO/*Gottwald*, § 322 ZPO, Rdn. 32.

abgewehrt werden, wenn der Vollstreckungsbescheid offenbar ungerecht und seine Ausnutzung als sittenwidrig anzusehen ist.[439]

Schiedssprüche können aufgrund der nach § 1055 ZPO zugeschriebenen Wirkung in Rechtskraft erwachsen. Jedoch ist diese Wirkung nach der herrschenden Lehre nicht von Amts wegen, sondern nur auf Einrede zu beachten.[440] Dennoch wird in der Literatur teilweise die Ansicht vertreten, dass die Rechtskraft der Schiedssprüche von Amts wegen berücksichtigt werden sollte.[441]

b) Der materiellen Rechtskraft unfähige Entscheidungen

Die sog. echten Zwischenurteile enthalten keine endgültige Entscheidung und können deshalb nicht in der materiellen Rechtskraft erwachsen, selbst wenn sie der formellen Rechtskraft fähig sind und ihnen eine innerprozessuale Bindungswirkung zukommt (wie z. B. §§ 303, 304 ZPO).[442]

Ebenso sind Vorbehalts- und Grundurteile nicht der materiellen Rechtskraft fähig, weil der Rechtstreit im Nachverfahren anhängig bleibt.[443] Derartigen Urteilen kommt lediglich eine innerprozessuale Bindungswirkung für das spätere Verfahren zu.

Da sie den Rechtsstreit anhängig lassen und keine endgültige Entscheidung über den Streitgegenstand enthalten, sind aufhebende und zurückweisende Urteile der Rechtsmittelinstanz auch nicht der materiellen Rechtskraft fähig.[444] Solche Urteile entfalten lediglich eine innerprozessuale Bindungswirkung.

In ähnlicher Weise enthalten Prozessvergleiche keine gerichtliche Entscheidung, weshalb ihnen keine rechtskraftähnliche Wirkung zukommt.[445]

---

439 MünchKommZPO/*Gottwald*, § 322 ZPO, Rdn. 32; Stein/Jonas/*Leipold*, § 322 ZPO, Rdn. 62, 65.

440 Stein/Jonas/*Schlosser*, § 1055 ZPO Rdn. 5; MünchKommZPO/*Gottwald*, § 322 ZPO, Rdn. 32; Thomas/Putzo/*Reichold*, § 1055 ZPO, Rdn. 2; Hk-ZPO/*Saenger*, § 322 ZPO, Rdn. 6.

441 *Schwab*/*Walter*, Schiedsgerichtsbarkeit, Kap. 27 Rdn. 9; Zöller/*Geimer*, § 1055 ZPO, Rdn. 8; Prütting/Gehrlein/*Prütting*, § 1055 ZPO, Rdn. 4.

442 Stein/Jonas/*Leipold*, § 322 ZPO, Rdn. 51; Hk-ZPO/*Saenger*, § 322 ZPO, Rdn. 7; MünchKommZPO/*Gottwald*, § 322 ZPO, Rdn. 28; Prütting/Gehrlein/*Völzmann-Stickelbrock*, § 322 ZPO, Rdn. 10.

443 Zöller/*Vollkommer*, Vor. § 322 ZPO, Rdn. 9a; Hk-ZPO/*Saenger*, § 322 ZPO, Rdn. 6; *Schellhammer*, Zivilprozessrecht, S. 398; Stein/Jonas/*Leipold*, § 322 ZPO, Rdn. 49.

444 Stein/Jonas/*Leipold*, § 322 ZPO, Rdn. 50; *Arens*/*Lüke*, Zivilprozessrecht, S. 328; Musielak/*Musielak*, § 322 ZPO, Rdn. 51; Wieczorek/Schütze/*Büscher*, § 322 ZPO, Rdn. 22.

445 Zöller/*Vollkommer*, Vor. § 322 ZPO, Rdn. 9a; MünchKommZPO/*Gottwald*, § 322 ZPO, Rdn. 37; Wieczorek/Schütze/*Büscher*, § 322 ZPO, Rdn. 24; Thomas/Putzo/*Reichold*, § 322 ZPO, Rdn. 4.

II. Auswirkungen der materiellen Rechtskraft

1. Allgemeines

Wie oben ausführlich dargelegt[446], soll das Urteil nach der materiellrechtlichen Rechtskrafttheorie direkt auf die materielle Rechtslage einwirken. Dabei entspricht das richtige Urteil der Rechtslage und das unrichtige Urteil gestaltet die Rechtslage nach seinem Ausspruch um. Dagegen bleibt die Rechtslage bei richtigem oder falschem Urteil nach der herrschenden prozessualen Rechtskrafttheorie unberührt. Die richterliche Entscheidung ist (außerhalb der Gestaltungsurteile) nur deklatorisch.

Innerhalb der prozessualen Rechtskrafttheorie gibt es zwei verschiedene Meinungen, wie der Richter des zweiten Prozesses gebunden sein soll. Die Ne-bis-in-idem-Lehre ist für den Bereich der negativen Funktion der Rechtskraft bei identischem Streitgegenstand entscheidend und die Lehre vom Widerspruchsverbot (Bindungslehre) für den Bereich der positiven Funktion der Rechtskraft in Fällen der Präjudizialität maßgebend.[447]

2. Ne bis in idem

Bei der Identität des Streitgegenstandes stellt die materielle Rechtskraft eine negative Prozessvoraussetzung dar.[448] Denn der Justizgewährungsanspruch richtet sich auf die einmalige Rechtsschutzgewährung durch die Gerichte.[449] Im Rahmen des Prinzips der Einmaligkeit des Rechtsschutzes hat der Richter die erneute Klage als unzulässig abzuweisen.[450] Dabei ist jede Verhandlung, Beweisaufnahme und Entscheidung hinsichtlich des alten Rechtsstreits unzulässig. Ferner ist die materiell rechtskräftige Entscheidung von Amts wegen zu beachten.[451]

---

446 Siehe hierzu oben C-II.

447 *Gaul*, in FS für Werner Flume, S. 517.

448 BGH, 27.02.1961, BGHZ 34, 337, 339: „Die materielle Rechtskraft einer gerichtlichen Entscheidung schließt jede neue Verhandlung und Entscheidung über den Anspruch, über den rechtskräftig entschieden worden ist, aus“.

449 „Ist nämlich über einen Streitgegenstand einmal unanfechtbar entschieden, so besteht grundsätzlich kein anerkennenswertes Rechtsschutzbedürfnis für ein zweites Verfahren über denselben Gegenstand“, *Rimmelspacher*, JuS 2004, 560, 561.

450 BGH, 23.03.1995, NJW 1995, 1757; BGH, 27.02.1961, NJW 1961, 917 f.; BGH, 16.06.1993, NJW 1993, 2942; BGH, 14.07.1995, NJW 1995, 2993 f.

451 Bei der Streitgegenstandsidentität tritt der Einwand der Rechtskraft an die Stelle des Einwands der Rechtshängigkeit, *Jauernig*, Zivilprozessrecht, S. 199.

Die Nichtbeachtung der Rechtskraft löst die Wideraufnahme des Verfahrens gemäß § 578 ff. ZPO aus.

3. Bindungslehre

Nach der Bindungslehre darf der Richter nur gleich entscheiden, wenn der Streitgegenstand des ersten und zweiten Prozesses identisch ist. Der Richter des zweiten Prozesses ist an die Feststellung des bereits ergangenen Urteils gebunden.[452] Man spricht hier von einer Bindung durch Abweichungsverbot. Danach ist aber nicht eine neue Verhandlung, sondern nur eine widersprechende Entscheidung verboten.[453] Jedoch hat der Richter in der Regel die erneut erhobene Klage als unzulässig abzuweisen. Denn es fehlt bei der erneut erhobenen Klage zumeist das Rechtsschutzinteresse.

Die Bindungslehre (Bindungswirkung) ist in Fällen der Streitgegenstandsidentität abzulehnen. In solchen Fällen greift die Ne-bis-in-idem-Lehre als eine negative Prozessvoraussetzung, die von Amts wegen zu beachten ist.

Die Bindungswirkung der materiellen Rechtskraft kommt dagegen nur bei der Präjudizialität zum Tragen, obwohl die herrschende Lehre[454] auch im Bereich der Präjudizialität von der Ne-bis-in-idem-Lehre ausgeht. Denn ohne positive Bindungswirkung wäre die Präjudizialwirkung der materiellen Rechtskraft schwer zu erklären.[455]

Es ist festzuhalten, dass im Falle der Präjudizialität die materielle Rechtskraft keine negative Prozessvoraussetzung darstellt. Falls die rechtskräftig festgestellte Rechtsfolge im Urteilstenor des Erstprozesses für den Folgeprozess vorgreiflich ist, also wenn sie im Folgeprozess als Vorfrage auftaucht, ist der Richter an dieses rechtskräftige Urteil gebunden. Der Richter hat die präjudizielle Entscheidung bei seiner Entscheidung zugrunde zu legen.

---

452 *Grunsky*, Zivilprozessrecht, S. 232.

453 *Grunsky*, Grundlagen des Verfahrensrechts, S. 513 f. Laut *Gaul*: „Geht man vom *Zweck der Rechtskraft* aus, begegnen bereits Zweifel, ob *übereinstimmende* Entscheidungen überhaupt dem Rechtskraftverbot unterliegen. In den Kodifizierungen des Rechtskraftgedankens wird immer nur die Verhütung *widersprechender* Urteile angesprochen" (Betonung im Original), *Gaul*, in: FS für Werner Flume, S. 159.

454 Etwa *Jauernig*, Zivilprozessrecht, S. 199; Thomas/Putzo/*Reichold*, § 322 ZPO, Rdn. 9; *Doderer*, NJW 1991, 878, 879; Musielak/*Musielak*, § 322 ZPO, Rdn. 5.

455 MünchKommZPO/*Gottwald*, § 322 ZPO, Rdn. 14; zustimmend *Gaul*, in: FS für Friedrich Weber, S. 164.

4. Präklusionswirkung[456]

Innerhalb der Grenzen der materiellen Rechtskraft tritt eine Präklusionswirkung ein. Die Prozessparteien sind durch das rechtskräftige Urteil von einem bestimmten Vorbringen in einem späteren Verfahren ausgeschlossen. Sie können keine Tatsachen mehr vorbringen, die bereits zum Zeitpunkt der letzten Tatsachenverhandlung vorlagen und die bei natürlicher Betrachtung nach der Verkehrsauffassung zum behandelten Lebenssachverhalt gehören, von den Parteien aber bisher nicht vorgetragen wurden.[457] Ausgeschlossen sind daher alle Tatsachen, die bei einer natürlichen, vom Standpunkt der Parteien ausgehenden Betrachtung zu dem durch ihren Sachvortrag zur Entscheidung gestellten Tatsachenkomplex gehört hätten.[458]

Der Grundsatz von *erst nach dem Schluss der mündlichen Verhandlung* wird durch die in § 767 Abs. 2 ZPO für die Vollstreckungsgegenklage vorgesehene Regelung ebenfalls bestätigt. Er gilt aber nicht nur für die Vollstreckungsgegenklage, sondern allgemein, wenn es um die Rechtskraftwirkung einer Entscheidung geht.[459]

Folglich sind bis zum Schluss der letzten Tatsachenverhandlung des Vorprozesses entstandene Tatsachen für ein späteres Verfahren mit demselben Streitgegenstand präkludiert, wobei es nicht darauf ankommt, ob die betreffende Partei diese Tatsachen kannte oder sie subjektiv vorbringen konnte.[460] Der entscheidende Abgrenzungszeitpunkt ist der Zeitpunkt, zu dem ein Vortrag im Vorprozess noch möglich gewesen wäre und der den Schluss der mündlichen Verhandlung darstellt, auf die das Urteil ergeht.[461]

Wird z. B. der Beklagte zur Leistung einer vertraglich geschuldeten Zahlung rechtskräftig verurteilt, kann er im Folgeprozess nicht behaupten, dass der Vertrag nur zum Schein geschlossen worden sei.[462] Hat das Gericht über eine Ab-

---

456 Siehe hierzu unten G-II-4. Außerdem wurde die Präklusionswirkung im türkischen Recht bereits oben dargelegt, siehe hierzu oben F-VI-3.

457 MünchKommZPO/*Gottwald*, § 322 ZPO, Rdn. 142; Stein/Jonas/*Leipold*, § 322 ZPO Rdn. 222; Prütting/Gehrlein/*Völzmann-Stickelbrock*, § 322 ZPO, Rdn. 43; Hk-ZPO/*Saenger*, § 322 ZPO, Rdn. 29; *Schlosser*, Zivilprozessrecht 1, S. 205; BGH, 03.03.2004, NJW 2004, 1805 ff.; *Hoegen*, Rechtskraftwirkung und Präklusionswirkung, S. 2.

458 BGH, 11.11.1994, NJW 1995, 967.

459 Wieczorek/Schütze/*Büscher*, § 322 ZPO, Rdn. 172.

460 *Keitel*, Rechtskräftiges Urteil und neue Tatsachen im Zivilprozess, S. 139.

461 *Schlosser*, Zivilprozessrecht 1, S. 205.

462 Thomas/Putzo/*Reichold*, § 322 ZPO, Rdn. 40.

rechnungsklage rechtskräftig entschieden, so können in den Saldo einzubeziehende Forderungen nicht mehr geltend gemacht werden.[463]

Das Vorbringen von neuen Tatsachen, die vor dem Schluss der letzten mündlichen Verhandlung entstanden sind, ist nicht ausgeschlossen, soweit sie mit dem im Erstprozess festgestellten Lebenssachverhalt nicht in Zusammenhang stehen oder ihm nicht widersprechen.[464]

Wird z. B. die Wechselklage abgewiesen, kann der Kläger später (aus dem Kaufvertrag) auf die Zahlung des Kaufpreises erneut klagen.[465] Denn es liegen zwei verschiedene Lebenssachverhalte, nämlich Wechseleingabe und Kaufvertragsschluss, vor.

In ähnlicher Weise steht die abweisende Entscheidung über eine rechtgeschäftliche Verpflichtungserklärung einer späteren Klage aus Vermögensübernahme nicht entgegen, selbst wenn beiden Prozessen als Ausgangspunkt derselbe Vertrag zugrunde liegt.[466]

Außerdem ist die Partei nicht mit den nachträglich entstandenen Tatsachen präkludiert, selbst wenn sie mit dem im Erstprozess festgestellten Lebenssachverhalt in Zusammenhang steht. Damit sind die Tatsachen gemeint, die nach dem Schluss der letzten mündlichen Verhandlung entstanden sind.

Wird z. B. im ersten Prozess die Unzumutbarkeit der Mietvertragsfortsetzung im Sinne von § 543 Abs. 1 BGB verneint, kann der Kläger erneut klagen, wenn die Unzumutbarkeit durch fortgesetzten vertragswidrigen Gebrauch nach dem Ersturteil inzwischen eingetreten ist.[467]

Wenn z. B. eine Klage mangels Fälligkeit der geltend gemachten Forderung abgewiesen wird, so kann sie nach Eintritt der Fälligkeit erneut erhoben werden.[468]

Wird z. B. eine Herausgabeklage gemäß § 985 ZPO rechtskräftig abgewiesen, so kann der Kläger erneut klagen, falls er nachträglich bei einem Eigentumsübergang durch Erbschaft Eigentümer wird.[469]

Wird z. B. eine Räumungsklage wegen einer bestimmten Kündigung abgewiesen, steht für die Parteien nur fest, dass zum Zeitpunkt der letzten mündli-

463 Zöller/*Vollkommer*, Vor. § 322 ZPO, Rdn. 70.
464 Thomas/Putzo/*Reichold*, § 322 ZPO, Rdn. 41.
465 Dazu ausführlich unten G-V-5.
466 Thomas/Putzo/*Reichold*, § 322 ZPO, Rdn. 42.
467 Zöller/*Vollkommer*, Vor. § 322 ZPO, Rdn. 57.
468 Musielak/*Musielak*, § 322 ZPO, Rdn. 29.
469 MünchKommZPO/*Gottwald*, § 322 ZPO, Rdn. 153.

chen Verhandlung kein Anspruch auf Räumung bestand. Deshalb kann der Kläger erneut klagen, wenn er die Räumung auf eine neue Kündigung stützt.[470]

Klagt der Kläger im ersten Prozess eine abgetretene Forderung ein und weist das Gericht seine Klage mangels wirksamer Abtretung ab, so kann er die gleiche Forderung wegen einer nachträglich erfolgten wiederholten Zession erneut einklagen.[471]

III. Die subjektiven Grenzen der Rechtskraft

Das Prinzip der Einmaligkeit des Rechtsschutzes verhindert eine neue Entscheidung zwischen denselben Parteien über die bereits entschiedene Hauptfrage. Ein rechtskräftiges Urteil wirkt grundsätzlich zwischen den am Rechtsstreit beteiligten Prozessparteien. Ausnahmsweise erstrecken sich die Grenzen der materiellen Rechtskraft auf die Rechtsnachfolger der Parteien, die nach dem Eintritt der Rechtshängigkeit Rechtsnachfolger der Parteien geworden sind oder den Besitz der streitbefangenen Sache in solcher Weise erlangt haben, dass eine der Parteien oder ihr Rechtsnachfolger mittelbarer Besitzer geworden ist (§ 325 Abs. 1 ZPO). In der HUMK gibt es dagegen keine gesonderte Vorschrift (wie § 325 ZPO) über die subjektiven Grenzen der materiellen Rechtskraft. Lediglich Art. 237 Abs. 2 HUMK stellt die Identität der Prozessparteien als eine Voraussetzung der materiellen Rechtskraft dar. Der HUMK zufolge bleibt die materielle Rechtskraft also auch grundsätzlich zwischen den am Rechtsstreit beteiligten Prozessparteien beschränkt.[472]

IV. Objektive Grenzen der materiellen Rechtskraft

1. Rechtskraftfähiger Inhalt der Entscheidung

a) Allgemeines

Die Rechtskraftsprerre greift ein, falls eine Leistungs-, Feststellungs,- oder Gestaltungsklage vom Kläger wiederholt wird.[473] Nach Art. 322 Abs. 1 ZPO ist ein Urteil nur so weit der Rechtskraft fähig, als es über den erhobenen Anspruch

470 Musielak/*Musielak*, § 322 ZPO, Rdn. 32; MünchKommZPO/*Gottwald*, § 322 ZPO, Rdn. 153.

471 Zöller/*Vollkommer*, Vor. § 322 ZPO, Rdn. 57.

472 Siehe hierzu oben F-I-2.

473 Stein/Jonas/*Leipold*, § 322 ZPO, Rdn. 186.

entschieden hat. Die Rechtskraft umfasst also lediglich die Entscheidung über den erhobenen Anspruch, über den im Urteilstenor entschieden worden ist. Dabei ist der Anspruchsbegriff im prozessualen Sinne zu verstehen.[474] Der prozessuale Anspruch bezeichnet den Streitgegenstand. Daher ist der Streitgegenstand ein zentraler Begriff hinsichtlich der materiellen Rechtskraft.

Eine stattgebende oder klageabweisende rechtskräftige Entscheidung über den prozessualen Anspruch erledigt alle materiellrechtlichen Anspruchsgrundlagen, unter denen die Klage aufgrund des vorgebrachten Sachverhalts zu subsumieren war.[475]

Einzelne Urteilselemente, also die Tatsachenfeststellungen, Vorfragen, die Beantwortung abstrakter Rechtsfragen und juristischer Obersätze, erwachsen nicht in der Rechtskraft. Deswegen ist ein Gericht im Folgeprozess über einen anderen Streitgegenstand nicht an die Behandlung von Tatsachen im Erstprozess als unstreitig oder als zugestanden oder an die Beweiswürdigung gebunden.[476]

Auch bildet die rechtliche Qualifizierung des Anspruchs für die Entscheidung über das Bestehen oder Nichtbestehen der begehrten Rechtsfolge nur eine Vorfrage, obwohl sie mit dem Entscheidungssatz in sehr enger Verbindung steht. Wenn der Kläger ein berechtigtes Interesse an einem in bestimmter Weise rechtlich qualifizierten Anspruch hat, kann er dies nur auf dem Wege einer Zwischenfeststellungsklage erreichen.[477]

b) Urteilstenor

Nur die vom Gericht festgestellte Rechtsfolge, also das Prozessergebnis (im Urteilstenor) erwächst in Rechtskraft. Nicht der Rechtskraft fähig sind dagegen der Tatbestand und die Entscheidungsgründe. Lediglich wird die Feststellung über das Bestehen oder Nichtbestehen der mit der Klage oder Widerklage geltend gemachten Rechtsfolge wegen des zur Entscheidung gestellten Lebenssachverhalts rechtskräftig.[478]

Es ist darauf hinzuweisen, dass, wenn eine Divergenz zwischen Urteilstenor und Entscheidungsgründen besteht, der herrschenden Meinung nach der Tenor Vorrang mit der Möglichkeit seiner Berichtigung gemäß § 319 ZPO oder Ergänzung laut § 321 ZPO hat.[479] Nach *Lindacher* hingegen gelten bei einer Diver-

474 BGH, 23.09.1992, NJW 1993, 333 f.; BGH, 26.06.2003, NJW 2003, 3058 ff.

475 Thomas/Putzo/*Reichold*, § 322 ZPO, Rdn 31. BGH, 18.07.2000, NJW 2000, 3492 ff.

476 Wieczorek/Schütze/*Büscher*, § 322 ZPO, Rdn. 72.

477 *Rosenberg/Schwab/Gottwald*, Zivilprozessrecht, S. 877; Prütting/Gehrlein/*Völzmann-Stickelbrock*, § 322 ZPO, Rdn. 31; MünchKommZPO/*Gottwald*, § 322 ZPO, Rdn. 95.

478 BGH, 11.11.1994, NJW 1995, 967 f.; BGH, 12.12.1975, NJW 1976, 1095 f.

479 Thomas/Putzo/*Reichold*, § 322 ZPO, Rdn 18.

genz der Entscheidungsverlautbarung in Tenor und Gründen die Gründe als maßgebend, die den gesamten Subsumtionsschluss ausweißend enthalten.[480] Dabei erscheint die Ansicht der herrschenden Lehre überzeugend.

c) Tatsachenfeststellungen

Die tatsächlichen Feststellungen des Urteils erwachsen nicht in Rechtskraft. Wird z.B. eine Klage auf eine vertragliche Leistung aufgrund einer Anfechtung wegen Irrtums oder arglistiger Täuschung rechtskräftig abgewiesen oder die Auflösung des Vertrages durch Anfechtung wegen arglistiger Täuschung festgestellt, so steht die Tatsache des Irrtums oder der arglistigen Täuschung nicht für einen späteren Schadensersatzanspruch fest.[481]

Lediglich erwächst ausnahmsweise die tatsächliche Feststellung der Echtheit oder Unechtheit einer Urkunde (§ 256 Abs. 1 ZPO) in Rechtskraft.[482]

d) Gegenrechte

Die Entscheidung über Einwendungen und Einreden[483] des Beklagten erwächst nicht in der Rechtskraft, selbst wenn ihnen ein Gegenanspruch zugrunde liegt, solange er nicht seinerseits durch Widerklage zur Entscheidung gestellt ist.[484]

In diesem Zusammenhang bildet die Aufrechnung die einzige Ausnahme. Nach § 322 Abs. 2 ZPO erstreckt sich die Rechtskraftwirkung auf die Aufrechnungsforderung, falls der Beklagte die Aufrechnung einer Gegenforderung geltend macht. Dabei erfasst die Rechtskraftwirkung der Entscheidung die zur Aufrechnung gestellte Gegenforderung in der geltend gemachten Reihenfolge und Höhe, bis zur Höhe der Klageforderung.[485] Weist das Gericht die Klage aufgrund des Nichtbestehens der Klageforderung ab, so entscheidet es nicht über die Gegenforderung.[486] Auch wird über die Gegenforderung nicht rechtskräftig

---

480 *Lindacher*, ZZP 88 (1975), 64, 73.

481 Stein/Jonas/*Leipold*, § 322 ZPO, Rdn. 77; *Arens/Lüke*, Zivilprozessrecht, S. 335.

482 Stein/Jonas/*Leipold*, § 322 ZPO, Rdn. 78.

483 Die Einrede des Zivilprozessrechts ist etwas, „was der Verteidigung des Beklagten dient, d. h. geeignet ist, den Erfolg der Klage zu verhindern, ohne Rücksicht darauf, ob der Beklagte im Sinne des bürgerlichen Rechts zu einer Leistung verpflichtet ist“, *Jahr*, JuS 1964, 125, 128.

484 Vgl. *Batschari/Durst*, NJW 1995, 1650, 1652; *Doderer*, NJW 1991, 878, 878 ff.

485 Thomas/Putzo/*Reichold*, § 322 ZPO, Rdn. 45; vgl. *Habermeier*, JuS 1997, 1057, 1057 ff.; zur Bemessung der Rechtskraft in Fällen der Aufrechnung vgl. *Zeuner*, JuS 1987, 354, 354 ff.; zu materiellrechtlichen Folgen der unzulässigen Prozessaufrechnung vgl. *Henckel*, ZZP 74 (1961), 165, 165 ff.

486 *Musielak*, JuS 1994, 817, 825.

entschieden, falls das Gericht die Aufrechnung aus materiellrechtlichen oder prozessualen Gründen als unzulässig ansieht.[487] Diese Vorschrift ist eine Ausnahmevorschrift und keiner analogen Anwendung auf andere Einwendungen fähig.[488]

Gleiches gilt für das türkische Recht hinsichtlich der Aufrechnung, obwohl es keine solche Ausnahmevorschrift in der HUMK gibt.[489]

e) Entscheidungsgründe als Auslegungshilfe

Wie im türkischen Recht[490], können auch im deutschen Recht zur Auslegung des Ausspruchs im Urteilstenor der Tatbestand und die Entscheidungsgründe mit herangezogen werden.[491] Inwieweit über den Klageanspruch entschieden ist, hat der Richter durch die Auslegung zu ermitteln.[492] Hierbei erstreckt sich die Rechtskraft z. B. bei einem klageabweisenden Urteil auch auf den ausschlaggebenden Abweisungsgrund, der als Teil des Entscheidungssatzes gilt.[493] In diesem Fall steht im Urteilstenor nur der Ausdruck: „die Klage wird abgewiesen". Anhand der Auslegung des Tenors ist zu erkennen, ob die Klage als unzulässig oder unbegründet abgewiesen wurde. Bei negativen Feststellungsklagen, Unterlassungsurteilen[494], Anerkenntnis- und Verzichtsurteilen oder Versäumnisurteilen ist die Auslegung zumeist von Bedeutung.[495] Da die Anerkenntnis- und Verzichtsurteile und Versäumnisurteile keine Urteilsbegründung haben, muss das Gericht bei der Auslegung des Urteilstenors auch das Klagevorbringen berücksichtigen.

Falls ein Teilurteil erlassen wird, erwächst nur derjenige Teil in Rechtskraft, über den entschieden wurde. Der Umfang der Rechtskraft ist auch in diesem Fall durch Auslegung des Teilurteils zu bestimmen.[496]

---

487 *Musielak*, JuS 1994, 817, 825 f.

488 Thomas/Putzo/*Reichold*, § 322 ZPO, Rdn. 44; ablehnend *Foerste*, ZZP 108 (1995), 167, 178 f.; 191.

489 Siehe hierzu oben (Fn. 360 und Fn. 402).

490 Siehe hierzu oben F-IV-2-c-bb.

491 BGH, 12. 07. 2001, Lexetius.com/2001,1104; BGH, 18.03.1999, NJW-RR 1999, 1006; BGH, 05.02.1985, NJW 1985, 2022.

492 *Rosenberg/Schwab/Gottwald*, Zivilprozessrecht, S. 878.

493 BGH, 24.06.1993, NJW 1993, 3204 ff. Andere Ansicht Musielak/*Musielak*, § 322 ZPO, Rdn. 48.

494 *Schubert*, ZZP 1972, 29 ff.

495 *Rosenberg/Schwab/Gottwald*, Zivilprozessrecht, S. 878.

496 BGH, 17.02.1983, NJW 1983, 2032 f.

2. Kontradiktorisches Gegenteil

Verlangt die unterlegene Partei in einem neuen Prozess das Gegenteil der rechtskräftigen Feststellung des ersten Prozesses, sind die Streitgegenstände von Erst- und Zweitprozess grundsätzlich identisch.[497] Dabei liegt eine Streitgegenstandsidentität vor, wenn der ursprüngliche Beklagte nunmehr den Streit in seiner logisch exakten Umkehrung anhängig macht. Denn das kontradiktorische Gegenteil (als gegenteilige Rechtsfolge) des Erstprozesses ist dem Streitgegentand des Erstprozesses gleichzusetzen. In solchen Fällen ist es unproblematisch, das kontradiktorische Gegenteil zu bestimmen. Wird z. B. eine negative Feststellungsklage abgewiesen, stellt dieses abweisende Urteil zugleich das Gegenteil dessen positiv fest. Klagt A gegen B auf Feststellung, dass ein Darlehensrückzahlungsanspruch des Beklagten nicht besteht, und weist das Gericht diese Klage ab, so steht rechtskräftig fest, dass dem Beklagten gegen den Kläger ein Darlehensrückzahlungsanspruch zusteht.[498] Klagt A gegen B auf Feststellung des Mietverhältnisses und wird dieser Klage stattgegeben, so kann B später nicht auf die Feststellung des Nichtbestehens des Mietverhältnisses klagen.

Die Beurteilung des kontradiktorischen Gegenteils ist im Falle der Feststellung eines absoluten Rechts (wie z. B. Eigentum) unproblematisch. Die rechtskräftige Feststellung des Bestehens eines absoluten Rechts enthält also zugleich die Feststellung des Nichtvorliegens des kontradiktorischen Gegenteils.[499] Aber die Verneinung eines solchen Rechts im Erstprozess bedeutet nicht allgemein, dass der Beklagte Inhaber dieses Rechts ist. Denn ein Dritter kann auch berechtigt sein.

Klagt der Kläger im ersten Prozess auf Feststellung seines Eigentums und hat das Gericht der Klage stattgegeben, so sind der Streitgegenstand und das (dem Streitgegenstand gleichzusetzende) kontradiktorische Gegenteil identisch, wenn der ursprüngliche Beklagte im Folgeprozess (also bei einer negativen Feststellungsklage) behauptet, dass der Kläger nicht Eigentümer sei.

497 Thomas/Putzo/*Reichold*, § 322 ZPO, Rdn 11; *Doderer*, NJW 1991, 878, 879; Wieczorek/Schütze/*Büscher*, § 322 ZPO, Rdn. 52; Zöller/*Vollkommer*, Vor. § 322 ZPO, Rdn. 21; *Behrendt*, Materielle Rechtskraft und kontradiktorisches Gegenteil, S. 73 („Der Begriff des kontradiktorischen Gegenteils ist ein definierter Begriff der formalen Logik. Seine Bedeutung und sein Inhalt liegen daher fest"); *Windscheid/Kipp*, Lehrbuch des Pandektenrechts, S. 652.

498 Wieczorek/Schütze/*Büscher*, § 322 ZPO, Rdn. 55.

499 Stein/Jonas/*Leipold*, § 322 ZPO, Rdn. 186; BGH, 17.02.1983, NJW 1983, 2032; BGH, 11.11.1994, NJW 1995, 967 f.; BGH, 19.12.1991, BGHZ 117, 1 ff.

Wenn allerdings der ursprüngliche Beklagte (statt einer negativen Feststellungsklage) auf Feststellung seines eigenen Eigentums an derselben Sache klagt, kann man in dieser Konstellation nicht von einer Streitgegenstandsidentität sprechen.[500] Die herrschende Lehre und die Rechtsprechung gehen jedoch in solchen Fällen zu Unrecht ohne Untersuchung der Identität des Lebenssachverhalts von der Streitgegenstandsidentität aus.[501]

Da in diesem Fall der Streitgegenstand durch unterschiedliche Anträge verändert wird, ist der Streitgegenstand des ersten Prozesses und dessen kontradiktorisches Gegenteil nicht identisch. Dabei ist ein durch normzweckorientierte Auslegung des § 322 Abs. 1 ZPO handhabbares Kriterium zur Beurteilung des kontradiktorischen Gegenteils darzustellen. Der Normzweck von § 322 Abs. 1 ZPO ist auch die Vermeidung der Wiederholung desselben Rechtsstreits.[502] In solchen Fällen soll das kontradiktorische Gegenteil nicht allein nach dem Wortlaut, sondern nach dem Sinn der Klage bestimmt werden.[503] Aber auch eine solche Betrachtung muss keinesfalls zu einer weitergehenden Rechtskrafterstreckung führen, die mit dem Wortlaut des § 322 Abs. 1 ZPO unvereinbar ist. Das maßgebende Kriterium ist dabei die Identität des Lebenssachverhalts.[504] Aufgrund des Normzwecks von § 322 Abs. 1 ZPO sollte dem kontradiktorischen Gegenteil eine Rechtskraftwirkung zugesprochen werden, falls man im zweiten Verfahren den gleichen Lebenssachverhalt zur Entscheidung stellt.

Wie *Musielak* mit Recht betont, legitimiert sich die Rechtskrafterstreckung auf das kontradiktorische Gegenteil, indem derselbe Lebenssachverhalt dem Gericht mit dem Antrag vorgetragen wird, eine vom rechtskräftigen Ausspruch abweichende Entscheidung zu treffen.[505]

Wird also dem Kläger z. B. ein Eigentumsrecht zugesprochen, das nur einer Person zustehen kann, ist damit zugleich festgestellt, dass der Beklagte nicht Inhaber dieses Rechts ist.[506] Wenn also der ursprüngliche Beklagte auf

500 *Jauernig*, Zivilprozessrecht, S. 201.

501 Etwa *Doderer*, NJW 1991, 878, 879; Zöller/*Vollkommer*, Vor. § 322 ZPO, Rdn. 21; Prütting/Gehrlein/*Völzmann-Stickelbrock*, § 322 ZPO, Rdn. 15; Thomas/Putzo/*Reichold*, § 322 ZPO, Rdn 11; etwa BGH, 15.05.1961, BGHZ 35, 165 ff.

502 *Musielak*, Grundkurs ZPO, S. 358.

503 MünchKommZPO/*Gottwald*, § 322 ZPO, Rdn. 42 f.; *Jauernig*, Zivilprozessrecht, S. 202; Wieczorek/Schütze/*Büscher*, § 322 ZPO, Rdn. 53; *Bettermann*, Rechtshängigkeit und Rechtsschutzform, S. 23 (Da die Gefahr kollidierender Entscheidungen bestehe, dürfen beide Prozesse nicht nebeneinander zugelassen werden).

504 Zum Begriff des Lebenssachverhalts G-V-5.

505 Musielak/*Musielak*, § 322 ZPO, Rdn. 21; zustimmend *Jauernig*, Zivilprozessrecht, S. 202.

506 Musielak/*Musielak*, § 322 ZPO, Rdn. 21; *Musielak*, Grundkurs ZPO, S. 358.

Feststellung seines Eigentums klagt, ist diese Klage aufgrund des Vorliegens des kontradiktorischen Gegenteils unzulässig. Denn in diesem Fall ist der Lebenssachverhalt von Erst- und Zweitprozess identisch, obwohl die Klageanträge und damit auch die Streitgegenstände nicht identisch sind.

Wird der Beklagte im ersten Prozess rechtskräftig zur Auflassung verurteilt, so kann er später (aufgrund desselben Lebenssachverhalts) nicht auf Rückauflassung klagen.[507] Dabei gehört ein bereits vor dem Schluss der letzten mündlichen Verhandlung entstandener Erwerbsgrund zu dem Lebenssachverhalt, über den das Gericht im ersten Prozess entschieden hat.

In ähnlicher Weise kann das rechtskräftige Räumungsurteil dem auf das Wohnungsrecht gestützten Anspruch auf Wiedereinräumung des Besitzes insofern entgegenstehen, als mit diesem Anspruch das kontradiktorische Gegenteil (aufgrund desselben Lebenssachverhalts) von der Entscheidung im Vorprozess geltend gemacht wird.[508]

Allerdings liegt kein Fall des kontradiktorischen Gegenteils vor, wenn eine Änderung des Lebenssachverhalts eingetreten ist.

Klagt K gegen B auf Herausgabe einer Sache und verurteilt das Gericht B zur Herausgabe, so kann B seinerseits bei unverändertem Lebenssachverhalt keine neue Herausgabeklage gegen K erheben.[509] Denn die Herausgabeforderung von B steht in kontradiktorischem Gegenteil zum Herausgabeanspruch, der K rechtskräftig zuerkannt wurde. Anders ist der Fall, wenn B im zweiten Prozess neue Tatsachen vorträgt, die den Lebenssachverhalt verändern. Dann spricht man nicht vom kontradiktorischen Gegenteil. In diesem Fall hängt es eigentlich vom Vortrag von B ab, ob durch den Vortrag neuer Tatsachen die zweite Klage aufgrund der Präjudizialität als unbegründet abzuweisen ist oder ob die nach dem Schluss der letzten mündlichen Handlung eingetretenen Tatsachen den Herausgabeanspruch von B rechtfertigen.[510]

Wird B dagegen im ersten Prozess zur Leistung verurteilt, so kann er das aufgrund des ersten Urteils Geleistete in einem späteren Verfahren mit der Begründung, dass er durch die Leistung ungerechtfertigt entreichert worden sei, von K zurück verlangen.[511] Denn die wegen des ersten Urteils erbrachte

---

507 BGH, 11.11.1994, NJW 1995, 967 f.

508 BGH, 13.11.1998, NJW-RR 1999, 376 f.

509 MünchKommZPO/*Gottwald*, § 322 ZPO, Rdn. 43.

510 Musielak/*Musielak*, § 322 ZPO, Rdn. 23.

511 Musielak/*Musielak*, § 322 ZPO, Rdn. 22; *Zeiss/Schreiber*, Zivilprozessrecht, S. 211; *Gaul*, JuS 1962, 1, 7; insoweit auch MünchKommZPO/*Gottwald*, § 322 ZPO, Rdn. 43; Zöller/*Vollkommer*, Vor. § 322 ZPO, Rdn. 25; differenzierend *Reischl*, Die objektiven Grenzen, S. 210, („Die zweite Rechtsbehauptung ist weder eine bloße Negierung noch ein logisches Gegenteil der ersten Aussage, gleichwohl handelt es sich um *eadem res*,

Leistung und die darauf gestütze Rückforderung aufgrund ungerechtfertigter Bereicherung stellen neu eingetretene Tatsachen dar, die den Lebenssachverhalt entscheidend verändern, über den das Gericht im ersten Prozess entschieden hat.[512] Demzufolge liegt keine Identität des Lebensachverhalts vor und man kann nicht vom kontradiktorischen Gegenteil sprechen. Allerdings scheitert die Rückforderung von B an der Präjudizialität des ersten Urteils, weil der Richter des Zweitprozesses an die erste Entscheidung gebunden ist, die besagt, dass B aufgrund des von den Parteien vorgetragenen Lebenssachverhaltes eine Leistung an K schuldet.[513] Der Richter des zweiten Prozesses muss die Vorentscheidung seinem Urteil zugrunde legen.

Schließlich ist festzustellen, dass die Frage nach dem Gegenteil im Verhältnis von positiver und negativer Feststellungsklage oder im Falle der Zusprechung eines absoluten Rechts leicht zu beantworten ist. In solchen Fällen sollte eine Streitgegenstandsidentität angenommen werden, wenn der Beklagte den Streit in dessen logisch exakter Umkehrung anhängig macht.

Abgesehen von diesen Fällen sollte das kontradiktorische Gegenteil von dem Sinn der Klage bestimmt werden. Dabei bildet die Identität des Lebenssachverhalts das Kriterium. Soweit durch den Vortrag des Klägers im zweiten Verfahren der Lebenssachverhalt, über den das erste Gericht entschieden hat, verändert wird, liegt kein kontradiktorisches Gegenteil vor. Sondern im Einzelfall kann die erste rechtskräftige Entscheidung für den Zweitprozess präjudiziell sein. Ferner kann aufgrund des neuen Vortrags des Klägers im Zweitprozess die erste rechtskräftige Entscheidung gar keine präjudizielle Bedeutung für den zweiten Prozess haben.

---

um dieselbe Rechtsfrage; mithin eine Konstellation, die zwischen der Identität und der Präjudizialität angesiedelt ist"); *Koussoulis*, Beiträge zur modernen Rechtskraftlehre, S. 230 ff. (Er plädiert für eine neue Kategorie der Präjudizialität, nämlich die sog. unechte Präjudizialität). Nach der anderen Ansicht ist es aufgrund der Identität von Streitgegenstand und kontradiktorischem Gegenteil unzulässig, das durch ein rechtskräftiges Urteil Zugesprochene in einem Folgeprozess als Bereicherung zurückzufordern, Prütting/Gehrlein/*Völzmann-Stickelbrock*, § 322 ZPO, Rdn. 15; *Rosenberg/Schwab/Gottwald*, Zivilprozessrecht, S. 881; *Doderer*, NJW 1991, 878, 879; Thomas/Putzo/*Reichold*, § 322 ZPO, Rdn 11; etwa BGH, 02.03.2000, NJW 2000, 2022 ff. („Die Klage, mit der das kontradiktorische Gegenteil der rechtskräftigen früheren Anfechtungsentscheidung begehrt werde, sei gemäß § 322 ZPO unzulässig").

512 Musielak/*Musielak*, § 322 ZPO, Rdn. 22; Thomas/Putzo/*Reichold*, § 322 ZPO, Rdn 11.

513 *Musielak*, Grundkurs ZPO, S. 358; Gaul, JuS 1962, 1, 7; Zöller/*Vollkommer*, Vor. § 322 ZPO, Rdn. 25; MünchKommZPO/*Gottwald*, § 322 ZPO, Rdn. 44; *Zeiss/Schreiber*, Zivilprozessrecht, S. 211.

3. Präjudizialität

Wenn die im Erstprozess festgestellte Rechtsfolge für den Zweitprozess vorgreift, ist das Gericht bei seiner neuen Entsheidung an diese Rechtsfolge gebunden.[514] Mit anderen Worten, die Parteien eines präjudiziellen und abhängigen privatrechtlichen Rechtsverhältnisses sind dieselben. Ist in einem Verfahren über das abhängige Rechtsverhältnis ein rechtskräftiges Urteil ergangen, dann ist dieses Urteil in einem späteren Verfahren über das abhängige Rechtsverhältnis bindend.[515] Demzufolge bildet die Entscheidung über den Streitgegenstand des ersten Prozesses nach materiellem Recht eine Voraussetzung (eine Vorfrage) für eine Entscheidung über den Streitgegenstand des zweiten Prozesses. Die rechtskräftig entschiedene Rechtsfolge im Urteilstenor des Erstprozesses ist vorgreiflich für den Folgeprozess. Dabei gilt das rechtskräftige Urteil im zweiten Prozess über das präjudizielle Rechtsverhältnis zwischen den Prozessparteien als richtig und kann nicht mehr nachgeprüft werden.[516] Der Richter hat dieses Urteil ohne Sachprüfung seiner Entscheidung zugrunde zu legen. Jede selbständige Beweisaufnahme, Verhandlung oder Entscheidung über die rechtskräftig festgestellte Vorfrage (also das Tatbestandsmerkmal) ist daher unzulässig.[517]

Falls also das Gericht im Erstprozess das Eigentum rechtskräftig festgestellt hat, muss das Gericht des Zweitprozesses von einer Herausgabe von eben diesem Eigentum ausgehen.[518]

Präjudiziell ist auch z. B. das Leistungsurteil für den nachfolgenden Bereicherungsprozess auf Herausgabe des zur Erfüllung Geleisteten oder die Feststellung des Bestehens eines Mietverhältnisses für die nachfolgende Mietzinsklage oder die Feststellung der Vaterschaft für die nachfolgende Unterhaltsklage.[519] Die Abweisung eines Schadensersatzanspruchs ist auch für eine Forderung präjudiziell, die das Bestehen des abgewiesenen Schadensersatzanspruchs voraussetzt.[520] In ähnlicher Weise ist die Abweisung

---

514 Baumbach/Lauterbach/*Hartmann*, Einl. § 322 ZPO, Rdn 14.

515 *Huber*, JuS 1972, 621, 621; *Schlosser*, Zivilprozessrecht 1, S. 186; *Zeiss/Schreiber*, Zivilprozessrecht, S. 211; *Musielak*, Grundkurs ZPO, S. 358; *Baumgärtel/Prütting*, Einführung in das Zivilprozessrecht, S. 84 f.

516 *Huber*, JuS 1972, 621, 621.

517 MünchKommZPO/*Gottwald*, § 322 ZPO, Rdn. 50; Musielak/*Musielak*, § 322 ZPO, Rdn. 10.

518 Baumbach/Lauterbach/*Hartmann*, Einl. § 322 ZPO, Rdn 14.

519 MünchKommZPO/*Gottwald*, § 322 ZPO, Rdn. 51.

520 Prütting/Gehrlein/*Völzmann-Stickelbrock*, § 322 ZPO, Rdn. 20.

der Räumungsklage für eine spätere Klage auf Vertragsstrafe wegen angeblich verspäteter Räumung präjudiziell.[521]

Wenn im ersten Prozess die Unwirksamkeit einer fristlosen Kündigung festgestellt wurde, so kann im späteren Zahlungsprozess die fristlose Kündigung nicht nachträglich in eine fristgemäße Kündigung umgedeutet werden.[522] Nach der rechtskräftigen Abweisung einer Klage auf Mängelbeseitigung klagt der Kläger diesmal auf Schadensersatz aufgrund Nichtbeseitigung der Mängel. Das erste Urteil stellt zugleich für den Schadensersatzprozess das Nichtbestehen des präjudiziellen Beseitigungsanspruchs fest.[523] Hat A für eine Forderung von B eine Hypothek bestellt und wurde A auf die Klage von B aus der Forderung rechtskräftig zur Zahlung verurteilt, kann A gegen die spätere Klage von B aus der Hypothek nicht mehr einwenden, dass die Forderung nicht bestehe oder der erste Prozess unrichtig entschieden sei.[524]

4. Rechtskrafterweiterung durch Zwischenfeststellungsklage

Da der Umfang der Rechtskraft im deutschen Recht stark begrenzt wird, können die präjudiziellen Rechtsverhältnisse durch Erhebung einer Zwischenfeststellungsklage (§ 256 Abs. 2 ZPO) festgestellt werden.[525] Infolgedessen kann eine abweichende Beurteilung des präjudiziellen Rechtsverhältnisses im Folgeprozess verhindert werden.[526] Der Kläger kann also z. B. die rechtskräftige Feststellung seines Eigentums durch die Zwischenfeststellungsklage erreichen. Der Beklagte kann auch eine Zwischenfeststellungswiderklage auf das Nichtbestehen des vorgreiflichen Rechtverhältnisses erheben. Die Entscheidung über das Rechtsverhältnis wird im Urteilstenor neben der Hauptentscheidung ausgesprochen und wird ebenfalls rechtskräftig. Bei der Zwischenfeststellungsklage wird kein besonderes rechtliches Interesse verlangt. Für das Feststellungsinteresse

521 Zöller/*Vollkommer*, Vor. § 322 ZPO, Rdn. 27.

522 Zöller/*Vollkommer*, Vor. § 322 ZPO, Rdn. 27.

523 Stein/Jonas/*Leipold*, § 322 ZPO, Rdn. 195.

524 *Huber*, JuS 1972, 621, 621.

525 § 256 Abs. 2 ZPO lautet „Bis zum Schluss derjenigen mündlichen Verhandlung, auf die das Urteil ergeht, kann der Kläger durch Erweiterung des Klageantrags, der Beklagte durch Erhebung einer Widerklage beantragen, dass ein im Laufe des Prozesses streitig gewordenes Rechtsverhältnis, von dessen Bestehen oder Nichtbestehen die Entscheidung des Rechtsstreits ganz oder zum Teil abhängt, durch richterliche Entscheidung festgestellt werde".

526 BGH, 30.11.1964, NJW 1965, 689 f.; BGH, 26.06.2003, NJW 2003, 3058 ff.

genügt, wenn die Entscheidung der Hauptklage ganz oder teilweise von der Feststellung des streitigen Rechtsverhältnisses abhängt und wenn dieses Rechtsverhältnis über den Streitgegenstand der Hauptklage hinaus zwischen den Parteien oder einer Partei und einem Dritten noch Bedeutung haben kann.[527]

Bei der Zwischenfeststellungsklage ist keine rechtskräftige Tatsachenfeststellung möglich. Hierbei stellt die tatsächliche Feststellung der Echtheit oder Unechtheit von Urkunden die einzige Ausnahme dar (§ 256 Abs. 1 ZPO).

5. Umfang der Rechtskraftbindung nach § 16 KapMuG

Im deutschen Recht geht die Reichweite der Rechtskraftbindung nach § 16 Abs. 1 S. 2 KapMuG ausnahmsweise über den Umfang der Rechtskraft nach § 322 ZPO hinaus.[528] Der Streitgegenstand des Musterverfahrens wird durch das Feststellungsziel und die feststellungsbedürftigen Streitpunkte bestimmt (§ 1 Abs. 1 Satz 1 KapMuG). Dabei kann das Musterfeststellungsverfahren auf die Feststellung von Tatsachen bzw. die Klärung reiner Rechtsfragen gerichtet sein.[529]

Daher können im Rahmen von § 16 Abs. 1 S. 2 KapMuG präjudizielle Rechtsverhältnisse und tatsächliche und rechtliche Feststellungen in der Rechtskraft erwachsen. Diese Erweiterung der Rechtskraftbindung enthält jedoch keinen vollständigen Systembruch, weil die Bindung im Zweitprozess an die rechtskräftige Feststellung präjudizieller Rechtsverhältnisse sich zumeist auf einzelne Tatbestandsmerkmale der Anspruchsgrundlage des Zweitprozesses bezieht.[530]

Die Bindungswirkung des Musterentscheids in den Parallelverfahren ist dagegen in § 16 Abs. 1 S. 1, 3 KapMuG geregelt. Man spricht in diesem Fall aber nicht von einer Rechtskraftwirkung, sondern einer Interventionswirkung im Sinne von § 68 ZPO. Wie *Hess* mit Recht hervorhebt, kennt das deutsche Verfahrensrecht eine Bindung des Folgeprozesses an die Entscheidungsgründe (insbesondere an die tatsächlichen Feststellungen) nicht im Rahmen der Rechtskraft, sondern bei der Interventionswirkung.[531]

---

527 *Jauernig*, Zivilprozessrecht, S. 116; BGH, 17.05.1977, NJW 1977, 1637 ff.; BGH, 07.11.1997, WM 1997, 2403 ff.

528 KölnKomm/*Hess*, § 16 KapMuG, Rdn. 5.

529 KölnKomm/*Hess*, § 16 KapMuG, Rdn. 5.

530 KölnKomm/*Hess*, § 16 KapMuG, Rdn. 5.

531 KölnKomm/*Hess*, § 16 KapMuG, Rdn. 9; zutreffend *Hess/Michailidou*, ZIP 2004, 1381, 1383; *Hess*, WM 2004, 2329, 2331; *Hess*, ZIP 2005, 1713, 1716.

V. Streitgegenstand und Rechtskraft

1. Allgemeines

Es gibt keine gesetzliche Definition des Streitgegenstandsbegriffs und er taucht in der ZPO kaum auf. Denn der Gesetzgeber spricht vorwiegend von dem erhobenen Anspruch (z. B. §§ 253 Abs. 2 Nr. 2; 322 Abs. 1 ZPO) bezüglich des Gegenstandes des Prozesses. Allerdings meint er damit niemals die materiellrechtliche Anspruchsgrundlage (also nicht den Anspruch im Sinne von § 194 BGB).[532] Der Anspruchsbegriff ist in der ZPO deshalb als prozessualer Anspruch, also als Streitgegenstand zu verstehen. Im Laufe des Verfahrens gewinnen die vier sog. Bewährungspunkte des Streitgegenstandes an Bedeutung, nämlich die Rechtshängigkeit, die Klagehäufung, die Klageänderung und die Rechtskraft.[533] Die Einrede der Rechtshängigkeit verhindert die parallele Geltendmachung desselben Streitgegenstandes (§ 261 Abs. 3 Nr. 1). Eine Klageänderung bedeutet stets auch eine Streitgegenstandsänderung (§§ 263 ff. ZPO) und die Klagehäufung bedeutet Streitgegenstandshäufung (§ 260 ZPO).[534] Ferner wird lediglich über den Streitgegenstand rechtskräftig entschieden. Nach § 388 ZPO ist das Gericht nicht befugt, einer Partei etwas zuzusprechen, was nicht beantragt ist. Der Umfang der materiellen Rechtskraft richtet sich nach dem Streitgegenstand.[535] Die materielle Rechtskraft verhindert eine abweichende Entscheidung innerhalb ihrer bestimmten subjektiven, objektiven und zeitlichen Grenzen.

Außerdem spielt der Streitgegenstand auch bei der Bestimmung der sachlichen Zuständigkeit und teilweise bei der Bestimmung der örtlichen Zuständigkeit eine Rolle.

Es gibt im Schrifttum verschiedene Streitgegenstandstheorien, die entsprechende Abgrenzungskriterien für den Streitgegenstandsbegriff zu etablieren versuchen. Die Abgrenzbarkeit des der Entscheidung zugrunde liegenden Sachverhalts ist das rechtskraftspezifische Problem des Streitgegenstandes und es ist im

---

532 *Arens/Lüke*, Zivilprozessrecht, S. 155; *Musielak*, Grundkurs ZPO, S. 357; *Schlosser*, Zivilprozessrecht 1, S. 346; *Paulus*, Zivilprozessrecht, S. 159; *Baumgärtel/Prütting*, Einführung in das Zivilprozessrecht, S. 13; Baumbach/Lauterbach/*Hartmann*, § 322 ZPO, Rdn 15.

533 *Lent*, ZZP 65 (1952), 315, 315 f.; *Lüke*, in: FS für Karl Heinz Schwab, S. 310.

534 Prütting/Gehrlein/*Prütting*, Einl., Rdn. 14.

535 Etwa *Nikisch*, Der Streitgegenstand im Zivilprozess, S. 150; *Habscheid*, Der Streitgegenstand im Zivilprozess, S. 284; *Henckel*, Parteilehre und Streitgegenstand im Zivilprozess, S. 292; *Lent*, Gesetzeskonkurrenz im bürgerlichen Recht und Zivilprozess Bd. 2, S. 52.

Hinblick auf die Bestimmung der Rechtskraftgrenzen (und damit auch des Präklusionsumfangs) besonders problematisch.[536]

Jede Streitgegenstandstheorie hat eigene Vorteile und Nachteile im Hinblick auf die Bestimmung des Streitgegenstandes. Bis heute gibt es keine vollständige und überzeugende Theorie.

2. Identität des Streitgegenstandes und Entscheidungsgegenstandes

Der Entscheidungsgegenstand ist mit dem Streitgegenstand im Regelfall identisch.[537] Ein Entscheidungsgegenstand, der sich vom Streitgegenstand unterscheidet, lässt sich deshalb nicht anerkennen.[538] Wenn das Gericht irrtümlich über einen nicht geltend gemachten Anspruch entscheidet oder über den gestellten Antrag hinausgeht, erstreckt sich die materielle Rechtskraft auch auf den nicht beantragten Teil.[539] Auch sind der Streitgegenstand und der Entscheidungsgegenstand nicht deckungsgleich, wenn der Streitgegenstand auf dem Wege des Teilurteils (§ 301 ZPO) nur teilweise erledigt wird. Dabei erstreckt sich die Rechtskraft nur auf den Teil des Streitgegenstandes, über den entschieden wurde, und ein Teilurteil bindet das Gericht nicht, falls das Gericht später über den Rest des Streitgegenstandes entscheidet.[540]

Wenn man zudem nicht von einem für alle seine Funktionen einheitlichen Streitgegenstandsbegriff, also von einem relativen Streitgegenstandsbegriff ausgeht, ist es selbstverständlich, dass die Regel der grundsätzlichen Identität des Streit- und Entscheidungsgegenstandes ihre Bedeutung verliert. Denn im Rahmen eines relativen Streitgegenstandsbegriffs wird der Streitgegenstand in den verschiedenen prozessualen Situationen teils eingliedrig und teils

---

536 *Reischl*, Die objektiven Grenzen, S. 208.

537 „Mit dem Inhalt der Entscheidung steht im engsten Zusammenhang der Inhalt der Rechtskraft, denn diese hat ja die Aufgabe, den Inhalt der Entscheidung bindend und unangreifbar zu machen", *Lent*, ZZP 72 (1959), 63, 64; *Henckel*, Prozessrecht und materielles Recht, S. 152 ff.; vgl. *Bruns*, Zivilprozessrecht, S. 191 f.

538 *Zeiss/Schreiber*, Zivilprozessrecht, S. 216; andere Ansicht *Blomeyer*, in: FS für Friedrich Lent, S. 50, Im Leistungsprozess könne der Entscheidungsgegenstand einen größeren oder kleineren Umfang haben als der Streitgegenstand.

539 Musielak/*Musielak*, § 322 ZPO, Rdn. 16. Nach *Leipold* aber: „Nur wenn das Gericht *bewusst* über einen Anspruch entscheidet, der nicht geltend gemacht war, liegt insoweit keine rechtskräftige Entscheidung, sondern ein wirkungsloses Urteil vor" (Betonung im Original), Stein/Jonas/*Leipold*, § 322 ZPO, Rdn. 181.

540 Hk-ZPO/*Saenger*, § 322 ZPO, Rdn. 25.

zweigliedrig bestimmt.[541] Demzufolge gilt für die materielle Rechtskraft ein anderer Streitgegenstandsbegriff als für die Rechtshängigkeit, Klagenhäufung oder Klageänderung. Für die Bestimmung der Reichweite der materiellen Rechtskraft ist also der Begriff des Entscheidungsgegenstandes maßgeblich.

3. Der alte materiellrechtliche Streitgegenstandsbegriff

Nach *Savigny* gab es keine Trennung zwischen den prozessualen und materiellen Ansprüchen. Dabei entsteht die *actio* als Klagerecht gegen den Verletzer aus einer Verletzung des subjektiven Rechts des Verletzten.[542]

Der alte materiellrechtliche Streitgegenstandsbegriff wurde unter dem Einfluss des römischen Rechts entwickelt. *Windscheid* hatte durch Ausscheidung der prozessualen Elemente aus der *actio* des römischen Rechts den Begriff des Anspruchs gewonnen.[543] Dabei bildet den Streitgegenstand das durch Klage geltend gemachte subjektive Recht, also der materielle Anspruch. Der prozessuale Anspruch des Zivilprozessrechts wurde mit dem materiellen Anspruch gleichgestellt und die Entscheidung über den materiellen Anspruch erwuchs in der materiellen Rechtskraft. Diese Ansicht *Windscheids* war bis zum Inkrafttreten der ZPO entscheidend für die Klärung des Streitgegenstandes.

Diese Theorie ist jedoch nicht vereinbar mit grundlegenden prozessualen Erfordernissen. Vor allem wird in der Regel mit der Feststellungsklage nicht die Feststellung eines absoluten Rechts oder Rechtsverhältnisses begehrt und folglich könnte bei einer Leistungsklage lediglich ein materiellrechtlicher Anspruch der Streitgegenstand sein.[544] Ferner geht es in jedem Verfahren nur um behauptete Rechte, nicht aber um bestehende Rechte.[545]

---

541 Siehe hierzu unten G-V-9.

542 *Savigny*, System des heutigen römischen Rechts Bd. 5, S. 5 ff.

543 *Schwab*, JuS 1965, 81, 81. Nach *Windscheid*: „Ich sagte: die Actio ist anstatt des Rechtes. Das ist nicht ganz genau gesagt. Anstatt des dinglichen Rechtes ist sie nicht; das dingliche Recht geht nicht in ihr aus. Die Actio ordnet nicht die Beziehungen zwischen Personen und Sachen, sie ordnet nur die Beziehung zwischen Person und Person. Die Actio setz immer einen bestimmten Gegner voraus; auf dem Standpunkte der Actio ist die Frage immer die: was kann Einer von dem Anderen verlangen? So ist die Actio der unmittelbare und erschöpfende Ausdruck des Forderungsrechts, der Obligatio, und es ist bekannt, dass unsere Quellen häufig von Actio reden, wo sie die Obligatio bezeichnen wollen", Die Actio des Römischen Zivilrechts vom Standpunkte des heutigen Rechts, S. 5.

544 *Schwab*, JuS 1965, 81, 82.

545 *Schwab*, JuS 1965, 81, 82.

Die Gleichstellung des materiellen und prozessualen Anspruchs führte zu Schwierigkeiten besonders bei der Anspruchskonkurrenz.[546] Die praktische Bedeutung verdeutlicht das folgende Beispiel: Wenn A während einer Taxifahrt durch das Verschulden des Taxifahrers verletzt wird, so stehen ihm Ansprüche aus positiver Vertragsverletzung, aus unerlaubter Handlung und Gefährdungshaftung zu.[547] Wäre z. B. der Anspruch aus positiver Vertragsverletzung und aus Gefährdungshaftung begründet, derjenige aus unerlaubter Handlung allerdings unbegründet, so müsste der Klage teils stattgegeben und die Klage teils abgewiesen werden, obgleich der Kläger erhält, was er begehrt.[548]

Als ein Vertreter eines neuen materiellrechtlichen Streitgegenstandsbegriffs kritisiert auch *Rimmelspacher* die alten materiellrechtlichen Theorien. Nach ihm liegt der Fehler des alten materiellrechtlichen Streitgegenstandsbegriffs vielmehr darin, dass er an die einzelnen materiellrechtlichen Anspruchsgrundlagen anknüpfte, daraus eine Mehrheit von Streitgegenständen abgeleitet und deshalb den spezifischen Anforderungen und Zwecken des Prozesses nicht gerecht werden konnte.[549]

Diese Schwierigkeiten veranlassten infolgedessen die Entwicklung eines eigenständigen prozessualen Streitgegenstandsbegriffs. Zumindest wurde durch die Lehre des materiellen Anspruchs die heutige Trennung von materiellem Recht und Prozessrecht eingeleitet.[550]

4. Der prozessuale Streitgegenstandsbegriff

Wach entwickelte den Begriff des Rechtsschutzanspruchs als prozessualen Anspruch, wobei der Streitgegenstandsbegriff zu weit ausgedehnt wird.[551] Der Rechtsschutzanspruch wird sowohl gegen den Staat als auch gegen den Beklagten gerichtet. Er begründete dies folgendermaßen:

> Der Rechtsschutzanspruch ist das Recht auf civilprozessualischen Schutz, auf den Rechtspflegeakt, welcher das Ziel des Prozesses bildet. Er richtet sich an den Staat, welcher den Schutz gewähren soll; er richtet sich gegen den Gegner, dem gegenüber derselbe zu gewähren ist. Er ist publizistischer Natur; er ist nicht der Ausschluss oder Ausdruck des subjektiven Privatrechts. Er ist aber auch nicht jene publizistische Klagebefugnis, die einem jeden offen steht, welcher in den Formen rechtens behauptet, einen Anspruch auf Rechtsschutz zu haben. Er ist dem civilen Recht

546 *Rimmelspacher*, Materiellrechtlicher Anspruch, S. 229 ff.; *Schwab*, JuS 1965, 81, 81 f.
547 *Marburg*, JuS 1992, 680, 681.
548 *Marburg*, JuS 1992, 680, 681.
549 *Rimmelspacher*, JuS 2004, 560, 562.
550 *Arens*, AcP 170 (1970), 392, 421.
551 *Beys*, ZZP 105 (1992), 145, 152.

gegenüber selbständig in seinen Voraussetzungen, geknüpft an konkrete außerprozessuale Thatbestände, selbständig in den subjektiven Beziehungen, in seinem Inhalt in seiner Befriedigung. Er ist unmittelbarer Gegenstand des Civilprozesses.[552]

Ihm zufolge bildet der Feststellungsanspruch eine Art von Rechtsschutzanspruch.[553] Denn der materielle Anspruchsbegriff ist nicht geeignet für die Erklärung einer Klage, die auf Feststellung eines Rechtsverhältnisses gerichtet ist.[554] In diesem Zusammenhang sei ein klägerischer zivilrechtlicher Anspruch durchaus Gegenstand der positiven Leistungsklage, niemals Inhalt der negativen Feststellungsklage.[555]

Obwohl *Hellwig* auch die Trennung von materiellem und prozessualem Anspruch annimmt, orientiert sich seine Sichtweise weitgehend am materiellen Recht. Ihm zufolge ist das Klagerecht das publizistische Recht, welches die ZPO um des Anspruchs willen zu seinem Schutze und zu seiner Verwirklichung verleiht.[556] Nicht dieses gegen den Staat gerichtete Recht sei Prozessgegenstand, sondern das durch den Klageantrag bezeichnete, behauptete Rechtsverhältnis (gegen den Beklagten).[557] Also wird nach ihm der Streitgegenstand durch das behauptete materielle Recht bestimmt und jede Klage muss eine konkrete Rechtsbehauptung enthalten.[558]

Ähnlich legt auch *Lent* das Gewicht auf eine konkrete Rechtsbehauptung (gegen den Beklagten): „In jedem Klagebegehren, dem Verlangen nach einer bestimmten Entscheidung, liegt die Behauptung, dass dem Kläger ein entsprechendes materielles Recht zur Seite steht“.[559] Nach dieser Auffassung bildet also die vom Kläger behauptete Rechtsfolge den Streit- und Entscheidungsgegenstand.[560]

Nikisch geht auch von der Rechtsbehauptung aus: „Den Gegenstand des Rechtsstreits bildet hiernach die Rechtsbehauptung des Klägers, über die er eine der Rechtskraft fähige Entscheidung begehrt“.[561] Im Vergleich zu *Lent* und *Hellwig* unterscheidet sich seine Rechtsbehauptung grundlegend. Denn seine Rechtsbehauptung reicht über den Bereich der materiellen Rechtsordnung hinaus und soll als solche von den Existenzbedingungen der subjektiven Rechte

552 *Wach*, in: GS für Bernhard Windscheid, S. 15.
553 *Wach*, ZZP 32 (1904), 1, 1 ff.
554 *Wach*, in: GS für Bernhard Windscheid, S. 14 f.
555 *Wach*, Handbuch des deutschen Civilprozessrechts Bd. 1, S. 16.
556 *Hellwig*, Anspruch und Klagerecht, S. 156. Vgl. *Hölder*, ZZP 29 (1901), 50, 61.
557 *Hellwig*, Anspruch und Klagerecht, S. 156.
558 *Hellwig*, Lehrbuch des deutschen Zivilprozessrechts Bd. 3, S. 18.
559 *Lent*, ZZP 65 (1952), 315, 317.
560 *Lent*, ZZP 63 (1943), 3, 4, 55.
561 *Nikisch*, Der Streitgegenstand im Zivilprozess, S. 19.

unabhängig sein.[562] Infolgedessen gibt es nach ihm einen engen inneren Zusammenhang zwischen der Rechtsbehauptung des Klägers und dem Klageantrag und er bezeichnet nur die im Antrag enthaltene Rechtsbehauptung als Streitgegenstand.[563]

Habscheid bezeichnet den prozessualen Anspruch ebenfalls als Rechtsbehauptung. Jedoch besteht zur Lehre von *Nikisch* folgender Unterschied. Da die Rechtsbehauptung auch das Kernstück seiner Lehre bildet, hat er sie lediglich erweitert. Seine Rechtsbehauptung richtet sich zunächst an den Beklagten, aber sie umfasst auch nebenbei die in Anspruch genommene Rechtsschutzform in Gestalt der Verfahrensbehauptung.[564] Nach *Habscheid* besteht also der prozessuale Anspruch (Rechtsbehauptung) aus zwei Elementen, nämlich aus dem gegen den Staat gerichteten Begehren und der gegenüber dem Beklagten geltend gemachten Rechtsfolgenbehauptung.[565]

Laut *Schwab* besteht der prozessuale Anspruch dagegen nur aus dem gegen den Staat gerichteten Begehren.[566]

5. Der zweigliedrige Streitgegenstandsbegriff

Die Nachteile der alten materiellrechtlichen Lehre (besonders bei der Anspruchskonkurrenz) löste die Entwicklung eines rein prozessualen Streitgegenstandbegriffs aus. Der im deutschen Recht heute herrschende zweigliedrige Streitgegenstandsbegriff ist ein reiner prozessualer Begriff, der durch klägerischen Antrag und den diesem Antrag zugrunde liegenden Sachverhalt bestimmt wird. Der Klageantrag und der Klagegrund sind gleichwertige Elemente des Streitgegenstandes.[567] Der Ausgangspunkt dieser Lehre bezieht sich grundsätz-

562 *Hesselberger*, Die Lehre vom Streitgegenstand, S. 152.

563 *Hesselberger*, Die Lehre vom Streitgegenstand, S. 152.

564 *Habscheid*, Der Streitgegenstand im Zivilprozess, S. 140.

565 *Habscheid*, Der Streitgegenstand im Zivilprozess, S. 140; *Habscheid*, in: FS für Karl Heinz Schwab, S. 182; *Habscheid*, in: FS für Friedrich Lent, S. 169.

566 *Schwab*, Streitgegenstand, S. 183; *Schwab*, JuS 1976, 69, 73; *Schwab*, JuS 1965, 81, 83, 86.

567 *Habscheid*, Der Streitgegenstand im Zivilprozess, S. 140 f., 221; *Lüke*, JZ 1960, 203, 204 ff.; Thomas/Putzo/*Reichold*, Einl. II Rdn. 24 f.; Stein/Jonas/*Roth*, § 253 ZPO Rdn. 22; MünchKommZPO/*Becker-Eberhard*, Vor. § 253 ZPO, Rdn. 32 ff.; *Zeiss/Schreiber*, Zivilprozessrecht, S. 125; *Adolphsen*, Zivilprozessrecht, S. 108; differenziert *Bub*, Streitgegenstand und Rechtskraft bei Zahlungsklagen, S. 143, 160 (Der Streitgegenstand sei neben dem geltend gemachten Interesse durch den Inhalt des Klageantrags zu bestimmen und der Tatsachenvortrag des Klägers habe bei der Bestimmung des geltend gemachten Interesses nur eine ausschließlich interpretative Aufgabe). Bei der Bestim-

lich auf § 253 Abs. 2 Nr. 2, wonach die Klage einen bestimmten Antrag und die bestimmte Angabe des Grundes des erhobenen Anspruchs enthalten muss.[568]

Nach dieser herrschenden Lehre liegt eine Streitgegenstandsidentität vor, wenn aus demselben Sachverhalt dieselbe Rechtsfolge abgeleitet wird. Wenn der Antrag oder Sachverhalt geändert wird, so ändert sich auch der Streitgegenstand. Ferner ist nach dieser Lehre des Streitgegenstandes für alle Klagearten identisch, dass der Sachverhalt nicht nur die Leistungsklagen, sondern auch die Gestaltungs- und Feststellungsklagen prägt.[569]

Rosenberg hat den zweigliedrigen Streitgegenstandsbegriff in der ersten Auflage seines Lehrbuchs[570] so definiert: „Streitgegenstand ist das auf rechtskräftige Feststellung einer Rechtsfolge gerichtete Begehren, das durch den gestellten Antrag und durch den zu seiner Begründung vorgetragenen Sachverhalt gekennzeichnet wird".

Habscheid definiert den zweigliedrigen Streitgegenstandsbegriff wie folgt: „Streitgegenstand im Zivilprozeß [sic] ist die Rechtsbehauptung des Klägers, ihm sei in dem eingeschlagenen Verfahren die begehrte Rechtsfolge auf Grund [sic] eines bestimmten Lebenssachverhalts zuzusprechen".[571]

Im Rahmen dieser Lehre bestehen Schwierigkeiten hinsichtlich der Abgrenzung des Sachverhalts. Es gibt im Schrifttum die Versuche zahlreicher Verfasser, den Sachverhalt genau zu bestimmen.[572] Der wichtigste Versuch ist der sog. Begriff des Lebenssachverhalts, der erstmals durch *Habscheid* geprägt und durch den BGH übernommen wurde.[573] Der Lebenssachverhalt ist das gesamte dem Klageantrag zugrunde gelegte tatsächliche Geschehen, das bei natürlicher

mung des Streitgegenstandes des Musterverfahrens (nach dem KapMuG) geht man auch von dem zweigliedrigen Streitgegenstandsbegriff aus, KölnKomm/*Hess*, Einl., Rdn. 55.

568 *Rosenberg/Schwab/Gottwald*, Zivilprozessrecht, S. 506. Vgl. Art. 179 Nr. 2, 3, 4 HUMK.

569 Etwa *Habscheid*, in: FS für Karl Heinz Schwab, S. 189; *Rosenberg/Schwab/Gottwald*, Zivilprozessrecht, S. 509; *Schilken*, Zivilprozessrecht, S. 130; MünchKomm/*Becker-Eberhard*, Vor § 253 ZPO Rdn. 35 f.; *Musielak*, NJW 2000, 3593, 3598. (Sehr streitig) andere Ansicht etwa *Jauernig*, Zivilprozessrecht, S. 127; *Baumgärtel*, JuS 1974, 69, 74; *Henckel*, Parteilehre und Streitgegenstand im Zivilprozess, S. 282 ff.

570 *Rosenberg*, Lehrbuch des deutschen Zivilprozessrechts, S. 237; zutreffend *Arens*, Streitgegenstand, S. 23. *Rosenberg* hat aber ab der 6. Auflage seines Lehrbuchs auf das Element des Sachverhalts hinsichtlich der Bestimmung des Streitgegenstandes verzichtet, siehe hierzu unten G-V-6.

571 *Habscheid*, Der Streitgegenstand im Zivilprozess, S. 221 f.

572 *Schilken*, Zivilprozessrecht, S. 126.

573 *Habscheid*, Der Streitgegenstand im Zivilprozess, S. 208 ff.; BGH, 18.11.1982, NJW 1983, 388 ff.

Betrachtungsweise nach der Verkehrsauffassung zusammengehört.[574] Als Folge dieser Definition richtet sich der Präklusionsumfang auch nach dem Lebenssachverhalt. Falls sie nicht erst nach dem Schluss der mündlichen Verhandlung im Erstprozess entstanden sind, ist die Partei nicht nur mit den vorgebrachten Tatsachen, sondern auch mit den nicht vorgebrachten Tatsachen ausgeschlossen, die bei natürlicher Betrachtungsweise zum Lebenssachverhalt gehören.

Der Begriff des Lebenssachverhalts wird im Schrifttum kritisiert. Da dieser Begriff unklar sei, sei besonders in den Grenzfällen schwierig zu bestimmen, wann eigentlich eine Tatsache bei natürlicher Anschauung zum Lebenssachverhalt gehört.[575] Die Abgrenzung des Lebenssachverhalts stellt sich vielmehr in den Grenzfällen als eine Wertungsfrage, wobei es auf die konkreten Umstände des Einzelfalls ankommt.

Nach dem zweigliedrigen Streitgegenstandsbegriff liegt ein einheitlicher Streitgegenstand im Falle der konkurrierenden materiellrechtlichen Ansprüche, die auf demselben Sachverhalt beruhen, vor. Stehen also dem Kläger Ansprüche aus positiver Vertragsverletzung, aus unerlaubter Handlung und Gefährdungshaftung zu, liegt nach dieser Lehre in diesem Fall lediglich ein einziger Streitgegenstand vor.

Bei dem zweigliedrigen Streitgegenstandsbegriff ergeben sich Schwierigkeiten, wenn aus mehreren Sachverhalten derselbe Antrag abgeleitet wird.[576] Denn die Abgrenzung des Lebenssachverhalts ist in derartigen Fallkonstellationen besonders problematisch.

Wenn sich z. B. A gegenüber B zur Zahlung des Kaufpreises für eine Sache verpflichtet (kausaler Anspruch) und ihm zugleich für den gestundeten Kaufpreis einen Wechsel übergibt (abstrakter Anspruch), kann B nach der herrschenden (zweigliedrigen) Lehre gegen A bei Fälligkeit den wechselrechtlichen Anspruch später auch den Kaufpreisanspruch geltend machen.[577] In diesem Fall

574 Etwa Thomas/Putzo/*Reichold*, Einl. II Rdn. 30; *Zeiss/Schreiber*, Zivilprozessrecht, S. 124; *Habscheid*, Der Streitgegenstand im Zivilprozess, S. 208 ff.

575 Etwa *Schwab*, ZZP 1971, 155, 157; *Bruns*, Zivilprozessrecht, S. 369; *Jauernig*, Verhandlungsmaxime, S. 10 ff.; *Georgiades*, Die Anspruchskonkurrenz im Zivilrecht und Zivilprozessrecht, S. 152 ff.; *Bader*, Die Tragweite der Entscheidung, S. 54 (Der Lebenssachverhalt enthalte jedoch einen Großteil rechtlich irrelevanter Tatsachen, die zwar bei natürlicher Betrachtungsweise im Zusammenhang mit einem Lehensvorgang stünden, vom Gesetz aber negiert würden).

576 *Zeiss/Schreiber*, Zivilprozessrecht, S. 124.

577 Etwa *Schilken*, Zivilprozessrecht, S. 126; *Habscheid*, Der Streitgegenstand im Zivilprozess, S. 215; *Habscheid*, in: FS für Karl Heinz Schwab, S. 187; Thomas/Putzo/*Reichold*, § 322 ZPO, Rdn. 42; *Marburg*, JuS 1992, 680, 682. *Rosenberg/Schwab/Gottwald*, Zivilprozessrecht, S. 507; Musielak/*Musielak*, Einl., Rdn. 76. Die Bestimmung des Streitgegenstandes erscheint in dem erwähnten Fall noch komplizierter, wenn Abschluss des

liegen zwei verschiedene Lebenssachverhalte und somit zwei verschiedene Streitgegenstände vor, weil Kaufvertragsschluss und Wechseleingabe als ganz unterschiedlicher Tatsachenvortrag anzusehen sind.[578]

In einem anderen Beispielfall hat A gegen B auf die Zahlung des Kaufpreises für Warenlieferung aus dem Kaufvertrag geklagt. In diesem Verfahren hat A nur den Kauf und die Lieferung der Ware vorgetragen. Er hat allerdings nicht den Verbrauch der Ware durch B vorgetragen. Die Klage wurde aufgrund der Nichtigkeit des Kaufvertrags rechtskräftig abgewiesen. Danach klagt A erneut gegen B aus ungerechtfertigter Bereicherung mit der Begründung, dass B die Ware verbraucht hat. In dieser Konstellation ist festzustellen, ob der Verbrauch der Ware durch B zum Lebenssachverhalt, der den Streitgegenstand der ersten Kaufpreisklage bestimmt, gehört oder nicht.[579] Wenn die Antwort auf diese Frage positiv wäre, so wäre die zweite Klage unzulässig, weil die Rechtskraft des Erstprozesses dem Zweitprozess entgegenstünde. Oder es wäre auch eine umgekehrte Lösung denkbar, die wieder eine Wertungsfrage ist.

Habscheid kommt dabei zu dem Ergebnis, dass ein einheitlicher Lebenssachverhalt (Kauf-Lieferung-Verbrauch) vorliegt und man somit von einem einheitlichen Streitgegenstand sprechen kann.[580]

Einer anderen Ansicht zufolge gibt es in diesem Fall verschiedene eigenständige Geschehensabläufe und damit zwei verschiedene Streitgegenstände. *Musielak* und *Schilken* betonen mit Recht, wenn eine natürliche Betrachtungsweise bei der Abgrenzung des Lebenssachverhalts nicht weiterhelfen könne, sei ein Rückgriff auf das materielle Recht notwendig und der für die Individualisierung des Klagevorbringens erforderliche Sachverhalt der zivilrechtlichen Anspruchsgrundlage zu entnehmen.[581] Die gleiche Sichtweise gilt auch für den

---

Kaufvertrags und Wechseleingabe zeitlich zusammenfallen. In dieser Konstellation geht die herrschende Lehre auch von zwei verschiedenen Lebenssachverhalten aus. Man kann allerdings in diesem Zusammenhang auch erst nach einer Gesamtwürdigung aller Umstände des Einzelfalls an einen einheitlichen Lebenssachverhalt denken. Es ist eine Wertungsfrage.

578 Kritisch *Schwab*, JuS 1965, 81, 83, Obwohl der Kläger jeweils nur einmal dieselbe Summe begehrt, also das Klageziel das gleiche bleibt, erscheint die Folge einer Verdoppelung der Klage aufgrund des Vorliegens zweier Sachverhalte oder Lebensvorgänge.

579 Musielak/*Musielak*, Einl., Rdn. 75.

580 *Habscheid*, Der Streitgegenstand im Zivilprozess, S. 215.

581 Musielak/*Musielak*, Einl., Rdn. 76; *Schilken*, Zivilprozessrecht, S. 129; *Musielak*, NJW 2000, 3593, 3596 („Vielmehr kommt es darauf an, ob sich die Tatbestände von Rechtssätzen, aus denen sich die gleiche Rechtsfolge ergibt, so sehr voneinander unterscheiden, dass die zu ihrer Verwirklichung geeigneten Sachverhalte abgrenzbar gegenübergestellt werden können, ohne dass sich die dazugehörenden Tatsachen zumindest im

Kaufpreis-Wechsel-Fall. In diesem Fall ist auch bei einer natürlichen Betrachtungsweise nicht zu entscheiden, ob der Lebenssachverhalt die Tatsache der Wechseleingabe (abstrakter Anspruch) umfasst. Nach dieser Ansicht liegen aber durch den Rückgriff auf das materielle Recht zwei verschiedene Lebenssachverhalte vor. Nach der Abweisung der Kaufpreisklage kann der Kläger diesmal aufgrund der Wechselverbindlichkeit erneut klagen.[582]

Außerdem kommt es bei dieser Ansicht nicht auf das materielle Konkurrenzverhältnis an oder anders ausgedrückt, es handelt sich nicht um einen materiellrechtlichen Streitgegenstandsbegriff.[583]

6. Der eingliedrige Streitgegenstandsbegriff

Nach dem eingliedrigen Streitgegenstandsbegriff bildet allein das Klagebegehren (Klageantrag), aber nicht der Sachverhalt, den Streitgegenstand. Diese Lehre versucht, die Schwierigkeiten der zweigliedrigen Lehre besonders hinsichtlich der Abgrenzung des Lebenssachverhalts zu überwinden. Als Hauptvertreter dieser Ansicht steht nach *Schwab* der Antrag im Mittelpunkt des Rechtsstreits und stellt der Kläger mehrere Anträge, so liegen mehrere Streitgegenstände vor. Daher: „Streitgegenstand ist das Begehren der im Klageantrag bezeichneten Entscheidung".[584] *Schwab* wendet den Grundsatz, dass es für die Einheit oder Mehrheit der Streitgegenstände allein auf die Zahl der Klageanträge ankommt, auf Leistungs-, Gestaltungs- und Feststellungsklagen an.[585]

Rosenberg hat den Streitgegenstand in der 5. Auflage seines Lehrbuchs so definiert: „Streitgegenstand ist das Begehren, das durch den gestellten Antrag, und, *soweit nötig*, durch den zu seiner Begründung vorgetragenen Sachverhalt gekennzeichnet wird."[586] Damit legt er bei der Bestimmung des Streitgegenstandes mehr Gewicht auf den Klageantrag, um die Abgrenzungsschwierigkeiten beim Sachverhalt möglichst zu vermeiden. Danach hat er ab der 6. Auflage seines Lehrbuchs auf das Element des Sachverhalts hinsichtlich der Bestimmung

---

rechtlich relevanten Kern überschneiden"); kritisch Stein/Jonas/*Roth*, Vor. § 253 ZPO Rdn. 39.

582 *Musielak*, NJW 2000, 3593, 3595.

583 *Schilken*, Zivilprozessrecht, S. 129; Musielak/*Musielak*, Einl., Rdn. 76 (Fn. 148).

584 *Schwab*, Streitgegenstand, S. 183; *Bötticher* vertritt diese Ansicht allein für das Eheverfahren: „Streitgegenstand ist die Scheidung oder Aufhebung der Ehe. Auf dieses Ziel ist der Antrag der Scheidungsklage gerichtet. Der Kläger begehrt Scheidung und nicht Feststellung seines Scheidungsrechts", *Bötticher*, in: FS für Leo Rosenberg, S. 84.

585 *Lüke*, in: FS für Karl Heinz Schwab, S. 313.

586 *Rosenberg*, Lehrbuch des deutschen Zivilprozessrechts, S. 383; (Betonung vom Verfasser).

des Streitgegenstandes verzichtet und den Streitgegenstand folgendermaßen definiert: „[…] als das auf rechtskräftige Feststellung einer Rechtsfolge gerichtete Begehren, das durch den gestellten Antrag gekennzeichnet wird“.[587]

Obwohl seine Lehre materiellrechtliche Elemente enthält, vertritt auch *Hesselberger* einen eingliedrigen Streitgegenstandsbegriff. Er definiert den Streitgegenstand „als das klägerische Begehren an das Gericht, gemäß dem gestellten Antrag zu entscheiden. Im Antrag kommt der materielle Anspruch als Träger des Leistungsbegehrens oder das Gestaltungsrecht als Träger des Gestaltungsbegehrens zum Ausdruck oder er bezeichnet das materielle Recht, dessen Feststellung begehrt wird“.[588]

Da die eingliedrige Streitgegenstandslehre prinzipiell nicht gezwungen ist, die Frage zu beantworten, wann mehrere Sachverhalte oder Lebensvorgänge anzunehmen sind, hat sie den Vorteil höchstmöglicher Einfachheit und Verfahrenskonzentration.[589] Diese Vorzüge sind aber nur scheinbar. Auch muss diese Lehre den Sachverhalt zur Bestimmung des Streitgegenstandes, also zur Auslegung des Klageantrags, insbesondere bei Zahlungsklagen heranziehen.[590] Denn bei Zahlungsklagen sei dem Antrag nicht immer zu entnehmen, ob eine oder mehrere Leistungen begehrt werden.[591] Maßgebend ist dabei das Klageziel, ob dasselbe Ziel erstrebt wird, ob es dem Kläger um dieselbe Leistung oder um mehrere Leistungen geht.[592] Wenn z. B. der Kläger die Zahlung von 2000 € begehrt und er sich zur Begründung auf zwei völlig selbständige Darlehensverträge über 1200 € (aus dem Jahr 2008) und 800 € (aus dem Jahr 2009) beruft, so ist nach dieser Lehre der Klageantrag nur scheinbar einheitlich. In Wirklichkeit liegen zwei Anträge und damit zwei prozessuale Ansprüche vor.[593] Der Sachverhalt dient hierbei der Bestimmung der Einheit oder Mehrheit von Streitgegenständen.

Außerdem richtet sich der Präklusionsumfang laut *Schwab* vielmehr nach der Abgrenzung der Urteilselemente. Die Partei ist also mit dem Vorbringen der Tatsachen ausgeschlossen, die zur Zeit der letzten mündlichen Tatsachenverhandlung des Erstprozesses bereits existiert und eine abweichende rechtliche Würdigung des Prozessstoffs des Erstprozesses zum Ziel haben.[594] Demzufolge

---

587 *Rosenberg*, Lehrbuch des deutschen Zivilprozessrechts, S. 389 f.

588 *Hesselberger*, Die Lehre vom Streitgegenstand, S. 296.

589 *Zeiss/Schreiber*, Zivilprozessrecht, S. 124.

590 *Schwab*, JuS 1965, 81, 83 f.

591 *Schwab*, JuS 1965, 81, 83 f.

592 *Schwab*, JuS 1965, 81, 84.

593 *Lüke*, in: FS für Karl Heinz Schwab, S. 314.

594 *Schwab*, Streitgegenstand, S. 167.

wird nach dieser Lehre die Ausschlusswirkung im Vergleich zur herrschenden zweigliedrigen Lehre etwa enger bestimmt.

Schließlich muss darauf hingewiesen werden, dass der eingliedrige Streitgegenstandsbegriff nicht durchführbar ist, falls der Antrag nicht hinreichend präzise ausweist, worauf das Begehren des Klägers gerichtet ist.[595] Dafür ist die Heranziehung des Sachverhalts zur Bestimmung des Antrags in bestimmten Fällen erforderlich.[596]

7. Die neuen materiellrechtlichen Streitgegenstandsbegriffe

Neue materiellrechtliche Streitgegenstandstheorien versuchen die Schwächen der alten materiellrechtlichen Theorien zu beseitigen, ohne den Grundsatz aufzugeben, dass der Zivilprozess hauptsächlich auf die rechtskräftige Feststellung von privaten Rechtsverhältnissen abzielt.[597] Ausgangspunkt ist, die zivilrechtliche Dogmatik endlich wieder mit dem Prozessrecht in die unerlässliche Übereinstimmung zu bringen.[598]

Die neuen materiellrechtlichen Streitgegenstandstheorien wollen die Nachteile des alten materiellrechtlichen Streitgegenstandsbegriffs, besonders bei der Anspruchskonkurrenz, auf materiellrechtlicher Ebene überwinden. Dabei hat *Nikisch* (in Anlehnung an den zweigliedrigen Streitgegenstandsbegriff) mehrere Ansprüche des materiellen Rechts, die sich aus demselben Sachverhalt ergeben, durch einen einheitlichen materiellen Anspruch ersetzt.[599] Wenn also dem Kläger Ansprüche aus positiver Vertragsverletzung, aus unerlaubter Handlung und Gefährdungshaftung zustehen, gibt es nach dieser Lehre lediglich einen (einheitlichen) Streitgegenstand.

Nach *Georgiades,* einem anderen Vertreter dieser Theorie, gebe es keine Anspruchskonkurrenz, sondern Anspruchsnormenkonkurrenz, falls die Einzelansprüche auf identische Leistung gerichtet seien.[600] Maßgebend ist hierbei die

---

595 Musielak/*Musielak*, Einl., Rdn. 74.

596 „Schwab [nimmt] den Sachverhalt viel stärker für die Bestimmung des Streitgegenstandes in Anspruch, als er wahrhaben will", *Lüke*, in: FS für Karl Heinz Schwab, S. 314 (Fn. 2).

597 *Beys*, ZZP 105 (1992), 145, 154.

598 *Nikisch*, AcP 154 (1955), 269, 283.

599 *Nikisch*, AcP 154 (1955), 269, 283 f.

600 *Georgiades*, Die Anspruchskonkurrenz im Zivilrecht und Zivilprozessrecht, S. 164 ff.

Identität des Klageziels.[601] Denn in diesem Fall bilden die Einzelansprüche einen einheitlichen materiellen Anspruch, der den Streitgegenstand bildet.[602] Dabei wird der Lebenssachverhalt zur Bestimmung des Streitgegenstandes nicht herangezogen, er ist also (in Anlehnung an den eingliedrigen Streitgegenstandsbegriff) kein Element des Streitgegenstandes.[603]

Laut *Henckel* ist entscheidend, ob mehrere materielle Ansprüche, die auf dasselbe Ziel gerichtet sind, einen einheitlichen Verfügungsgegenstand, der nicht abgetreten werden kann, bilden oder nicht.[604] Falls sie einen einheitlichen Verfügungsgegenstand bilden, so liegt ein einheitlicher materieller Anspruch vor.

Damit sollen durch den gleichen Sachverhalt die Tatbestandsmerkmale mehrerer materieller Anspruchsgrundlagen erfüllt werden.[605] Dem Zeitpunkt der anspruchsbegründenden Tatsachen (Sachverhalt) wird für die Individualisierung des Verfügungsgegenstandes große Bedeutung beigemessen, wobei die Einheit der Zeit die Einheit des Anspruchsgrundes bestimmt.[606]

Wenn z. B. dem Kläger Ansprüche aus positiver Vertragsverletzung, aus unerlaubter Handlung und Gefährdungshaftung zustehen, so liegt in diesem Fall laut dieser Lehre lediglich ein einziger Streitgegenstand vor. Denn diese Ansprüche bilden nur einen einheitlichen und mehrfach begründeten materiellen Anspruch als Verfügungsgegenstand.[607]

Wenn dagegen dem Kläger z. B. Kaufpreisanspruch (Kausalanspruch) und Wechselanspruch zustehen (und der Abschluss des Kaufvertrages und die Übergabe des Kaufpreiswechsels zeitlich nicht zusammenfallen), liegen zwei Verfügungsgegenstände (also zwei Streitgegenstände) vor.[608] Denn diese beiden Ansprüche könnten selbständig abgetreten werden, sie bilden keinen einheitlichen materiellen Anspruch.[609]

---

601 „Unter Identität des Ziels ist die Identität der Leistung zu verstehen", *Hesselberger*, Die Lehre vom Streitgegenstand, S. 259; vgl. *Larenz/Wolf*, Allgemeiner Teil des Bürgerlichen Rechts, S. 316 ff.; Zöller/*Vollkommer*, Einl., Rdn. 70; *Arens/Lüke*, Zivilprozessrecht, S. 159; *Zeiss/Schreiber*, Zivilprozessrecht, S. 125.

602 *Georgiades*, Die Anspruchskonkurrenz im Zivilrecht und Zivilprozessrecht, S. 239 ff.

603 *Georgiades*, Die Anspruchskonkurrenz im Zivilrecht und Zivilprozessrecht, S. 159.

604 *Henckel*, Parteilehre und Streitgegenstand im Zivilprozess, S. 262 ff.; kritisch *Rimmelspacher*, *Rimmelspacher*, Materiellrechtlicher Anspruch, S. 205 (Fn. 99).

605 *Henckel*, Parteilehre und Streitgegenstand im Zivilprozess, S. 267.

606 *Henckel*, Parteilehre und Streitgegenstand im Zivilprozess, S. 266.

607 *Henckel*, Parteilehre und Streitgegenstand im Zivilprozess, S. 266.

608 *Henckel*, Parteilehre und Streitgegenstand im Zivilprozess, S. 267.

609 *Henckel*, Parteilehre und Streitgegenstand im Zivilprozess, S. 267. Außerdem kann nach *Henckel* der Streitgegenstandsbegriff für alle seine Funktionen einheitlich gefasst werden, S. 292.

Mit dem Eintritt der materiellen Rechtskraft sind die Parteien mit allen Tatsachen ausgeschlossen, die geeignet sind, den identischen Anspruch zu begründen oder zu leugnen.[610]

Nach *Rimmelspacher* besteht der einheitliche materiellrechtliche Anspruch aus zwei Elementen: der Rechtsposition[611] und dem Rechtsbehelf.[612] Ob die durch den Anspruch gewährte Rechtsposition dieselbe ist, ist für die Abgrenzung des Streitgegenstandes maßgebend.[613] Laut Rimmelspacher kann z. B. der Kläger (bei einer Leistungsklage) mehrere Werte fordern und in diesem Fall stünden ihm mehrere Leistungsanrechte zu. Dagegen kann er nur einmal Leistung erwarten. Auch wenn er sich auf mehrere Anspruchsgrundlagen stützt, verfügt er nur über eine Rechtsposition.[614] Ob jemand eine Leistung oder mehrere Leistungen verlangen kann, ist mithilfe der Kontrollfrage zu entscheiden: „Stehen ihm gemäß dem Parteiwillen oder aufgrund gesetzlicher Wertung nach Erhalt der einen Leistung weitere Leistungen zu?“.[615]

Gegen diese Lehren wurden wichtige Bedenken im Schrifttum vorgetragen. Zahlreiche Regelungen des BGB knüpfen an die unterschiedlichen Anspruchsgrundlagen unterschiedliche Regelungen der Verjährung, der Beweiserteilung und des Haftungsumfangs an, was der Schaffung eines einheitlichen materiellrechtlichen Anspruchs bezüglich des Prozesses entgegensteht.[616] *Schwab* findet in diesem Zusammenhang „jede Operation an dem materiellrechtlichen Anspruch“ schädlich.[617] Nach *Arens*[618]:

610 *Henckel*, Parteilehre und Streitgegenstand im Zivilprozess, S. 302.

611 „Sie gewährt dem Berechtigten nur eine Anwartschaft auf einen Wert, eine konkrete Erwerbsaussicht, verbunden mit der Befugnis, den empfangenen Wert zu behalten“, *Rimmelspacher*, Materiellrechtlicher Anspruch, S. 103.

612 „Rechtsposition als Wertanwartschaft bedarf zu ihrer Sicherung und Verwirklichung der Hilfsmittel. Wenn die Rechtsordnung den Mitgliedern der Rechtsgemeinschaft einen Rahmen bietet, innerhalb dessen sie sich entfalten können, so genügt das allein nicht. Die Rechtsordnung muß [sic] auch die Mittel bereitstellen, mit denen die Einzelnen untereinander verkehren können“, *Rimmelspacher*, Materiellrechtlicher Anspruch, S. 107.

613 Kritisch dazu *Habscheid*, ZZP 84 (1971), 360, 363; *Schwab*, JuS 1976, 69, 73.

614 *Rimmelspacher*, JuS 2004, 560, 562.

615 *Rimmelspacher*, JuS 2004, 560, 562.

616 Prütting/Gehrlein/*Prütting*, Einl., Rdn. 16; *Arens*, AcP 170 (1970), 392, 392 ff; Stein/Jonas/*Roth*, Vor. § 253 ZPO Rdn. 38; Musielak/*Musielak*, Einl., Rdn. 73; *Blomeyer*, in: FS für Friedrich Lent, S. 70.

617 Er führt weiter aus: „[D]er prozessuale Anspruch ist das geeignete Mittel, um die Probleme der materiellrechtlichen Anspruchskonkurrenz im Zivilprozeß [sic] zu bewältigen. Auch er muß [sic] daher erhalten bleiben“, *Schwab*, JuS 1976, 69, 73.

618 *Arens*, AcP 170 (1970), 392, 423.

> […] verkennt die Lehre von der Anspruchsnormenkonkurrenz, daß [sic] es gerade die unterschiedlichen Funktionen des materiellrechtlichen Anspruchs, so wie er dem BGB zugrunde liegt, und des prozessualen Anspruchs, wie er sich aus den Erfordernissen des modernen Zivilprozesses ergeben hat, gewesen sind, die dazu geführt haben, daß [sic] sich Wissenschaft und Praxis der Notwendigkeit einer unterschiedlichen Abgrenzung nicht verschließen [sic] konnten.

Um Missverständnisse hinsichtlich der Abgrenzung des Streitgegenstandes zu vermeiden, ist an der rein prozessualen Definition des Streitgegenstandes festzuhalten.[619] Nach Habscheid kann der Streitgegenstand nicht mit dem konkreten subjektiven Recht, also z. B. mit dem Kaufpreisanspruch (aus § 433 Abs. 2 BGB) identisch sein, denn das Gericht hat das Zahlungsbegehren unter allen rechtlichen Gesichtspunkten zu prüfen.[620]

8. Der dreigliedrige Streitgegenstandsbegriff

Böhm hat eine sowohl materiellrechtliche als auch prozessrechtliche Lösung entwickelt, indem er die materiellrechtlichen und prozessualen Streitgegenstandstheorien miteinander verknüpft hat.[621] Nach ihm wird der Streitgegenstand mithilfe des angestrebten Rechtsschutzzieles (also das Begehren) und des Sachverhalts bestimmt.[622] Der Sachverhalt werde von den anzuwendenden Rechtsnormen abgegrenzt.[623] Im Rahmen der Bestimmung der Einheit der Rechtsschutzziele seien die anzuwendenden Rechtsnormen insoweit einzubeziehen, als sie den Sachverhalt begrenzen und den Umfang der materiellen Rechtskraft bestimmten.[624]

Wenn z. B. dem Kläger Kaufpreisanspruch (Kausalanspruch) und Wechselanspruch zustehen, liegen nach *Böhm* in diesem Fall zwei verschiedene Rechtsschutzziele und deshalb zwei verschiedene Streitgegenstände vor, weil man hierbei von verschiedenen Rechtsschutzzielen spreche.[625] Bei einer Herausgabeklage liege dagegen, unabhängig von ihrer Begründung mit Besitz bzw. Eigentum lediglich ein Streitgegenstand vor, weil die Rechtsschutzziele dieselben seien.[626]

---

619 *Rosenberg/Schwab/Gottwald*, Zivilprozessrecht, S. 507.
620 *Habscheid*, in: FS für Karl Heinz Schwab, S. 183.
621 *Böhm*, in: FS für Winfried Kralik, S. 83 ff.
622 *Böhm*, in: FS für Winfried Kralik, S. 111.
623 *Böhm*, in: FS für Winfried Kralik, S. 114.
624 *Böhm*, in: FS für Winfried Kralik, S. 114, 121.
625 *Böhm*, in: FS für Winfried Kralik, S. 118.
626 *Böhm*, in: FS für Winfried Kralik, S. 118.

Demzufolge sei der Streitgegenstand nach Böhm dreigliedrig: Das Rechtsschutzziel (Klagebegehren), die zugrundeliegenden Tatsachen und die anzuwendenden Rechtsnormen. Alle diese drei Elemente gehören zu dem Streitgegenstand.

Habscheid bezeichnet die Auffassung *Böhms* als unscharf und unpraktikabel, denn insbesondere über die Frage, ob verschiedene Rechte des materiellen Rechts (also verschiedene Anspruchsnormen) dieselbe Funktion hätten, werde man häufig streiten (sogar unter Juristen).[627]

9. Der relative Streitgegenstandsbegriff

a) Allgemeines: Relativität

Der Inhalt des Streitgegenstands wird nach dem relativen Streitgegenstandsbegriff nicht einheitlich bestimmt, sondern er wird den verschiedenen prozessualen Konstellationen (bei der Rechtshängigkeit, Klageänderung, Klagehäufung, Zuständigkeitsregelung und materiellen Rechtskraft) angepasst. Die eingliedrigen und zweigliedrigen Streitgegenstandsbegriffe dienen der Bestimmung des Streitgegenstandes. Dabei wird der Streitgegenstand teilweise eingliedrig und teilweise aber auch zweigliedrig bestimmt.[628] Ferner wird ebenfalls den verschiedenen Klagearten Bedeutung für die Bestimmung des Streitgegenstandes beigemessen.

Die Relativität der juristischen Begriffe ist eine allgemein bekannte Erscheinung und gilt auch für den prozessualen Anspruch.[629] Gegen den Einheitsbegriff hat sich im Schrifttum zuerst *K. Blomeyer* gewandt:

> Man sollte die Bemühungen aufgeben, aus einzelnen Bestimmungen der ZPO, die von Streitgegenstand oder Anspruch sprechen, etwas dafür herzuleiten, was als Gegenstand des Erkenntnisverfahrens in jedem Zivilprozeß [sic] anzusehen ist. Die ZPO gebraucht das Wort Streitgegenstand und ebenso das Wort Anspruch durchaus nicht einheitlich. Bei jeder Vorschrift ist aus deren Zweck festzuhalten, was Streitgegenstand oder Anspruch in ihrem Sinne ist. Von „Anspruch der ZPO" sollte man deshalb nicht reden. Der Begriff, um den es sich für uns handelt, ist kein gesetzli-

---

627 *Habscheid*, in: FS für Karl Heinz Schwab, S. 195.

628 Stein/Jonas/*Roth*, Vor. § 253 ZPO, Rdn. 59 f.; Stein/Jonas/*Leipold*, § 322 ZPO, Rdn. 92 ff.; *Blomeyer*, in: FS für Friedrich Lent, S. 43 ff.; *Blomeyer*, Zivilprozessrecht, S. 231 ff.; *Baumgärtel*, JuS 1974, 69, 73 f.; Prütting/Gehrlein/*Prütting*, Einl., Rdn. 19; *Baumgärtel/Prütting*, Einführung in das Zivilprozessrecht, S. 16; kritisch etwa *Böhm*, in: FS für Winfried Kralik, S. 83 ff., in diesem Zusammenhang besteht ein hohes Maß an *Rechtsunsicherheit* und *Rechtsunklarheit.*

629 *Baumgärtel*, JuS 1974, 69, 73.

cher Begriff, sondern ein Hilfsbegriff der Rechtswissenschaft. Es kommt also darauf an, welcher Begriff des prozessualen Anspruchs und des Streitgegenstands am besten dem Wesen unseres Zivilprozess entspricht.[630]

Der relative Streitgegenstandsbegriff hat verschiedene Varianten. Allerdings geht jede Variante dieser Lehrmeinung von der Relativität des Streitgegenstandsbegriffs, also nicht von einem für die gesamte ZPO einheitlichen Begriff aus.

b) Die Verfahrensmaximen und der Streitgegenstand

Nach *Jauernig* hängt die Bestimmung des Streitgegenstandes von der im jeweiligen Prozess geltenden Prozessmaxime ab.[631] Dabei gelten für die verschiedenen Klagearten auch unterschiedliche Streitgegenstandsbegriffe.

Soweit in einem Verfahren der Untersuchungsgrundsatz gilt (wie z. B. Verfahren der freiwilligen Gerichtsbarkeit, Kinderbelange im Scheidungsprozess), ist der Streitgegenstand nach dem Klageantrag (also eingliedrig) zu bestimmen.[632] Denn in einem derartigen Verfahren soll das Gericht unabhängig vom Parteivorbringen tätig werden und den Sachverhalt von Amts wegen untersuchen, überprüfen und die Wahrheit feststellen. Dabei solle der Streitgegenstand eher weit bestimmt werden. Infolge dieser eingliedrigen Bestimmung des Streitgegenstandes erstrecken sich die Grenzen der materiellen Rechtskraft auf den gesamten Sachverhalt und eine erneute Klageerhebung unter Berufung auf einen anderen Sachverhalt ist ausgeschlossen.[633]

Zum Sachverhalt gehören im Untersuchungsprozess sämtliche Tatsachen, die alle zur Zeit der letzten mündlichen Tatsachenverhandlung bestehen, unabhängig, ob sie dem Gericht bekannt sind oder nicht, und sie bilden notwendig einen einheitlichen Sachverhalt.[634]

Feststellungsklagen und grundsätzliche Gestaltungsklagen werden auch allein durch den Antrag individualisiert. Ein Sachverhalt ist für die Individualisierung dieser Klagearten überflüssig. So schließt z. B. das Vorbringen eines über-

630 *Blomeyer*, ZZP 65 (1952), 52, 58.

631 *Jauernig*, Verhandlungsmaxime, Inquisitionsmaxime und Streitgegenstand; *Jauernig*, Zivilprozessrecht, S. 126; kritisch *Habscheid*, FamRZ 1971, 297 ff.; Das Vorbringen des Prozessstoffs sei bei der Verhandlungsmaxime Aufgabe der Parteien und beim Untersuchungsgrundsatz Aufgabe des Gerichts und dies habe mit dem Streitgegenstand als solchem nichts zu tun, *Habscheid*, in: FS für Karl Heinz Schwab, S. 189.

632 *Jauernig*, Verhandlungsmaxime, S. 55 ff.

633 *Jauernig*, Verhandlungsmaxime, S. 55 ff.

634 *Jauernig*, Zivilprozessrecht, S. 126; kritisch *Baumgärtel*, JuS 1974, 69, 73; *Yoshimura*, ZZP 83 (1970), 245, 245 ff.

sehenen Grundes den Eigentumserwerb nach rechtskräftiger Abweisung einer Eigentumsfeststellungklage aus.[635]

Der Streitgegenstand sollte dagegen im Rahmen des Verhandlungsgrundsatzes eng (also zweigliedrig) bestimmt werden.[636] Denn man spricht hier von keiner Ermittlungspflicht des Gerichts. Das Gericht ist in diesem Verfahren an den von den Parteien vorgebrachten Prozessstoff gebunden. Deshalb kommt es für die Bestimmung des Streitgegenstandes neben dem Antrag auch auf den Sachverhalt an.[637]

In diesem Fall ist der Sachverhalt anhand der in Betracht zu ziehenden Anspruchsnormen abzugrenzen: „Den Sachverhalt bilden diejenigen Tatsachen eines natürlichen Lebensvorgangs, die ganz oder teilweise den gesetzlichen Tatbestand solcher Anspruchsnormen ausfüllen, aus denen das im Antrag behauptete Recht abgeleitet werden kann".[638]

Baumgärtel vertritt ebenfalls den relativen Streitgegenstandsbegriff, obwohl er die Auffassung von *Jauernigs* unbefriedigend findet. Nach *Baumgärtel* gehen Verhandlungs- und Untersuchungsgrundsatz im deutschen Recht infolge der Aufklärungspflicht des Gerichts nach § 139 ZPO in der Gerichtspraxis ineinander über und sind nicht klar zu trennen.[639]

Obgleich die Auffassung *Jauernigs* kritisiert wird, war sein Versuch der erste Schritt einer Auflösung des einheitlichen Streitgegenstandsbegriffs.

c) Normzweckorientierte Abgrenzung des Streitgegenstandes

Nach *Baumgärtel* ist das richtige Ergebnis durch Auslegung (auch) nach dem Zweck (*ratio*) der einzelnen Prozessnormen zu gewinnen, die für die Zuständigkeit, Rechtshängigkeit, materielle Rechtskraft, Klageänderung und Klagehäufung maßgebend sind.[640] Mit anderen Worten ist der Ausgangspunkt dieser Variante des relativen Streitgegenstandsbegriffs der Zweck der jeweiligen zivilprozessualen Vorschrift. Der Streitgegenstand ist also bei der Rechtshängigkeit, bei der materiellen Rechtskraft und bei der Zuständigkeitsregelung (für die Leistungsklagen) einheitlich und zweigliedrig zu bestimmen, weil es um das Ziel des Prozesses und die Herbeiführung einer der materiellen Rechtslage gerecht werdenden Entscheidung geht.[641] Dabei bewährt sich für die Abgrenzung des Sach-

---

635 *Jauernig*, Zivilprozessrecht, S. 127.
636 *Jauernig*, Verhandlungsmaxime, S. 23 ff.
637 *Jauernig*, Zivilprozessrecht, S. 126 f.
638 *Jauernig*, Zivilprozessrecht, S. 126.
639 *Baumgärtel*, JuS 1974, 69, 74.
640 *Baumgärtel/Prütting*, Einführung in das Zivilprozessrecht, S. 16.
641 *Baumgärtel*, JuS 1974, 69, 75.

verhalts auch die Lehre von *Henckel*, wonach maßgebend ist, ob der geltend gemachte Anspruch materiellrechtlich einen selbständigen Verfügungsgegenstand bildet oder nicht.[642]

Man spricht an dieser Stelle von einem eher materiellrechtlich orientierten Streitgegenstandsbegriff.

Wenn es aber, wie bei der Klagehäufung und der Klageänderung, auf die Frage der Prozessökonomie ankommt, spielt der Sachverhalt keine entscheidende Rolle und es kommt hierbei nur auf den Klageantrag an.[643] Dementsprechend ist der Streitgegenstand (für die Leistungsklagen) gemäß der Lehre *Schwabs,* eingliedrig zu bestimmen.[644] In diesem Zusammenhang findet ein eher am formellen Recht orientierter Streitgegenstandsbegriff Anwendung.

Soweit es die materielle Rechtskraft betrifft, hat § 322 ZPO den Sinn und Zweck der Herstellung des Rechtsfriedens sowohl im prozessualen als auch im materiellrechtlichen Bereich. Dieses Ziel kann nur erreicht werden, wenn der Kläger angehalten wird, den gesamten Tatsachenstoff, der seinen Klageantrag rechtfertigen kann, in einem Prozess vorzubringen.[645]

Der Streitgegenstand ist also der Klageantrag und der der Präklusion unterliegende Sachverhalt (Tatsachenstoff), auf den sich die materielle Rechtskraft bezieht.[646] Die Lehre *Henckels* dient dabei der Abgrenzung des Sachverhalts. Selbst wenn der Kläger den gesamten Tatbestand nicht kannte, wird er bei einer Klageabweisung präkludiert, soweit die Tatbestandsmerkmale des im Einzelfall vorliegenden Verfügungsgegenstands ausreichen.[647]

Außerdem genügt bei Feststellungsklagen und Gestaltungsklagen zur Individualisierung des Streitgegenstandes in der Regel allein der Antrag (also eingliedriger Streitgegenstandsbegriff).[648]

Die Lehre von *Blomeyer* hat Ähnlichkeit mit der Lehre *Baumgärtels*, doch bestehen auch Unterschiede. Nach *Blomeyer* bestimmt sich der Streitgegenstand bei der Leistungsklage für die Klagehäufung, die Klageänderung und den Rechtshängigkeitseinwand nach dem Klageantrag, entsprechend dem eingliedrigen Streitgegenstandsbegriff *Schwabs*.[649] Dabei teilt *Blomeyer* die Meinung *Baumgärtels* hinsichtlich der Rechtshängigkeit nicht. Da das Verbot mehrfacher Prozesse aufgrund der Prozesswirtschaftlichkeit über die Rechtskraftwirkung

642 *Baumgärtel*, JuS 1974, 69, 75. Siehe hierzu oben G-V-7.

643 *Baumgärtel/Prütting*, Einführung in das Zivilprozessrecht, S. 16.

644 *Baumgärtel*, JuS 1974, 69, 74.

645 *Baumgärtel*, JuS 1974, 69, 74.

646 *Baumgärtel*, JuS 1974, 69, 74 f.

647 *Baumgärtel*, JuS 1974, 69, 75.

648 *Baumgärtel/Prütting*, Einführung in das Zivilprozessrecht, S. 16 f.

649 *Blomeyer*, Zivilprozessrecht, S. 234.

hinausreichen muss, ist eine zweite Klage nicht zulässig, falls das neue Klagebegehren durch Klageerweiterung oder Widerklage in den anhängigen Prozess eingeführt werden kann.[650] *Blomeyer* geht hierbei von einem weit gefassten Lebenssachverhalt aus.

Bei der Bestimmung der Reichweite der materiellen Rechtskraft ist aber der zweigliedrige Streitgegenstandsbegriff maßgebend.[651] Diesbezüglich ist nicht wie bei *Baumgärtel* der selbständige Verfügungsgegenstand, sondern der zugrunde liegende Lebenssachverhalt für die Abgrenzung des Streitgegenstandes von Bedeutung.

Nach *Blomeyer* ist die Unterscheidung zwischen dem Streitgegenstand und dem Urteilsgegenstand der Ausgangspunkt seiner Lehre vom relativen Streitgegenstand.[652] Während der eingliedrige Streitgegenstandsbegriff für Rechtshängigkeit, Klagehäufung und Klageänderung maßgebend ist, ist für die materielle Rechtskraft der zweigliedrige Urteilsgegenstandsbegriff entscheidend.[653] Zwar wird die Entscheidung in aller Regel über den Streitgegenstand ergehen, doch kann sie ihn in Ausnahmefällen überschreiten oder hinter ihm zurückbleiben.[654] Beurteilt z. B. der Richter lediglich den Anspruch aus Delikt, nicht aber (zugleich) den konkurrierenden Vertragsanspruch, dann solle die materielle Rechtskraft einer Geltendmachung des Vertragsanspruchs nicht entgegenstehen.[655]

Alles in allem ist festzustellen, dass bei der normzweckorientierten Abgrenzung des Streitgegenstandes für die Bestimmung der Reichweite der materiellen Rechtskraft der engere zweigliedrige Streitgegenstandsbegriff entscheidend ist. Damit wird dem Kläger durch Vermeidung eines weiten Präklusionsumfangs die

---

650 *Blomeyer*, Zivilprozessrecht, S. 275.

651 *Blomeyer*, Zivilprozessrecht, S. 234.

652 „Urteilsgegenstand [ist] der Anspruch, den das Gericht als durch Klage oder Widerklage erhoben ansieht, und zwar in dem Umfang, in dem es über ihn entscheidet. Der Urteilsgegenstand kann also einen größeren oder kleineren Umfang haben als der Streitgegenstand im Prozeß [sic]", *Blomeyer*, in: FS für Friedrich Lent, S. 50; kritisch *Bader*, Die Tragweite der Entscheidung, S. 52 (Dieser Streitgegenstand kann jedoch bei richtiger Betrachtung nicht von dem Streitgegenstand in seiner Funktion bei der objektiven Klagehäufung abweichen, weil diese Funktion bestimmt, ob der Richter bei rechtlich mehrdeutigem Sachverhalt ein oder mehrere Urteile zu erlassen hat); vgl. *Brox*, JuS 1962, 123, 124.

653 *Blomeyer*, Zivilprozessrecht, S. 481.

654 *Blomeyer*, Zivilprozessrecht, S. 481.

655 Kritisch *Jauernig*, Zivilprozessrecht, S. 125; „Diese ‚pathologischen' Fälle bleiben jedoch Ausnahmen und können deshalb für die grundsätzliche Antwort auf [den Umfang der materiellen Rechtskraft] vernachlässigt werden", *Henckel*, Parteilehre und Streitgegenstand im Zivilprozess, S. 293.

Möglichkeit zur späteren Klageerhebung verliehen. Dabei braucht er im ersten Verfahren nicht den gesamten Prozessstoff überflüssig vorzubringen.

d) Interesseorientierte Abgrenzung des Streitgegenstandes

Althammer geht von einem relativen und materiellrechtlich orientierten Streitgegenstandsbegriff aus. Ausgangspunkt dieser Lehre ist die Ausrichtung des Streitgegenstandes am Klägerinteresse, die dem Ausgleich zwischen Verfahrenskonzentration und Individualrechtsschutz dient.[656] Der Streitgegenstand ist also das vom Kläger mit seinem Klageantrag verfolgte Interesse.[657] Dieses Interesse ist der allgemein rechtliche Vorteil, der mit der Klage erstrebt wird und der dem Kläger nach der materiellen Rechtsordnung nur einmal gebührt.[658]

Der einzelne materiellrechtliche Anspruch dient lediglich als Durchsetzungsinstrument für die eigentliche subjektive Stammposition und infolge spielt bezüglich der Bestimmung des Streitgegenstandes eine Divergenz der Rechtsfolgen und auch der Rechtsschutzform keine Rolle.[659] Ebenfalls hat der Klagegrund bei der Ermittlung klägerischen Interesses, wie der Klageantrag, lediglich eine interpretative Bedeutung und ist entscheidend, ob sich mit der Veränderung des Klagegrundes die Erfüllungskonnexität und damit auch das beanspruchte Interesse ändern.[660]

Wenn beide Ansprüche der Verwirklichung desselben Interesses dienen, bestimmt demnach die (behauptete) materielle Erfüllungskonnexität über die Identität des Interesses:[661]

---

656 *Althammer*, ZZP 123 (2010), 163, 179.

657 *Althammer*, ZZP 123 (2010), 163, 179; zutreffend *Bub* „Das Substrat des Streits ist das der Klage zugrundeliegende (wirtschaftliche, rechtliche oder ideelle) Interesse“, Streitgegenstand und Rechtskraft bei Zahlungsklagen, S. 137. Dennoch stimmt die Streitgegenstandslehre *Bubs* in weiten Teilen mit denen der zweigliedrigen Streitgegenstandslehre, nicht mit denen der relativen Streitgegenstandslehre, überein.

658 *Althammer*, ZZP 123 (2010), 163, 179.

659 *Althammer*, ZZP 123 (2010), 163, 180.

660 *Althammer*, ZZP 123 (2010), 163, 182.

661 *Althammer*, ZZP 123 (2010), 163, 180 f.; in diesem Zusammenhang spricht Rimmelspacher vom Leistungsanrecht, JuS 2004, 560, 560 f.; nach *Jahr*: „Anspruchsgrundlagenkonkurrenz, das heißt Mehrheit von Anspruchsgrundlagen, aber Einheit des dadurch begründeten Vermögensgegenstandes (der Forderung); Erfüllungskonnexität von Forderungen und sonstigen Rechten auf eine Leistung, das heißt Mehrheit von Rechten (Vermögensgegenständen), aber Einheit des mit diesen Rechten zugewiesenen Vermögenswertes“, in: FS für Gerhard Lüke, S. 322; vgl. *Larenz/Wolf*, Allgemeiner Teil des Bürgerlichen Rechts, S. 316 ff.

Obwohl der Leistungsinhalt jeweils ein anderer ist, bringt etwa das Schadensersatzverlangen des Gläubigers laut § 281 Abs. 4 BGB den Primäranspruch zum Erlöschen und gleiches gilt auch für die Ausübung des Wahlrechts zwischen § 249 Abs. 1 und 2 BGB hinsichtlich Naturalrestitution und Geldersatz.[662] Demzufolge dient sowohl der Klageantrag als auch der Klagegrund (Lebenssachverhalt) nicht zur Abgrenzung des geltend gemachten Interesses, sondern nur zu seiner Individualisierung. Nebenbei trägt die Ordnungsfunktion des materiellen Rechts zur entsprechenden Gruppierung unterschiedlicher Rechtsfolgen bei.[663]

Um überflüssige Parallelverfahren zu verhindern und Antragsänderungen zu erleichtern, schlägt *Althammer* eine Verfahrenskonzentration für den Fall der Rechtshängigkeit vor. Seine Lehre kommt hierbei in die Nähe der eingliedrigen Streitgegenstandslehre *Schwabs*, obgleich *Althammer* nicht (wie *Schwab*) vom Klageantrag, sondern vom Klageinteresse ausgeht. Infolge geht er über die eingliedrige Lehre Schwabs hinaus, insbesondere, wenn verschiedene Rechtsfolgen der Verwirklichung desselben materiellen Interesses dienen.[664]

Im Gegensatz zur Bestimmung der Rechtshängigkeit kommt für den Urteilsgegenstand (für die Rechtskraft) bei der Leistungsklage einem rechtsfolgeorientierten Verständnis stärkere Bedeutung zu.[665] Im Gegensatz zur herrschenden Lehre vom zweigliedrigen Streitgegenstand steht nach der Lehre *Althammers* die Rechtshängigkeit einer Klage auf Naturalrestitution (§ 249 Abs. 1 BGB) einer parallelen Klage auf Geldersatz (§ 249 Abs. 2 BGB) entgegen, obwohl die gestellten konkreten Klageanträge verschieden sind.[666] Dagegen lässt sich das Interesse bei Gestaltungs- und Feststellungsklagen meist bereits aus den Anträgen ermitteln.[667]

---

662 *Althammer*, ZZP 123 (2010), 163, 180. Wenn dem Kläger der Rückgabeanspruch aus Leihvertrag und der Herausgabeanspruch aus Eigentum zustehen, stehen diese Rechte in einer Erfüllungskonnexität, weil jede Erfüllung beide Ansprüche zum Erlöschen bringt, kumulative Erfüllung also unmöglich ist und der Kläger kraft derer (nur) die gleiche Leistung verlangen kann, *Jahr*, in: FS für Gerhard Lüke, S. 304 ff.

663 *Althammer*, ZZP 123 (2010), 163, 180.

664 *Althammer*, ZZP 123 (2010), 163, 178.

665 *Althammer*, ZZP 123 (2010), 163, 182.

666 *Althammer*, ZZP 123 (2010), 163, 180.

667 *Althammer*, ZZP 123 (2010), 163, 183.

10. Die deutsche Rechtsprechung zum Streitgegenstand

a) Zweigliedriges Streitgegenstandsverständnis

Der BGH baut überwiegend auf den prozessualen zweigliedrigen Streitgegenstand auf und unterscheidet nicht zwischen dem Streit- und Urteilsgegenstand.[668] Ihm zufolge wird mit der Klage nicht ein bestimmter materiellrechtlicher Anspruch, sondern ein prozessualer Anspruch geltend gemacht:

> Gegenstand des Rechtsstreits ist vielmehr der als Rechtsschutzbegehren oder Rechtsfolgebehauptung aufgefasste eigenständige prozessuale Anspruch. Dieser wird bestimmt durch den Klageantrag, in dem sich die vom Kläger in Anspruch genommene Rechtsfolge konkretisiert, und den Lebenssachverhalt (Anspruchsgrund), aus dem der Kläger die begehrte Rechtsfolge herleitet.[669]

Demzufolge hat sich der BGH zum prozessualen Streitgegenstandsbegriff (als Rechtsschutzbegehren oder Rechtsfolgebehauptung) bekannt und ausgesprochen, dass der tatsächliche Klagegrund als Lebenssachverhalt stets zum Streitgegenstand gehört.[670] Dabei hat der BGH aus der Lehre *Schwabs* den Begriff des Begehrens und aus der Lehre *Habscheids* den Begriff des Lebenssachverhalts (und auch den Begriff der Rechtsbehauptung) übernommen. Laut *Habscheid*, ist es eine Frage des Sprachempfindens, ob man von Begehren oder Rechtsbehauptung spricht.[671] Nach *Rimmelspacher* ist aber die Rechtsfolgebehauptung materiellrechtlicher Natur in dem Sinn, dass damit eine über das Erkenntnisverfahren hinausgehende Folge gemeint ist.[672]

Eine Streitgegenstandsidentität (zwischen den ersten und zweiten Prozessen) hinsichtlich der Rechtskraftwirkung liegt nach dem BGH vor, wenn der als Rechtsschutzbegehren oder Rechtsfolgebehauptung verstandene eigenständige prozessuale Anspruch, der durch den Klageantrag und den Lebenssachverhalt bestimmt wird, im ersten und zweiten Prozess identisch ist.

Die Abgrenzung des Lebenssachverhalts bezüglich der Streitgegenstandsermittlung ist aber (wie in der Lehre) problematisch. Im Rahmen des Tatsachenvortrags des Klägers stellt sich die Frage, inwiefern verschiedene oder dieselben Klagegründe anzunehmen sind. In diesem Sinn geht der Klagegrund laut BGH

---

668 BGH, 26.05.1986, NJW-RR 1987, 58 f.; BGH, 30.11.2005, NJW 2006, 1142 f.; BGH, 20.03.2000, NJW 2000, 1958; BGH, 17.02.1983, NJW 1983, 2032 f.; BGH, 18.11.1982, NJW 1983, 388 ff.; BGH, 22.07.2002, NJW 2002, 3465 ff.; Stein/Jonas/*Roth*, § 253 ZPO Rdn. 11; MünchKommZPO/*Becker-Eberhard*, Vor. § 253 ZPO, Rdn. 32.

669 BGH, 08.05.2007, Lexetius.com/2007, 1192.

670 *Habscheid*, in: FS für Karl Heinz Schwab, S. 183.

671 *Habscheid*, in: FS für Karl Heinz Schwab, S. 183.

672 *Rimmelspacher*, JuS 2004, 560, 561.

über die Tatsachen, die die Tatbestandsmerkmale einer Rechtsgrundlage ausfüllen, hinaus. Der Klagegrund ist also nicht auf den in dem Verfahren (allein) tatsächlich vorgetragenen Sachverhalt abzustellen, sondern der von *Habscheid* geprägte Begriff des Lebenssachverhalts ist nach der Auffassung des BGH entscheidend. Diesbezüglich führt der BGH in seiner ständigen Rechtsprechung Folgendes aus:

> Zum Klagegrund sind alle Tatsachen zu rechnen, die bei einer natürlichen, vom Standpunkt der Parteien ausgehenden, den Sachverhalt seinem Wesen nach erfassenden Betrachtungsweise zu dem zur Entscheidung gestellten Tatsachenkomplex gehören, den der Kläger zur Stützung seines Rechtsschutzbegehrens dem Gericht zu unterbreiten hat.[673]

In einer anderen Entscheidung erklärt das Gericht: „Maßgeblich ist insoweit das ganze einem Klageantrag zugrundeliegende tatsächliche Geschehen, das bei natürlicher Betrachtungsweise nach der Verkehrsauffassung zusammengehört".[674]

Dabei kommt es dem BGH zufolge bei der Bestimmung des Lebenssachverhalts nicht auf einzelne Rechtsgrundlagen, sondern auf eine natürliche Betrachtungsweise an, die entweder vom Standpunkt der Parteien oder nach der Verkehrsanschauung vorzunehmen ist. Ferner ist es bei der natürlichen Betrachtungsweise nach der Verkehrsauffassung nicht von Bedeutung, ob die Einzeltatsachen vorgetragen werden oder nicht. Auch wird die materiellrechtliche Anspruchskonkurrenz dem zweigliedrigen Streitgegenstandsbegriff entsprechend prozessual behandelt.

Aufgrund der Einmaligkeit des Rechtsschutzes und dem Zweck der materiellen Rechtskraft entsprechend ist eine objektive Präklusion durch Rechtskraft stets notwendig und tritt ohne Rücksicht auf Billigkeit oder Treu und Glauben ein.[675] Die Abgrenzung des Lebenssachverhalts ist also auch entscheidend für die Ermittlung des Präklusionsumfangs. Dabei tritt die Präklusion hinsichtlich sämtlicher alter Tatsachen ein, die zu einem abweichenden Urteil über den damaligen Streitgegenstand führen würden.[676] Die Präklusion umfasst also alle zum Streitgegenstand gehörenden Tatsachen, wie z. B. alle Erwerbsgründe für dingliche Rechte und alle Gestaltungsgründe bei Gestaltungsklagen.

Dem Gericht zufolge steht der neuen Klage die materielle Rechtskraft des Urteils nicht entgegen, wenn der in einem neuen Prozess vorgetragene Sachver-

---

673 BGH, 10. 09. 2009, Lexetius.com/2009, 2779; BGH, 19.12.1991, BGHZ 117, 5; vgl. auch BGH, 23.01.1981, BGHZ 79, 245 ff.; BGH, 25.02.1985, BGHZ 94, 29 ff.

674 BGH, 08.02.1996, NJW-RR 1996, 826 ff.

675 MünchKommZPO/*Gottwald*, § 322 ZPO, Rdn. 142 f.

676 MünchKommZPO/*Gottwald*, § 322 ZPO, Rdn. 146.

halt sich seinem Wesen nach von dem des Vorprozesses unterscheidet.[677] Diese Zuordnung der Rechtskraftwirkung gilt auf den Streitgegenstand jeder Klageart. Der enge zeitliche Zusammenhang ist nach der Auffassung des BGH auch im Hinblick auf die Ermittlung des Lebenssachverhalts entscheidend. Diesbezüglich sprach sich das Gericht etwa im Rahmen der mit einem Erbvertrag verbundenen, rechtsgeschäftlichen Grundstücksübertragungen für einen einheitlichen Lebenssachverhalt aus:

> Werden Grundstücke übertragen oder soll dies geschehen, so gehören sämtliche die Wirksamkeit des Rechtsgeschäfts betreffenden Vorgänge zu dem zur Entscheidung gestellten Lebenssachverhalt, ob sie vorgetragen worden sind oder nicht. [...] Im vorliegenden Fall hingen die gesamten „Übertragungsvorgänge" zwischen dem Erblasser und dem Kläger zusammen. Hinsichtlich des einen Grundstücks wurde der Überlassungsvertrag sogar zum gleichen Zeitpunkt wie der Erbvertrag geschlossen. [...] Damit liegt ein einheitlicher Lebenssachverhalt vor, der sich in einem Erbvertrag und zwei weiteren Übertragungsvereinbarungen niedergeschlagen hat.[678]

Diese natürliche Betrachtungsweise oder Verkehrsauffassung des BGH wird allerdings in der Lehre insbesondere aus Gründen der Rechtssicherheit und Objektivierbarkeit häufig kritisiert.[679] Nach *Musielak* lasse sich allein wegen einer natürlichen Betrachtungsweise z. B. nicht entscheiden, ob die Tatsache, dass der Verkäufer einer Sache erfüllungshalber einen Wechsel erhalten hat, vom Lebenssachverhalt umfasst wird, der einer auf den Kaufpreisanspruch gestützten Klage des Verkäufers zugrunde liegt.[680] Laut *Rimmelspacher* sind für die Abgrenzung des Lebenssachverhalts nachvollziehbare Kriterien erforderlich, die in einem rechtsstaatlichen geordneten Verfahren lediglich rechtliche sein können.[681] *Althammer* betont, dass diese natürliche Betrachtungsweise einerseits nicht immer eine scharfe Abgrenzung ermöglichen kann und andererseits auch die Gefahr der Rechtsunsicherheit in sich birgt.[682] Bei *Reischl* ist eine präzise Abgrenzung des Sachverhalts nur möglich, wenn die vorgetragenen Tatsachen kategorisch geordnet werden und dadurch eine normative Strukturierung erreicht wird.[683] Denn im Verfahren geht es um Rechtsfolgebehauptungen.[684] *Leipold*

---

677 BGH, 22.05.1981, NJW 1981, 2306.

678 BGH, 11.11.1994, NJW 1995, 967 f.

679 Vgl. *Blomeyer*, in: FS für Friedrich Lent, S. 68 ff.; *Reischl*, Die objektiven Grenzen, S. 218.

680 Musielak/*Musielak*, Einl., Rdn. 75; zustimmend *Schilken*, Zivilprozessrecht, S. 126 ff. Siehe hierzu oben G-V-5.

681 *Rimmelspacher*, JuS 2004, 560, 562.

682 *Althammer*, ZZP 123 (2010), 163, 172.

683 *Reischl*, Die objektiven Grenzen, S. 218 (Entgegen der überwiegend vertretenen Ansicht sei keine tatsächliche, sondern eine rechtsfolgenbezogene Abgrenzung des Streitgegenstands vorzunehmen); *Bruns*, Zivilprozessrecht, S. 368 f. („Es ist zwar richtig, daß

weist auf die Schärfe der Präklusion nach der Ansicht des BGH hin und bezieht die Beschränkung des Urteilsgegenstandes nur auf den vorgetragenen Tatsachenkomplex.[685]

Bei *Habscheid* handelt es sich in diesem Zusammenhang lediglich um Schreibtischargumente, weil keiner der Kritiker gezeigt habe, wie man eine bessere Lösung entwickeln könne.[686] Außerdem gestattet laut *Zeiss/Schreiber* die Elastizität des Begriffs des Lebenssachverhalts dem Richter, eine umfangreiche und schnelle Streiterledigung unter Berücksichtigung der Parteieninteressen herbeizuführen.[687]

Ein anderes Abgrenzungskriterium des BGH für den Lebenssachverhalt ist die sog. Vorhersehbarkeit, die zur natürlichen Betrachtungsweise gehörend anzusehen ist. Danach werden die alten Tatsachen, die noch nicht eingetreten waren, auch präkludiert, sofern deren Eintritt allerdings vorhersehbar war und die daher bei der Entscheidung hätten berücksichtigt werden können:[688]

> Die Rechtskraft einer Entscheidung, durch die dem Kläger für eine Körperverletzung antragsgemäß ein uneingeschränktes Schmerzensgeld zuerkannt worden ist, steht dem Verlangen auf ein weiteres Schmerzensgeld für solche im Vorprozeß [sic] nicht berücksichtigten Verletzungsfolgen entgegen, die bei der damaligen Bemessung der Entschädigung bereits eingetreten und objektiv erkennbar waren oder deren Eintritt vorhergesehen und bei der Entscheidung berücksichtigt werden konnte.[689]

Gleiches gilt für die Tatsachen in Bezug auf das Mitverschulden einer späteren Schadensminderung, soweit diese während des Erstprozesses bereits vorlagen.[690] Nach der rechtskräftigen Abweisung einer auf Zahlung einer abgetretenen Forderung gestützten Klage aufgrund Unwirksamkeit sollte eine erneute Klage nicht auf eine weitere Abtretung gestützt werden können, die bereits zum Präklusionszeitpunkt vorlag.[691] Obwohl dieses Vorhersehbarkeitskriterium mit der Verfahrenskonzentration übereinstimmt, ist ein solches Abgrenzungskriteri-

---

[sic] es sich bei dem Gegenstand des Rechtsstreits um Tatsachen und natürliche Zustände handelt; diese stellen sich jedoch, in rechtsbezogener Sinneinheit ausgewählt und gruppiert, eben als Rechtsverhältnisse dar").

684 *Reischl*, Die objektiven Grenzen, S. 218; zutreffend *Rimmelspacher*, JuS 2004, 560, 561.

685 Stein/Jonas/*Leipold*, § 322 ZPO, Rdn. 94, 230.

686 *Habscheid*, in: FS für Karl Heinz Schwab, S. 188.

687 *Zeiss/Schreiber*, Zivilprozessrecht, S. 124.

688 MünchKommZPO/*Gottwald*, § 322 ZPO, Rdn. 144.

689 BGH, 24.05.1988, NJW 1988, 2300 ff.

690 MünchKommZPO/*Gottwald*, § 322 ZPO, Rdn. 145.

691 MünchKommZPO/*Gottwald*, § 322 ZPO, Rdn. 145.

um, was zu einem übermäßigen Präklusionsumfang führt, nicht mit dem Zweck der Rechtskraft und Rechtsklarheit vereinbar.[692]

Obwohl der BGH in seiner ständigen Rechtsprechung den Lebenssachverhalt immer wieder als prozessual definiert hat, gibt es auch einige Entscheidungen, in denen eine materiellrechtlich orientierte Abgrenzung des Lebenssachverhalts angewandt wurde:

> Eine Mehrheit von Streitgegenständen liegt auch bei gleichem Antrag dann vor, wenn die materiellrechtliche Regelung die zusammentreffenden Ansprüche erkennbar unterschiedlich ausgestaltet. Dies ist bei dem Anspruch aus öffentlich-rechtlicher Aufopferung gegenüber den Ansprüchen aus Gefährdungshaftung und Amtspflichtverletzung der Fall.[693]

Ganz in diesem Sinne führt der BGH in einer anderen Entscheidung Folgendes aus:

> [...] Andererseits hat der Senat eine Einheitlichkeit des Streitgegenstandes bejaht im Verhältnis zwischen dem Amtshaftungsanspruch und dem Anspruch aus enteignungsgleichem Eingriff. Der Senat hat daher in einem Fall, in dem der Kläger - wie hier - als Grundlage für sein Schadensersatzbegehren lediglich die Amtshaftung herangezogen hatte, die Gerichte für berechtigt und verpflichtet gehalten, den Prozeßstoff [sic] auch unter dem rechtlichen Gesichtspunkt des enteignungsgleichen Eingriffs zu würdigen [...].[694]

In diesen Entscheidungen hat das Gericht im Rahmen der Bestimmung des Lebenssachverhalts neben einem tatsächlichen Abgrenzungsfaktor auch eine materiellrechtliche Tatsachenauswertung mithilfe der Tatbestände der in Betracht kommenden Anspruchsnormen angenommen. Da auch die Gesetztatbestände natürliche Sachverhaltskomplexe erfassen, bildet nach *Reischl* eine materiellrechtlich orientierte Abgrenzung neben der tatsächlichen Abgrenzung ein materiellrechtliches Gleichwertigkeitskriterium.[695] *Musielak* und *Schilken*[696] halten eine materiellrechtlich orientierte Abgrenzung des Lebenssachverhalts für möglich, wenn die natürliche Betrachtungsweise (auch bei Berücksichtigung der Verkehrsanschauung) keine ausreichende Abgrenzung schaffen kann.[697] Daher ist die Heranziehung der rechtlichen Gesichtspunkte bei der Lösung des Abgrenzungsproblems eher ein (sekundäres) Hilfskriterium (ein Orientierungs-

---

692 MünchKommZPO/*Gottwald*, § 322 ZPO, Rdn. 144.

693 BGH, 27.05.1993, NJW 1993, 2173 ff.

694 BGH, 11.07.1996, NJW 1996, 3151 f.; für weitere Beispiele aus der Rechtsprechung vgl. *Reischl*, Die objektiven Grenzen, S. 219 ff.

695 *Reischl*, Die objektiven Grenzen, S. 223 f.

696 *Musielak*, NJW 2000, 3593, 3595; *Schilken*, Zivilprozessrecht, S. 128 f.

697 Der hergestellte Bezug zwischen dem Lebenssachverhalt und dem anzuwendenden Rechtsfolgesatz dürfe allerdings nicht dazu führen, den Lebenssachverhalt aufgrund der Selbständigkeit der materiellen Rechtssätze entgegen prozessualen Zwecken zu zergliedern, *Musielak*, NJW 2000, 3593, 3595.

punkt), nicht also wie bei *Reischl* ein Gleichwertigkeitskriterium. Laut *Althammer* weist jedoch der materiellrechtlich orientierte Abgrenzungsversuch der Rechtsprechung aktionenrechtliche Züge[698] auf und belastet aufgrund des Fehlens allgemeiner Maßstäbe mit Unsicherheiten.[699]

Außerdem müsse nach BGH der Kläger, der bei einer wettbewerbsrechtlichen Unterlassungsklage seinen Unterlassungsanspruch auf mehrere Anspruchsnormen stütze, aufgrund der Komplexität der entsprechenden Lebenssachverhalte klarstellen, ob er lediglich eine zusätzliche Begründung bzw. einen weiteren Sachverhalt in das Verfahren vorbringen wolle[700]:

> Der Klagegrund, der den Streitgegenstand einer Unterlassungsklage mit bestimmt, wird durch die zu seiner Begründung vorgetragenen Verletzungsfälle gebildet. Mehrere mit der Klage vorgetragene gleichartige Verletzungshandlungen, auf die ein Unterlassungsantrag mit einem bestimmten Klageziel gestützt wird, bilden dabei einen einheitlichen Klagegrund. Es ist jedoch anerkannt, dass mit der späteren Einführung weiterer Verletzungshandlungen in einen Unterlassungsprozess ohne Änderung des Klageantrags eine Änderung des Streitgegenstands, d.h. eine Klageänderung, verbunden ist, auch wenn sich aus den nachgeschobenen Verletzungsfällen dieselbe Verletzungsform ergibt.[701]

In dieser Entscheidung geht der BGH (auch) vom herrschenden zweigliedrigen Streitgegenstandsbegriff aus. Allerdings bestimmt er den für den Umfang der Rechtskraft entscheidenden Streitgegenstand sehr eng.[702] Infolgedessen hat er für einen geringen Umfang der Rechtskraft entschieden.[703]

b) Abweichende Rechtsprechung

Obwohl die deutschen Gerichte überwiegend auf den zweigliedrigen Streitgegenstandsbegriff abstellen, existieren ebenfalls ausnahmsweise abweichende Entscheidungen.

In einer Entscheidung aus dem Jahr 2002 folgte der BGH unvermutet in Bezug auf die aktienrechtlichen Nichtigkeits- und Anfechtungsklagen dem ein-

---

698 Vgl. *Rimmelspacher*, JuS 2004, 560, 561.

699 *Althammer*, ZZP 123 (2010), 163, 172.

700 *Rosenberg/Schwab/Gottwald*, Zivilprozessrecht, S. 506; vgl. Stein/Jonas/*Leipold*, § 322 ZPO, Rdn. 104.

701 BGH, 23.02.2006, NJW-RR 2006, 1118 ff.; vgl. BGH, 26.01.2006, JZ 2006, 1178 ff.; BGH, 23.02.2006, NJW-RR 2006, 1046 ff.; BGH, 03.04.2003, NJW 2003, 2317 ff.

702 *Schöpflin*, JZ 2007, 239, 243 f.

703 Ausführlich zu gegenständlichen Grenzen materieller Rechtskraft bei Unterlassungsurteilen, vgl. *Grosch*, Rechtswandel und Rechtskraft bei Unterlassungsgründen, S. 67 ff.

gliedrigen Streitgegenstandsbegriff.[704] Das Gericht hat jedoch den Begriff des eingliedrigen Streitgegenstands in dieser Entscheidung nicht ausdrücklich verwendet. Auffallend ist, dass das OLG München später dies in einer Entscheidung offen angesprochen hat:

> Wegen der Wirkungen des § 248 AktG geht der Bundesgerichtshof für die aktienrechtlichen Nichtigkeits- und Anfechtungsklagen von dem so genannten eingliedrigen Streitgegenstandsbegriff aus. Danach ist Streitgegenstand das mit der Klage verfolgte prozessuale Ziel, die richterliche Klärung der Nichtigkeit eines Hauptversammlungsbeschlusses in Bezug auf seine fehlende Übereinstimmung mit Gesetz oder Satzung hinsichtlich seines Gegenstandes und Inhaltes sowie des zur Beschlussfassung führenden Verfahrens herbeizuführen.[705]

Außerdem bestimmt der BGH den Streitgegenstand des Entscheidungsverfahrens, das im FamFG geregelt ist, ebenfalls auf der Grundlage eines eingliedrigen Verständnisses des Streitgegenstands.[706] Ferner gibt es auch bei Feststellungsklagen im Hinblick auf die Feststellung von absoluten Rechten Tendenzen zu einem eingliedrigen Streitgegenstandsbegriff.[707] Im Bereich des Unterhaltprozesses wird der Lebenssachverhalt im Rahmen des § 238 FamFG (früher § 323 ZPO) durch den BGH (im Gegensatz zum zweigliedrigen Streitgegenstandsbegriff) weit verstanden.[708] Maßgebend ist für die Bestimmung des Streitgegenstandes ist nicht der Klageantrag, sondern der Lebenssachverhalt.[709] Dabei hätten der Erstprozess und die Abänderungsklage laut dem Gericht den gleichen Streitgegenstand, obwohl im Zweitprozess eine veränderte Sachlage besteht.[710] Demzufolge haben gegenläufige Abänderungsklagen auf Verminderung oder

---

704 „Das Verständnis, das die überwiegende Meinung dem Streitgegenstand [(zweigliedriger Streitgegenstandsbegriff)] dieser Klagen zugrunde legt, orientiert sich offensichtlich an den Kriterien, von denen die weitaus überwiegende Meinung bei der Leistungsklage ausgeht. Das wird jedoch der Eigenart der Nichtigkeits- und Anfechtungsklage nicht gerecht", BGH, 22.07.2002, NJW 2002, 3465 ff.

705 OLG München, 04.11.2009, ZIP 2010, 84 ff.

706 *Roth,* in: FS für Dieter Schwab, S. 701 ff.; *Althammer*, ZZP 123 (2010), 163, 173.

707 *Althammer*, ZZP 123 (2010), 163, 173. Vgl. unten (Fn. 758).

708 Vgl. *Gottwald,* in: FS für Karl Heinz Schwab, S. 151 ff.; Stein/Jonas/*Leipold*, § 323 ZPO Rdn. 41.

709 „§ 323 Abs. 2 ZPO gewährleistet, daß [sic] auch der Gegenstand einer zulässig eingeleiteten Abänderungsklage stets der volle Unterhalt ist und nicht nur die Frage, ob aufgrund veränderter Verhältnisse eine Erhöhung oder Herabsetzung in Betracht kommt", BGH, 01.10.1997, FamRZ 1998, 99 ff. vgl. auch BGH, 13. Juni 2001, FamRZ 2001, 905 f.; BGH, 05.09.2001, BGHZ 148, 368 ff.

710 *Rosenberg/Schwab/Gottwald*, Zivilprozessrecht, S. 507; *Gottwald*, in: Dogmatische Grundlagen, S. 92; Thomas/Putzo/*Reichold*, § 323 ZPO, Rdn. 2; Zöller/*Vollkommer*, § 323 ZPO, Rdn. 30.

Erhöhung eines titulierten Kindesunterhalts denselben Streitgegenstand.[711] Auffallend ist an dieser Stelle, dass dieses weit verstandene und pragmatisch abgegrenzte Verständnis des Lebenssachverhalts im Bereich des Unterhaltprozesses Ähnlichkeit mit der sog. Kernpunkttheorie des EuGH hat.[712] Sinn dieser Konzeption ist namentlich die Herstellung einer Verfahrenskonzentration bei einem Gericht, um widersprechende Entscheidungen zu vermeiden.[713]

Jedoch sind diese abweichenden Entscheidungen der deutschen Gerichte als Ausnahmen anzusehen. Sie lassen sich nicht verallgemeinern, weil nahezu die gesamte vorherrschende Meinung in der deutschen Gerichtspraxis auf den zweigliedrigen Streitgegenstandsbegriff gerichtet ist.

11. Der autonome Streitgegenstandsbegriff des EuGH

a) Allgemeines

Der EuGH hat in seiner Rechtsprechung die sog. Kernpunkttheorie als einen autonomen Streitgegenstandsbegriff für die Koordinierung der Rechtshängigkeitskonkurrenzen im Sinne des Art. 21 EuGVÜ (jetzt Art. 27 EuGVO)[714] (besonders) in den Entscheidungen *Gubish*[715] und *Tatry*[716] entwickelt.[717] Dabei geht der EuGH bei der Bestimmung der Streitgegenstandsidentität von einem sehr weit verstandenen Lebenssachverhalt aus. Genauer gesagt wird der Streitgegenstand durch die pragmatisch verstandene Einheit des Streits der Parteien über die Rechtsfolgen eines Lebenssachverhalts bestimmt.[718]

Die Rechtshängigkeitsvorschrift (Art. 27 EuGVO) bildet eigentlich den Ausgangspunkt dieser Theorie und ihr erster Absatz lautet: „Werden bei Gerichten verschiedener Mitgliedstaaten Klagen wegen desselben Anspruchs zwischen denselben Parteien anhängig gemacht, so setzt das später angerufene Gericht das

---

711 BGH, 23.10.1996, FamRZ 1997, 488; vgl. *Gottwald*, in: Dogmatische Grundlagen, S. 91 f.; *Rosenberg/Schwab/Gottwald*, Zivilprozessrecht, S. 507 f.

712 *Gottwald*, in: Dogmatische Grundlagen, S. 92 f.; *Rosenberg/Schwab/Gottwald*, Zivilprozessrecht, S. 507; für die sog. Kernpunkttheorie des EuGH siehe unten 11-a.

713 *Gottwald*, in: Dogmatische Grundlagen, S. 93.

714 Die EuGVO ist am 01.03.2002 in Kraft getreten und ersetzt insoweit das bis dahin als völkerrechtlicher Vertrag geltende EuGVÜ.

715 EuGH, 08.12.1987, (*Gubisch Maschinenfabrik*) NJW 1989, 665 f.

716 EuGH, 06.12.1994, (*Tatry*) NJW 1995, 1883.

717 *Hess*, Europäisches Zivilprozessrecht, § 6 III, Rdn 154, § 10 IV, Rdn 130. Vgl. EuGH, 19.05.1998, (*Drouot assurances*) EuZW 1998, 443 f.; EuGH, 14.10.2004 (*Maersck Olie*) IPRax 2006, 262 ff.; EuGH, 08.05.2003 (*Gantner Electronic*) NJW 2003, 2596 f.

718 *Gottwald*, in: Dogmatische Grundlagen, S. 91.

Verfahren von Amts wegen aus, bis die Zuständigkeit des zuerst angerufenen Gerichts feststeht".

Im Rahmen der weiten Auslegung dieser Rechtshängigkeitsvorschrift stellt der EuGH bei der Bestimmung des Begriffs *Klagen wegen desselben Anspruchs zwischen denselben Parteien* (*proceedings involving the same cause of action / demandes ayant le même objet et la même cause*) auf einen verordnungsautonom zu ermittelnden Streitgegenstand ab.[719] Sowohl der Begriff *desselben Anspruchs*, als auch *derselben Parteien* werden durch den Gerichtshof weit verstanden. Dabei setzt Art. 27 EuGVO voraus, dass sowohl die Parteien[720] als auch die Ansprüche im Kernpunkt identisch sind.[721] Für die Bestimmung der Identität des Anspruchs kommt es auf den Gegenstand, der sich auf den Zweck der Klage bezieht, und auf den Grund des Klageanspruchs, der sich auf den Tatsachenvortrag und die anzuwendenden Anspruchsgrundlagen bezieht, an.[722]

Nach dieser Ansicht kommt es bei der Festlegung des Streitgegenstandes im Gegensatz zum deutschen Recht nicht auf die von den Klägern formulierten Klageanträge an. Denn der Normzweck des Art. 27 EuGVO ist die Vermeidung sowohl von widersprüchlichen Entscheidungen als auch Parallelverfahren und Kompetenzkonflikten in Europa.[723] Maßgebend ist dabei die Übereinstimmung beider Verfahren im Kern. Dies ist nur möglich, wenn in beiden Verfahren bei natürlicher Betrachtungsweise über die gleiche Sache gestritten wird. Anders ausgedrückt, die Kontrollfrage lautet, ob sich die konkurrierenden Urteile in ihren Kernaussagen widersprechen werden.[724] Auf diese Weise wird eine Verfahrenskonzentration im zuerst angegangenen Gericht mit einer korrespondierenden Einlassungslast der Parteien erreicht.[725] Damit soll mehr Effizienz erzielt wer-

---

719 Musielak/*Musielak*, Einl., Rdn. 72a; *Adolphsen*, Zivilprozessrecht, S. 109; Stein/Jonas/*Roth*, Vor. § 253 ZPO Rdn. 44; *Rosenberg/Schwab/Gottwald*, Zivilprozessrecht, S. 508; Prütting/Gehrlein/*Prütting*, Einl., Rdn. 22.

720 Der Begriff der Parteiidentität ist auch autonom zu bestimmen und grundsätzlich eng zu interpretieren, um den Justizgewährungsanspruch nicht zu beeinträchtigen. Der EuGH beachtet bei der Bestimmung der Parteiidentität nicht einen formellen Parteibegriff, sondern die Interessenidentität der Parteien, *Hess*, Europäisches Zivilprozessrecht, § 6 III, Rdn 158; zur Verbindung zwischen den Parteilehre und Justizgewährung vgl. *Hess*, ZZP 112 (2004), 267, 286 ff.

721 *Hess*, Europäisches Zivilprozessrecht, § 10 IV, Rdn 130.

722 *Hess*, Europäisches Zivilprozessrecht, § 6 III, Rdn 156.

723 *Hess*, Europäisches Zivilprozessrecht, § 6 III, Rdn 156; *Rosenberg/Schwab/Gottwald*, Zivilprozessrecht, S. 508. „Das Prioritätsprinzip setzt freilich voraus, dass in allen europäischen Mitgliedsstaaten ein gleichmäßiges Rechtsschutzniveau besteht", Prütting/Gehrlein/*Prütting*, Einl., Rdn. 22.

724 *Hess*, Europäisches Zivilprozessrecht, § 6 III, Rdn 157.

725 *Hess*, Europäisches Zivilprozessrecht, § 6 III, Rdn 157.

den. Da diese Last die individuelle Rechtsverfolgung nur einschränkt, nicht aber behindert, ist sie für die Parteien als zumutbar anzusehen.[726]

Infolgedessen kann z. B. bei Vorfragen im Fall wechselseitiger Ansprüche aus demselben Vertragsverhältnis Identität bestehen.[727] Dabei kann also der Kernpunkt der Verfahren ebenfalls die präjudiziellen Rechtsverhältnisse im Sinne von Vor- und Hauptfrage betreffen.[728] Eine Leistungsklage und eine negative Feststellungsklage können (gleichgültig in welcher Reihenfolge sie erhoben werden) den gleichen Streitgegenstand haben, soweit sie im Kern übereinstimmen.[729]

Der EuGH sieht z. B. im Fall einer nach einer Leistungsklage erhobenen Feststellungsklage denselben Streitgegenstand im Rahmen des Art. 27 EuGVO vor. Denn beide Verfahren stimmen im Kern überein:

> Deshalb ist dem nationalen Gericht zu antworten, dass der Begriff der Rechtshängigkeit im Sinne von Artikel 21 [...] [jetzt Art. 27 EuGVO] den Fall umfasst, dass eine Partei vor dem Gericht eines Vertragsstaats die Feststellung der Unwirksamkeit oder die Auflösung eines internationalen Kaufvertrags begehrt, während eine Klage der anderen Partei auf Erfüllung desselben Vertrags vor dem Gericht eines anderen Vertragsstaats anhängig ist. [...] Kernpunkt beider Rechtsstreitigkeiten ist somit die Wirksamkeit dieses Vertrags.[730]

Nach dem Gerichtshof besteht auch Streitgegenstandsidentität, wenn zuerst eine negative Feststellungsklage erhoben wurde und später in einem anderen Mitgliedstaat eine Leistungsklage erhoben wird:

> [...] Artikel 21 des Übereinkommens [jetzt Art. 27 EuGVO] [ist] dahin auszulegen, daß [sic] eine Klage, die auf die Feststellung, daß [sic] der Beklagte für einen Schaden haftet, und auf dessen Verurteilung zur Zahlung von Schadensersatz gerichtet ist, denselben Anspruch betrifft wie eine von diesem Beklagten früher erhobene Klage auf Feststellung, daß [sic] er für diesen Schaden nicht haftet.[731]

b) Die Kernpunkttheorie und Rechtskraft – Rezeption in Deutschland?

Die Kernpunkttheorie ist innerhalb des europäischen Rechtsschutzsystems ebenfalls von den deutschen Gerichten zu beachten, obwohl sie sich in keiner Rechtsordnung eines Mitgliedstaates findet.

Rechtspolitisch erscheint diese Theorie für das kontinental-europäische Konzept aufgrund des Gesichtspunkts der Rechtsklarheit (zumindest) bei der

726 *Gottwald*, in: Dogmatische Grundlagen, S. 93.
727 *Hess*, Europäisches Zivilprozessrecht, § 6 III, Rdn 157.
728 *Hess*, Europäisches Zivilprozessrecht, § 6 III, Rdn 157.
729 *Rosenberg/Schwab/Gottwald*, Zivilprozessrecht, S. 508.
730 EuGH, 08.12.1987, (*Gubisch Maschinenfabrik*) NJW 1989, 665 f.
731 EuGH, 06.12.1994, (*Tatry*) NJW 1995, 1883.

Bestimmung der Rechtshängigkeit (für Streitigkeiten zwischen Mitgliedstaaten) sachgerecht.[732]

Es bestehen jedoch Zweifel, ob sie sich auch auf das deutsche Verfahrensrecht (bei der Bestimmung der Rechtshängigkeit bei rein nationalen Fällen) übertragen lässt. Nach *Zeuner* und *Walker* ist eine von § 261 Abs. 3 Nr. 1 ZPO[733] abweichende Regelung für den EuGVO-Bereich unvereinbar mit dem deutschen Zivilprozessrecht.[734] Ferner kann nach *Althammer* eine Ausrichtung des § 261 Abs. 3 Nr. 1 ZPO am Umfang der Kernpunktlehre zu einer empfindlichen Verkleinerung des Anwendungsbereichs des § 148 ZPO führen.[735]

Ob diese Theorie mit dem herkömmlichen nationalen Verständnis im Hinblick auf die Rechtskraftwirkung zu vereinbaren ist, erscheint rechtspolitisch bedenklich.[736] Denn die Kernpunkttheorie erfasst nur den Fall der Rechtshängigkeit. Art und Umfang der Rechtskraftwirkung richten sich vielmehr allein nach dem jeweiligen nationalen Recht und es fehlt infolge an einer europarechtlichen Vorgabe.[737] Es gibt auch keine einheitliche Rechtskraftregelung bzw. Streitgegenstandslehre in Europa. Die EuGVO hat einen eigenständigen Anwendungsbereich.[738]

Für die meisten nationalen Streitgegenstandslehren ist der Klageantrag von entscheidender Bedeutung bei der Bestimmung der objektiven Grenzen der materiellen Rechtskraft. Manche Länder haben eine enge Rechtskraftkonzeption, manche dagegen ein weites Verständnis der Rechtskraft.

In manchen Ländern erstrecken sich die objektiven Grenzen der Rechtskraft auf die Entscheidungsgründe, wie die angelsächsische *estoppel-Doktrin* in Eng-

---

732 *Hess*, Europäisches Zivilprozessrecht, § 6 III, Rdn 153.

733 Die Vorschrift lautet: „Während der Dauer der Rechtshängigkeit kann die Streitsache von keiner Partei anderweitig anhängig gemacht werden".

734 *Zeuner*, in: FS für Gerhard Lüke, S. 1005; *Walker*, ZZP 111 (1998), 429, 436.

735 „Art. 148 ZPO könnte – außer bei der Feststellung von Drittrechtsverhältnissen – sogar funktionslos werden", *Althammer*, ZZP 123 (2010), 163, 178, 178 (Fn. 101); „Wollte man diese Konzentrationslast verallgemeinern, so hätte dies allerdings weitreichende Folgen, nicht nur für den Streitgegenstandsbegriff, sondern auch für die Zulässigkeit von Teilklagen, von Zwischenfeststellungsklagen, möglicherweise auch für die Geltendmachung der Aufrechnung als Verteidigungsmittel trotz selbständiger Klage und umgekehrt", *Rosenberg/Schwab/Gottwald*, Zivilprozessrecht, S. 508.

736 *Schilken*, Zivilprozessrecht, S. 131; kritisch dazu Stein/Jonas/*Roth*, Vor. § 253 ZPO Rdn. 52 ff.; *Prütting*, in: FS für Kostas Beys Bd. 2 (2003), S. 1273 ff.; *Rüßmann*, ZZP 111 (1998), 399, 413 ff.; *Walker*, ZZP 111 (1998), 429, 434 ff.; *Zeuner*, in: FS für Gerhard Lüke, S. 1015 ff.

737 *Gaul*, in: Zivilverfahrensrechtliche Probleme des 21. Jahrhunderts, S. 107; *Gottwald*, in: Dogmatische Grundlagen, S. 96.

738 *Zeuner*, in: FS für Gerhard Lüke, S. 1015.

land[739] oder die Weitauslegung des Begriffs *dispositif du jugement* in Frankreich.[740] Dagegen gelten in den meisten kontinental-europäischen Verfahrensordnungen enge, also streng durch den Antrag begrenzte Rechtskraftvorstellungen, wie z. B. im deutschen Recht oder (gesetzlicher Regelung entsprechend) in der Türkei. Demzufolge ist eine Rezeption der Kernpunktlehre vor allem in den Ländern, in denen enge Rechtskraftkonzeptionen herrschen, fraglich.

Der EuGH geht von identischen Streitgegenständen aus, wenn z. B. im Erststaat eine Zahlungsklage anhängig ist und im Zweitstaat eine Klage auf die Feststellung der Unwirksamkeit des Kaufvertrags erhoben wird. Denn der Kernpunkt beider Klagen ist die Gültigkeit des Kaufvertrags. Ein solches Ergebnis lässt sich (bereits) mangels Identität der Klageanträge sowohl im deutschen als auch im türkischen Recht nicht akzeptieren.

Dabei ist auf die streitige Lehre von sog. Sinnzusammenhängen (von *Zeuner*) und Ausgleichszusammenhängen (von *Foerste*) im deutschen Recht besonders hinzuweisen.[741] Diese Lehre hat (hinsichtlich der Rechtskraftwirkung) (teilweise) Ähnlichkeit mit der Kernpunktlehre, weil sie ebenfalls von einem weiten Verständnis des Entscheidungsgegenstandes ausgeht. Nach dieser Lehre ist eine Erstreckung der objektiven Grenzen der materiellen Rechtskraft auf manche Vorfragen möglich. Dabei spricht man im Rahmen dieser Lehre aber von einer sinnbezogenen Bindungswirkung für eine zweite Klage (z. B. Zahlungsanspruch wird bejaht, Gegenanspruch wird mangels wirksamen Vertrags verneint), nicht also wie nach der Kernpunktlehre von einer Präklusion jeder weiteren, inhaltlich mit der ersten unvereinbaren oder darüber hinausgehenden Klage.[742]

In der deutschen Lehre wird eine Übertragung der Kernpunkttheorie im Hinblick auf die Rechtskraftwirkung auf das deutsche Recht kritisiert. Diesbezüglich kommt *Althammer* zu dem Ergebnis, dass eine sachverhaltsorientierte Ausdehnung des Streitgegenstandes sowohl zu einer unnötigen Aufblähung des Verfahrens als auch zu überraschenden Rechtskraftwirkungen führen kann.[743]

---

739 Vgl. *Spellenberg*, in: FS für Wolfram Henckel, S. 844 ff.; *Stürner*, in: FS für Rolf A. Schütze, S. 920 ff.; *Ritter*, ZZP 87 (1974), 138, 166 ff.; *Gaul*, in: FS für Wolfram Henckel, S. 369 ff.; *Zeuner*, in: FS für Konrad Zweigert, S. 603 ff.; *Budak*, Civil Justice Quarterly 1992, 261, 261 ff.

740 Vgl. *Zeuner*, in: FS für Konrad Zweigert, S. 608 ff.; *Spellenberg*, in: FS für Wolfram Henckel, S. 859 ff.; *Stürner*, in: FS für Rolf A. Schütze, S. 926 ff.; *Ritter*, ZZP 87 (1974), 138, 152 ff.

741 Ausführlich zu diesen Lehren siehe unten VI-2 und VI-3-a.

742 *Gottwald*, in: Dogmatische Grundlagen, S. 97; *Walker*, ZZP 111 (1998), 429, 450.

743 *Althammer*, ZZP 123 (2010), 163, 177 f.

Nach *Walker* passt der weite Streitgegenstandsbegriff des EuGH nicht zur engen Bestimmung des Entscheidungsgegenstandes im Zusammenhang mit der Rechtskraft und hat den Zusammenhang zwischen der Rechtshängigkeit und der Rechtskraft aufgelöst.[744] Man kann diese Einheit nach *Gottwald* (aber theoretisch) auf Grundlage der Kernpunkttheorie wiederherstellen, falls man die Rechtskraftwirkung im nationalen Recht nach dem weiten Streitgegenstandsbegriff des EuGH bestimmt.[745]

Prütting hält die Auffassung des EuGH zur Bestimmung des Umfangs der materiellen Rechtskraft für ungeeignet.[746] Da der EuGH mit der Kernpunkttheorie spezielle Ziele verfolge, bezeichnet sie *Musielak* auch wenig geeignet für das deutsche Recht.[747]

Gemäß *Rüßmann* wäre eine Übertragung der Kernpunktlehre auf das deutsche Recht ein Weg zurück zur Lehre von *Savigny*, wonach die Rechtskraft und Rechtshängigkeit vom Antrag gelöst werden und das Rechtsverhältnis als Ganzes angesehen wird und infolgedessen die Entscheidungselemente von der Rechtskraft erfasst werden.[748]

Otte wies ferner auf die Missbrauchsgefahr hin. Nach ihm gibt es bereits Anwälte, die dazu raten, eine negative Feststellungsklage beim unzuständigen Gericht zu erheben, mit dem alleinigen Ziel, die Leistungsklage zu blockieren.[749]

Nach diesen Ausführungen ist festzustellen, dass eine Übertragung der für die Rechtshängigkeit entwickelte Kernpunkttheorie auf das deutsche Recht im Hinblick auf die materielle Rechtskraft undurchführbar erscheint. Es stellt sich in diesem Zusammenhang die Frage, ob eine Übertragung der Kernpunkttheorie lediglich hinsichtlich der Rechtshängigkeit auf der Grundlage eines relativen Streitgegenstandsbegriffs möglich wäre. Dabei wäre im Rahmen des relativen Streitgegenstandes für die Bestimmung der materiellen Rechtskraft die traditionell enge Formulierung des Streitgegenstandes durch den Klageantrag und bestimmten Lebenssachverhalt maßgeblich.[750] Die Antwort dieser wichtigen Frage hängt jedenfalls von einer rechtspolitischen Zielsetzung ab und bedarf einer

744 *Walker*, ZZP 111 (1998), 429, 450, 454.

745 *Walker*, ZZP 111 (1998), 429, 450; *Gottwald*, in: Dogmatische Grundlagen, S. 96.

746 Prütting/Gehrlein/*Prütting*, Einl., Rdn. 22.

747 Musielak/*Musielak*, Einl., Rdn. 72a.

748 Über eine Übertragung führt weiter aus: „Die Zeit der dogmatischen Unschuld in der Streitgegenstandslehre mag vorbei sein. Nationales Recht steht sicher unter vielfältigem gemeineuropäischen Einfluß [sic]. Eine Änderung der deutschen Streitgegenstandslehre ist dennoch nicht geboten“, *Rüßmann*, ZZP 111 (1998), 399, 421 ff.

749 *Otte*, in: *Heiderhoff*, ZZP 111 (1998), 455, 458.

750 *Gottwald*, in: Dogmatische Grundlagen, S. 99; Musielak/*Musielak*, Einl., Rdn. 72a.

möglichst umfassenden und systematischen rechtlichen Analyse in Verbindung mit der herkömmlichen Streitgegenstandslehre.

Insgesamt bleibt eine Anpassung des weiten Streitgegenstandsbegriffs des EuGH (entweder in Form eines relativen Streitgegenstandsbegriffs oder eines einheitlichen) und damit eine Erweiterung der Rechtskraftgrenzen also vielmehr eine rechtspolitische Wertungsfrage.

12. Bewertung und Stellungnahme

Es ist unstreitig, dass der Streitgegenstand durch den Kläger bestimmt wird und nicht mit dem zivilrechtlichen Anspruch im Sinne des § 194 Abs. 1 BGB gleichgesetzt werden kann. Er wird vielmehr durch prozessrechtliche Wertungen bestimmt.

Da der Umfang des Streitgegenstandes durch die ZPO nicht ausführlich geregelt ist, ist es nicht möglich, alle Einzelheiten hinsichtlich des Streitgegenstandes aus dem Gesetz abzuleiten. Demzufolge ist die Bestimmung der Grenzen des Streitgegenstandes eine am Gesetz orientierte, aber auch rechtspolitisch beeinflusste Wertungsfrage, zu deren Beantwortung die der ZPO zugrundeliegenden Prozessziele und Verfahrensprinzipien berücksichtigt werden sollten.[751]

Für die Bestimmung der Grenzen des Streitgegenstandes werden unterschiedliche Theorien entwickelt. Alle haben bestimmte Vor- und Nachteile. Obwohl diese Theorien unterschiedliche Ausgangspunkte haben, produzieren sie in den meisten Fällen die gleichen Ergebnisse. Dabei bleiben die Unterschiede zwischen den Theorien gelegentlich nur scheinbar.

Für eine schlüssige und interessengerechte Lösung sollten vor allem die Theorien abgelehnt werden, die sich an das Gedankengebäude der Begriffsjurisprudenz anlehnen. Infolgedessen sollte der Streitgegenstand interessenorientiert bestimmt werden. Jedoch darf man nicht vergessen, dass aus den Interessen schließlich wieder Begriffe, die für die Praxis handhabbar sind, abgeleitet werden müssen.[752] In diesem Zusammenhang dient dem Ausgleich zwischen der Begriffsjurisprudenz und Interessenjurisprudenz lediglich die Relativität des Streitgegenstandes. Damit werden die praktischen Bedürfnisse erfüllt. Wie *Althammer* mit Recht hervorhebt: „Das Einheitsdogma bildet vielmehr den eigentlichen Hemmschuh für eine moderne Streitgegenstandslehre".[753] Für eine dogmatische Bewältigung der Streitgegenstandsproblematik ist daher die relative Streitgegenstandslehre der einheitlichen Lehre vorzuziehen.

---

751 *Bub*, Streitgegenstand und Rechtskraft bei Zahlungsklagen, S. 133 f.

752 *Kerameus*, in: *Heiderhoff*, ZZP 111 (1998), 455, 462.

753 *Althammer*, ZZP 123 (2010), 163, 178.

Abgesehen von diesem Einheitsdogma führt die Orientierung des Streitgegenstandes rein am materiellen oder prozessualen Recht zu einem anderen Hindernis auf dem Weg zu einer modernen Streitgegenstandslehre. Wie *Brox* diesbezüglich mit Recht betont: „Die Theorien, die entweder nur auf dem Prozessrecht oder auf dem materiellen Recht aufbauen, sehen nur eine Seite des komplexen Gebildes“.[754]

Es handelt sich bei dem Streitgegenstand um ein prozessuales Rechtsinstitut. Daher sollte der Streitgegenstand nach prozessualen Kriterien bestimmt werden. Deswegen sind die alten und neuen materiellrechtlichen Streitgegenstandstheorien abzulehnen. Allerdings sollte man sich nur bei der Abgrenzung des Lebenssachverhalts auch an rechtlichen Gesichtspunkten orientieren, insbesondere wenn bei Grenzfällen der Lebenssachverhalt nicht eindeutig bestimmt werden kann.[755]

Im Rahmen der relativen Streitgegenstandslehre sollte der Streitgegenstand den verschiedenen prozessualen Konstellationen (bei der Rechtshängigkeit, Klageänderung, Klagehäufung, Zuständigkeitsregelung und materiellen Rechtskraft) angepasst werden.

Bei Rechtshängigkeit, Klageänderung und Klagehäufung ist den Streitgegenstand eingliedrig (also klageantragorientiert) zu bestimmen. Denn maßgebend ist bei diesen prozessualen Situationen, die eine Ordnungsfunktion erfüllen, stets die Verfahrenskonzentration. Der Druck auf die Parteien, den möglichen Prozessstoff im anhängigen Prozess vorzutragen oder den geänderten Vortrag als Prozessstoff anzunehmen ist als zumutbar anzusehen.[756] Darüber hinaus können mit einer solchen Ausrichtung auch die Schwierigkeiten bei der Abgrenzung des Sachverhalts überwunden werden. Auch entspricht eine derartige Lösung dem Grundsatz der Prozessökonomie und dadurch dem öffentlichen Interesse.

Die Rechtskraft und die Rechtshängigkeit haben der herrschenden Lehre zufolge gemeinsame Ziele, nämlich widersprüchliche Entscheidungen zu verhindern. Deshalb ist der Streitgegenstand nach der herrschenden Lehre für die Rechtshängigkeit genauso (zweigliedrig) zu bestimmen wie für die Rechts-

754 *Brox*, JuS 1962, 123, 128.

755 Zutreffend Musielak/*Musielak*, Einl., Rdn. 76 („Dass eine solche Orientierung an materiellrechtlichen Normen bei der Abgrenzung des Streitgegenstandes die prozessualen Streitgegenstandslehren den materiellrechtlichen Theorien annähert, ist nicht zu verkennen“); *Musielak*, NJW 2000, 3593, 3597 f.; *Schilken*, Zivilprozessrecht, S. 128 („Allerdings kann nicht geleugnet werden, dass die Lehre vom zweigliedrigen Streitgegenstandsbegriff in Grenzfällen nicht ohne einen Rückgriff auf das materielle Recht auskommt“). Vgl. oben (Fn. 581 und Fn. 696).

756 Stein/Jonas/*Leipold*, § 322 ZPO, Rdn. 93.

kraft.[757] Diese Ansicht ist abzulehnen. Denn diese Rechtsinstitute haben unterschiedliche Funktionen.

Die materielle Rechtskraft dient durch Sicherstellung der Einmaligkeit des Rechtsschutzes den privaten Interessen. Bei der Rechtskraft sind daher die Parteiinteressen und die Rechtsklarheit in Betracht zu ziehen. Diesbezüglich ist für die Abgrenzung des Streitgegenstandes der zugrundeliegende Lebenssachverhalt von Bedeutung. Bei der Bestimmung der Rechtskraft sollte die zweigliedrige Streitgegenstandslehre für alle Klagearten entscheidend sein. Dementsprechend wird bei der Rechtskraft der Streitgegenstand anhand des Klageantrags und des zu der Klagebegründung vorgetragenen Lebenssachverhalts bestimmt. Bei der Bestimmung der Rechtskraft sollte man also für die Leistungsklagen (und ihrer Kehrseite den Unterlassungsklagen), Gestaltungsklagen und Feststellungsklagen von einem zweigliedrigen Streitgegenstandsbegriff ausgehen. Es sollte dabei keine Besonderheit für die Feststellungsklagen bestehen, die sich auf ein konkretes absolutes Recht (wie das Eigentum) richten.[758]

Zur Abgrenzung des Lebenssachverhalts sollte (der Auffassung des BGH entsprechend) eine natürliche vom Standpunkt der Parteien ausgehende Betrachtungsweise oder die Verkehrsauffassung maßgebend sein. Nach diesen Abgrenzungskriterien wird ermittelt, welche dem Klageantrag zugrundeliegenden tatsächlichen Geschehen zusammengehören. Falls aber eine natürliche Betrachtungsweise (oder die Verkehrsauffassung) bei der Abgrenzung des Lebenssachverhalts nicht weiter hilft, sollte man sich in diesem Fall, wie *Musielak* und *Schilken* meinen, auch an rechtlichen Gesichtspunkten orientieren.[759]

Nach § 322 Abs. 1 ZPO bezieht sich der Umfang der materiellen Rechtskraft auf die Entscheidung über den Streitgegenstand. Ein weites Streitgegenstandskonzept bedeutet gleichfalls den Druck auf die Parteien, den möglichen Prozessstoff im anhängigen Prozess vorzutragen oder den geänderten Vortrag als Prozessstoff anzunehmen, als zumutbar anzusehen.

Bei der Bestimmung der Rechtskraft ist daher die eingliedrige Begriffsbildung abzulehnen. Da die eingliedrige Lehre den Streitgegenstand sehr weit bestimmt, könnte sie vor allem im Hinblick auf die Rechtskraft zu einer übermäßigen Präklusionswirkung führen. Darüber hinaus wäre es vom Standpunkt der Kläger unsachgerecht und unschlüssig, wenn der Prozessstoff aufgrund der Be-

---

757 Etwa *Walker*, ZZP 111 (1998), 429, 449.

758 Nach der anderen Ansicht bedürfe man aber bei solchen Feststellungsklagen aufgrund (bereits) konkreter Bestimmung durch den Klageantrag, den zugrunde liegenden Lebenssachverhalt nicht. Man geht also in diesem Zusammenhang vom eingliedrigen Streitgegenstandsbegriff aus, Zöller/*Vollkommer*, Einl. Rdn. 77 ff.; *Jauernig*, Zivilprozessrecht, S. 127; kritisch *Musielak*, NJW 2000, 3593, 3597 f.

759 Siehe hierzu oben (Fn. 581 und Fn. 696).

fürchtung vor einem übermäßigen Präklusionsumfang ausgeweitet wird. Die weitere Rechtsverfolgung des Klägers sollte durch die Rechtskraftwirkung (und die damit verbundene Präklusionswirkung) des Urteils nicht verhindert werden.[760]

Allerdings ist nicht zu verkennen, dass die Präklusion von Alttatsachen ein Rechtsinstitut ist, das die notwendige Kehrseite der Maßgeblichkeit der Entscheidung neben der Rechtskraft bildet.[761] Daher ist eine objektive Präklusion durch Rechtskraft erforderlich.

Die Ansicht von der Begrenzung des Urteilsgegenstandes durch den vorgetragenen Tatsachenkomplex ist hierbei auch zu verneinen. Denn der Streitgegenstand wird nicht durch die vorgetragenen Tatsachen begrenzt, sondern entscheidend für die Abgrenzung ist die prozessuale Wertung, ob bestimmte Ansprüche oder Tatsachenkomplexe zwingend Gegenstand eines Verfahrens sein sollen oder auch selbständig zur Entscheidung gestellt werden können.[762] Dabei sollte jedenfalls die Einheit des Lebenssachverhalts maßgeblich sein. Zum Lebenssachverhalt gehören alle Tatsachen, die den Geschehensablauf bilden. Dabei ist das Hauptabgrenzungskriterium die natürliche Betrachtungsweise nach der Verkehrsauffassung und, wenn diese zur Abgrenzung des Lebenssachverhalts nicht ausreichend ist, sind auch die anzuwendenden Rechtsfolgesätze zu berücksichtigen.

Außerdem erscheint auch die Ansicht, die eine weitgehende Tatsachenpräklusion außerhalb des vorgetragenen Tatsachenkomplexes verneint, nicht überzeugend.[763] Das Gericht entscheidet nicht nur über den dazu von den Parteien tatsächlich vorgetragenen Sachverhalt, sondern über den gesamten prozessualen Anspruch (und damit über den Lebenssachverhalt).[764] Die objektive Präklusion bezieht sich infolgedessen auch auf die Tatsachen, welche zurzeit des ersten Verfahrens objektiv vorhanden und erkennbar waren, aber nicht vorgetragen wurden und bei natürlicher Anschauung zum Lebenssachverhalt des Vorprozesses gehören.[765] Entscheidend für die Rechtskraftwirkung ist nicht, was die Parteien vorgebracht haben, sondern was sie vorbringen konnten. Dieses Ergebnis erscheint sachgerecht und zumutbar für den Kläger. Denn wenn der Kläger nicht mit alten Tatsachen präkludiert, die er früher hätte vorbringen können, könnte das Ziel der Rechtskraft nicht erreicht werden. Ganz in diesem Sinne führt der BGH Folgendes aus: „Mit dem Rechtsfrieden stiftenden Zweck der Rechtskraft

760 Musielak/*Musielak*, Einl., Rdn. 70.
761 MünchKommZPO/*Gottwald*, § 322 ZPO, Rdn. 142.
762 MünchKommZPO/*Gottwald*, § 322 ZPO, Rdn. 117.
763 Stein/Jonas/*Leipold*, § 322 ZPO, Rdn. 96, 231.
764 MünchKommZPO/*Gottwald*, § 322 ZPO, Rdn. 146.
765 MünchKommZPO/*Gottwald*, § 322 ZPO, Rdn. 142.

wäre es unvereinbar, wenn eine Partei nach Rechtskraft eines Urteils dieses sogleich wieder mit der Behauptung in Frage stellen dürfte, ein bekannt gewesener anderer Übertragungsvorgang sei nicht vorgetragen worden".[766]

Es sollte aber bejaht werden, dass der Kläger unter Berufung auf Alttatsachen, die nicht zum Lebenssachverhalt des Erstprozesses gehören, erneut klagen kann.

Demzufolge ist das Vorhersehbarkeitskriterium des BGH bei der Bestimmung des Präklusionsumfangs abzulehnen. Nach diesem Abgrenzungskriterium werden ebenfalls die noch nicht eingetretenen Tatsachen von der Präklusion erfasst. Diese Betrachtungsweise des Gerichts könnte zu einem übermäßigen Präklusionsumfang führen, der mit dem Zweck der Rechtskraft kaum vereinbar ist.

Was die europäische Dimension der Streitgegenstandslehre betrifft, kommt der sog. Kernpunktlehre des EuGH zweifache Bedeutung zu. Erstens wird durch diese Lehre eine gewisse Verfahrenskonzentration durch weite Bestimmung des Streitgegenstandes hinsichtlich der Rechtshängigkeit ermöglicht. Diese Betrachtungsweise des EuGH könnte im Rahmen eines denkbaren relativen Streitgegenstandsbegriffs für das deutsche Zivilverfahrensrecht zumindest bei der Schaffung der Verfahrenskonzentration durch die Rechtshängigkeit als Vorbild dienen. Damit würde durch eine mögliche europakonforme Auslegung die Relativität des Streitgegenstandes gegenüber dem herrschenden einheitlichen Streitgegenstandsbegriff gefördert.

Zweitens könnte die Kernpunktlehre die enge anspruchsbezogene Rechtskraftvorstellung des deutschen Rechts in Verbindung mit den Bedürfnissen des modernen internationalen Marktverkehrs in Frage stellen und darüber weitere Diskussionen auslösen. Diesbezüglich wirft *Hess* mit Recht die Frage auf, ob Deutschland sich nicht als Justizplatz in einer Konkurrenzsituation befinde. Denn auch Urteile mit weiteren Wirkungen als die Inländischen würden in Deutschland anerkannt. Müsse nicht die Prozessführung in Deutschland ähnlich weite Wirkungen erzielen wie in anderen europäischen Ländern, um als für die Parteien attraktiver Gerichtsplatz mithalten zu können?[767]

Die Antwort auf diese Frage liegt größtenteils in der rechtspolitischen Wertung. Die verdienstvollen wissenschaftlichen Darstellungen werden ebenso dazu beitragen, mit Blick auf neue Rechtskraftregelungen an das Ziel zu gelangen.

766 BGH, 11.11.1994, NJW 1995, 967.

767 *Hess*, in: *Heiderhoff*, ZZP 111 (1998), 455, 460.

VI. Rechtskrafterstreckung auf präjudizielle Vorfragen?

1. Herrschende Meinung

Nach der herrschenden Meinung in Literatur[768] und Rechtsprechung[769] umfasst die in Rechtskraft erwachsende Entscheidung die Feststellung vom Bestehen oder Nichtbestehen der präjudiziellen Rechtsverhältnisse nicht. Wenn also nicht der Entscheidungssatz, sondern eine Vorfrage des Erstprozesses auch Vorfrage des Zweitprozesses ist, spricht man nicht von der Rechtskraft dieser Vorfrage. Das Gericht des Zweitprozesses ist nicht mit der Feststellung des Richters des ersten Prozesses über diese Vorfrage verbunden. Eine rechtskräftige Feststellung einer solchen Vorfrage ist im anhängigen Verfahren lediglich möglich, wenn sie selbst bei einer Zwischenfeststellungsklage Streitgegenstand ist. Demzufolge nimmt der Subsumtionsschluss als Ganzes in Rechtskraft teil, nicht aber seine Glieder. Eine Rechtskrafterstreckung auf die einzelnen Entscheidungsgründe ist nicht möglich. Beispielsweise nimmt die Feststellung des Eigentums bei einer Entscheidung über einen Herausgabeanspruch (§ 985 BGB) nicht an der Rechtskraft teil. Auch wird durch Verurteilung zur Leistung bei einer Leistungsklage aus einem gegenseitigen Vertrag zugleich das Bestehen des Vertrages nicht

---

768 Stein/Jonas/*Leipold*, § 322 ZPO, Rdn. 89 ff.; Zöller/*Vollkommer*, Vor. § 322 ZPO, Rdn. 34 ff.; *Walker*, ZZP 111 (1998), 429, 450 f.; Prütting/Gehrlein/*Völzmann-Stickelbrock*, § 322 ZPO, Rdn. 19, 33; Baumbach/Lauterbach/*Hartmann*, § 322 ZPO, Rdn. 72; Musielak/*Musielak*, § 322 ZPO, Rdn. 16; *Musielak*, Grundkurs ZPO, S. 357; Hk-ZPO/*Saenger*, § 322 ZPO, Rdn. 25; *Zimmermann*, Zivilprozessordnung, S. 564; *Sauer*, Grundlagen des Prozessrechts, S. 269; *Kleinfeller*, Lehrbuch des deutschen Zivilprozessrechts, S. 234 f.; *Rosenberg/Schwab/Gottwald*, Zivilprozessrecht, S. 882; MünchKommZPO/*Gottwald*, § 322 ZPO, Rdn. 52 ff. *Arens/Lüke*, Zivilprozessrecht, S. 334; *Jauernig*, Zivilprozessrecht, S. 203; Thomas/Putzo/*Reichold*, § 322 ZPO, Rdn. 28; *Brox*, JuS 1962, 123, 124; *Pohlmann*, Zivilprozessrecht, S. 282; *Schilken*, Zivilprozessrecht, S. 525 f.; *Batschari/Durst*, NJW 1995, 1650, 1652; *Schwab*, Streitgegenstand, S. 148; *Habscheid*, Der Streitgegenstand im Zivilprozess, S. 184 ff.; Wieczorek/Schütze/*Büscher*, § 322 ZPO, Rdn. 72; *Schellhammer*, Zivilprozess, S. 403; *Adolphsen*, Zivilprozessrecht, S. 224; *Nikisch*, Zivilprozessrecht, S. 416. Auch sind die Parteivereinbarungen über präjudizielle Rechtsverhältnisse unzulässig, *Häsemeyer* ZZP 85 (1972), 207, 228; Stein/Jonas/*Leipold*, § 325 ZPO Rdn. 10; andere Ansicht etwa *Wagner*, Prozessverträge, S. 720 ff.

769 Etwa BGH, 26.06.2003, NJW 2003, 3058; BGH, 13.11.1998, NJW-RR 1999, 376 f.; BGH, 11.11.1994, NJW 1995, 967 ff.

rechtskräftig festgestellt. Denn die Feststellung des Bestehens des Vertrages stellt lediglich eine Vorfrage dar.[770]

Von der Rechtskraft werden ebenfalls die Gegenrechte (Einreden oder Einwendungen) nicht erfasst. § 322 Abs. 2 ZPO bildet dabei die einzige Ausnahme.[771]

Es besteht aber innerhalb der herrschenden Lehre auch Einigkeit, dass es mache besondere Fälle gibt, in denen sachlich unvereinbare und unbillige Entscheidungen zwischen denselben Parteien in Betracht kommen.[772] In welchen Fällen allerdings eine Rechtskraftwirkung anerkannt, und wie diese dogmatisch begründet wird, ist umstritten. Ob in diesen Fällen überhaupt eine Erweiterung der Rechtskraft erforderlich ist, ist ebenfalls streitig.

Es gibt innerhalb der herrschenden Lehre verschiedene Erweiterungsformen der materiellen Rechtskraft für diese besonderen problematischen Fälle, während ein Teil der herrschenden Lehre jede Erweiterung aus Gründen der gesetzlichen engen Rechtskraftregelung verneint.

Ein Teil der herrschenden Lehre versucht, in derartigen Fällen durch sachgerechte Beurteilung der Präjudizialität eine Bindung an die Vorfrage des Erstverfahrens zu ermöglichen.[773] Es gibt jedoch auch andere Erweiterungsformen der Rechtskraft innerhalb der herrschenden Lehre (wie z. B. erweiterte Auslegung des Urteilstenors, relative Bindungswirkung der Entscheidungsgründe, wirtschaftlicher Wert oder Rechtsposition), die unten zusammen mit der Lehre *Zeuners* (unter Einbeziehung von Beispielfällen) dargelegt werden.

2. Ausgleichs- und Sinnzusammenhänge (*Zeuner*)

a) Grundlagen der Rechtskrafterstreckung

In der Literatur sind Bedenken gegen die herrschende Meinung vor allem von *Zeuner* ausführlich vorgebracht worden.[774] Er versucht, durch eine interessen-

---

770 Etwa MünchKommZPO/*Gottwald*, § 322 ZPO, Rdn. 102; Zöller/*Vollkommer*, Vor. § 322 Rdn. 36.

771 Stein/Jonas/*Leipold*, § 322 ZPO, Rdn. 86; *Batschari/Durst*, NJW 1995, 1650, 1650 ff.

772 MünchKommZPO/*Gottwald*, § 322 ZPO, Rdn. 52.

773 Stein/Jonas/*Leipold*, § 322 ZPO, Rdn. 209; ähnlich MünchKommZPO/*Gottwald*, § 322 ZPO, Rdn. 55.

774 *Zeuner*, Die objektiven Grenzen, S. 5 ff. Den Thesen *Zeuners* überwiegend zustimmend *Blomeyer*, Zivilprozessrecht, S. 491 ff.; *Grunsky*, Grundlagen des Verfahrensrechts, S. 519 ff.; *Martens*, ZZP 79 (1966), 404, 440 ff.; *Bruns*, Zivilprozessrecht, S. 369 ff; *Altmeppen*, ZIP 1992, 449, 453 (Fn. 88); ansatzweise zutreffend *Henckel*, Prozessrecht und materielles Recht, S. 175 ff.; *Schlosser*, Zivilprozessrecht 1, S. 195 f.; *Zeiss/Schreiber*,

abwägende Betrachtung sachliche Kriterien für den Umfang der Rechtskraft zu setzen und damit eine Lösung zu entwickeln. Die Beziehungen zwischen Rechtskraft und Entscheidungsgründen wurden von ihm untersucht.

Zeuner hält die Rechtskraftvorstellung der herrschenden Lehre, die lediglich in Fällen entweder des kontradiktorischen Gegenteils oder der Präjudizialität eine Rechtskrafterweiterung annimmt, zu eng und unsicher. Ferner gestatte § 322 ZPO ihm zufolge keine präzise Abgrenzung in Hinblick auf die Rechtskraft des entschiedenen Anspruchs. Deshalb geht er in allen Fällen, die in seinem Werk dargestellt wurden, über die herrschende Meinung hinaus und begehrt eine Rechtskraftwirkung der Entscheidung des Erstprozesses für den Zweitprozess hinsichtlich der präjudiziellen Vorfragen. Mit anderen Worten erstreckt sich die Rechtskraft nach seiner Lehre über den Streitgegenstand hinaus.

Sein Ausgangspunkt für eine Rechtskrafterstreckung auf die präjudiziellen Vorfragen war eigentlich die bereits von der Lehre und Rechtsprechung anerkannte Rechtskraftwirkung eines präjudiziellen Urteils im Folgeprozess. Nach *Zeuner* gilt:

> Denn ist bei präjudiziellen Urteilen eine Rechtskraftwirkung für Verfahren mit anderem Streitgegenstand anerkannt, während sie im Bereich der nicht präjudiziellen Entscheidungen in Frage gestellt ist, so erscheint es denkbar, daß [sic] sich aus einer Gegenüberstellung der beiden Bereiche wesentliche Einsichten für die aufgeworfene Frage gewinnen lassen.[775]

Da ihm zufolge die präjudizielle Entscheidung zum Tatbestand der im neuen Prozess geltend gemachten Rechtsfolge gehöre, sei diese auf der logisch-begrifflichen Konstruktion der im Folgeprozess anwendbaren Rechtsnorm beruhende Begründung nicht ein geeignetes Mittel für eine angemessene Rechtskraftabgrenzung; so bedarf es hierfür besonderer inhaltlicher Abgrenzungsprinzipien.[776]

Als Beispiel nennt er das Verhältnis des Herausgabeanspruchs zu Nebenansprüchen. Obwohl nach herrschender Meinung das Herausgabeurteil gemäß § 985 BGB präjudiziell für den späteren Prozess um Nebenansprüche (Schadensersatz und Nutzungen nach §§ 987 ff. BGB) ist, kritisiert er diesbezüglich die begriffliche Konstruktion der Präjudizialität. Man kann also im Rahmen der Präjudizialität die Nebenansprüche entweder aus dem Herausgabeanspruch (also als Folge einer Verletzung der Herausgabepflicht) oder aus dem Stammrecht des

Zivilprozessrecht, S. 217 („in vielen Fällen erscheint jedoch die Beschränkung der Rechtskraft des ersten Urteils auf den Streitgegenstand logisch unerträglich“).

775 *Zeuner*, Die objektiven Grenzen, S. 13.

776 *Zeuner*, Die objektiven Grenzen, S. 14, 28.

Eigentums ableiten.[777] Wenn man diese aus dem Herausgabeanspruch als dessen Folgeansprüche ableitet, so kann der Beklagte nicht mehr wegen der rechtskräftigen Feststellung des Herausgabeanspruchs behaupten, dass der Herausgabeanspruch nicht bestehe.[778] Wenn man dagegen diese Ansprüche nicht aus dem Herausgabeanspruch, sondern unmittelbar aus dem Eigentum ableitet, kann der Beklagte nun behaupten, dass der Kläger nicht Eigentümer sei.[779] Diese unterschiedlichen Lösungen hält er für unsicher.

Er bietet an dieser Stelle einen teleologischen Zusammenhang an, der nicht auf das Verhältnis zwischen präjudizieller und bedingter Rechtsfolge beschränkt ist, sondern ebenfalls in vielen Fällen vorkommt, wenn der nachfolgende Prozess als „inhaltliche Fortsetzung des rechtskräftig abgeschlossenen Vorprozesses erscheint“.[780]

Im Fall einer Rechtskrafterstreckung auf präjudizielle Rechte und Rechtsverhältnisse „handelt es sich immer um die Wahrung bestimmter [teleologischer] Sinnzusammenhänge, kraft derer das im Vorprozeß [sic] festgestellte Bestehen oder Nichtbestehen einer Rechtsfolge seinem Inhalte nach auf die im Folgeprozeß [sic] umstrittene Rechtsposition angelegt und ausgerichtet ist“.[781] Der Inhalt der präjudiziellen Rechtsfolge „erscheint eine weitere Ordnung im Sinne der bedingten Rechtsfolge“, was insbesondere anhand der Entscheidungsgründe zu beurteilen sei.[782] Also „zu der Ordnung, auf welche die präjudizielle Rechtsfolge abzielt, gehört [...] auch der in der abhängigen Rechtsfolge beschlossene Gehalt“.[783] *Zeuner* bejaht einen teleologischen Zusammenhang auch dann, falls die zweite Rechtsfolge nicht an zusätzliche Tatbestandsvoraussetzungen geknüpft ist, also nicht nur der Anlage nach, sondern in vollem aktuellen Bestehen oder Nichtbestehen zu der intendierten Ordnung gehört.[784]

Er kommt zu folgendem Ergebnis:

> Für die Beziehungen zwischen Rechtskraft und Entscheidungsgründen folgt aus diesem Prinzip, daß [sic] eine Bindung bezüglich der in den Entscheidungsgründen zu behandelnden Fragen insoweit - und nur insoweit - geboten ist, als von hier aus das Ziel des Festgestellten bestimmt wird und über eine Rechtsfolge zu befinden ist,

777 *Zeuner*, Die objektiven Grenzen, S. 16 f.; vgl. *Grunsky*, Grundlagen des Verfahrensrechts, S. 519 f.

778 *Zeuner*, Die objektiven Grenzen, S. 17 ff.

779 *Zeuner*, Die objektiven Grenzen, S. 17 ff.

780 *Zeuner*, Die objektiven Grenzen, S. 44.

781 *Zeuner*, Die objektiven Grenzen, S. 51.

782 *Zeuner*, Die objektiven Grenzen, S. 53, 57.

783 *Zeuner*, Die objektiven Grenzen, S. 54.

784 Als Beispiel gehöre es zu der vom Eigentum intendierten Ordnung, dass die Beseitigung einer etwaigen Beeinträchtigung verlangt werden könne, *Zeuner*, Die objektiven Grenzen, S. 54 f.

die zu dem, was rechtskräftig festgestellt ist, in einem teleologischen Zusammenhang der erwähnten Art steht.[785]

Außerdem wird nach ihm die Bedeutung der Zwischenfeststellungsklage immer noch fortbestehen, weil man von einer Rechtskraftwirkung nur im Fall des teleologischen Sinnzusammenhangs des Folgeprozesses mit dem Erstprozess spreche, während für die Zwischenfeststellungsklage ein solcher Zusammenhang nicht erforderlich sei.[786]

b) Beispielfälle

aa) Allgemeines

In allen folgenden Fällen geht Zeuner von einer Rechtskrafterstreckung auf die Vorfragen des Vorprozesses (folglich eine Rechtskrafterstreckung auf die Entscheidungsgründe) im Rahmen der teleologischen Sinnzusammenhänge aus. Deshalb unterscheidet sich seine Ansicht von der herrschenden Lehre. Allerdings muss hier darauf hingewiesen werden, dass es auch innerhalb der herrschenden Lehre Ansichten gibt, die eine (ausnahmsweise) Erweiterung in bestimmten Fällen annehmen. Sie gehen im Gegensatz zur Lehre *Zeuners* keinesfalls von einer Rechtskrafterstreckung im Rahmen des teleologischen Zusammenhangs aus, obwohl sie (bei manchen der unten dargestellten Fälle) zu den gleichen Ergebnissen wie *Zeuner* kommen. Sie haben andere Begründungen und Ansatzpunkte als *Zeuner* (wie z. B. weite Auslegung des Begriffs der Präjudizialität oder Rechtsmissbrauchseinwand). Auch werden unten diese Meinungen zum jeweiligen Fall neben den Lösungen *Zeuners* mit erörtert.

Einige der unten dargelegten Fälle behandelt *Zeuner* unter dem Begriff der sog. Ausgleichszusammenhänge (wie gegenseitige Verträge). Damit sind Fälle gemeint, in denen ein materiellrechtlicher Zusammenhang zwischen Anspruch und Gegenanspruch besteht. Wenn also z. B. das BGB einen Vorteil nur deswegen gewährt, weil dies ein Ausgleich für die andere Partei ist, so ist auch der siegreichen Partei des Erstprozesses klar, dass der Gewinn lediglich relativ ist und mit dem Ausgleich belastet ist.[787]

---

785 *Zeuner*, Die objektiven Grenzen, S. 57.

786 *Zeuner*, Die objektiven Grenzen, S. 173; ferner *Bruns*, Zivilprozessrecht, S. 369 (erscheint in bestimmten Fällen „zweckwidrig"); ansatzweise *Grunsky*, ZZP 76 (1963), 165, 182 (Fn. 67).

787 *Foerste*, ZZP 108 (1995), 167, 177, er gibt folgende Definition: „[Die] Ausgleichszusammenhänge bestehen dort, wo mindestens zwei Rechtspositionen durch einen gesetzlichen Wertungszusammenhang derart verbunden sind, daß [sic] eine divergierende Entscheidung über sie auch jene Bewertung beschädigen müßte [sic]", S. 170. *Foerste* zählt alle gegenseitigen Verträge und den Fall der Irrtumsanfechtung (und damit ver-

bb) Herausgabeanspruch und Eigentum

Wenn der Kläger (Eigentümer) im Vorprozess gegen den Beklagten (Besitzer) laut § 985 BGB auf die Herausgabe einer beweglichen Sache geklagt hat und seiner Klage stattgegeben wurde, so stellt diese Entscheidung nach *Zeuner* zugleich das Eigentum des Klägers rechtskräftig fest. Demzufolge steht das Bestehen des Eigentums des Klägers für die spätere Klage des Beklagten (des Erstprozesses) auf die Rückgabe der Sache (oder Bereicherung) bindend fest.[788] Der Beklagte (des Erstprozesses) kann also nicht mehr behaupten, dass der Kläger (des Erstprozesses) nicht Eigentümer ist.

Er bejaht in dieser Konstellation eine Rechtskrafterstreckung, weil der volle rechtliche Gehalt des Eigentums gemäß § 985 BGB zu dem im Erstprozess rechtskräftig bejahten Herausgabeanspruch des Klägers gehört.[789]

Auch *Schwab* kommt in diesem Fall zum gleichen Ergebnis wie Zeuner, dass im Folgeprozess dem Rückgabeanspruch des Beklagten die Rechtskraft entgegenstehe. Allerdings handele es sich hier um das kontradiktorische Gegenteil der Ordnung, die die Entscheidung des Vorprozesses gebracht hat, nicht aber um eine Rechtskrafterstreckung auf eine Vorfrage.[790]

Lent bejaht grundsätzlich an dieser Stelle durch erweiterte Auslegung des Urteilstenors eine Rechtskraftwirkung, wenn die Verneinung des Eigentums zugleich eine Aufhebung des alten Urteils bedeutet.[791] Dies ist natürlich von Fall zu Fall zu entscheiden.

---

bundene Vertrauensschäden) gemäß § 122 BGB zu Ausgleichszusammenhängen. Vgl. auch *Henckel*, Prozessrecht und materielles Recht, S. 198 ff.

788 *Zeuner*, Die objektiven Grenzen, S. 143 ff., 151 (Ferner bedeutet nach ihm die Klageabweisung aufgrund des Fehlens des Eigentums zugleich die rechtskräftige Verneinung des Eigentums); zustimmend *Henckel*, Prozessrecht und materielles Recht, S. 183 f., 416 (Aber nur im Falle der Klageabweisung sei das Eigentum rechtskräftig verneint).

789 *Zeuner*, Die objektiven Grenzen, S. 45, 143 ff.; zustimmend *Bruns*, Zivilprozessrecht, S. 370; kritisch *Martens*, ZZP 79 (1966), 404, 441 (Es muss bezweifelt werden, ob eine Herausgabeklage so weit reicht; die Ordnungsziel dürfte lediglich die Sicherung des Besitzes des Klägers sein); ablehnend *Blomeyer*, Zivilprozessrecht, S. 495; *Henckel*, Prozessrecht und materielles Recht, S. 184 f., 416 (Aber nur für den Fall, wenn der Beklagte rechtskräftig zur Herausgabe verurteilt ist; anders wenn der Herausgabeanspruch verneint ist).

790 *Schwab*, JZ 1959, 786, 787; zustimmend *Peters*, ZZP 76 (1963), 229, 243; *Bettermann*, Die Vollstreckung des Zivilurteils, S. 83 (Denn die materielle Rechtskraft dient der Verhütung von Urteilskollision von inhaltlich sich widersprechenden Entscheidungen).

791 *Lent*, ZZP 73 (1960), 316, 320.

Nach der Ansicht von *Reischl* nimmt die Feststellung im Hinblick auf das Bestehen oder Nichtbestehen von Eigentum automatisch an der prozessualen Bindungswirkung teil, wenn sie in den Entscheidungsgründen enthalten sind.[792]

Die herrschende Lehre und Rechtsprechung verneint dagegen im erwähnten Fall die rechtskräftige Feststellung des Eigentums.[793] Denn die Feststellung des Eigentums stellt nur eine Vorfrage im Vorprozess dar und wird nicht von der Rechtskraft erfasst. Allerdings gibt es eine Mindermeinung, nach der das Urteil auch für das Eigentum des Klägers eine Rechtskraftwirkung entfaltet.[794]

cc) Herausgabeanspruch und Nebenansprüche

Wenn im Vorprozess über den Herausgabeanspruch aus § 985 BGB positiv entschieden wurde, steht nach *Zeuner* das Eigentum des Klägers für den Folgeprozess über die Herausgabe der von dem Beklagten gezogenen Nutzungen nach § 987 BGB oder auch Schadensersatz nach §§ 989, 990 BGB fest.[795] Infolgedessen könne im Folgeprozess das Eigentum des siegreichen Klägers vom Erstprozess nicht mehr bestritten werden und das rechtskräftige Herausgabeurteil entfalte Rechtskraft für den Prozess um die Nebenansprüche. Denn der „Herausga-

792 Nach ihm folgt diese Rechtskrafterstreckung daraus, dass aus historischen Gründen eine Reaktivierung des ursprünglichen Rechtskraftumfangs befürwortet wurde, wenn der Richter in den Urteilsgründen den Herausgabeanspruch bejaht hat, *Reischl*, Die objektiven Grenzen, S. 202, 205.

793 Zöller/*Vollkommer*, Vor. § 322 ZPO, Rdn. 36; *Schilken*, Zivilprozessrecht, S. 526; *Hellwig*, Lehrbuch des deutschen Zivilprozessrechts Bd. 3, S. 26; Thomas/Putzo/*Reichold*, § 322 ZPO, Rdn. 9, 29; *Nikisch*, Zivilprozessrecht, S. 416; *Jauernig*, Zivilprozessrecht, S. 203; Stein/Jonas/*Leipold*, § 322 ZPO, Rdn. 82; Wieczorek/Schütze/*Büscher*, § 322 ZPO, Rdn. 67; *Rosenberg/Schwab/Gottwald*, Zivilprozessrecht, S. 876; MünchKommZPO/*Gottwald*, § 322 ZPO, Rdn. 104; *Pohlmann*, Zivilprozessrecht, S. 282; Hk-ZPO/*Saenger*, § 322 ZPO, Rdn. 23; *Musielak*, Grundkurs ZPO, S. 357; etwa BGH, 14.03.2008, NJW-RR 2008, 1397 ff.; BGH, 13.03.1981, NJW 1981, 1517 f.

794 Baumbach/Lauterbach/*Hartmann*, § 322 ZPO, Rdn. 47; *Rimmelspacher*, Materiellrechtlicher Anspruch, S. 214 f.

795 *Zeuner*, Die objektiven Grenzen, S. 16 ff., 69 ff.; differenziert und zustimmend *Reischl*, Die objektiven Grenzen, S. 195 ff. (wegen Schutzes des Urteilsinhalts); *Henckel*, Prozessrecht und materielles Recht, S. 187 f., Die Parteien sind im Folgeprozess gebunden, wenn die Nebenansprüche (Schadensersatz und Nutzungen) nach dem Schluss der letzten mündlichen Verhandlung im Herausgabeprozess entstanden sind, nicht dagegen im Prozess um früher entstandene Nebenansprüche, weil insoweit der wirtschaftliche Wert nicht identisch ist.

beanspruch ist also dergestalt auf die Nebenansprüche ausgerichtet, daß [sic] sie der Anlage nach zu der von ihm intendierten Ordnung hinzugehören".[796]

Ferner beziehen sich die Nebenansprüche des Klägers nach *Zeuner* auch auf die Zeit vor der letzten Tatsachenverhandlung des Herausgabeprozesses, weil sich die Rechtskraft auch auf eine die Vergangenheit betreffende Feststellung beziehen kann, wenn eine derartige Feststellung zum Inhalt der Entscheidung gehört.[797]

In diesem Fall bejaht die herrschende Lehre und Rechtsprechung überwiegend eine Rechtskraftwirkung für den Anspruch auf Herausgabe der nach Rechtshängigkeit (nicht aber vor der Rechtshängigkeit) gezogenen Nutzungen, weil das Herausgabeurteil für die nachfolgenden Nebenansprüche (laut § 987 BGB) präjudiziell ist.[798] Dabei wird der Herausgabeanspruch, nicht aber dessen Rechtsgrundlage (also Eigentum) rechtskräftig bejaht.

Dennoch besteht nach der herrschenden Lehre und Rechtsprechung keine Präjudizialität für den im Folgeprozess geltend gemachten Anspruch auf Vergütung von vor der Rechtshängigkeit des Herausgabeprozesses gezogenen Nutzungen (gemäß § 988 BGB).[799]

dd) Grundbuchberichtigungsanspruch und Eigentum

Genauso wie im Fall des Herausgabeanspruchs gemäß § 985 BGB, gehört auch das zugrunde liegende Eigentum zu der von einem Grundbuchberichtigungsanspruch (§ 894 BGB) intendierten Ordnung vollen Umfangs. Ferner umfasst das

---

796 *Zeuner*, Die objektiven Grenzen, S. 69.

797 *Zeuner*, Die objektiven Grenzen, S. 61, 70 (Fn. 31); ablehnend *Henckel*, Prozessrecht und materielles Recht, S. 189, denn der wirtschaftliche Wert im Schadensersatzprozess (für die Zeit vor der letzten Tatsachenverhandlung) sei nicht identisch mit dem des Herausgabeprozesses.

798 Prütting/Gehrlein/*Völzmann-Stickelbrock*, § 322 ZPO, Rdn. 20; *Schellhammer*, Zivilprozess, S. 420; *Schwab*, JZ 1959, 786, 787; *Peters*, ZZP 76 (1963), 229, 242; Musielak/*Musielak*, § 322 ZPO, Rdn. 36 f.; Wieczorek/Schütze/*Büscher*, § 322 ZPO, Rdn. 67; *Jauernig*, Zivilprozessrecht, S. 203; Baumbach/Lauterbach/*Hartmann*, § 322 ZPO, Rdn. 47; *Rosenberg/Schwab/Gottwald*, Zivilprozessrecht, S. 876, 882, (Pflicht zur Herausgabe der Nutzungen sei eine Folge der Pflicht zur Herausgabe der Hauptsache); BGH, 09.07.1982, NJW 1983, 164 f.

799 Baumbach/Lauterbach/*Hartmann*, § 322 ZPO, Rdn. 47; Prütting/Gehrlein/*Völzmann-Stickelbrock*, § 322 ZPO, Rdn. 21; *Rimmelspacher*, Materiellrechtlicher Anspruch, S. 185 ff; Wieczorek/Schütze/*Büscher*, § 322 ZPO, Rdn. 67; Musielak/*Musielak*, § 322 ZPO, Rdn. 36 f.; BGH, 09.07.1982, NJW 1983, 164 f.

Ordnungsziel des Grundbuchberichtigungsanspruchs zugleich die Richtigkeit des angestrebten Grundbuchinhalts.[800]

Daher wird nach der Auffassung von *Zeuner* gleichfalls das Bestehen des Eigentums rechtskräftig festgestellt, wenn der durch den Kläger erhobene Grundbuchberichtigungsanspruch nach § 894 BGB positiv entschieden wird.[801]

Ähnlich entfaltet nach der Konzeption *Schwabs* diese Eigentumsfeststellung in einem Folgeprozess Rechtskraft, doch im Gegensatz zur Auffassung *Zeuners* nicht wegen teleologischen Sinnzusammenhanges, sondern aufgrund weiter Auslegung des Begriffs des kontradiktorischen Gegenteils.[802]

In Bezug auf diesen Fall besteht innerhalb der herrschenden Lehre keine Einigkeit. Ein Teil der herrschenden Lehre und die Rechtsprechung nehmen keine Rechtskrafterstreckung in diesem Fall an, da das Ziel der Entscheidung über den Grundbuchberichtigungsanspruch nicht die Feststellung des dinglichen Rechts, sondern die Verschaffung der Buchposition ist.[803]

Einige Verfasser rechtfertigen an dieser Stelle eine Rechtskrafterstreckung, freilich nicht aufgrund des teleologischen Sinnzusammenhangs, sondern aufgrund einer relativen Bindungswirkung der Entscheidungsgründe: „Da die Eintragung im Grundbuch keinen anderen Zweck verfolgt und sachlich als Verfahren zur Feststellung des Eigentums anzusehen ist", ist das Bestehen des dinglichen Rechts als Gegenstand der rechtskräftigen Entscheidung anzunehmen.[804]

800 *Zeuner*, Die objektiven Grenzen, S. 139.

801 *Zeuner*, Die objektiven Grenzen, S. 133 ff.; zustimmend *Grunsky*, Grundlagen des Verfahrensrechts, S. 520; *Blomeyer*, Zivilprozessrecht, S. 495; *Henckel*, Prozessrecht und materielles Recht, S. 180 ff., 416.

802 *Schwab*, JZ 1959, 786, 787; zustimmend *Peters*, ZZP 76 (1963), 229, 243.

803 Prütting/Gehrlein/*Völzmann-Stickelbrock*, § 322 ZPO, Rdn. 21; Zöller/*Vollkommer*, Vor. § 322 ZPO, Rdn. 36; Hk-ZPO/*Saenger*, § 322 ZPO, Rdn. 23; *Nikisch*, Zivilprozessrecht, S. 416; Musielak/*Musielak*, § 322 ZPO, Rdn. 24; Thomas/Putzo/*Reichold*, § 322 ZPO, Rdn. 10, 29; BGH, 30.10.2001, NJW-RR 2002, 516 ff.; BGH, 14.03.2008, NJW-RR 2008, 1397 ff.

804 MünchKommZPO/*Gottwald*, § 322 ZPO, Rdn. 55, 104; zustimmend Stein/Jonas/*Leipold*, § 322 ZPO, Rdn. 83, 209; Baumbach/Lauterbach/*Hartmann*, § 322 ZPO, Rdn. 72; *Rosenberg/Schwab/Gottwald*, Zivilprozessrecht, S. 881; *Rimmelspacher*, Materiellrechtlicher Anspruch, S. 299 (Dem Kläger (also dem Eigentümer) gehe es um die richtige Verlautbarung seiner Rechtsposition, ohne dass es darauf ankomme, aus welchem Grund sie nicht gebucht sei); differenziert *Reischl*, Die objektiven Grenzen, S. 204 f. (im Ergebnis bejaht er eine Bindung für den Zweitprozess wegen des prozessualen Schutzes des Urteilsinhalts durch Ergebnispräzisierung).

ee) Ansprüche aus gegenseitigen Verträgen

Es gibt nach *Zeuner* einen materiellrechtlichen Sinnzusammenhang (also einen Ausgleichszusammenhang) zwischen den gegenseitigen Ansprüchen, weil der Anspruch und der Gegenanspruch aufeinander angelegt sind und zur von einem der beiden Ansprüche intendierten Ordnung untrennbar auch der andere Anspruch gehört.[805] Er will dabei mittels der materiellen Rechtskraft die Zerreißung des Gegenseitigkeitsverhältnisses durch einander widersprechende Entscheidungen über Leistung und Gegenleistung von vornherein verhindern.[806]

Wird über einen Anspruch aus einem gegenseitigen Vertrag entschieden (z. B. Verurteilung zur Leistung), so soll das Bestehen (oder Nichtbestehen) des Vertrages auch für die Entscheidung über den Gegenanspruch gelten, also in einem zweiten Prozess (spätere Einklagung des Gegenanspruchs) kann die Gültigkeit (oder Nichtigkeit) des Vertrages nicht mehr bestritten werden.[807] Das Bestehen (oder Nichtbestehen) des Vertrages wird bereits im ersten Prozess rechtskräftig festgestellt.

Die herrschende Lehre und die Rechtsprechung verneinen dagegen die Rechtskrafterstreckung bezüglich der Ausgleichszusammenhänge bei gegenseitigen Verträgen.[808]

---

805 *Zeuner*, Die objektiven Grenzen, S. 75.

806 *Zeuner*, Die objektiven Grenzen, S. 77; zustimmend *Blomeyer*, Zivilprozessrecht, S. 491 f.; *Grunsky*, Grundlagen des Verfahrensrechts S. 520 f.; *Bruns*, Zivilprozessrecht, S. 370; *Martens*, ZZP 79 (1966), 404, 443; *Foerste*, ZZP 108 (1995), 167, 170; *Zeiss/Schreiber*, Zivilprozessrecht, S. 216 f.; ansatzweise *Koussoulis*, Beiträge zur modernen Rechtskraftlehre, S. 230 ff. (Er plädiert für eine neue Kategorie der Präjudizialität, nämlich die sog. unechte Präjudizialität, die auch die präjudiziellen Rechtsverhältnisse erfasst); differenziert *Henckel*, Prozessrecht und materielles Recht, S. 198 ff. (Lediglich im Falle der Abweisung der Erfüllungsklage aufgrund Nichtbestehen des Vertrages). Nach *Rimmelspacher* sei aber der Ausgleichszusammenhang auf materiellrechtlicher Ebene (mittels §§ 320 ff. BGB) ohne Rechtskrafterstreckung zu wahren, Materiellrechtlicher Anspruch, S. 195, 222.

807 *Zeuner*, Die objektiven Grenzen, S. 75.

808 *Batschari/Durst*, NJW 1995, 1650, 1653 („Dies würde sowohl einen neuen Streitgegenstandsbegriff erfordern, als auch gegen die Dispositionsmaxime und den Grundsatz ne ultra petita verstoßen"); *Schilken*, Zivilprozessrecht, S. 530; *Rosenberg/Schwab/Gottwald*, Zivilprozessrecht, S. 881; *Jauernig*, Zivilprozessrecht, S. 203; *Arens/Lüke*, Zivilprozessrecht, S. 336; Hk-ZPO/*Saenger*, § 322 ZPO, Rdn. 23; Prütting/Gehrlein/*Völzmann-Stickelbrock*, § 322 ZPO, Rdn. 19, 33; *Peetz*, Die materiellrechtliche Einordnung, S. 162 f.; *Nikisch*, Zivilprozessrecht, S. 416; MünchKommZPO/*Gottwald*, § 322 ZPO, Rdn. 54; Wieczorek/Schütze/*Büscher*, § 322 ZPO, Rdn. 67 f.; Stein/Jonas/*Leipold*, § 322 ZPO, Rdn. 204; Zöller/*Vollkommer*, Vor. § 322 ZPO, Rdn. 36; Thomas/Putzo/*Reichold*, § 322 ZPO, Rdn. 29; *Zimmermann*, Zivilpro-

Da beide Prozesse einen verschiedenen Streitgegenstand haben, könne man nach *Habscheid* in dieser Konstellation nicht von einer Rechtskraftwirkung sprechen.[809] Allerdings kann hier in den meisten Fällen das materielle Recht im Rahmen des Verbots des *venire contra factum proprium* (Treu und Glauben nach § 242 BGB) helfen, wenn der Beklagte im zweiten Prozess die Tatsachen bestreitet, aus denen er selbst das Bestehen des Vertrages als Kläger im Vorprozess bereits hergeleitet hat.[810] Auch kann es nach *Jauernig* rechtsmissbräuchlich sein, wenn sich der Beklagte, der im Erstprozess als Kläger mit Erfolg auf die Gültigkeit des Vertrages berufen hat, nunmehr die Nichtigkeit des Vertrages behauptet.[811]

An dieser Stelle wird auch auf die potenzielle Verletzung der prozessualen Wahrheitspflicht der Parteien gemäß § 138 Abs. 1 ZPO hingewiesen. Wenn der Richter erkennt, dass der Tatsachenvortrag der Partei im Zweitprozess nicht der Wahrheit entspricht, darf der Richter dieses Vorbringen grundsätzlich nicht berücksichtigen. Demzufolge kann der Zweitrichter von der ersten Entscheidung abweichend entscheiden.[812]

Laut *Lent* sei dies lediglich eine Interpretation, eine Ausdeutung des Urteilsinhalts, nicht aber Ausdehnung der Rechtskraft. Daher gehöre die Gültigkeit (das Bestehen) des Vertrages im Erstprozess auch zum Inhalt der rechtskräftigen Entscheidung, nicht nur zu ihrer Begründung.[813]

---

zessordnung, S. 564; *Schilken*, Zivilprozessrecht, S. 526; Musielak/*Musielak*, § 322 ZPO, Rdn. 27; differenzierend *Reischl*, Die objektiven Grenzen, S. 194 („Die materiellrechtlichen *Sinn- oder Ausgleichszusammenhänge* können die Bindungswirkung nicht erweitern, da dies weder mit dem prozessualen Verständnis zu vereinbaren ist, noch der gesetzliche Normgehalt die Rechtskrafterstreckung notwendig erscheinen läßt" (Betonung im Original)); BGH, 07.05.1986, NJW-RR 86, 1066 ff.

809 *Habscheid*, FamRZ 1963, 381, 381.

810 *Habscheid*, FamRZ 1963, 381, 381; zustimmend *Blomeyer*, in: FS für Friedrich Lent, S. 55 (Fn. 57); *Rimmelspacher*, Materiellrechtlicher Anspruch, S. 195; kritisch *Bruns*, Zivilprozessrecht, S. 375, Man sollte sich darüber klar sein, dass es sich dabei unmittelbar um den Prozess handelt und nur mittelbar um das materielle Recht; sonst denke man an das estoppel-Prinzip.

811 *Jauernig*, Zivilprozessrecht, S. 203; zustimmend *Arens/Lüke*, Zivilprozessrecht, S. 336; Musielak/*Musielak*, § 322 ZPO, Rdn. 27; kritisch *Henckel*, Prozessrecht und materielles Recht, S. 199 („Ob die prozessuale Rechtsausübung unzulässig ist, muß [sic] vielmehr zunächst an Hand [sic] der Regeln über die materielle Rechtskraft beurteilt werden"); *Zeuner*, Die objektiven Grenzen, S. 77 (§ 242 BGB sei nur ein gelegentlicher Notbehelf); *Peters*, ZZP 76 (1963), 229, 242 (Fn. 62); *Grunsky*, Grundlagen des Verfahrensrechts S. 521; *Foerste*, ZZP 108 (1995), 167, 173.

812 Musielak/*Musielak*, § 322 ZPO, Rdn. 27; *Reischl*, Die objektiven Grenzen, S. 313.

813 *Lent*, ZZP 73 (1960), 316, 319.

Nach *Schwab* ist dabei am Begriff der Präjudizialität festzuhalten. So sei die Feststellung über das Bestehen des Vertrages im Vorprozess auch im Folgeprozess aufgrund der Präjudizialität wirksam.[814]

Soweit der Beklagte des Vorprozesses nicht vorleistungspflichtig ist, kann er außerdem die Einrede des nichterfüllten Vertrages gemäß § 320 BGB geltend machen und damit eine Verurteilung zur Leistung Zug-um-Zug (§ 322 BGB) ermöglichen. Da bei einer Verurteilung zur Leistung Zug-um-Zug eine einheitliche Entscheidung ergeht, ist in diesem Fall eine Rechtskraftabgrenzung nicht so problematisch.

ff) Schadenersatz nach Irrtumsanfechtung

Unter dem Begriff der Ausgleichszusammenhänge behandelt *Zeuner* auch den Fall der Abweisung der Bürgschaftsklage aufgrund Irrtumsanfechtung gemäß § 119 BGB und Schadensersatzpflicht des Anfechtenden (also Vertrauensschaden) gemäß § 122 BGB. Wenn also der Beklagte (der Bürge) irrtumsbedingt den Bürgschaftsvertrag wirksam angefochten hat und das Gericht die Bürgschaftsklage des Klägers (des Gläubigers) wegen Vertragsnichtigkeit abgewiesen hat, so kann der Kläger (der Gläubiger) im späteren Schadensersatzprozess gemäß § 122 BGB nicht mehr behaupten, dass sich der Beklagte (der Bürge) nicht geirrt hat und die Bürgschaftsforderung wirksam ist.[815] Dabei tritt eine Rechtskraftbindung für den Schadensersatzprozess ein. Denn das auf der Irrtumsanfechtung beruhende, rechtskräftig festgestellte Nichtbestehen des Bürgschaftsanspruchs ist seinem Sinngehalt nach auf den Grund des Anspruches aus § 122 BGB ausgerichtet.[816]

Nach der herrschenden Lehre und Rechtsprechung kann ein Irrtum selbst nicht rechtskräftig festgestellt werden, weil er nur eine Tatsache ist, und die Entscheidung über das Nichtbestehen des Bürgschaftsvertrages wegen Irrtums hat laut § 122 BGB keine Rechtskraftwirkung für den späteren Schadensersatzanspruch.[817] Deshalb kann das Gericht in einem späteren Schadensersatzprozess zu

---

814 *Schwab*, JZ 1959, 786, 787; zweifelnd *Peters*, ZZP 76 (1963), 229, 241.

815 *Zeuner*, Die objektiven Grenzen, S. 81 ff.; *Foerste*, ZZP 108 (1995), 167, 170 (Bei Irrtumsanfechtung darf das Vertrauen auf die Gültigkeit der Willenserklärung enttäuscht werden, weil zum Ausgleich der Vertrauensschaden ersetzt wird); ablehnend *Henckel*, Prozessrecht und materielles Recht, S. 212 ff. (Für den Kläger steht nur der wirtschaftliche Wert auf dem Spiel, der der Differenz zwischen dem Erfüllungsinteresse und dem Vertrauensschaden entspricht); *Blomeyer*, in: FS für Friedrich Lent, S. 60 f.

816 *Zeuner*, Die objektiven Grenzen, S. 82.

817 Stein/Jonas/*Leipold*, § 322 ZPO, Rdn. 76; Prütting/Gehrlein/*Völzmann-Stickelbrock*, § 322 ZPO, Rdn. 33; Musielak/*Musielak*, § 322 ZPO, Rdn. 17; *Musielak*, Grundkurs ZPO, S. 359; MünchKommZPO/*Gottwald*, § 322 ZPO, Rdn. 98; Baum-

einem von der ersten Entscheidung abweichenden Ergebnis gelangen (also kann z. B. den Irrtum nun verneinen). Innerhalb der herrschenden Lehre gibt es auch eine Mindermeinung, die in dem erwähnten Fall eine Rechtskraftbindung für den späteren Schadensersatzprozess annimmt.[818]

gg) Naturalrestitution und Geldersatz

Nach *Zeuner* ist ein neuer Prozess aus demselben Sachverhalt auf Geldersatz nach § 249 Abs. 2 BGB wegen der Rechtskraftwirkung des Erstprozesses unzulässig, wenn zunächst ein Anspruch auf Naturalrestitution nach § 249 Abs. 1 BGB verneint werde. *Zeuner* spricht hierbei von der Rechtskraftwirkung bei unterschiedlichen Rechtsfolgen mit einheitlichem Ziel und bejaht daher die materiellrechtliche Einheit dieser Ansprüche.[819]

Für diesen Fall gibt es innerhalb der herrschenden Lehre keine einheitliche Lösung. Die Mehrheit der Verfasser und die Rechtsprechung bejahen eine Bindung für den Folgeprozess.[820] Denn der rechtskräftig verneinte Schadensersatzanspruch auf Naturalrestitution ist vorgreiflich für den Anspruch auf Geldersatz (aber wegen materiellrechtlicher Einheit der Ansprüche). Manche Verfasser halten dagegen den nachfolgenden Prozess für zulässig.[821]

---

bach/Lauterbach/*Hartmann*, § 322 ZPO, Rdn. 19; Thomas/Putzo/*Reichold*, § 322 ZPO, Rdn. 30; *Rimmelspacher*, Materiellrechtlicher Anspruch, 198; *Rosenberg/Schwab/Gottwald*, Zivilprozessrecht, S. 876; *Reischl*, Die objektiven Grenzen, S. 192 f.; BGH, 03.06.1987, NJW-RR 1988, 199 ff.; RG, 03.12.1918, RGZ 094, 195 ff.

818 *Peetz*, Die materiellrechtliche Einordnung, S. 165 f. (Weitergehende Rechtskraftwirkung aufgrund des Analogieprinzips); *Peters*, ZZP 76 (1963), 229, 242 (Rechtskraftwirkung aufgrund erweiterter Auslegung des Begriffs der Präjudizialität).

819 *Zeuner*, Die objektiven Grenzen, S. 167 ff.; zustimmend *Bruns*, Zivilprozessrecht, S. 369; *Blomeyer*, Zivilprozessrecht, S. 492; *Blomeyer*, in: FS für Friedrich Lent, S. 83 ff.; differenzierend und zustimmend *Henckel*, Prozessrecht und materielles Recht, S. 198, (Denn in beiden Prozessen gehe es um denselben wirtschaftlichen Wert).

820 Baumbach/Lauterbach/*Hartmann*, § 322 ZPO, Rdn. 62; Thomas/Putzo/*Reichold*, § 322 ZPO, Rdn. 10; Zöller/*Vollkommer*, Vor. § 322 ZPO, Rdn. 29; Wieczorek/Schütze/*Büscher*, § 322 ZPO, Rdn. 69; *Rimmelspacher*, Materiellrechtlicher Anspruch, 269 ff.; *Bub*, Streitgegenstand und Rechtskraft bei Zahlungsklagen, S. 153; Stein/Jonas/*Leipold*, § 322 ZPO, Rdn. 196.; BGH, 26.02.1991, NJW 1991, 2014 f.; BGH, 08.02.1952, NJW 1952, 619 f.

821 MünchKommZPO/*Gottwald*, § 322 ZPO, Rdn. 40, 102; *Nikisch*, Der Streitgegenstand im Zivilprozess, S. 120; *Rosenberg/Schwab/Gottwald*, Zivilprozessrecht, S. 881; *Habscheid*, Der Streitgegenstand im Zivilprozess, S. 42 f. (Anderer Antrag, deshalb verschiedene Streitgegenstände).

hh) Unterlassungsanspruch

Zeuner bejaht die Frage, ob das Urteil über die negatorische Unterlassungspflicht zugleich das Bestehen einer Rechtsverletzung für einen folgenden Schadensersatzprozess rechtskräftig feststellt. Ihm zufolge steht also die Rechtskraft des Unterlassungsurteils entgegen, wenn der spätere Schadenersatzprozess auf dieselbe Rechtsverletzung gestützt wird.[822]

Lent kommt mittels erweiterter Auslegung des Urteilstenors zum gleichen Ergebnis: „Aber es ist ersichtlich, daß [sic] das Unterlassungsurteil seinen Sinn verlieren würde, wenn bei jeder Zuwiderhandlung immer wieder bestritten werden könnte, daß [sic] eine Rechtsverletzung vorliege".[823]

Ein Teil der herrschenden Lehre und die Rechtsprechung verneinen hingegen eine Rechtskraftwirkung des Unterlassungsurteils für den nachfolgenden Schadensersatzprozess.[824] Denn der Grund der Leistungspflicht wird nicht von der Rechtskraft erfasst, d. h. das Bestehen oder Nichtbestehen der gesetzlichen Unterlassungspflicht ist nicht präjudiziell für den späteren Schadensersatzprozess. Doch vertritt ein Teil der herrschenden Lehre in Bezug auf diesen Fall die Ansicht, dass die Feststellung der gesetzlichen Unterlassungspflicht (im Unterlassungsprozess) für den späteren Schadensersatzprozess präjudiziell ist.[825]

---

822 *Zeuner*, Die objektiven Grenzen, S. 59 ff.; zustimmend *Blomeyer*, Zivilprozessrecht, S. 490.; *Martens*, ZZP 79 (1966), 404, 442; *Grunsky*, Grundlagen des Verfahrensrechts, S. 520 (es wäre auch wenig befriedigend, die deliktische Unterlassungspflicht anders als die verträgliche zu behandeln); *Henckel*, Prozessrecht und materielles Recht S. 174 f., 191 f. (soweit der Schaden nach dem Schluss der letzten mündlichen Verhandlung im Unterlassungsprozess entstanden ist).

823 *Lent*, ZZP 73 (1960), 316, 319.

824 *Schwab*, JZ 1959, 786, 787 („In diesem Fall wird das Urteil des Vorprozesses durch ein abweichendes Urteil im Folgeprozess nicht beeinträchtigt"); *Schwab*, in: FS für Eduard Bötticher, S. 334; Zöller/*Vollkommer*, Vor. § 322 ZPO, Rdn. 27; Prütting/Gehrlein/*Völzmann-Stickelbrock*, § 322 ZPO, Rdn. 21; *Reischl*, Die objektiven Grenzen, S. 187; Wieczorek/Schütze/*Büscher*, § 322 ZPO, Rdn. 71; *Rosenberg/Schwab/Gottwald*, Zivilprozessrecht, S. 882; *Peters*, ZZP 76 (1963), 229, 243; Thomas/Putzo/*Reichold*, § 322 ZPO, Rdn.10; BGH, 02.05.2002, NJW-RR 2002, 1617 ff.

825 Stein/Jonas/*Leipold*, § 322 ZPO, Rdn. 209 (wegen sachgerechter Beurteilung der Präjudizialität); MünchKommZPO/*Gottwald*, § 322 ZPO, Rdn. 55 (die Grenzbereiche bei wertender Betrachtung stehen Fällen unstreitiger Bindung gleich); *Rimmelspacher*, Materiellrechtlicher Anspruch, 278 ff.; *Schilken*, Zivilprozessrecht, S. 530; differenziert *Peetz*, Die materiellrechtliche Einordnung, S. 166 f. (In diesem Fall sei die Entscheidung des Folgeprozesses bereits in der Entscheidung des Vorprozesses mit enthalten – Weitergehende Rechtskraftwirkung aufgrund des Analogieprinzips).

Außerdem erkennen der überwiegende Teil der herrschenden Lehre und die Rechtsprechung an, dass die Feststellung einer vertraglichen Unterlassungspflicht für den nachfolgenden Prozess präjudiziell ist.[826]

3. Der Meinungsstand und die Kritik an der Lehre *Zeuners*

Obwohl die Lehre *Zeuners* im Schrifttum nur beschränkt Zustimmung gefunden hat[827], haben seine Thesen das Bewusstsein für die von ihm dargestellten Sinnzusammenhänge gestärkt. Infolgedessen haben seine Formeln die Lehre darauf aufmerksam gemacht, dass bei der Bestimmung der Rechtskraftgrenzen auch die Erforschung inhaltlicher Abgrenzungsgesichtspunkte notwendig ist.[828]

a) Fortentwicklung der Lehre Zeuners im Schrifttum: *Foerste* – Teleologische Reduktion des § 322 ZPO

Im Hinblick auf die objektiven Grenzen der Rechtskraft unterscheidet *Foerste* zwischen der Breitenwirkung, die die richterliche Entscheidung über den Streitgegenstand betrifft, und die Tiefenwirkung, die in Frage stellt, ob die Rechtskraft auf den Inhalt der Entscheidung zu beschränken oder deren Gründe auszudehnen ist.[829] Er hat folglich vorgeschlagen, dass eine Rechtskrafterstreckung auf gemeinsame Vorfragen bezüglich der Ausgleichszusammenhänge eintritt. „Eine Gerichtsentscheidung, die diesen Zusammenhang zerreißt, ist *per se* nicht nur rechtswidrig, sondern auch schädlich. Divergierende Urteile über Ausgleichszusammenhänge sind daher *inter partes* unbedingt zu vermeiden“.[830]

Obwohl seine Lehre sich im Ausgangspunkt nicht völlig mit der Lehre *Zeuners* deckt, zeigt sie große Ähnlichkeit im Ergebnis.

Er geht vor allem von einer teleologischen Reduktion des § 322 Abs. 1 ZPO aus, indem er den Anwendungsbereich des § 322 Abs. 1 ZPO gegenüber seinem

826 Etwa Zöller/*Vollkommer*, Vor. § 322 ZPO, Rdn. 27; Prütting/Gehrlein/*Völzmann-Stickelbrock*, § 322 ZPO, Rdn. 20; Wieczorek/Schütze/*Büscher*, § 322 ZPO, Rdn. 70; MünchKommZPO/*Gottwald*, § 322 ZPO, Rdn. 55; *Rosenberg/Schwab/Gottwald*, Zivilprozessrecht, S. 882; *Schellhammer*, Zivilprozess, S. 420; Thomas/Putzo/*Reichold*, § 322 ZPO, Rdn. 10; BGH, 17.03.1964, NJW 1965, 689 ff.; BGH, 06.03.1969, NJW 1969, 1117 f.

827 Vgl. oben (Fn. 774).

828 Stein/Jonas/*Leipold*, § 322 ZPO, Rdn. 205.

829 *Foerste*, ZZP 108 (1995), 167, 167.

830 *Foerste*, ZZP 108 (1995), 167, 190.

Wortlaut auf manche Anwendungsfälle, in denen eine Überrumpelung typscherweise eindeutig auszuschließen ist, beschränkt.[831] Solch eine Auslegung des § 322 Abs. 1 ZPO schützt aufgrund des Normzwecks bereits die Ausgleichsverhältnisse.[832]

Ferner sei ihm zufolge der gleiche Schutz des zwischen verschiedenen Rechtspositionen bestehenden Ausgleichszusammenhangs auch mittels Analogie zu § 322 Abs. 2 ZPO zu erreichen.[833]

Was die Zwischenfeststellungsklage anbetrifft, betrachtet *Foerste* diese Möglichkeit für sachgerechte Ergebnisse als ungenügend. Denn diese Klage werde nicht erhoben werden, wenn die Parteien mit der abweichenden Beurteilung einer Vorfrage gar nicht rechnen, sondern lediglich wenn sie hierzu überhaupt Anlass sehen.[834]

Außerdem sind die sich aus der Anwendung dieser Konzeption ergebenden Spezialprobleme (insbesondere Titel ohne Sachprüfung / Entscheidungsgründe oder Alternativbegründung) rechtsfortbildend zu lösen, wobei der siegereichen benachteiligten Partei eine Beschwerde offen steht.[835]

b) *Lent* – Erweiterte Auslegung des Urteilstenors

Lent und *Zeuner* haben gemeinsame Ausgangspunkte: „Das wesentliche Moment für den Umfang der Rechtskraft ist nicht die Ableitung aus einem präjudiziellen Recht, sondern die Weisung des Urteils in die Zukunft, die ‚Zuordnung' wie *Zeuner* sich ausdrückt".[836] Obwohl nach *Lent* die Lehre *Zeuners* auch praktisch erscheine, sei eine Rechtskrafterstreckung auf die Entscheidungsgründe vor allem wegen ihrer Unsicherheit nicht anzunehmen.[837]

Lent geht von einer erweiterten Auslegung des Urteilstenors mithilfe der Urteilsgründe aus und kommt größtenteils zu den gleichen Ergebnissen wie *Zeuner*. Die Rechtskraft ergreife lediglich den Inhalt der Entscheidung, allerdings im vollen Sinn, über den Wortlaut des Urteilstenors hinaus und man müsse diesen Sinn des Urteils der Begründung entnehmen, ohne dass man die Rechtskraft auf die Begründung erstrecken müsse.[838] Wenn z. B. nach einem erfolgreichen

---

831 *Foerste*, ZZP 108 (1995), 167, 177.

832 *Foerste*, ZZP 108 (1995), 167, 178, also sei die Wahrung der Ausgleichszusammenhänge auch mit der Absicht des deutschen Gesetzgebers zu vereinbaren, S. 176.

833 *Foerste*, ZZP 108 (1995), 167, 178 f.; 191.

834 *Foerste*, ZZP 108 (1995), 167, 177.

835 *Foerste*, ZZP 108 (1995), 167, 184 f., 191. Vgl. unten e.

836 *Lent*, ZZP 73 (1960), 316, 320.

837 *Lent*, ZZP 73 (1960), 316, 320.

838 *Lent*, ZZP 73 (1960), 316, 320.

Herausgabeprozess der Kläger nunmehr auf Schadensersatz aufgrund einer Beschädigung der Sache klagt, könne der Zweitrichter das Eigentum des Klägers erneut prüfen. Denn die Verneinung des Schadensersatzes wegen Fehlens des Eigentums mache das erste Herausgabeurteil nicht sinnlos, es behält unverändert seinen Sinn, es wahre nämlich dem Kläger den Besitz der Sache.[839]

c) *Habscheid* – Treu und Glauben nach § 242 BGB

Habscheid wendet sich gegen die Auffassung *Zeuners*, weil *Zeuner* das Problem mittels einer Rechtskrafterstreckung löse, obgleich er in manchen Fällen mit der herrschenden Lehre annehmbare Ergebnisse erlangen könne.[840]

Für den Rechtskraftumfang solle der sich nach rein logischen Kriterien richtende Subsumtionsschluss als Ganzes entscheidend sein und infolge müsse der Richter eines zulässigen zweiten Verfahrens in seiner Entscheidung frei sein.[841] Der Zweitrichter soll also den Gesamtsachverhalt (zusammen mit den neuen Tatsachen) unbegrenzt nachprüfen und würdigen.[842] Eine Bindung besteht für den Zweitrichter nur insoweit, als der rechtskräftig abgeurteilte Streitgegenstand im zweiten Verfahren präjudizielle Bedeutung gewinnt.[843]

Sonst müsse „eine Überbetonung des Rechtskraftdogmas zu einer Verewigung richterlicher Irrtümer“ führen und es erschwere „auf alle Fälle dem späteren Richter sehr, ein gerechtes und richtiges Urteil zu fällen“.[844]

Ferner sei nach *Habscheid* die Frage, wann eine Rechtslage auf die andere hin angelegt sei, vielmehr eine Wertungsfrage, deren Entscheidung aber unabhängig von der Gesetzesauslegung sei.[845]

Im Rahmen der Erfüllung des friedenstiftenden Zwecks der Rechtskraft würde die Auffassung von *Zeuners* Unsicherheit bringen, wenn man dem Richter ermöglicht, die Rechtskraft durch seine rechtliche Begründung seiner Ent-

---

839 *Lent*, ZZP 73 (1960), 316, 320.

840 *Habscheid*, FamRZ 1963, 381, 381.

841 *Habscheid*, FamRZ 1963, 381, 381; *Habscheid*, Der Streitgegenstand im Zivilprozess, S. 293 f.

842 Dagegen wird eine beschränkte Bindung an die Entscheidungsgründe vertreten, die eine richterliche Würdigung des Gesamtsachverhalts im Zweitprozess verwehrt, *Arens*, Streitgegenstand, S. 72 ff.; *Henckel*, Parteilehre und Streitgegenstand im Zivilprozess, S. 296; *Zeuner*, Die objektiven Grenzen, S. 38 ff.; *Grunsky*, ZZP 76 (1963), 165, 176; *Schwab*, Streitgegenstand, S. 146 f. Vgl. unten d.

843 *Habscheid*, Der Streitgegenstand im Zivilprozess, S. 294.

844 *Habscheid*, FamRZ 1963, 381, 381.

845 *Habscheid*, FamRZ 1963, 381, 381.

scheidung enger oder weiter zu fassen.[846] Denn die Parteien könnten nicht voraussehen, was sie eigentlich in einem Verfahren verloren hätten.[847]

Wie oben dargelegt wurde, schlägt *Habscheid* außerdem hinsichtlich der Ansprüche aus gegenseitigen Verträgen statt einer Rechtskrafterstreckung die Anwendung des Grundsatzes von Treu und Glauben nach § 242 BGB vor.[848]

d) *Schwab* – Erweiterte Auslegung der Begriffe der Präjudizialität und des kontradiktorischen Gegenteils – Beschränkte Bindungswirkung der Entscheidungsgründe

Nach *Schwab* sind die Formeln vom teleologischen Zusammenhang und der intendierten Ordnung nicht eindeutig und präzise genug, um alle aufgeführten Fälle zu umfassen. Die Begründung für eine Erweiterung der Rechtskraft müsse an der Stelle der Auslegung der Entscheidung und im Sinne des mit der Entscheidung angestrebten Ziels gesucht werden.[849] Sein Vorschlag ist hierbei eine erweiterte Auslegung der Begriffe der Präjudizialität und des kontradiktorischen Gegenteils, als dies bisher seitens der herrschenden Lehre geschehen ist.[850] Er bejaht deshalb die Präjudizialität auch in den Fällen der Ausgleichszusammenhänge[851], in denen die Entscheidung des Erstprozesses und die des Folgeprozesses so eng miteinander verbunden sind, dass eine widersetzliche Entscheidung des Folgeprozesses ebenfalls die Entscheidung des Vorprozesses in ihrer Existenz beeinträchtigen muss.[852] Aus ähnlichen Gründen nimmt er eine erweiterte Auslegung des Begriffs des kontradiktorischen Gegenteils an, wenn die zweite Entscheidung die Wirkung der ersten beseitigen würde.[853]

Rimmelspacher wendet sich gegen den Vorschlag *Schwabs*, weil der unbestimmte Maßstab des rechtlichen Sinnzusammenhangs *Zeuners* durch einen anderen unpräzisen Maßstab ersetzt wird.[854]

Peters ist der Meinung, dass *Schwab* mit seinem Vorschlag im Ergebnis zu derselben Rechtskraftbemessung wie *Zeuners* führen wird.[855]

---

846 *Habscheid*, FamRZ 1963, 381, 381.
847 *Habscheid*, FamRZ 1963, 381, 382.
848 Siehe hierzu oben G-VI-2-b-ee.
849 *Schwab*, JZ 1959, 786, 786 f.
850 *Schwab*, JZ 1959, 786, 787.
851 Siehe hierzu oben G-VI-3-a und G-VI-2-a.
852 *Schwab*, JZ 1959, 786, 787.
853 *Schwab*, JZ 1959, 786, 787.
854 *Rimmelspacher*, Materiellrechtlicher Anspruch, S. 202.
855 *Peters*, ZZP 76 (1963), 229, 242 (Fn. 68), 243.

Außerdem sei nach *Schwab* auch eine relative bindende Wirkung der rechtskräftigen Entscheidung im Hinblick auf die tragenden Entscheidungsgründe erforderlich, obwohl die Rechtskraft nur die über den Streitgegenstand ergangene Entscheidung bewirkt.[856] *Schwab* sieht diese bindende Wirkung der Rechtskraft im Hinblick auf die Urteilselemente zugleich als Voraussetzung der Präklusionswirkung an.[857]

Diese relative Bindungswirkung besagt aber (im Gegensatz zur *Zeunerschen* Konzeption) nicht, dass über Tatsachen und präjudizielle Rechtsverhältnisse rechtskräftig entschieden sei. Lediglich müssen Tatsachen und rechtliche Beurteilung, auf die die Entscheidung gestützt ist, gegen neues, abweichendes Vorbringen geschützt sein: „Die im ersten Prozess erfolgte Feststellung des Sachverhalts und seine rechtliche Würdigung sind unanfechtbar. Sie müssen unangreifbar sein, weil sonst die Rechtskraft der Entscheidung über den prozessualen Anspruch beseitigt werden könnte".[858] Demzufolge wird die Vorbringung der Tatsachen, die mit dem Sachverhalt in Widerspruch stehen, völlig verhindert.

Dieser Gedankengang *Schwabs* hat eine wichtige Konsequenz. Aufgrund dieser Ansicht wird die Nachprüfung des Gesamtsachverhalts vom Zweitrichter abgelehnt, weil eine beschränkte Bindung an die Urteilselemente im Rahmen der Rechtskraftwirkung (und folglich Präklusionswirkung) besteht.[859] Demzufolge steht den von *Habscheid* gegen die *Zeunersche* Lehre vorgetragenen Bedenken, dass der Richter eines zulässigen zweiten Verfahrens in seiner Entscheidung frei sein müsse, diese Ansicht *Schwabs* entgegen.

---

856 *Schwab*, Streitgegenstand, S. 146 f.

857 *Schwab*, Streitgegenstand, S. 147, 168 f.

858 *Schwab*, Streitgegenstand, S. 147, 168; *Schwab*, in: FS für Eduard Bötticher, S. 329 ff.; zustimmend etwa Baumbach/Lauterbach/*Hartmann*, § 322 ZPO, Rdn. 9; *Peetz*, Die materiellrechtliche Einordnung, S. 133 ff.; *Blomeyer*, in: FS für Friedrich Lent, S. 51; *Henckel*, Parteilehre und Streitgegenstand im Zivilprozess, S. 293 (Die Parteien seien an die Entscheidung mit allen ihren Elementen nur hinsichtlich des Streitgegenstandes gebunden. Dies bilde den Inhalt des Satzes, dass der Subsumtionsschluss als Ganzes in Rechtskraft erwächst).

859 Zustimmend *Arens*, Streitgegenstand, S. 72 ff.; *Henckel*, Parteilehre und Streitgegenstand im Zivilprozess, S. 296; weitergehend *Grunsky*, ZZP 76 (1963), 165, 176 f.; *Zeuner*, Die objektiven Grenzen, S. 33 ff. (Die Gründe des Urteils beeinflussen die Tragweite der in Rechtskraft erwachsenden Entscheidung über die geltend gemachte Rechtsfolge; sie dürfen daher in einem späteren Verfahren nur insoweit nicht mehr in Frage gestellt werden, als andernfalls dieser von ihnen beeinflußte [sic] Inhalt der rechtskräftigen Entscheidung angetastet würde).

e) *Peters* – (Ansatzweise) erweiterte Auslegung der Begriffe der Präjudizialität und des kontradiktorischen Gegenteils

Wenngleich nach *Peters* die Rechtskrafterstreckung kraft Sinnzusammenhang den großen Vorteil hat, dass Zusammengehöriges einheitlich entschieden wird, wird das Gericht des Folgeprozesses die Rechtskraftwirkung als drückende Last empfinden, sofern der Erstprozess offensichtlich falsch entschieden wurde.[860] Deshalb bezweifelt er (auch wegen einer Reihe anderer Bedenken), ob die Lehre *Zeuners* ein geeignetes Abgrenzungskriterium bildet.

Der Sinnzusammenhang mit dem Folgeprozess sei erst den Entscheidungsgründen, nicht allein dem Urteilstenor des Erstprozesses, zu entnehmen. Folglich ergeben sich große Schwierigkeiten in den zahlreichen Fällen, in denen der rechtskräftige Titel keine Begründung aufweise und somit keinen Sinnzusammenhang ausweise, wie z. B. bei Versäumnisurteilen oder bei Anerkenntnis- und Verzichtsurteilen.[861] Nach *Martens* stehe aber diese Schwierigkeit bei nicht begründeten Urteilen nicht der Lehre *Zeuners* entgegen, sondern der Praxis, die an dem knappen Urteilstenor auch dann festhalte, wenn keine Entscheidungsgründe vorhanden seien.[862]

Während *Martens* diesbezüglich als Abhilfe die Bezeichnung des den zuerkannten Anspruch tragenden Rechtsverhältnisses auch im Urteilstenor vorschlägt, kann nach *Foerste* die Ermittlung des Urteilsinhalts mithilfe des Klagevorbringens eine Lösung sein.[863]

Hierbei handelt es sich jedoch um ein schwaches Argument. Sonst wäre der zweigliedrige Streitgegenstand generell ausgeschlossen. Denn in Fällen, in denen der rechtskräftige Titel keine Begründung aufweist, gilt es in der Klageschrift die Schlüssigkeit zu prüfen.

---

860 *Peters*, ZZP 76 (1963), 229, 231. *Peters* weist auch aufgrund ihrer Typisierung auf die Gefahr einer Schematisierung der Lehre *Zeuners* hin, S. 242.

861 *Peters*, ZZP 76 (1963), 229, 233, 235, 242. Ähnlich sei die Lehre *Zeuners* praktisch nicht durchführbar bei Entscheidungen mit Alternativbegründungen, S. 242.

862 *Martens*, ZZP 79 (1966), 404, 444.

863 „Das dürfte nicht zu einer unvertretbaren Aufblähung des Tenors führen", *Martens*, ZZP 79 (1966), 404, 444 f.; *Foerste*, ZZP 108 (1995), 167, 187 (Fn. 70). Ferner wird das Rechtsmittel der Beschwerde für den Fall der Verfehlung des Entscheidungsgrundes empfohlen, dazu ausführlich *Foerste*, ZZP 108 (1995), 167, 184 f; *Grunsky*, ZZP 76 (1963), 165, 173 ff, 183; *Blomeyer*, NJW 1969, 587, 593; ablehnend *Henckel*, Prozessrecht und materielles Recht, S. 171 (Fn. 26). Vgl. Zur Ermittlung rechtskräftigen Inhalts von Anerkenntnis- und Verzichtsurteilen und Versäumnisurteilen, Musielak/*Musielak*, § 322 ZPO, Rdn. 53; MünchKommZPO/*Gottwald*, § 322 ZPO, Rdn. 179 ff.; Prütting/Gehrlein/*Völzmann-Stickelbrock*, § 322 ZPO, Rdn. 32.

Peters folgt ansatzweise der Ansicht *Schwabs* von der erweiterten Auslegung der Begriffe der Präjudizialität und des kontradiktorischen Gegenteils.

f) *Lüke* und *Jauernig* – Treu und Glauben nach § 242 BGB

Lüke erscheint es fraglich, ob die Auffassung *Zeuners* mit dem geltenden Recht vereinbar sei. Ferner bestehe auch die Gefahr, dass die größere Gerechtigkeit im Einzelfall mit dem Preis größerer Rechtsunsicherheit erkauft werden müsse.[864] Die Vermeidung unbefriedigender Ergebnisse mittels Einwandes des Rechtsmissbrauchs erscheint ihm andererseits weniger unsicher.[865] An dieser Stelle geht *Jauernig* für manche Fälle, in denen auch ein Sinnzusammenhang zwischen dem Erst- und Zweitprozess besteht, vom Rechtsmissbrauchseinwand aus. Ihm zufolge kann nicht die Rechtskraft, sondern nur der elastische Tatbestand des Rechtsmissbrauchs berücksichtigen, ob und in welcher Weise die Parteien über die im Urteil beantwortete Frage (z. B. die Vertragsnichtigkeit) geschritten haben:[866] „Die Anwendung des § 242 BGB ist, […] vorzuziehen, um die Parteien nicht an beiläufige Urteilsfeststellungen zu ketten".[867] Wenn dieser Grundsatz im Einzelfall nicht weiter helfen kann, können nach *Jauernig* die Parteien den Erlass der widersprüchlichen Urteile durch Erhebung der Zwischenfeststellungsklage vermeiden.[868]

g) *Rimmelspacher* – Rechtsposition

Rimmelspacher ist der Auffassung, dass das Kriterium der teleologischen Sinnzusammenhänge nicht in der Lage ist, das mit dem § 322 ZPO verfolgte Ziel, nämlich die Parteien vor überraschenden Rechtsfolgen zu schützen, zu garantieren, weil es den Prozessparteien keine sicheren Anhaltspunkte dafür gibt, inwieweit die Bindung aufgrund der Entscheidung eintreten wird.[869] Nicht die *Zeunersche* Konzeption, sondern die von den Parteien überschaubare und in das Prozessrisiko einkalkulierbare Verbundenheit soll das Kriterium der Rechtskraftgrenzen schaffen.[870]

---

864 *Arens/Lüke*, Zivilprozessrecht, S. 336.

865 *Arens/Lüke*, Zivilprozessrecht, S. 336.

866 *Jauernig*, Zivilprozessrecht, S. 203; ähnlich *Braun*, JuS 1968, 364, 368.

867 *Jauernig*, Zivilprozessrecht, S. 204.

868 *Jauernig*, Zivilprozessrecht, S. 204; kritisch *Foerste*, ZZP 108 (1995), 167, 177; *Bruns*, Zivilprozessrecht, S. 375, Man denke dabei nach *Bruns* an das estoppel-Prinzip.

869 *Rimmelspacher*, Materiellrechtlicher Anspruch, S. 184, 193.

870 *Rimmelspacher*, Materiellrechtlicher Anspruch, S. 184.

Ferner soll die Bindung an die Entscheidung mittels der Rechtskraft nur so weit reichen, als über die Richtigkeit des Zusammenhangs, also über die Richtigkeit der zusammenhängenden Rechtsfolgen selbst, prozessiert werden kann.[871] Sie soll aber nicht so weit reichen, als ein teleologischer Zusammenhang zwischen der beschiedenen Rechtsfolge und einer anderen Rechtsfolge bestehe.[872]

Sein Kriterium für die Rechtskraftbemessung ist die im Prozess zur Entscheidung gestellte Rechtsposition, und zwar in dem Umfang, in dem sie auf die Klage hin gesichert oder verwirklicht werden soll.[873] Er plädiert vielmehr für materiellrechtliche Lösungen in bestimmten Fällen, die gelegentlich zu einer Erweiterung der materiellen Rechtskraft führen.[874]

h) *Henckel* – Wirtschaftlicher Wert

Nach *Henckel* lässt sich die materielle Rechtskraft in ihren nachteiligen Folgen für die unterlegene Partei als Verwirkungsfolge deuten.[875] Obwohl er von einem Verwirkungsgedanken, nicht von teleologischen Sinnzusammenhängen (wie *Zeuner*) ausgeht, gelangt er in vielen Problemfällen zu ähnlichen Lösungen wie die *Zeunersche* Konzeption.[876] Er plädiert auch für eine erweiterte Bindungswirkung durch Ausdehnung der materiellen Rechtskraft auf die präjudiziellen Rechtsverhältnisse.

Nach *Henckel* beachtet *Zeuner* nicht, dass zwischen den Streitgegenständen des Erst- und Zweitprozesses auch ein bestimmter Sinnzusammenhang, der sich lediglich auf den Streitgegenstand und nicht auf die Gründe des ersten Urteils bezieht, bestehen könne, obwohl die erste Entscheidung für den Folgeprozess nicht im strengen Sinne präjudiziell sei.[877]

Sein Kriterium für die Absteckung der objektiven Rechtskraftgrenzen ist der sog. wirtschaftliche Wert: „Ist der Anspruchsinhalt im ersten und zweiten Prozess nicht identisch […] [sind die Parteien] an die Entscheidung des Vorprozesses nicht gebunden, wenn die Bindung sie hinsichtlich eines wirtschaftlichen

871 *Rimmelspacher*, Materiellrechtlicher Anspruch, S. 185.

872 *Rimmelspacher*, Materiellrechtlicher Anspruch, S. 185.

873 *Rimmelspacher*, Materiellrechtlicher Anspruch, S. 202; kritisch MünchKommZPO/*Gottwald*, § 322 ZPO, Rdn. 54.

874 Vgl. oben (Fn. 804).

875 *Henckel*, Prozessrecht und materielles Recht, S. 411.

876 Kritisch MünchKommZPO/*Gottwald*, § 322 ZPO, Rdn. 54, Eine Bindung an den in beiden Verfahren identischen wirtschaftlichen Wert bedeutet eine prozessuale Präklusion im Sinne des anglo-amerikanischen *issue preclusion* oder *collateral estoppel*.

877 *Henckel*, Parteilehre und Streitgegenstand im Zivilprozess, S. 294 (Fn. 159).

Wertes belasten würde, der mit dem, der im Erstprozeß [sic] auf dem Spiele stand, nicht identisch ist".[878] Dann solle die Rechtskraft des Erstprozesses das für den Folgeprozess präjudizielle Rechtsverhältnis erfassen, falls der wirtschaftliche Wert, der für die Parteien im ersten und zweiten Prozess auf dem Spiel steht, identisch sei.[879]

Bötticher hat gegen diese Konzeption Folgendes eingewendet: „Von einer solchen wirtschaftlichen Bewertung der Streitgegenstände des ersten und des nachfolgenden Prozesses [wird] das Durchgreifen der Rechtskraftbindung abhängig gemacht. Sie trägt als solche schon die Unberechenbarkeit auf der Stirn und vergrößert die bewußte [sic] Engherzigkeit des § 322 ZPO zu überwinden trachtet".[880] In ähnlicher Weise betont *Gottwald* die praktischen Schwierigkeiten dieser Lehre und ihre Unvereinbarkeit mit der bewussten Entscheidung des Gesetzgebers.[881]

i) *Reischl – ipso iure* Erstreckung auf Entscheidungsgründe

Reischl wendet sich gegen die Thesen *Zeuners*, dass die materiellrechtlichen Sinn- oder Ausgleichszusammenhänge die Bindungswirkung nicht erweitern könnten, weil dies weder mit dem prozessualen Verständnis zu vereinbaren sei, noch der gesetzliche Normgehalt die Rechtskrafterstreckung notwendig erscheinen lasse.[882]

Außerdem bilden die Wahrheits- und Vollständigkeitspflicht gemäß § 138 Abs. 1 ZPO eine wichtige Ergänzung der Verhandlungsmaxime. Der Tatsachenvortrag muss sowohl der Wahrheit entsprechen als auch nicht unvollständig sein. Da damit bereits faktisch gesichert sei, dass bestimmte Rechtsfragen in verschiedenen Prozessesen gleich oder gerechtfertigt verschieden beantwortet werden könnten, könne nach *Reischl* der Lehre Zeuners nicht gefolgt werden.[883]

Die Rechtskraft müsse also nicht die materiellrechtlichen Sinn- oder Ausgleichszusammenhänge zwischen verschiedenen Entscheidungen wahren, sondern den „nach der zweiten Komponente der Rechtskraftreichweite gebotenen prozessualen Schutz des Urteilsinhalts durch Ergebnispräzisierung" bewerkstelligen.[884] Dementsprechend erstrecke sich die materielle Rechtskraft in den Fäl-

---

878 *Henckel*, Prozessrecht und materielles Recht, S. 414 f.

879 *Henckel*, Prozessrecht und materielles Recht, S. 171 ff.

880 *Bötticher*, ZZP 85 (1972), 1, 16.

881 *Rosenberg/Schwab/Gottwald*, Zivilprozessrecht, S. 875.

882 *Reischl*, Die objektiven Grenzen, S. 194.

883 *Reischl*, Die objektiven Grenzen, S. 188.

884 *Reischl*, Die objektiven Grenzen, S. 207.

len dinglicher und erbrechtlicher Herausgabeansprüche *ipso iure* auf die in den Urteilsgründen enthaltene Feststellung des zugrunde liegenden Rechts.[885]

Obwohl *Reischl* die *Zeunersche* Konzeption so kritisiert hat, geht seine überraschende These über die Rechtskrafterstreckung auf Urteilselemente noch über die Ergebnisse *Zeuners* hinaus.

Ihm zufolge habe der Gesetzgeber des heutigen § 322 Abs. 1 ZPO die von *Savigny* entwickelte zweigliedrige Struktur der Rechtskraftreichweite übernommen, welche die vom klägerischen Antrag bestimmte privatautonome Komponente mit der liberalen Komponente des Inhaltschutzes verbinde.[886] Trotz mit einer gegenüber *Savignys* Idee gewandelten rechtspolitischen Motivation solle die Möglichkeit der automatischen Ausdehnung der Rechtskraft über den Entscheidungstenor hinaus durch den heutigen § 322 Abs. 1 ZPO nicht abgelehnt, sondern angenommen werden.[887]

Außerdem sei die Zwischenfeststellungsklage lediglich eine vom Gesetz bereitgestellte Option, die zur intendierten Modifikation der Theorie *Savignys* erforderlich gewesen sei.[888] Wenn die Prozessparteien nicht von dieser Option Gebrauch machen können, soll die Rechtskraft sich automatisch auf wesentliche präjudizielle Punkte erstrecken.[889]

Nach *Reischl*: „Sowohl die *synallagmatische* Verbindung zwischen gesetzlicher Rechtskraftbeschränkung und autonomer Ausdehnungsmöglichkeit durch eine Zwischenfeststellungsklage als auch die zweigliedrige *rechtstechnische* Struktur haben sich im Wortlaut des heutigen § 322 ZPO niedergeschlagen“.[890]

Die Rechtskraft sei daher nach heutigem Verständnis gemäß § 322 Abs. 1 ZPO automatisch auf einzelne Urteilsbegründungselemente zu erstrecken, um die im Urteilstenor enthaltene Entscheidung über den Streitgegenstand vor inhaltlicher Entwertung in Folgeprozessen zu schützen.[891] Aber diese Rechtskrafterstreckung sei nur gerechtfertigt, wenn sie erforderlich sei, um den Entscheidungsinhalt prozessual abzusichern.[892]

---

885 *Reischl*, Die objektiven Grenzen, S. 207.

886 *Reischl*, Die objektiven Grenzen, S. 138 ff., 313.

887 *Reischl*, Die objektiven Grenzen, S. 313.

888 *Reischl*, Die objektiven Grenzen, S. 139.

889 *Reischl*, Die objektiven Grenzen, S. 138 ff.

890 *Reischl*, Die objektiven Grenzen, S. 139 („Dieses zweistufige Modell schließt es also nicht aus, die Rechtskraftreichweite über den Entscheidungstenor hinaus zu erstrecken, solange der Zwischenfeststellungsklage ausreichender Anwendungsbereich belassen wird“). (Betonung im Original).

891 *Reischl*, Die objektiven Grenzen, S. 313.

892 *Reischl*, Die objektiven Grenzen, S. 313.

Gaul betont, dass die Thesen *Reischl*s weder zur Entstehungsgeschichte noch zum geltenden Recht zu überzeugen vermögen.[893]

j) Weitere Kritikpunkte

Nach *Bader* stehe die gesamte Rechtsordnung in einem gewissen Sinnzusammenhang und es muss daher bezweifelt werden, ob der Sinnzusammenhang wirklich ein Abgrenzungskriterium darstelle und ob dies mit der Grundentscheidung des § 322 ZPO übereinstimmt.[894]

Laut überwiegender Meinung sind die Formeln *Zeuners*, nämlich der teleologische Zusammenhang und die intendierte Ordnung, zu unbestimmt und mit dem Gesetz schwerlich vereinbar. Deshalb bestehen Überlegungen zur Prozesswirtschaftlichkeit und Rechtssicherheit.[895] Es besteht die Gefahr, dass die Parteien von einer Bindung überrascht werden, weil die Rechtskraftgrenzen unklar und unvorhersehbar sind.[896]

Wenn das Gericht die erste Entscheidung für falsch hält, kann es im zweiten Verfahren abweichend entscheiden. Dabei sei eine im Widerspruch stehende Begründung der Zweitentscheidung eher hinzunehmen, als eine Fortschreibung des ersten Fehlurteils und dies entspräche auch dem Willen des Gesetzgebers, der die Gefahr sich widersprechender Entscheidungsbegründungen bewusst in Kauf genommen habe.[897]

Darüber hinaus steht auch die Gesetzessystematik einer ausdehnenden Rechtskraftwirkung entgegen: „Der ausdrücklichen Anordnung der Rechts-

---

893 *Gaul*, in: Zivilverfahrensrechtliche Probleme des 21. Jahrhunderts, S. 106; weitere Kritik *Rosenberg/Schwab/Gottwald*, Zivilprozessrecht, S. 882 (Fn. 30), (Hinweis auf die überraschende Bindung der Prozessparteien und die Gefahr der Perpetuierung justiziellen Unrechts).

894 *Bader*, Die Tragweite der Entscheidung, S. 81 (Fn. 15); zustimmend *Rimmelspacher*, Materiellrechtlicher Anspruch, S. 184; Stein/Jonas/*Leipold*, § 322 ZPO, Rdn. 205; *Brox*, JuS 1962, 123, 124; Zöller/*Vollkommer*, Vor. § 322 ZPO, Rdn. 28; *Walker*, ZZP 111 (1998), 429, 450 f.; Musielak/*Musielak*, § 322 ZPO, Rdn. 27; *Rosenberg/Schwab/Gottwald*, Zivilprozessrecht, S. 882; Prütting/Gehrlein/*Völzmann-Stickelbrock*, § 322 ZPO, Rdn. 19.

895 Etwa Stein/Jonas/*Leipold*, § 322 ZPO, Rdn. 205; *Walker*, ZZP 111 (1998), 429, 450 f.; Zöller/*Vollkommer*, Vor. § 322 ZPO, Rdn. 36; *Schilken*, Zivilprozessrecht, S. 525 f.; MünchKommZPO/*Gottwald*, § 322 ZPO, Rdn. 53; *Rosenberg/Schwab/Gottwald*, Zivilprozessrecht, S. 882; Prütting/Gehrlein/*Völzmann-Stickelbrock*, § 322 ZPO, Rdn. 19; Wieczorek/Schütze/*Büscher*, § 322 ZPO, Rdn. 86; Baumbach/Lauterbach/*Hartmann*, § 322 ZPO, Rdn. 72; *Batschari/Durst*, NJW 1995, 1650, 1652.

896 Etwa *Rosenberg/Schwab/Gottwald*, Zivilprozessrecht, S. 882.

897 *Walker*, ZZP 111 (1998), 429, 452; vgl. *Rosenberg/Schwab/Gottwald*, Zivilprozessrecht, S. 882.

kraftwirkungen bei der Aufrechnung nach § 322 Abs. 2 ZPO hätte es ansonsten nicht bedurft".[898]

Ein weiterer Punkt ist, dass die Prozessparteien aufgrund der Urteile, bei denen die materielle Rechtskraft für die Parteien nicht eindeutig vorhersehbar ist, gezwungen sind, Rechtsmittel einzulegen.[899] Diese Schwierigkeit wäre lediglich zu überwinden, „wenn sich das Kriterium des Sinnzusammenhangs generell oder für die einzelnen Fallgruppen eindeutig bestimmen ließe, was jedoch nicht der Fall ist".[900]

k) Rechtsprechung

Die *Zeunersche* Konzeption wurde auch von der Rechtsprechung abgelehnt. Der BGH hat in seinen Entscheidungen die Option der Zwischenfeststellungsklage und die Tatsache der bewussten engen Begrenzung der Rechtskraft durch den Gesetzgeber besonders betont. Darüber hinaus hält das Gericht die Formulierungen *Zeuners* für zu unbestimmt und unsicher. Es kommt zu dem Ergebnis, dass die Bindungswirkung eines Urteils sich auch im Rahmen von Ausgleichszusammenhängen oder Sinnzusammenhängen nicht auf präjudizielle Rechtsverhältnisse erstreckt. Das Gericht beurteilt:

> Der Mindermeinung steht zum einen schon entgegen, dass sie mit dem Wortlaut des § 322 Abs. 1 ZPO kaum zu vereinbaren ist. Eine daher allenfalls in Betracht zu ziehende teleologische Reduktion der Vorschrift widerspräche der erklärten Absicht des Gesetzgebers. Außerdem kann eine Prozesspartei, die ein Interesse an der Klärung einer Vorfrage hat, insoweit eine Zwischenfeststellungsklage nach § 256 Abs. 2 ZPO erheben. […] [N]ach dem Gesetz [besteht] weder Raum noch Notwendigkeit für die Anerkennung einer erweiterten Bindungswirkung der Urteile. […] Prozessverhalten, sofern es sich nicht schon im Hinblick auf seine Unglaubhaftigkeit selbst bestraft (§ 286 ZPO), wird in Extremfällen als rechtsmissbräuchlich und damit unbeachtlich zu werten sein.[901]

---

898 Wieczorek/Schütze/*Büscher*, § 322 ZPO, Rdn. 86.

899 Wieczorek/Schütze/*Büscher*, § 322 ZPO, Rdn. 86.

900 BGH, 26.06.2003, NJW 2003, 3058.

901 BGH, 26.06.2003, NJW 2003, 3058; vgl. etwa BGH, 23.07.2008, NJW 2008, 2922; BGH, 02.05.2002, NJW-RR 2002, 1617 ff.; BGH, 11.11.1994, NJW 1995, 967 f.

4. Bewertung und Stellungnahme

a) Allgemeines

Die bisherige Untersuchung hat gezeigt, dass die von den Vertretern der herrschenden Lehre vorgebrachten Gründe überzeugen können, eine Rechtskrafterstreckung auf die Vorfragen mittels der Ausgleichs- oder Sinnzusammenhänge abzulehnen. Die materielle Rechtskraft wird nach dem bloßen Inhalt des Subsumtionsschlusses als Ganzes abgegrenzt. Alle Rechtskraftwirkungen richten sich nach der Entscheidung über den Streitgegenstand. Die Rechtskraftwirkung als Prozesshindernis tritt nur für den Fall der Streitgegenstandsidentität und aufgrund des kontradiktorischen Gegenteils ein. Wenn im Einzelfall keine Streitgegenstandsidentität oder kein kontradiktorisches Gegenteil vorliegt, kann man diesmal von der Präjudizialität sprechen. Außerhalb dieser gesetzlichen Wirkungen der Rechtskraft (Identität, kontradiktorisches Gegenteil und Präjudizialität) gibt es keine andere Rechtskraftwirkung, die mit dem § 322 ZPO erreichbar ist.

Der Lehre *Zeuners* kann daher nicht gefolgt werden. Ebenfalls sind die anderen Erweiterungsformen der materiellen Rechtskraft, die innerhalb der herrschenden Lehre teilweise Anklang gefunden haben, abzulehnen. Denn die Mehrheit dieser Versuche kommt zu Ergebnissen, die nicht weit weg von der Lehre *Zeuners* entfernt sind. Daneben schließen andere Versuche, die nicht so eine weitergehende Bindungswirkung vorsehen, Unklarheit und Unsicherheit mit ein.

b) Wortlaut des § 322 Abs. 1 ZPO

Die Beschränkung der Rechtskraft auf den erhobenen Anspruch in § 322 Abs. 1 ZPO war eine bewusste Entscheidung des Gesetzgebers. Man muss diese Entscheidung beachten. Eine Bindungswirkung der Entscheidung besteht lediglich für die festgestellte streitgegenständliche Rechtsfolge.

Durch eine rechtspolitische Wertung hat sich der deutsche Gesetzgeber für eine streng am Streitgegenstand orientierte Rechtskraftregelung entschieden. Damit wollte der Gesetzgeber vor allem Rechtssicherheit und Rechtsklarheit schaffen.

Dabei wurden andere rechtspolitische Alternativen abgelehnt, die eine möglichst umfassende Streiterledigung anbieten (wie z. B. die estoppel-Lehre des anglo-amerikanischen Rechts oder die Lehre *Savignys* von den Entscheidungsgründen). Ob diese rechtspolitische Entscheidung des Gesetzgebers richtig war, kann jedenfalls mit dem Hinweis auf die Rechtsgewissheit und den Rechtsfrieden rechtspolitisch bestritten werden. Dennoch ist die Anwendung des geltenden Rechts unabhängig von dieser rechtspolitisch beeinflussten Wertungsfrage. *De lege lata* muss der Rechtsanwender an der Entscheidung des Gesetzgebers festhalten.

Die Entscheidung des Gesetzgebers aus dem Jahr 1879 für eine enge Rechtskraftkonzeption und gegen die Lehre *Savignys* lässt sich so zusammenfassen:

> Das Urtheil darf nicht weiter gehen, als die Absicht der Parteien gegangen ist, und darf nicht Folgen erzeugen, deren sich die Parteien im Laufe des Prozesses gar nicht bewußt [sic] geworden sind. Die Rücksicht auf den Willen der Parteien, die Rücksicht auf das Richteramt fordern daher eine Beschränkung des Umfangs der Rechtskraft [...] [Der Entwurf] gestattet [...] nach dem Vorbilde des nordd. Entw. § 196 jeder Partei durch die im § 243 geregelten Inzidentfeststellungsklagen [...] über ein im Laufe des Prozesses streitig gewordenes Rechtsverhältnis, von dessen Bestehen oder Nichtbestehen die Entscheidung des Rechtstreits ganz oder zum Theile abhängt, eine der Rechtskraft fähige Entscheidung zu erwirken, gelangt also auf diesem Wege zu einem Ergebnisse, [...] daß [sic] er nicht das Gesetz sondern den Willen der Parteien (292) darüber bestimmen läßt [sic], was mit einer über den Bereich des Prozesses hinausreichenden Rechtskraft entschieden werden soll.[902]

Es ist also ganz offensichtlich, dass die Aufgabe der deutschen Rechtskraftregelung der Aufgabe des deutschen Zivilverfahrensrechts entsprechend die Schaffung von Rechtssicherheit und Rechtsklarheit für die Prozessparteien mit Rücksicht auf die Parteiautonomie ist. Mittels dieser engen Formulierung des § 322 ZPO wollte der Gesetzgeber dem rechtlichen Gehör entsprechend (Art. 103 Abs. 1 GG) die überraschende Bindung der Parteien verhindern. Die rechtskräftige Entscheidung geht nur über den Streitgegenstand, der von dem Kläger zur Entscheidung gestellt wird. Es ist also nicht die Absicht des Gesetzgebers, die Rechtskraft auch auf die Streitpunkte, die bereits einmal verhandelt wurden, zu erstrecken und damit aus Gründen des Rechtsfriedens und der Rechtsgewissheit eine umfassende Streiterledigung zu etablieren.

c) Das Zusammenspiel von §§ 322 und 256 Abs. 1 ZPO

Um die Nachteile der engen Rechtskraftkonzeption zu vermeiden, hat der Gesetzgeber auch das Institut der Zwischenfeststellungsklage geschaffen. Wer daran Interesse hat, kann mithilfe dieser Option die präjudiziellen Rechtverhältnisse an der Rechtskraft teilnehmen lassen. Die Zwischenfeststellungsklage dient auch zur Vermeidung des Fehlurteils im Einzelfall. Falls die Parteien im Einzelfall von dieser Option keinen Gebrauch machen, kann jederzeit ausnahmsweise ein Fehlurteil ergehen. Dabei hat der Zweitrichter die Möglichkeit, von dem

---

902 *Hahn/Stegemann*, Die gesamten Materialien zu den Reichs-Justizgesetzen Bd 2, S. 291.

Erstprozess abweichend zu entscheiden. Dies kann folglich zu Entscheidungen mit sich widersprechenden Gründen führen, was vom Gesetzgeber aber bewusst in Kauf genommen wurde.

Aufgrund des Zusammenspiels von §§ 322 und 256 Abs. 2 ZPO besteht kein Zweifel daran, dass die Entscheidung der Vorfrage im Erstprozess nicht für den Folgeprozess präjudiziell ist.

d) Ausnahmecharakter des § 322 Abs. 2 ZPO

§ 322 Abs. 2 ZPO ist eine Ausnahmebestimmung und nicht der Analogie fähig. Wenn diese Bestimmung keinen Ausnahmecharakter besäße, hätte der Gesetzgeber sie nicht bewusst als einen gesonderten Absatz im § 322 ZPO geregelt. Daher lässt sich die Ansicht der Anwendung des § 322 Abs. 2 ZPO durch Analogie auf andere Fälle nicht akzeptieren.

e) Bewertung der Zeunerschen Konzeption

Wie oben dargelegt wurde, ist die *Zeunersche* Konzeption vor allem nicht mit der Regelungsabsicht des Gesetzgebers vereinbar, selbst wenn sie auch Vorteile hat. Dem steht der Wortlaut des § 322 Abs. 1 ZPO entgegen.

Außerdem ist das Kriterium des teleologischen Sinnzusammenhangs nicht präzise genug und nicht allgemein, um alle Fälle zu behandeln.

Nach *Zeuner* sei der Streitgegenstand nicht der einzige Faktor, der den Umfang der Rechtskraft bestimmt, sondern an dieser Aufgabe seien vielmehr neben ihm auch die Gründe der Entscheidung und damit auch die jeweils zur Anwendung gekommenen Rechtsnormen maßgeblich beteiligt.[903] Diese Ansicht *Zeuners* kann nicht akzeptiert werden. Denn die deutsche Rechtskraftregelung ist stark am Streitgegenstand orientiert. Die Entscheidung über den Streitgegenstand bildet den Entscheidungsgegenstand und dadurch auch den Rechtskraftgegenstand.

Die Vorteile dieser Konzeption sind *de lege ferenda* von großer Bedeutung. Allerdings fehlt es an der gesetzlichen Grundlage, um diese Konzeption auch im Rahmen des geltenden Rechts anzuwenden. Eine solche weitergehende Bindungswirkung lässt sich nicht mit der Auslegung des § 322 ZPO erreichen.

903 *Zeuner*, Die objektiven Grenzen, S. 176.

f) Treu und Glauben und Wahrheitspflicht

Wie die Zwischenfeststellungsklage sind der Grundsatz von Treu und Glauben (§ 242 BGB) und auch die Wahrheitspflicht der Parteien (§ 138 Abs. 1 ZPO) wichtige Instrumente, um unbillige Entscheidungen zu verhindern. Der Grundsatz von Treu und Glauben ist ein fundamentales Element der deutschen Rechtsordnung. Er gilt in allen Bereichen des Rechts, im öffentlichen Recht, Privatrecht, Prozessrecht und anderen Rechtsbereichen. Die Wahrheitspflicht ist als ein Prozessgrundsatz eine Folge des Grundsatzes von Treu und Glauben.

Ein Verstoß gegen die Wahrheitspflicht oder das Vorliegen des rechtmissbräuchlichen Verhaltens der Partei hat wichtige Folgen in einem Verfahren. Diese Punkte hat der Richter im Prozess zu prüfen. Der Richter darf den Tatsachenvortrag der Partei, der mit ihrem früheren Tatsachenvortrag im Erstprozess unvereinbar ist, nicht berücksichtigen.

Obwohl diese Instrumente zur Vermeidung von unbilligen Entscheidungen von Bedeutung sind, dürfen sie im Hinblick auf die Bestimmung der Rechtskraftgrenzen nicht überbetont werden. Denn sie dürfen keinesfalls als weitere Kriterien, die die Rechtskraftgrenzen ergänzen, angesehen werden. Eine zusätzliche (weitergehende) Bindungswirkung aus dem Grundsatz von Treu und Glauben oder aus der Wahrheitspflicht herzuleiten, ist mit dem § 322 ZPO nicht vereinbar. Die Rechtskraftwirkung ist in dieser Vorschrift bereits abschließend geregelt. Die Wahrheitspflicht und der Grundsatz von Treu und Glauben sind Prozessmittel, die (nur) im Einzelfall dem Gerechtigkeitsprinzip entsprechend zur Vermeidung von sächlich unvereinbaren und unbilligen Entscheidungen beitragen.

g) Andere Erweiterungsformen

Andere Erweiterungsformen, die auch, wie die Lehre *Zeuners*, auf die Vermeidung der Nachteile der engen Rechtskraftkonzeption abzielen, sind gleichfalls abzulehnen. Denn diese Ansätze sind ebenfalls nicht mit dem Wortlaut in § 322 Abs. 1 ZPO vereinbar und stellen darüber hinaus keine sicheren und bestimmten Abgrenzungskriterien zur Absteckung der Rechtskraftgrenzen dar.

Manche dieser Erweiterungsformen führen gelegentlich zu Ergebnissen, die nicht sehr weit von der *Zeunerschen* Lehre entfernt sind. Dazu zählt insbesondere das Kriterium des wirtschaftlichen Wertes (*Henckel*), die erweiterte Auslegung der Begriffe der Präjudizialität und des kontradiktorischen Gegenteils (*Schwab*), die erweiterte Auslegung des Urteilstenors (*Lent*) oder die automatische Ausdehnung der Rechtskraft auf die Urteilselemente (*Reischl*).

Andere Formen, die keine so umfassende Erweiterung vorsehen, stellen keine schärferen generellen Abgrenzungskriterien bezüglich der Rechtskraftgrenzen dar und führen infolgedessen zur Rechtsunsicherheit. Dazu zählt beispielsweise die relative Bindungswirkung der Entscheidungsgründe (*Schwab*) und die Präjudizialität im weiteren Sinne (wie z. B. *Leipold*, *Gottwald*).

h) Lösung der Beispielfälle und Schlussbetrachtung

In allen der oben dargestellten Beispielfälle sollte eine Rechtskrafterstreckung auf die präjudiziellen Rechtsverhältnisse abgelehnt werden. Innerhalb dieser Fälle kommt eine Präjudizialität oder ein kontradiktorisches Gegenteil auch nicht in Betracht. Die Bejahung der Rechtskraftwirkung (durch Präjudizialität oder kontradiktorischem Gegenteil) in diesen Fällen ist keinesfalls mit dem Wortlaut und dem Normzweck des § 322 ZPO vereinbar. In diesen Fällen steht einer Prozesspartei jedenfalls die Möglichkeit einer Zwischenfeststellungsklage offen, wenn sie ein Interesse an der rechtskräftigen Klärung einer Vorfrage hat.

Wie *Leipold* mit Recht betont, „sorgt die Lehre von den objektiven Grenzen der Rechtskraft im Rahmen rechtlicher Sinnzusammenhänge seit dem Erscheinen der gleichnamigen Habilitationsschrift im Jahre 1959 für heilsame Unruhe auf diesem Gebiet“.[904] *Leipold* hat dies im Jahr 1994 zum Ausdruck gebracht und das gleiche Phänomen ist noch heute umstritten und aktuell.

Es ist unstreitig, dass es solche Fälle gibt, in denen unbillige und unvereinbare Entscheidungen zwischen denselben Parteien ergehen können. Manche dieser Fälle wurden schon von *Zeuner* in seinem Werk dargestellt. Während *Zeuner* diese Fälle mithilfe seines Abgrenzungskriteriums von teleologischen Sinnzusammenhängen abhandelt, gibt es sogar innerhalb der herrschenden Lehre noch heute keine Einigkeit, wie diese Fälle behandelt werden sollen.

Alle möglichen Lösungen sollten aber mit dem Wortlaut des § 322 ZPO vereinbar sein. Jede Rechtskrafterstreckung bedeutet letztendlich einen Verstoß gegen die erwähnte Vorschrift.

---

904 *Leipold*: in FS für Albrecht Zeuner, S. 431.

H. Ergebnisse und Lösungsvorschläge

I. Allgemeines

Der Hauptzweck des rechtsstaatlich geordneten Prozessrechts ist die Durchsetzung des materiellen Rechts. Zur Verwirklichung dieses Zwecks dient auch die Rechtskraft durch Gewährleistung der unmittelbaren Prozessergebnisse.

Das Ziel der Rechtskraft ist es, auch Rechtssicherheit und Rechtsfrieden zu erreichen. Jeder Rechtsstreit muss einmal ein Ende finden. Eine umfassende Streitschlichtung dient vielmehr dem öffentlichen Interesse und der materiellen Gerechtigkeit, während enge Rechtskraftgrenzen dem Interesse der Parteien entsprechen.

Unter billiger Abwägung dieser Interessen bestimmt der Gesetzgeber den Umfang des Streitgegenstandes und damit auch die objektiven Grenzen der Rechtskraft. Diese rechtspolitische Entscheidung des Gesetzgebers muss beachtet werden, auch wenn sie kritisierbar ist.

II. Wesen der materiellen Rechtskraft[905]

Die materielle Rechtskraft ist ein Institut des Prozessrechts und ihr kommt keine außerprozessuale materielle Wirkung zu. Sie wirkt in Fällen der Streitgegenstandsidentität negativ (Ne-bis-in-idem-Lehre) und bildet eine negative Prozessvoraussetzung. Sie ist von Amts wegen zu beachten. Im Bereich der Präjudizialität wirkt die materielle Rechtskraft dagegen positiv (Bindungswirkung). Der Richter hat die rechtskräftige Entscheidung seiner Entscheidung zugrunde zu legen. Die negative und positive Wirkung der Rechtskraft ergänzen sich gegenseitig.

Außerdem hat m. E. der Theorienstreit um das Wesen der Rechtskraft für die Gerichtspraxis keine praktische Bedeutung.

905 Siehe hierzu oben C-IV.

III. Der deutsche Streitgegenstandsbegriff[906]

Die im Rahmen dieser Arbeit vorgenommene kritische Würdigung der verschiedenen Streitgegenstandstheorien hat gezeigt, dass ein relativer Streitgegenstandsbegriff für das deutsche Verfahrensrecht interessengerecht und vorzugswürdig erscheint. Dabei sollte man den Streitgegenstand aus Gründen der Verfahrenskonzentration für die Rechtshängigkeit, Klageänderung und Klagehäufung eingliedrig bestimmen. Für die Rechtskraft sollte aber der zweigliedrige Streitgegenstandsbegriff maßgebend sein.

IV. Objektive Grenzen der Rechtskraft im deutschen Recht[907]

Der Entscheidungsgegenstand ist die Entscheidung über den prozessualen Anspruch, also über den Streitgegenstand. Die deutsche Rechtskraftregelung ist streng am Streitgegenstand orientiert. Die Entscheidung über den Streitgegenstand erwächst in materieller Rechtskraft. Der Subsumtionsschluss als Ganzes bildet den Entscheidungsgegenstand, nicht aber seine Glieder.

Laut dem deutschen Rechtskraftverständnis sind die Grenzen der Rechtskraft gesetzlich (§ 322 ZPO) eng geregelt und man kann dabei nicht von einer Rechtskrafterstreckung auf die präjudiziellen Rechtsverhältnisse sprechen. Infolgedessen sollten alle Erweiterungsformen (wie die *Zeunersche* Konzeption) hinsichtlich der Rechtskraftgrenzen abgelehnt werden. Denn es gibt keine erforderlichen gesetzlichen Grundlagen für derartige Rechtskrafterweiterungen.

Ferner hat der Gesetzgeber unter voller Rücksichtnahme auf die Parteiautonomie die Zwischenfeststellungsklage als gesetzlichen Ausgleich zur Vermeidung von Nachteilen der engen Rechtskraftkonzeption eingesetzt. Eine rechtskräftige Entscheidung über die Vorfragen unterliegt mithin der Parteidisposition. Aufgrund des Zusammenspiels der §§ 322 Abs. 1 und 256 Abs. 2 ZPO ist jede Erweiterung der Rechtskraft mit der Absicht des Gesetzgebers unvereinbar.

Daher sollte im deutschen Recht eine Rechtskraftwirkung nur im Falle von Streitgegenstandsidentität, kontradiktorischem Gegenteil und Präjudizialität im Betracht kommen. Im Falle des kontradiktorischen Gegenteils ist das Gegenteil dem Normzweck des § 322 Abs. 1 ZPO entsprechend nach dem Sinn der Klage zu beurteilen. Dabei ist die Identität des Lebenssachverhalts entscheidend. Bei der Präjudizialität sollte lediglich die im Urteilstenor festgestellte Rechtsfolge

906 Siehe hierzu oben G-V.

907 Siehe hierzu oben G-IV, G-V und G-VI.

(im streng logischen Sinne) für einen weiteren Prozess maßgebend sein (z. B. zuerst Feststellung des Mietvertrags, dann Mietzinsklage).

V. Historische Entwicklung der Rechtskraft in der Türkei[908]

Die Untersuchung der historischen Entwicklung der Rechtskraft in der Türkei zeigte, dass der Rechtskraftbegriff dem türkischen Recht nicht fremd war. Obwohl die Rechtskraft als ein eigenständiges Rechtsinstitut erst mit dem Inkrafttreten der HUMK umfassend geregelt wurde, gab es bereits nach der Rezeption unter dem Einfluss des französischen Rechts wichtige Entwicklungen. Diese Entwicklungen bilden die Grundlage für die heutige Rechtskraftregelung.

VI. Rechtskraftregelung im türkischen Recht

1. Gesetzliche Regelung[909]

Art. 237 HUMK setzt die dreifache Identität für die Begründung der prozesshindernden Rechtskrafteinrede ein, nämlich die Parteiidentität, die Streitgegenstandsidentität und die Identität des Klagegrundes. In der türkischen Literatur werden diese Tatbestandsmerkmale als Voraussetzungen der materiellen Rechtskraft bezeichnet und systematisch so behandelt. In dieser Arbeit wurde dabei auch dieser Systematik gefolgt.

Parteiidentität betrifft die subjektiven Grenzen der Rechtskraft. Die Streitgegenstandsidentität und die Identität des Klagegrunds bestimmen die objektiven Grenzen der Rechtskraft.

2. Streitgegenstandsbegriff im türkischen Recht[910]

a) Unsaubere Terminologie

Im türkischen Recht wird der Streitgegenstandsbegriff gesetzlich nicht einheitlich verwendet. Er bezieht sich in Art. 237 HUMK vielmehr auf das Klagebe-

---

908 Siehe hierzu oben B-I und B-II.

909 Siehe hierzu oben F-I.

910 Siehe hierzu oben F-I-4.

gehren. Denn die HUMK verwendet in dieser Vorschrift neben dem Streitgegenstandsbegriff ausdrücklich auch den Begriff des Klagegrundes. Dabei erscheint auf den ersten Blick, dass das Gesetz von einem eingliedrigen Streitgegenstandsbegriff ausgeht. Nach der einhelligen Auffassung im Schrifttum und der Rechtsprechung, ist aber der Streitgegenstand zweigliedrig zu bestimmen. Der klägerische Antrag und der Klagegrund bilden den Streitgegenstand.

b) Relativer Streitgegenstandsbegriff auch für das türkische Recht[911]

Für das türkische Recht ist m. E. über einen normzweckorientierten relativen Streitgegenstandsbegriff nachzudenken. Damit sollte der Streitgegenstandsbegriff für die Rechtshängigkeit und Klagehäufung eingliedrig, für die Rechtskraft zweigliedrig bestimmt werden.

Vor allem gilt in der türkischen Verfahrensordnung die Eventualmaxime in ihrer strengsten Form. Der wichtigste Aspekt der Eventualmaxime ist das Verbot der Klageänderung. Durch dieses Verbot erfolgt eine gewisse Verfahrenskonzentration. Ein relativer Streitgegenstandsbegriff erscheint dabei als eine zweckdienliche Lösung. Denn auch der relative Streitgegenstand zielt darauf ab, durch eingliedrige Bestimmung des Streitgegenstandes für die Klageänderung eine Verfahrenskonzentration zu schaffen.

Art. 187 Abs. 4 HUMK ist die einzige Vorschrift über die Rechtshängigkeit. Sie lautet: „Die Behauptung, dass die erhobene Klage schon anderweitig rechtshängig ist, ist eine prozesshindernde Einrede". Die Vorschrift verwendet den Begriff der *Klage* und keinen anderen Begriff, wie Streitgegenstand, Streitsache oder streitbefangene Sache usw. Diese Vorschrift bedarf der Auslegung. Durch eine teleologische Reduktion kann der Begriff der Klage als Klagebegehren verstanden werden. Denn der Zweck des Instituts der Rechtshängigkeit ist, vor allem die Verfahrenskonzentration zu schaffen. Der Wortlaut des Art. 187 Abs. 4 HUMK ist für eine solche normzweckorientierte Auslegung geeignet.

Ferner ist der Streitgegenstand auch für die Klagehäufung eingliedrig zu bestimmen. Die Besonderheiten hinsichtlich der Klagehäufung werden nachher im Anschluss an die objektiven Grenzen der Rechtskraft dargelegt.

Schließlich wird der Streitgegenstand bezüglich der Rechtskraft zweigliedrig bestimmt. Dies ist auch mit dem Wortlaut des Art. 237 HUMK vereinbar, der neben dem Streitgegenstandsbegriff auch ausdrücklich den Begriff des Klagegrundes verwendet.

---

911 Siehe hierzu oben G-5-9.

VII. Objektive Grenzen der Rechtskraft im türkischen Recht

1. Grundregel[912]

Im türkischen Recht erwächst nach Art. 237 HUMK nur der Urteilstenor in Rechtskraft. In der türkischen Lehre und Rechtsprechung herrscht auch eine unsaubere Terminologie bezüglich des Urteilstenors. Dieser Begriff sollte als die Entscheidung über den prozessualen Anspruch, der durch den Streitgegenstand (also mit einer sauberen Terminologie: Klagebegehren) und Klagegrund bestimmt wird, verstanden werden.

Die objektiven Grenzen der Rechtskraft wurden durch den Gesetzgeber eng gefasst. Die Entscheidungsgründe dienen nur bei der konkreten Bestimmung der Rechtskraftgrenzen als Auslegungshilfe. Demnach sind die Entscheidungsgründe für die Auslegung des Urteilstenors nur mit einzubeziehen, wenn sich der Umfang der Rechtskraft nicht allein aus dem Tenor ermitteln lässt.

Die materielle Rechtskraft sollte nur in Fällen der Identität, der Präjudizialität und des kontradiktorischen Gegenteils maßgebend sein. Bei der Präjudizialität sollte nur die im Urteilstenor festgestellte Rechtsfolge (also die Entscheidung über den Streitgegenstand) im streng logischen Sinne für den späteren Prozess maßgeblich sein, so ist z. B. die rechtskräftige Feststellung des Mietvertrages im ersten Feststellungsprozess präjudiziell für die spätere Mietzinsklage. Im Falle des kontradiktorischen Gegenteils sollte man das Gegenteil vom Sinn der Klage her beurteilen. Es ist unproblematisch, wenn der Beklagte den Streit in seiner logisch exakten Umkehrung anhängig macht. Also kann er z. B. nach der rechtskräftigen Feststellung des Eigentums des Klägers im ersten Feststellungsprozess durch Erhebung einer späteren negativen Feststellungsklage nicht begehren, dass der frühere Kläger nicht Eigentümer sei. In solchen Fällen ist das kontradiktorische Gegenteil dem Streitgegenstand gleichzusetzen. Jedoch ist es problematisch, wenn der Beklagte im zweiten Prozess durch unterschiedlichen Klageantrag den gleichen Klagegrund zur Entscheidung stellt. In diesem Fall ist der Streitgegenstand des ersten und zweiten Prozesses nicht identisch. Doch sollte wegen des nach dem Sinn der Klage beurteilten kontradiktorischen Gegenteils die zweite Klage unzulässig sein. Das ist der Fall, wenn z. B. der Beklagte (nach der rechtskräftigen Feststellung des Eigentums des Klägers im Erstprozess) im zweiten Prozess die Feststellung seines Eigentums begehrt. Maßgebendes Kriterium für das nach dem Sinn der Klage beurteilte kontradiktorische Gegenteil ist die Identität des Klagegrundes von Erst- und Zweitprozess.

---

912 Siehe hierzu oben F-IV.

Darüber hinaus sollten m. E. die Entscheidungen und Feststellungen über die Gegenrechte im Gegensatz zur Rechtsprechung auch nicht in Rechtskraft erwachsen. Obwohl es in Art. 237 HUMK keine positive Ausnahmebestimmung (wie § 322 Abs. 2 ZPO) für die Aufrechnung gibt, sollte der Aufrechnungseinwand dabei die einzige Ausnahme bilden. Dies ist auch eine logische Folgerung des Normzwecks des Art. 237 HUMK. Diese Lösung wird auch bereits von der Rechtsprechung und Lehre anerkannt.

2. Die zweifache Rechtskrafterstreckung im türkischen Recht[913]

Die überwiegend durch die türkischen Lehre und Rechtsprechung vertretene zweifache Rechtskrafterstreckung in der türkischen Gerichtspraxis ist abzulehnen.

Die zweifache Rechtskrafterstreckung im türkischen Recht (enge Verbindung und zwingende Beweiswirkung) ist m. E. unvereinbar mit dem Wortlaut des Art. 237 HUMK. Diese Ausdehnungen der materiellen Rechtskraft sind als *contra legem* zu qualifizieren. Denn die im Rahmen dieser Erweiterungsformen herbeigeführten Bindungswirkungen sind mithilfe des Art. 237 HUMK nicht erreichbar. Nach dieser Vorschrift wird lediglich die Entscheidung über den Streitgegenstand von der materiellen Rechtskraft erfasst, nicht dagegen die tatsächlichen und rechtlichen Feststellungen. Im Falle der verstärkten Beweiswirkung entfaltet das Urteil keine Bindung *per se*, wird jedoch als ein sog. privilegiertes Beweismittel verwendet, das dem Richter eine besondere Begründungslast auferlegt, falls er abweichen möchte. Dass hier zumindest Gehörsverletzungen drohen, liegt auf der Hand. Die Rechtsprechung des Kassationsgerichtshofs ist auch nicht ganz kohärent.

Durch Rechtskrafterstreckung auf rechtliche und tatsächliche Feststellungen geht die zweifache Rechtskrafterstreckung im türkischen Recht sogar noch über die Ergebnisse der *Zeunerschen* Konzeption oder anderer Erweiterungsformen, wie *ipso iure* Ausdehnung der Rechtskraft auf Entscheidungsgründe bei *Reischl* usw., im deutschen Recht hinaus.

---

913 Siehe hierzu oben F-IV-2-c-cc und F-IV-3.

3. Ist die Erhebung der Zwischenfeststellungsklage auch im türkischen Recht möglich?

Im Gegensatz zum deutschen Recht (§ 260 ZPO) hat die HUMK keine umfassende Regelung hinsichtlich der Klagehäufung. Die einzige Vorschrift, die die Klagehäufung unmittelbar betrifft, ist Art. 3 S. 1 HUMK: „Mehrere in einer Klage geltend gemachte prozessuale Ansprüche werden zusammengerechnet". Diese Bestimmung regelt die sachliche Zuständigkeit der Gerichte, wenn mehrere Streitgegenstände vorliegen (vgl. § 5 ZPO). Ferner ist (ähnlich dem § 147 ZPO) in Art. 45 HUMK die Prozessverbindung geregelt, die mittelbar auch die Klagehäufung betrifft. Im türkischen Recht ist es ganz überwiegend anerkannt, dass für die objektive Klagehäufung eine Verbindung zwischen den beiden Ansprüchen nicht notwendig ist. Wenn für sämtliche Ansprüche das gleiche Gericht zuständig ist und dieselbe Prozessart zulässig ist, kann der Kläger (bei der Klageerhebung) mehrere Ansprüche gegen denselben Beklagten in derselben Klageschrift geltend machen.

Für die Prozessverbindung nach der Klageerhebung (im Laufe des Prozesses) ist aber eine Verbindung zwischen den Ansprüchen erforderlich. Gemäß Art. 45 Abs. 1 HUMK: „Mehrere Klagen, die bei demselben Gericht anhängig sind, können durch das Gericht von Amts wegen oder auf Antrag miteinander verbunden werden, wenn eine Verbindung zwischen den beiden Klagen vorliegt". Die Bedeutung des Begriffs der Verbindung wird von Art. 45 Abs. 3 HUMK so erklärt: „Wenn die Klagen auf den gleichen Klagegrund beruhen oder die Entscheidung über eine Klage Wirkung auf die andere Klage hat, so ist eine Verbindung zwischen beiden Klagen gegeben".

Wenn die Klagen miteinander verbunden sind, erfolgen die Beweisaufnahmen und Verhandlungen einheitlich für alle Streitgegenstände. Jedoch entscheidet das Gericht über alle Streitgegenstände unabhängig, d. h. für jede einzelne Klage ergeht eine rechtskräftige Entscheidung.

Es ist selbstverständlich, dass die Wortlaute dieser Vorschriften (Art. 45 Abs. 1 und 3 HUMK) nicht sehr deutlich und präzise sind. Ferner ist auch festzustellen, dass die Zulässigkeitsvoraussetzungen der objektiven kumulativen Klagehäufung laut § 260 ZPO und Prozessverbindung nach § 147 ZPO etwa strenger und konkreter als Art. 45 Abs. 1 und 3 HUMK formuliert sind.

Der Begriff der Verbindung in Art. 45 Abs. 3 HUMK ist weit zu verstehen. Sie ist gegeben, wenn die Entscheidung über eine Klage wenigstens eine Wirkung auf die andere Klage hat. Dabei ist es sogar nicht notwendig, dass die Klagen auf demselben Sachverhalt beruhen. Irgendeine *Wirkung* ist ausreichend.

Eine Verbindung kommt aber im Falle der objektiven Klagehäufung nicht in Betracht, denn der Kläger kann seine Ansprüche gegen denselben Beklagten bei der Klageerhebung in der gleichen Klageschrift einreichen.

Die Zwischenfeststellungsklage ist im deutschen Recht ein gesetzlicher Ausgleich dafür, dass die präjudiziellen Rechtsverhältnisse (tragende Entscheidungsgründe) nicht in materieller Rechtskraft erwachsen können. Die Nachteile der engen Rechtskraftkonzeption können mithilfe dieser Option vermieden werden. Diese Option bildet zugleich einen Unterfall der Klagehäufung.

Ein Instrument, das zur Vermeidung der Nachteile einer engen Rechtskraftkonzeption dient, muss eine gesetzliche Grundlage haben. Sonst kann die Rechtskraft ihre Aufgabe nicht erfüllen.

Die objektiven Grenzen der Rechtskraft werden im türkischen Recht durch Art. 237 HUMK ähnlich der deutschen Regelung ebenfalls eng vorgesehen. Die zweifache Rechtskrafterweiterung, nämlich durch enge Verbindung und zwingende Beweiswirkung, wurde im türkischen Recht durch die Lehre und die Rechtsprechung entwickelt, um die Nachteile der engen Rechtskraftkonzeption zu beseitigen. Diese Erweiterungsformen führen im Ergebnis zur Rechtskrafterstreckung auf präjudizielle Rechtsverhältnisse und auch auf tatsächliche Feststellungen. Diese Anwendung ist m. E. kaum mit dem geltenden Recht vereinbar. Zum einen haben beide Erweiterungsformen keine gesetzliche Grundlage. Zum anderen, da im Einzelfall auch von einer Rechtskrafterstreckung auf die tatsächlichen Feststellungen die Rede ist, ergibt sich eine Rechtkraftausdehnung, die noch über die Rechtskrafterstreckung gemäß deutscher Zwischenfeststellungsklage hinausgeht. Denn kraft der Zwischenfeststellungsklage wird eine Rechtskrafterstreckung lediglich auf die präjudiziellen Rechtsverhältnisse ermöglicht, nicht aber auf die tatsächlichen Feststellungen (die Feststellung der Echtheit der Urkunde bildet dabei die einzige Ausnahme).

Zur Veranschaulichung der zweifachen Rechtskrafterstreckung im türkischen Recht folgt an dieser Stelle eine Reihe von Beispielen aus der Gerichtspraxis:[914]

– Wird eine Mietzinsklage positiv entschieden, so stellt diese Entscheidung auch das Bestehen des Mietverhältnisses fest. (Enge Verbindung / zwingende Beweiswirkung).

– Wird dem Kläger rechtskräftig ein Darlehenszins zugesprochen, stellt dies zugleich den Darlehensvertrag rechtskräftig fest. (Enge Verbindung / zwingende Beweiswirkung).

914 Siehe hierzu oben F-IV-2-c-cc und F-IV-3.

- Wird einer Herausgabeklage gemäß Art. 683 TMK stattgegeben, stellt diese Entscheidung zugleich das Eigentum des Klägers rechtskräftig fest. (Zwingende Beweiswirkung).
- In ähnlicher Weise werden auch die Gegenrechte (wie z. B. Anfechtung, Erfüllung oder Rücktritt), die im ersten Prozess bereits geltend gemacht, aber nicht berücksichtigt oder zurückgewiesen wurden, von der Rechtskraft erfasst. (Enge Verbindung / zwingende Beweiswirkung).
- Die Wirksamkeit des Bürgschaftsvertrags in einer Leistungsklage steht in enger Verbindung mit dem Urteilstenor und erwächst deshalb in der materiellen Rechtskraft. (Enge Verbindung).
- Obwohl die tatsächliche Feststellung der Vertragsmäßigkeit des Werkes zu den Entscheidungsgründen gehört, steht sie aber mit dem Urteilstenor in enger Verbindung und wird deshalb von der materiellen Rechtskraft erfasst. (Enge Verbindung).
- Im Scheidungsverfahren wird festgestellt, dass die Ehefrau an der Scheidung schuldig ist. Diese Feststellung des Verschuldens der Ehefrau ist für den Richter des späteren Schmerzengeldprozesses bindend. (Zwingende Beweiswirkung).
- Das Bestehen des Eigentums wird auch rechtskräftig festgestellt, wenn der durch den Kläger erhobene Grundbuchberichtigungsanspruch nach Art. 716 TMK positiv entschieden wird. (Enge Verbindung / zwingende Beweiswirkung).
- Wird über einen Anspruch aus einem gegenseitigen Vertrag positiv entschieden, so stellt diese Entscheidung zugleich das Bestehen des Vertrages fest. (Enge Verbindung / zwingende Beweiswirkung).
- Ähnlich ist die Festsetzung des Verschuldensausmaßes des Arbeitgebers durch das Arbeitsgericht im ersten Verfahren bindend für den Richter des zweiten Verfahrens (aus gleichem Arbeitsverhältnis). (Zwingende Beweiswirkung).
- Ein Urteil, das einen Teilanspruch zuspricht, bewirkt eine zwingende Beweiswirkung hinsichtlich des Bestehens des Gesamtschuldverhältnisses. (Zwingende Beweiswirkung).
- Ein Urteil über die gesetzliche Unterlassungspflicht stellt zugleich das Bestehen einer Rechtsverletzung für einen folgenden Schadensersatzprozess rechtskräftig fest. (Zwingende Beweiswirkung).

Die zweifache Rechtskrafterweiterung ist im türkischen Recht keinesfalls als ein Funktionsäquivalent der Zwischenfeststellungsklage anzusehen. Diese beiden gesetzwidrigen Erweiterungsformen sind abzulehnen. Funktional ermöglicht der Rückgriff auf diese Erweiterungsformen eine Rechtskrafterstreckung, deren tatsächliche Reichweite freilich weithin undeutlich bleibt. Man muss ein anderes, mit dem geltenden Recht vereinbares Instrument entwickeln, um die Nachteile der engen Rechtskraftkonzeption zu vermeiden.

Die Klageart der Feststellungsklage ist in der türkischen Zivilverfahrensordnung nicht geregelt. Sie wird durch die Lehre und Gerichtspraxis entwickelt. Denn jede Zivilverfahrensordnung muss das Institut der Feststellungsklage enthalten. Diese Rechtsschutzform ist ein notwendiges und praktisches Mittel, um das Bestehen des Rechtsverhältnisses (positive Feststellungsklage) oder das Nichtbestehen des Rechtsverhältnisses (negative Feststellungsklage) festzustellen. Dieses Ziel kann nicht mit einer Leitungsklage oder Gestaltungsklage erreicht werden.

Obwohl die Zwischenfeststellungsklage als ein Rechtsinstitut im türkischen Zivilverfahrensrecht nicht geregelt ist, könnte durch die Anwendung der Prozessverbindung (Art. 45 Abs. 1, 3 HUMK) und kumulativen Klagehäufung das Ziel der Zwischenfeststellungsklage erreicht werden. Die einzige taugliche und mit dem geltenden Recht vereinbare Lösung für das türkische Recht im Hinblick auf die Vermeidung der Nachteile der engen Rechtskraftkonzeption wäre also die Zulassung eines Antrags auf rechtskräftige Feststellung der streitigen Rechtsverhältnisse.

Dem deutschen Vorbild entsprechend könnte nur entweder die Feststellung eines Rechtsverhältnisses oder die Feststellung der Echtheit einer Urkunde beantragt werden. Dies entspricht auch dem Zweck der allgemeinen Feststellungsklage im türkischen Recht. Denn der Gegenstand der allgemeinen Feststellungsklage (positive oder negative) kann der Lehre und Rechtsprechung zufolge keine tatsächliche Feststellung sein.

Der Kläger hat jedenfalls die Möglichkeit, bei der Klageerhebung mithilfe der objektiven kumulativen Klagehäufung mehrere seiner Ansprüche gegen denselben Beklagten in derselben Klageschrift geltend zu machen. Dabei ist keine Verbindung zwischen den Ansprüchen nötig. Demzufolge ist er in der Lage, bereits bei der Klageerhebung auch die Feststellung eines Rechtsverhältnisses zusammen mit dem Hauptanspruch zu beantragen. Anders ausgedrückt; der Kläger erhebt in diesem Fall zusammen mit seiner Primärklage eine Feststellungsklage. Der Beklagte kann dabei seinen Widerspruch gegen diesen Feststellungsanspruch in der Klageerwiderung einlegen. Er kann durch Erhebung eine Widerklage auch die Feststellung eines präjudiziellen Rechtsverhältnisses begehren.

Bei der Klageerhebung scheint es mithilfe der objektiven kumulativen Klagehäufung nicht so problematisch zu sein, eine rechtskräftige Entscheidung auch über ein präjudizielles Rechtsverhältnis zu erhalten. Problematisch ist die Frage, wie eine Feststellung des präjudiziellen Rechtverhältnisses nachträglich (im Laufe des Prozesses) ermöglicht wird. Einerseits ist die Zwischenfeststellungsklage im türkischen Recht nicht gesetzlich geregelt und andererseits tritt aufgrund der Eventualmaxime nach der Klageerhebung das strenge Klageänderungsverbot ein. Deshalb spricht man nur im ersten Verfahrensstadium (bis zum Ende des ersten Klagesatzwechsels) von einer Verbindung mehrerer Ansprüche des Klägers mittels der objektiven kumulativen Klagehäufung.

Im Laufe des Prozesses sollte die rechtskräftige Feststellung eines Rechtsverhältnisses mithilfe der Prozessverbindung ermöglicht werden. Trotz des bisherigen Fehlens der Anwendung des Rechtsinstituts der Prozessverbindung gemäß Art. 45 HUMK in der Praxis für den Zweck der Erhebung einer Zwischenfeststellungsklage bestehen keine gesetzlichen Hindernisse hinsichtlich dieser Lösung. Diese Lösung passt lückenlos in das türkische Rechtssystem und ist zumindest theoretisch möglich. Im Einzelnen werden unten die Grundlagen dieser Lösung dargelegt:

(1) Nach Art. 237 HUMK erwächst der Urteilstenor (also mit einer sauberen Terminologie: die Entscheidung über den prozessualen Anspruch, der durch den Streitgegenstand (mit einer sauberen Terminologie: Klagebegehren) und den Klagegrund bestimmt wird) in materieller Rechtskraft.

(2) Die zweifache Rechtskrafterstreckung (nämlich die enge Verbindung und gemäß Art. 295 HUMK die zwingende Beweiswirkung) hat keine gesetzliche Grundlage und ist abzulehnen. Derartige Bindungswirkungen können mithilfe des Art. 237 HUMK nicht erreicht werden. Beide Erweiterungsformen können keinesfalls als ein gesetzlicher Ausgleich der engen Rechtskraftkonzeption dienen. Sie sind keine Funktionsäquivalenz der deutschen Zwischenfeststellungsklage. Ferner wird der Anwendungsbereich des Art. 237 HUMK im türkischen Recht bereits aufgrund der zwingenden Beweiswirkung gemäß Art. 295 HUMK empfindlich geschmälert.

(3) Um die Nachteile der engen Rechtskraftkonzeption zu vermeiden, sollte ein anderes, mit dem Wortlaut des Art. 237 HUMK vereinbares Mittel eingesetzt werden. Dabei ist die Erhebung einer Zwischenfeststellungsklage vorzuschlagen. Dogmatische Grundlage ist dafür die Tatsache, dass die allgemeine Feststellungsklage durch die Lehre und Rechtsprechung entwickelt wird. Gesetzliche Grundlage ist dafür die sensible Anwendung des § 45 HUMK und die normzweckorientierte Auslegung des Art. 237 HUMK. Die

rechtsvergleichende Betrachtung im Rahmen dieser Arbeit fördert eine solche Lösung ebenso. Denn im deutschen Recht gilt auch eine enge Rechtskraftkonzeption und die Zwischenfeststellungsklage dient als ein gesetzlicher Ausgleich. Ferner erweist sich die Option der Zwischenfeststellungsklage als ein Unterfall der Klagehäufung.

(4) Im türkischen Recht wird sogar die allgemeine Feststellungsklage nicht gesetzlich geregelt. Aber aus praktischen Bedürfnissen wird sie durch die Lehre und Rechtsprechung unter Berücksichtigung des Gesamtaufbaus des Zivilverfahrensrechts entwickelt. Auch sollte angenommen werden, dass eine Zwischenfeststellungsklage aus praktischen Bedürfnissen erforderlich ist. Sie könnte durch die Lehre und Rechtsprechung als eine Unterart der allgemeinen Feststellungsklage entwickelt werden. Es besteht dabei keine dogmatische Hemmung.

(5) Art. 45 HUMK normiert die Prozessverbindung. Diese Vorschrift ist nicht so streng und präzise wie § 147 und 260 ZPO. Ein möglicher Zwischenantrag auf die Feststellung eines Rechtsverhältnisses, das eine *Wirkung* auf die Entscheidung über die Hauptsache hat, genügt gemäß Art. 45 HUMK für eine Verbindung des Prozesses. Wenn beide prozessualen Ansprüche auf demselben Klagegrund (Sachverhalt) beruhen, ist dies ausreichend für eine Prozessverbindung.

(6) Die Voraussetzungen des Art. 45 HUMK sind ebenso nicht so streng wie die Voraussetzungen des § 256 Abs. 2 ZPO. Denn nach § 256 Abs. 2 ZPO muss von der Existenz des mit dem Zwischenantrag zur Feststellung gestellten Rechtsverhältnisses die Entscheidung über die Hauptsache abhängig sein.

(7) Der Kläger könnte daher im Laufe des Prozesses einen Zwischenantrag auf die Feststellung eines Rechtsverhältnisses stellen, das (wenigstens) eine Wirkung auf die Entscheidung über die Hauptsache hätte. Das Gericht sollte von Amts wegen (oder auch auf Antrag der Partei) diese Zwischenklage und die Hauptklage miteinander verbinden. Das Verfahren wird damit einheitlich durchgeführt. Am Ende des Verfahrens ergehen aber zwei verschiedene rechtskräftige Entscheidungen. Infolgedessen erlangt der Kläger die Möglichkeit, eine über die rechtskräftige Entscheidung über die Hauptklage hinausgehende rechtskräftige Feststellung des Rechtsverhältnisses zu erreichen.

(8) Im Rahmen der Zwischenfeststellungsklage gemäß § 256 Abs. 2 ZPO bildet die Vorgreiflichkeit das besondere rechtliche Interesse des Klägers an der Feststellung. Dabei spricht man von keinem (allgemeinen) rechtlichen Feststellungsinteresse des Klägers. Für das türkische Recht kommen zwei Mög-

lichkeiten in Betracht. Nach Art. 45 HUMK ist für die Prozessverbindung wenigstens eine Wirkung der Zweitklage auf die Hauptklage erforderlich und ausreichend. Demzufolge ist ein rechtliches Interesse des Klägers an der Feststellung (also Feststellungsinteresse) für den Zwischenantrag und dessen Verbindung mit der Hauptklage ausreichend.

Als eine zweite Möglichkeit könnte man durch rechtsvergleichende Auslegung diese Lücke dem deutschen Vorbild entsprechend schließen. Denn zum einen ist die Zwischenfeststellungsklage im türkischen Recht nicht gesetzlich geregelt und zum anderen ist Art. 45 HUMK eine lockere und unklare Vorschrift, die für eine solche Auslegung und Präzisierung geeignet ist. Damit könnte das Wort der *Wirkung* in dieser Vorschrift für den Fall des Zwischenantrags als Vorgreiflichkeit verstanden werden.

Die erste Möglichkeit erscheint zweckmäßiger. Denn nach dem Wortlaut des Art. 45 HUMK ist eine Prozessverbindung nicht nur im Falle der Vorgreiflichkeit, sondern in den anderen Fällen, in denen eine Verbindung zwischen verschiedenen Prozessen besteht, möglich. Daraus folgt, dass, wenn man für die Vorgreiflichkeit ein besonderes Interesse des Klägers verlangt, dies zu Unklarheiten führt. Im türkischen Recht ist das Prinzip der Präjudizialität nicht durchgreifend behandelt.

De lege lata lässt sich der folgende Lösungsansatz formulieren:

Normzweck des Art. 237 HUMK (enge Rechtskraftgrenzen **x** Bedürfnis nach Ausgleich) + die Anwendung des Art. 45 HUMK + Entwicklung der allgemeinen Feststellungsklage durch Lehre und Rechtsprechung + rechtsvergleichende Betrachtung des deutschen Rechts = Zwischenfeststellungsklage.

VIII. Thesen

1. *De lege lata* Lösungsvorschlag für das türkische Recht

Die zweifache Rechtskrafterstreckung im türkischen Recht sollte aufgegeben werden. Der objektive Umfang der Rechtskraft sollte sich dem Art. 237 HUMK und dem Willen des Gesetzgebers entsprechend nur auf den Urteilstenor beziehen. Demzufolge sollte lediglich die Entscheidung über den prozessualen Anspruch in der Rechtskraft erwachsen. Um die Nachteile dieser engen Rechtskraftvorstellung zu vermeiden, sollte eine Zwischenfeststellungsklage erhoben werden können.

In den Fällen der Präjudizialität und des kontradiktorischen Gegenteils sollte die materielle Rechtskraft eintreten.

Die durch die Lehre und Rechtsprechung entwickelte Ausnahme hinsichtlich der Aufrechnung sollte als die einzige Ausnahme gelten.

2. *De lege ferenda* Lösungsvorschlag für das türkische Recht

Die Zwischenfeststellungsklage und die Ausnahme über die Aufrechnung sollten positivrechtlich geregelt werden. Der Begriff des Streitgegenstandes in Art. 237 HUMK sollte mit dem Begriff des Klagebegehrens (oder Antrags) ersetzt werden.

Literaturverzeichnis

Adolphsen, Jens: Zivilprozessrecht (2. Aufl. 2009).

Ahmed Ziya: Yeni ve Mufassal Usul-i Muhakeme-i Hukukiye Kanunu Serhi ve Zeyli (3. Aufl. 1923).

Akgündüz, Ahmet u. a.: Ser'iye Sicilleri Bd. 1 (1988).

Alangoya, Yavuz: Gedanken über den Klagegrund und die Entwicklung der Rolle des Richters bei der Sammlung des Prozessstoffs, in: *Schilken, Eberhard*/*Deren-Yildirim, Nevhis*/*Yildirim, Kamil* (Hrg.), Zivilverfahrensrechtliche Probleme des 21. Jahrhunderts (2006), S. 191 ff.

Ders./*Yildirim, M. Kamil*/*Deren-Yildirim, Nevhis*: Hukuk Muhakemeleri Kanunu Tasarisi Degerlendirme ve Öneriler (2006).

Ders./*Ders.*/*Ders.*: Medeni Usul Hukuku Esaslari (6. Aufl. 2006).

Ders.: Medeni Usul Hukukunda Vakialarin ve Delillerin Toplanmasina Iliskin Ilkeler (1979).

Ders.: Yargilama Sirasinda Tarafta (Yanda) Iradi Olarak Meydana Gelen Degisme Hakkinda Düsünceler, MHAD 1969, 125 ff.

Ali Haydar, Hoca Emin Efendizade: Dürerül-Hükkam Serh-i Mecellet ül-Ahkam Bd. 1-4 (3. Aufl. 1914).

Alternativkommentar, Kommentar zur Zivilprozessordnung (1987).

Althammer, Christoph: Die Streitgegenstandslehre von Karl Heinz Schwab im Zivilprozess des 21. Jahrhunderts, ZZP 123 (2010), 163 ff.

Altmeppen, Holger: Klageänderungen in der Rechtsmittelinstanz, ZIP 1992, 449 ff.

Ansay, Sabri Sakir: Das Türkische Recht, in: *Spuler, Bertold* u. a. (Hrg.), Handbuch der Orientalistik (1964), S. 450 ff.

Ders.: Hukuk Yargilama Usulleri (7. Aufl. 1960).

Ders.: Hukuk Icra ve Iflas Usulleri (5. Aufl. 1960).

Ders.: Kesin Hüküm – Karar Tahlili, ABD 1953, 433 f.

Apaydin, Bahadir: 1296/1879 Tarihli Usul-i Muhakeme-i Hukukiye Kanunu, KHD 2007, 106 ff.

Arens, Peter/*Lüke, Wolfgang*: Zivilprozessrecht (10. Aufl. 2011).

Ders.: Zur Anspruchskonkurrenz bei mehreren Haftungsgründen, AcP 170 (1970), 392 ff.

Ders.: Streitgegenstand im aktienrechtlichen Anfechtungsverfahren (1960).

Arslan, Ramazan: Kesin Hüküm Ihtiyaci ve Yanilma Gercegi, ABD 1988, 722 ff.

Aslan, Kudret: Hacizde Istihkak Davasi (2005).

Bader, Hans: Die Tragweite der Entscheidung über die Art des Anspruchs bei Verurteilungen im Zivilprozess (1966).

Batschari, Alexander/*Durst, Matthias*: Wirkung des Synallagmas auf die materielle Rechtskraft?, NJW 1995, 1650 ff.

Bauer, Alain/*Öztek, Selcuk*: Yeni Nösatel Medeni Usul Kanunu, in: Facultatis Decima Anniversaria Marmara Üniversitesi Hukuk Fakültesi 10. Yili Armagani (1993), S. 403 ff.

Baumbach, Adolf/*Lauterbach, Wolfgang*: Zivilprozessordnung (66. Aufl. 2008).

Baumgärtel, Gottfried/*Prütting, Hanns*: Einführung in das Zivilprozessrecht (8. Aufl. 1994).

Ders.: Zur Lehre vom Streitgegenstand, JuS 1974, 69 ff.

Bayindir, Abdülaziz: Islam Muhakeme Hukuku – Osmanli Devri Uygulamasi (1986).

Behrendt, Rembert: Materielle Rechtskraft und kontradiktorisches Gegenteil (1965).

Belgesay, Emcet: Kaziyyei Muhkeme? Amme Intizami, PHM 1949-1950, 54 ff.

Belgesay, Mustafa Resit: Kur'an Hükümleri ve Modern Hukuk (1963).

Ders.: Hukuk Usulü Muhakemeleri Kanunu Serhi (4. Aufl. 1956).

Ders.: Yargitay Icra ve Iflas Dairesi Karari ve Kaziyeyi Muhkeme, PHM 1950, 177 ff.

Ders.: Hukuk Usulü Muhakemeleri Kanunu Serhi Bd. 1. (3. Aufl. 1948).

Ders.: Hukuk Usulü Muhakemeleri Kanunu (1947).

Ders.: Kaziyei Muhkeme, in: Iktisat ve Ticaret Ansiklopedisi (1946), S. 270.

Ders.: Hukuk Usulü Muhakemeleri Kanunu Serhi Bd. 2. (1939).

Ders.: Kaziyei Muhkeme, Sahsi Hallere Dair Verilen Kararlarin Ücüncü Sahislara Tesiri, HG 1935, 2 ff.

Benlioglu, Mustafa: Kaziye-i Muhkeme, Jurisdictio 1957, 388 f.

Berger, Bernhard: Zivilprozessrecht (2008).

Berki, Ali Himmet: Aciklamali Mecelle (1990).

Ders.: Nihai Karar Ne Demektir, AD 1945, 447 ff.

Berkin, Necmettin M.: Tatbikatcilara Medeni Usul Hukuku Rehberi (1981).

Ders.: Medeni Usul Hukuku Esaslari (1969).

Bettermann, Karl August: Rechtshängigkeit und Rechtsschutzform (1949).

Ders.: Die Vollstreckung des Zivilurteils in den Grenzen seiner Rechtskraft (1948).

Beys, Kostas E.: Zum Problem des Streitgegenstandes im Zivilprozess und den (gegebenenfalls national) zu ziehenden Folgerungen, insbesondere für die Rechtskraft, ZZP 105 (1992), 145 ff.

Bilge, Necip/Önen, Ergun: Medeni Yargilama Hukuku Dersleri (3. Aufl. 1978).

Ders.: Borclu Hakkindaki Kesin Hükmün Kefile Tesiri, AD 1954, 592 ff.

Bilmen, Ömer Nasuhi: Hukuk-i Islamiyye ve Islahat-i Fikhiyye Kamusu Bd. 8 (1949).

Birben, Erhan: Ise Iade Davasinda Verilen (Kesin) Hükmün Iscilik Haklarina Iliskin Alacak Davasina Etkisi, MIHDER 2007, 349 ff.

Blomeyer, Arwed: Zivilprozessrecht Erkenntnisverfahren (2. Aufl. 1985).

Ders.: Zum Urteilsgegenstand im Leistungsprozess, in: *Rosenberg, Leo/Schwab, Karl Heinz* (Hrg.), FS für Friedrich Lent (1957), S. 43 ff.

Blomeyer, Jürgen: Rechtskraft und Rechtsmittel bei Klageabweisung, NJW 1969, 587 ff.

Ders.: Zum Streit über Natur und Wirkungsweise der materiellen Rechtskraft, JR 1968, 407 ff.

Blomeyer, Karl: Arrest und einstweilige Verfügung, ZZP 65 (1952), 52 ff.

Böhm, Peter: Die Ausrichtung des Streitgegenstandes am Rechtsschutzziel, in: *Rechberger, Walter/Welser, Rudolf* (Hrg.), FS für Winfried Kralik (1986), S. 83 ff.

Bohnet, Francois: CPCN Code de procédure civile neuchâtelois commente (2. Aufl. 2005).

Bötticher, Eduard: Prozessrecht und Materielles Recht – Buchbesprechung: (Wolfram Henckel, Prozessrecht und Materielles Recht, 1970), ZZP 85 (1972), 1 ff.

Ders.: Die Bindung der Gerichte an Entscheidungen anderer Gerichte, in: *Caemmerer, Ernst von/Friesenhahn, Ernst/Lange, Richard* (Hrg.), Hundert Jahre deutsches Rechtsleben (1960), S. 511 ff.

Ders.: Zur Lehre vom Streitgegenstand im Eheprozess, in: FG für Leo Rosenberg (1949), S. 73 ff.

Ders.: Kritische Beiträge zur Lehre von der materiellen Rechtskraft im Zivilprozess (1930).

Braun, Johann: Rechtskraft und Rechtskraftbeschränkung im Zivilprozess, JuS 1986, 364 ff.

Brox, Hans: Die objektiven Grenzen der materiellen Rechtskraft im Zivilprozess, JuS 1962, 123 ff.

Bruns, Rudolf: Zivilprozessrecht (2. Aufl. 1979).

Bub, Peter: Streitgegenstand und Rechtskraft bei Zahlungsklagen des Käufers wegen Sachmängel (2001).

Budak, Ali Cem: Karsilastirmali Hukuk Muhakemeleri Kanunu Tasarisi (2. Aufl. 2009).

Ders.: Türk Hukukunda Cekismesiz Yargi, in: Medeni Usul ve Icra-Iflas Hukukculari Toplantisi 4 (2005), S. 128 ff.

Ders.: Prof. Dr. Baki Kuru'nun „Nizasiz Kaza" Eserinden beri Cekismesiz Yargi Alaninda Meydana Gelen Baslica Degisiklikler, in: *Pekcanitez, Hakan* (Hrg.), FS für Baki Kuru (2004), S. 273 ff.

Ders.: Yargitay'in 2000-2003 Yillari Arasinda Yayimlanan Medeni Usul Hukukuna Iliskin Kararlarinin Degerlendirilmesi, in: Medeni Usul ve Icra-Iflas Hukukculari Toplantisi 2-3 (2003-2004), S. 75 ff.

Ders.: Medeni Usul Hukukunda Ücüncü Kisilerin Haklarinin Korunmasi (2000).

Ders.: Res Judicata in Civil Proceedings in Common Law and Civilian Systems with Special Reference to Turkish and English Law, Civ. Justice Q. 11 (1992).

Ders.: Kara Avrupasi ve Anglo-Amerikan Medeni Usul Hukuklarinda Kesin Hüküm: Türkiye ve ingiltere Örnekleri (1991).

Cenberci, Mustafa: Hukuk Davalarinda Kesin Hüküm (1965).

Ders.: Hukuk Davalarinda Kesin Hüküm, AD 1964, 1132 ff.

Cernis, Volf: Tatbikattan Cizgiler (1962).

Damaska, Mirjan Radovan. : The Faces of Justice and State Authority (1986).

Demir, Abdullah: Ilk Usul Kanunu Usul-ü Muhakeme-i Ticaret Nizamnamesinin Transkripsiyonu, e-Akademi Dergisi 2008.

Deren-Yildirim, Nevhis: Türk, Isvicre ve Alman Medeni Usul Hukukunda Kesin Hükmün Sübjektif Sinirlari (1996).

Devellioglu, Ferit: Osmanlica-Türkce Ansiklopedik Lügat (21. Aufl. 2004).

Doderer, Hans-Joachim: Auswirkungen materieller Rechtskraft auf Einwendungen und Einreden, NJW 1991, 878 ff.

Domanic, Hayri: Hukukta Kaziyyei Muhkeme ve Nisbi Kuvveti (1964).

Emiroglu, Haluk: Roma Hukuku'nun Bilgi Kaynaklarindan corpus iuris civilis ve Türkiye'de Hukuk Resepsiyonu, AÜHFD 2002, 85 ff.

Erdem, Sami: Türkcede Mecelle Literatürü, TALID 2005, 673 ff.

Erdemir, Ilter: Hukuk Usulü Muhakemeleri Kanunu Serhi (2. Aufl. 1998).

Ergün, Zafer: Hukuk Usulü Muhakemeleri Kanunu (3. Aufl. 2006).

Ders.: Gayrimenkul Davalari Bd. 2 (2005).

Ermenek, Ibrahim: Medeni Usul Hukukunda Davayi Kabul (2009).

Fabreguettes, M. P.: Adalet Mantigi ve Hüküm Verme Sanati (1945).

Foerste, *Ulrich*: Zur Rechtskraft in Ausgleichszusammenhängen, ZZP 108 (1995), 167 ff.

Garner, *Bryan A.*: Black's Law Dictionary (8. Aufl. 2008).

Gasser, *Dominik*/*Rickli*, *Brigitte*: Schweizerische Zivilprozessordnung (2010).

Gaul, *Hans Friedhelm*: Aktuelle Probleme der Rechtskraftlehre in Deutschland, in: *Schilken*, *Eberhard*/*Deren-Yildirim*, *Nevhis*/*Yildirim*, *Kamil* (Hrg.), Zivilverfahrensrechtliche Probleme des 21. Jahrhunderts (2006), S. 87 ff.

Ders.: Rechtskraft und Verwirkung, in: *Gerhardt*, *Walter* u. a. (Hrg.), FS für Wolfram Henckel (1995), S. 235 ff.

Ders.: Die Entwicklung der Rechtskraftlehre seit Savigny und der heutige Stand, in: *Jakobs*, *Horst Heinrich* u. a. (Hrg.), FS für Werner Flume (1978), S. 443 ff.

Ders.: Negative Rechtskraftwirkung und konkursmäßige Zweittitulierung, in: *Bökelmann*, *Erhard*/*Henckel*, *Wolfram*/*Jahr*, *Günther* (Hrg.), FS für Friedrich Weber (1975), S. 155 ff.

Ders.: Materielle Rechtskraft, Vollstreckungsabwehr und zivilrechtliche Ausgleichsansprüche, JuS 1962, 1 ff.

Gedikli, *Fethi*: Osmanli Hukuk Tarihi Kaynagi Olarak Seriyye Sicilleri, TALID 2005, 187 ff.

Germelmann, *Claas Friedrich*: Die Rechtskraft von Gerichtsentscheidungen in der Europäischen Union (2009).

Georgiades, *Apostolos*: Die Anspruchskonkurrenz im Zivilrecht und Zivilprozessrecht (1968).

Gottwald, *Peter*: Streitgegenstandslehre und Sinnzusammenhänge, in: *Gottwald*, *Peter*/*Prütting*, *Hanns* (Hrg.), Dogmatische Grundfragen des Zivilprozesses im geeinten Europa (2000), S. 85 ff.

Ders.: Abänderungsklage, Unterhaltsanspruch und materielle Rechtskraft, in: *Gottwald, Peter/Prütting, Hanns* (Hrg.), FS für Karl Heinz Schwab (1990), S. 151 ff.

Gözler, Kemal: Res iudicata'nin Türkcesi Üzerine, AÜHFD 2007, 45 ff.

Grosch, Marcus: Rechtswandel und Rechtskraft bei Unterlassungsgründen (2002).

Grunsky, Wolfgang: Zivilprozessrecht (13.Aufl. 2008).

Ders.: Grundlagen des Verfahrensrechts (2. Aufl. 1974).

Ders.: Prozess- und Sachurteil – zu Bruno Rimmelspacher: „Zur Prüfung von Amts wegen im Zivilprozess“, ZZP 80 (1967), 55 ff.

Ders.: Rechtskraft von Entscheidungsgründen und Beschwer, ZZP 76 (1963), 165 ff.

Gürdogan, Burhan: Medeni Usul Hukukunda Kesin Hüküm Itirazi (1960).

Ders.: Temyiz Mahkemesinin Kontrolü Bakimindan Vakia ve Hukuk, AÜSBFD 1956, 258 ff.

Habermeier, Stefan: Grundfragen der Aufrechnung, JuS 1997, 1057 ff.

Habscheid, Walther J.: Kleinere Schriften zu einem rechtsstaatlichen Zivil- und Verfahrensrecht (2008).

Ders.: Die neuere Entwicklung der Lehre vom Streitgegenstand im Zivilprozess, in: *Gottwald, Peter/Prütting, Hanns* (Hrg.), FS für Karl Heinz Schwab (1990), S. 181 ff.

Ders.: Die Rechtskraft nach schweizerischem Zivilprozessrecht, SJZ 1978, 201 ff.

Ders.: Bestimmen Verhandlungs- und Untersuchungsmaxime den Streitgegenstand?, FamRZ 1971, 297 ff.

Ders.: Buchbesprechung: (Bruno Rimmelspacher, Materiellrechtlicher Anspruch und Streitgegenstandsprobleme im Zivilprozessrecht), ZZP 84 (1971), 360 ff.

Ders.: Rechtsvergleichende Bemerkungen zum Problem der materiellen Rechtskraft des Zivilurteils, in: FS für Ch. Fragistas Bd. A (1966), S. 529 ff.

Ders.: Buchbesprechung: (Zeuner, Albrecht, Die objektiven Grenzen der Rechtskraft im Rahmen rechtlicher Sinnzusammenhänge), FamRZ 1963, 381 ff.

Ders.: Die Rechtsnatur der Erledigung der Hauptsache, in: *Rosenberg, Leo/Schwab, Karl Heinz* (Hrg.), FS für Friedrich Lent (1957), S. 153 ff.

Ders.: Der Streitgegenstand im Zivilprozess und im Streitverfahren der Freiwilligen Gerichtsbarkeit (1956).

Haci Resid Pasa: Ruhu'l-Mecelle Bd. 1-8 (1908).

Hahn, Carl/Stegemann, Eduard: Die gesammten Materialien zu den Reichs-Justizgesetzen Bd 2: Die gesammten Materialien zur Civilprozessordnung und dem Einführungsgesetz zu derselben vom 30 Januar 1877, 1. und 2. Abteilung (1881).

Häsemeyer, Ludwig: Parteivereinbarungen über präjudizielle Rechtsverhältnisse – zur Fragwürdigkeit der Parteidisposition als Urteilsgrundlage, ZZP 85 (1972), 207 ff.

Heiderhoff, Bettina: Diskussionsbericht zu Streitgegenstandslehre und EuGH, ZZP 111 (1998), 455 ff.

Hellwig, Konrad: Anspruch und Klagrecht (1924).

Ders.: System des deutschen Zivilprozessrechts, Teil 1 (1912).

Ders.: Lehrbuch des deutschen Zivilprozessrechts Bd. 3 (1909).

Ders.: Klagrecht und Klagmöglichkeit (1905).

Henckel, Wolfgam: Prozessrecht und materielles Recht (1970).

Ders.: Materiellrechtliche Folgen der unzulässigen Prozessaufrechnung, ZZP 74 (1961), 165 ff.

Ders.: Parteilehre und Streitgegenstand im Zivilprozess (1961).

Hess, *Burkhard*: Europäisches Zivilprozessrecht (2010).

Ders./Reuschle, *Fabian/Rimmelspacher*, *Bruno*: Kölner Kommentar zum KapMuG (2008).

Ders.: Musterverfahren im Kapitalmarktrecht, ZIP 2005, 1713 ff.

Ders./Michailidou, *Chrisoula*: Das Gesetz über Musterverfahren zum Schutz von Kapitalanlegern, ZIP 2004, 1381 ff.

Ders.: Der Regierungsentwurf für ein Kapitalanlegermusterverfahrensgesetz – eine kritische Bestandsaufnahme, WM 2004, 2329 ff.

Ders.: Grundfragen und Entwicklungen der Parteifähigkeit, ZZP 112 (2004), 267 ff.

Hesselberger, *Dieter*: Die Lehre vom Streitgegenstand (1970).

Hoegen, *Dieter*: Rechtskraftwirkung und Präklusionswirkung (1952).

Homfeldt, *Arne*: Die Beachtung der Rechtskraft im Zivilprozess von Amts wegen (2001).

Hölder, *Eduard.*: Anspruch und Klagerecht, ZZP 29 (1901), 50 ff.

Huber, *Ulrich*: Rechtskrafterstreckung bei Urteilen über Präjudizielle Rechtsverhältnisse, JuS 1972.

Ilhan, *Cengiz*: Mecelle: Hukukun Doksan Dokuz İlkesi (2003).

Inal, *Nihat*: Hukuk Yargilama Usulü Yasasi Bd. 1 und 2 (2003).

Jahr, *Günther*: Anspruchsgrundlagenkonkurrenz und Erfüllungskonnexität, in: *Prütting*, *Hanns* (Hrg.), FS für Gerhard Lüke (1997), S. 297 ff.

Ders.: Die Einrede des bürgerlichen Rechts, JuS 1964, 125, 218, 293.

Jauernig, Othmar: Zivilprozessrecht (29. Aufl. 2007).

Ders.: Verhandlungsmaxime, Inquisitionsmaxime und Streitgegenstand (1967).

Kacak, Nazif: Hukuk Usulü Muhakemeleri Kanunu (2. Aufl. 2006).

Kaniti, Salamon: Akdin Ifa Edilmedigi Def'i (1962).

Karafakih, Ismail Hakki: Vasitali Delliller, in: FS für Sabri Sakir Ansay (1964), S. 169 ff.

Ders.: Hukuk Muhakemeleri Usülü Esaslari (1952).

Karsli, Abdurrahim: Medeni Usul Hukukunda Usuli Islemler (2001).

Ders.: Usul Hukuku Acisindan Rücu Davalari (1994).

Kaser, Max/Hackl, Karl: Das Römische Zivilprozessrecht (2. Aufl. 1996).

Kazanci, Sadi: Muhkem Kaziye – Karar Tahlili, Jurisdictio 1956, 148 f.

Kazim, Hüseyin: Mecelle ve Usul-i Muhakeme, HBM 1927, 341 f.

Keitel, Burkhardt: Rechtskräftiges Urteil und neue Tatsachen im Zivilprozess (1971).

Keller, Friedrich Ludwig von: Ueber Litis Contestation und Urtheil nach classischem Römishen Recht (1827).

Kilic, Halil: Kadastro Davalari Bd. 2 (1999).

Kilimcioglu, Ö. N.: Kaziyyei Muhkeme, IBD 1946, 15 ff.

Kleinfeller, Georg: Lehrbuch des deutschen Zivilprozessrechts (3. Aufl. 1925).

Kohler, Josef: Das materielle Recht im Urteil, in: FS für Franz Klein (1914), S. 1 ff.

Ders.: Der Prozess als Rechtsverhältnis (1888).

Koussoulis, Stelios: Beiträge zur modernen Rechtskraftlehre (1986).

Kulaksiz, Cengiz: Die Teilklage im deutschen und türkischen Zivilprozessrecht (2004).

Kuru, Baki/Budak, Ali Cem: Tesbit Davalari (2. Aufl. 2010).

Ders./Arslan, Ramazan/Yilmaz, Ejder: Hukuk Usulü Muhakemeleri Kanunu (32. Aufl. 2008).

Ders./ Ders./ Ders.: Medeni Usul Hukuku Ders Kitabi (19. Aufl. 2008).

Ders.: Hukuk Muhakemeleri Kanunu Tasarisi Hakkinda Genel Degerlendirme, in: Medeni Usul ve Icra-Iflas Hukukculari Toplantisi 5 (2006), S. 57 ff.

Ders.: Hukuk Usulünde Dava Sebebi, in: *Kuru, Baki* (Hrg.), Makaleler (2006), S. 215 ff.

Ders.: Hukuk Muhakemeleri Usulü Bd 2, 3 und 5 (6. Aufl. 2001).

Ders.: Hukuk Muhakemeleri Usulü El Kitabi (1995).

Ders.: Die Türkei und das deutsche Zivilprozessrecht, in: *Habscheid, Walther J.* (Hrg.), Das deutsche Zivilprozessrecht und seine Ausstrahlung auf andere Rechtsordnungen (1991), S. 333 ff.

Ders.: Icra ve Iflas Hukuku Bd. 2 (3. Aufl. 1990).

Ders.: Freiwillige Gerichtsbarkeit im Türkischen Recht, in: GS für Fadil H. Sur (1983), S. 401 ff.

Ders.: Nizasiz Kaza (1961).

Kuttner, Georg: Urteils Wirkungen Außerhalb des Zivilprozesses (1914).

Ders.: Die privatrechtlichen Nebenwirkungen der Zivilurteile (1908).

Larenz, Karl/Wolf, Manfred: Allgemeiner Teil des Bürgerlichen Rechts (9. Aufl. 2004).

Leipold, Dieter: Teilklagen und Rechtskraft, in: *Betterman, Karl August* u. a. (Hrg.), FS für Albrecht Zeuner (1994), S. 431 ff.

Lent, Friedrich: Buchbesprechung: (Albrecht Zeuner, Die objektiven Grenzen der Rechtskraft im Rahmen rechtlicher Sinnzusammenhänge, 1959), ZZP 73 (1960), 316 ff.

Ders.: Zur Lehre vom Entscheidungsgegenstand, ZZP 72 (1959), 63 ff.

Ders.: Zur Lehre vom Streitgegenstand, ZZP 65 (1952), 315 ff.

Ders.: Die Verteilung der Verantwortlichkeit unter Gericht und Parteien im Zivilprozess, ZZP 63 (1943), 3 ff.

Ders.: Die sachliche Rechtskraft der Gestaltungsurteile, ZZP 61 (1939), 279 ff.

Ders.: Zur Abgrenzung der Anspruchsmehrheit von der Mehrheit der Klagegründe, ZZP 57 (1933), 1 ff.

Ders.: Gesetzeskonkurrenz im bürgerlichen Recht und Zivilprozess Bd. 2 (1916).

Lindacher, Walter F.: Divergrenzen zwischen Urteilstenor und Entscheidungsgründen, ZZP 88 (1975), 64 ff.

Lüke, Gerhard: Zur Streitgegenstandslehre Schwabs – eine zivilprozessuale Retrospektive, in: *Gottwald, Peter/Prütting, Hanns* (Hrg.), FS für Karl Heinz Schwab (1990), S. 309 ff.

Ders.: Zum Streitgegenstand im arbeitsgerichtlichen Kündigungsschutzprozess, JZ 1960, 203 ff.

Marburg, Lutz Horn: Die Lehre vom Streitgegenstand, JuS 1992, 680 ff.

Martens, Joachim: Rechtskraft und materielles Recht, ZZP 79 (1966), 404 ff.

Maurer, Hartmut: Staatsrecht 1 (6. Aufl. 2010).

Medeni Usul ve Icra-Iflas Hukukculari Toplantisi 5: Hukuk Muhakemeleri Kanunu Tasarisi Degerlendirmesi (2006).

Medeni Usul ve Icra-Iflas Hukukculari Toplantisi 4: Medeni Usul Hukukunda Cekismesiz Yargi, Icra ve Iflas Kanunu'nda Yapilan Degisikliklerin Degerlendirilmesi (2005).

Medeni Usul ve Icra-Iflas Hukukculari Toplantisi 2-3: Istinaf Derecesi, Yargitay Kararlarinin Degerlendirilmesi, Bilirkisilik, Iflasin Ertelenmesi (2003-2004).

Mehmed Hafiz Ziyaeddin: Mecelle-i Ahkam-i Adliyye Serhi (1895).

Meric, Nedim: Türk Hukukunda Maddi Anlamda Kesin Hükmün Objektif Sinirlari, MIHDER 2007, 377 ff.

Ders.: Die Ausdehnung der objektiven materiellen Rechtskraft auf die Urteilsgründe nach türkischem Recht, DEÜHFD 2006, 143 ff.

Mesud Efendi: Mir'at-i Mecelle (3. Aufl. 1885).

Milasli Gad Franko: Mecelle ve Usul-i Muhakeme, Ilmi Faaliyet, Ali Haydar Efendi Hazretleri, HBM 1927, 241 ff.

Ders.: Mecelle ve Usul-i Muhakeme Kanunlarinin Teskilat-i Esasiyeye Muvafakati, HBM 1926, 61 ff.

Münchener Kommentar zur Zivilprozessordnung: Bd. 1 (3. Aufl. 2008).

Musielak, Hans-Joachim: Kommentar zur Zivilprozessordnung (7. Aufl. 2009).

Ders.: Grundkurs ZPO (9. Aufl. 2007).

Ders.: Der rechtskräftig entschiedene Lebenssachverhalt, NJW 2000, 3593 ff.

Ders.: Die Aufrechnung des Beklagten im Zivilprozess, JuS 1994, 817 ff.

Musul, Timucin: Medeni Usul Hukukunda Terdit Iliskileri (1984).

Neuner, *Robert*: Die dogmatische Bedeutung der materiellrechtlichen und der prozessualen Rechtskrafttheorie, ZZP 54 (1929), 217 ff.

Niese, *Werner*: Doppelfunktionelle Prozesshandlungen (1950).

Nikisch, *Arthur*: Zur Lehre vom Streitgegenstand im Zivilprozess, AcP 154 (1955), 269 ff.

Ders.: Zivilprozessrecht (2. Aufl. 1952).

Ders.: Der Streitgegenstand im Zivilprozess (1935).

Nuri, *Osman*: Mecelle ve Usul-i Muhakeme, HBM 1927, 342 f.

Ders./*Cenberci*, *Mustafa*: Hukuk Davalarinda Ikrar (1964).

Oberhammer, *Paul*: Kurzkommentar zur schweizerischen Zivilprozessordnung (2010).

Önen, *Ergun*: Insai Dava (1981).

Ders.: Medeni Yargilama Hukuku (1979).

Ders.: Feragat ve Kabul Kesin Hüküm Teskil Etmez, ABD 1976, 26 ff.

Ders.: Medeni Yargilama Hukukunda Sulh (1972).

Özbay, *Ibrahim*: Hakem Kararlarinin Kesin Hüküm Teskil Etmesi, in: FS für Prof. Dr. Ergun Önen, (2003) S. 281.

Özekes, *Muhammet*: Medeni Usul Hukukunda Yok Hüküm ve Etkisiz Hüküm, YD 2000, 661 ff.

Ders.: Icra Iflas Hukukunda Ihtiyati Haciz (1999).

Özkaya, *Eraslan*: Kadastro Hukuku Ders Notlari (2007).

Özkaya-Ferendeci, *H. Özden*: Kesin Hükmün Objektif Sinirlari (2009).

Ders.: Kesin Hükmün Zaman Itibariyle Sinirlari, in: FS für Yavuz Alangoya, (2007) S. 183.

Özmen, Ismail: Yargitay Hukuk Genel Kurulunun On Yillik Emsal Kararlari 1988-1997 Bd. 2 (1998).

Pagenstecher, Max: Zur Lehre von der materiellen Rechtskraft (1905).

Paulus, Christoph G.: Zivilprozessrecht (3. Aufl. 2004).

Peetz, Hans Günter: Die materiellrechtliche Einordnung der Rechtsfolge und die Materielle Rechtskraft der Sachentscheidung im Zivilprozess (1976).

Pekcanitez, Hakan/Atalay, Oguz/Özekes, Muhammed: Medeni Usul Hukuku (5. Aufl. 2006).

Ders.: Icra – Iflas Hukukunda Sikayet (1986).

Ders.: Medeni Usul Hukukunda Fer'i Müdahale (1982).

Peters, Egbert: Zur Rechtskraftlehre Zeuners, ZZP 76 (1963), 229 ff.

Ders.: Gedanken über das Wesen der Rechtskraft, in: GS für Piero Calamandrei Bd. 2 (1958), S. 377 ff.

Pohlmann, Petra: Zivilprozessrecht (2009).

Postacioglu, Ilhan E.: Muhkem Kaziyenin Sumulü (Kesin Hükmün Kapsami), IBD 1990, 10 ff.

Ders.: Medeni Usul Hukuku Dersleri (6. Aufl. 1975).

Ders.: Davanin ve Kaziyei Muhkemenin Unusuru Olarak Hukuki Sebep, in: FS für Recai Seckin, (1974) S. 497 ff.

Ders.: Sarta Muallak Hükümler, AD 1941, 112 ff.

Prütting, Hanns/Gehrlein, Markus: ZPO Kommentar (2. Aufl. 2010).

Ders.: Vom deutschen zum europäischen Streitgegenstand, in: *Nakamura, Hideo/Fasching, Hans W./Gaul, Hans Friedhelm/Georgiades, Apostolos* (Hrg.), FS für Kostas Beys Bd. 2 (2003), S. 1273 ff.

Reischl, Klaus: Die objektiven Grenzen der Rechtskraft im Zivilprozess (2002).

Rimmelspacher, Bruno: Materielle Rechtskraft und Gestaltungsrechte, JuS 2004, 560 ff.

Ders.: Materiellrechtlicher Anspruch und Streitgegenstandsprobleme im Zivilprozess (1970).

Ritter, Ulf: Die Bestimmung der objektiven Rechtskraftgrenzen in rechtsvergleichender Sicht, ZZP 87 (1974), 138 ff.

Rosenberg, Leo/Schwab, Karl Heinz/Gottwald, Peter: Zivilprozessrecht (17. Aufl. 2010).

Ders.: Lehrbuch des deutschen Zivilprozessrechts (6. Aufl. 1954).

Ders.: Lehrbuch des deutschen Zivilprozessrechts (5. Aufl. 1951).

Ders.: Lehrbuch des deutschen Zivilprozessrechts (1927).

Roth, Herbert: Der Streitgegenstand der Ehescheidung und der Grundsatz der Einheitlichkeit der Entscheidung, in: *Hofer, Sibylle/Klippel, Diethelm/Walter, Ute* (Hrg.), FS für Dieter Schwab (2005), S. 701 ff.

Rüßmann, Helmut: Die Streitgegenstandslehre und die Rechtsprechung des EuGH -nationales Recht unter gemeineuropäischem Einfluss?, ZZP 111 (1998), 399 ff.

Saenger, Ingro: Zivilprozessordnung (3. Aufl. 2009).

Sauer, Wilhelm: Zum Streit um die materielle Rechtskraft, in: FG für Richard Schmidt Bd. 1 (1932), S. 308 ff.

Ders.: Grundlagen des Prozessrechts (2. Aufl. 1929).

Savata-Tanverdi, Ayse Banu: Medeni Usul Hukukunda Kazanilmis Haklar ve Özellikle Usuli Kazanilmis Haklar (1994).

Savigny, von Friedrich Karl: System des heutigen römischen Rechts Bd. 5 und 6 (1847).

Sax, Werner: Das unrichtige Sachurteil als Zentralproblem der allgemeinen Prozessrechtslehre, ZZP 67 (1954), 21 ff.

Schellhammer, Kurt: Zivilprozess (11. Aufl. 2004).

Schilken, Eberhard: Zivilprozessrecht (5. Aufl. 2006).

Ders.: /*Deren-Yildirim, Nevhis*/*Yildirim, Kamil*: Zivilverfahrensrechtliche Probleme des 21. Jahrhunderts – aus der Vortragsreihe Vorträge auf zwei Kontinenten-. (2006).

Ders.: Buchbesprechung (Stelios Koussoulis, Beiträge zur modernen Rechtskraftlehre, 1986), ZZP 101 (1988), 106 ff.

Schlosser, Peter: Zivilprozessrecht 1 (2. Aufl. 1991).

Ders.: Gestaltungsklagen und Gestaltungsurteile (1966).

Schöpflin, Martin: Umfang der materiellen Rechtskraft einer Unterlassungsklage – Entscheidungsanmerkung (BGH Urteil vom 23.02.2006 – I ZR 272/02), JR 2007, 239 ff.

Schubert, Werner: Klageantrag und Streitgegenstand bei Unterlassungsklagen, ZZP 1972, 29 ff.

Schwab, Martin: Grundzüge des Zivilprozessrechts (2. Aufl. 2007).

Schwab, Karl Heinz/*Walther, Gerhard*/*Baumbach, Adolf*: Schiedsgerichtsbarkeit (7. Aufl. 2005).

Ders.: Gegenwartsprobleme der deutschen Zivilprozessrechtswissenschaft, JuS 1976, 69 ff.

Ders.: Die Bedeutung der Entscheidungsgründe, in: *Betterman*, *Karl August*/*Zeuner*, *Albrecht* (Hrg.), FS für Eduard Bötticher (1969), S. 321 ff.

Ders.: Der Stand der Lehre vom Streitgegenstand im Zivilprozess, JuS 1965, 81 ff.

Ders.: Buchbesprechung (Albrecht Zeuner, Die objektiven Grenzen der Rechtskraft im Rahmen rechtlicher Sinnzusammenhänge, 1959), JZ 1959, 786 f.

Ders.: Der Streitgegenstand im Zivilprozess (1954).

Schwander, *Daniel*: Die objektive Reichweite der materiellen Rechtskraft (2002).

Schwartz, *Johann Christoph*: Absolute Rechtskraft und heutiges deutsches Recht, in: FG für Heinrich Dernburg (1900), S. 309 ff.

Selcuk, *Sami*, Kesin Hüküm, Sartlari - Kesin Hüküm Itirazi, AD 1973, 937 ff.

Ders.: Medeni Usul Hukukunda Kesin Hükmün Unsurlari, Sonuclari, Kapsami, Sona Ermesi ve Ceza ve Hukukta Etkileri, AD 1973, 1063 ff.

Sevki, *Ömer*: Mecelle ve Usul-i Muhakeme, HBM 1927, 259 f.

Spellenberg, *Ulrich*: Prozessführung oder Urteil, in: *Gerhardt*, *Walter* u. a. (Hrg.), FS für Wolfram Henckel (1995), S. 841 ff.

Stein, *Friedrich*/*Jonas*, Martin: Kommentar zur Zivilprozessordnung Bd 4 (22. Aufl. 2008).

Ders.: Über die bindende Kraft der richterlichen Entscheidung nach oesterreichischem Recht (1897).

Stürner, *Rolf*: Rechtskraft in Europa, in: *Geimer*, *Reinhold* (Hrg.), FS für Rolf A. Schütze (1999), S. 913 ff.

Sungurtekin-Özkan, *Meral*: Insai Karar ve Özellikleri, in: *Pekcanitez*, *Hakan* (Hrg.), FS für Baki Kuru, (2004) S. 553 ff.

Tanriver, *Süha*: Medeni Usul Hukukunda Derdestlik Itirazi (1998).

Ders.: Sarta Bagli Hüküm Kavrami ve Verilip Verilmeyecegi Sorunu, in: *Tanriver, Süha* (Hrg.) Makalelerim 1 (2005), S. 83 ff.

Thomas, Heinz/Putzo, Plans: Zivilprozessordnung (30. Aufl. 2009).

Töre, Hayrullah Fütuhu: Hukuk Davalarinda Kesin Hüküm Uygulanisi ve Sartlari, AD 1973, 617 ff.

Tugsavul, Muhsin: Ispat Külfeti, Kanuni Deliller ve Ikamesi, AD 1951, 1060 ff.

Türk Hukuk Kurumu: Türk Hukuk Lugati (4. Aufl. 1998).

Tutumlu, Mehmet Akif: Medeni Usul Hukuku Sorunlari (2009).

Ders.: Hukuk Yargilamasinda Hüküm ve Gerekceli Karar (2007).

Ulukapi, Ömer: Medeni Usul Hukukunda Derdestlik ve Sonuclari, YD 1995, 395 ff.

Ders.: Medeni Usul Hukukunda Taraflarin Durusmaya Gelmemesi (1997).

Ders.: Medeni Usul Hukukunda Dava Arkadasligi (1991).

Ulusan, Ilhan: Türk Medeni Hukukunun Dünü ve Bugünü, IKÜHFD 2002, 153 ff.

Umar, Bilge: Türk Medeni Yargilama Hukukunun Ana Kaynagi 1925 Tarihli Neuchâtel Yasasi Ile Onun Yerini Alan Yasa Arasinda Karsilastirma, YÜHFD 2009, 3 ff.

Ders.: Hukuk Muhakemeleri Kanunu Tasarisi'na Katki, YÜHFD 2006, 117 ff.

Ders.: Kuru/Aslan/Yilmaz'in Icra ve Iflas Hukuku Ders Kitabi Üzerine Gözlemler (15. Basim), in: *Pekcanitez, Hakan* (Hrg.), FS für Baki Kuru, (2004) S. 685 ff.

Ders.: Hukuk Baslangici (1997).

Ders./Yilmaz, Ejder: Isbat Yükü (2. Aufl. 1980).

Ders./Alangoya, Yavuz: Hukuk Usulü Muhakemeleri Kanunu (2. Aufl. 1969).

Ders.: Hukuk Usulü Muhakemeleri Kanunumuzun Mehaz Neuchâtel Kantonundaki Tatbikati (1967).

Ders.: HUMK'nun Mehazi Neuchâtel Kanunu ve Bunun Tatbikati Hakkinda Bir Arastirma, IÜHFM 1966, 187 ff.

Üstündag, Saim: Kismi Davaya Iliskin Bazi Hukuki Sorunlar, YADÜ 2003, 9 ff.

Ders.: Icra Hukukunun Esaslari (8. Aufl. 2004).

Ders.: Medeni Yargilama Hukuku Bd. 1 und 2 (7. Aufl. 2000).

Ders.: Die Sammlung des Prozessstoffs im türkischen Zivilprozessrecht und die damit verbundenen Probleme, in: *Schilken, Eberhard/Becker-Eberhard, Ekkehard/Gerhardt, Walter* (Hrg.), FS für Hans Friedhelm Gaul (1997), S. 751 ff.

Ders.: Iddia ve Müdafaanin Degistirilmesi Yasagi (1967).

Ders.: Kesin Hükmün Hukuki Haleflere Etkisi, ISBD 1961, 227 ff.

Wach, Adolf: Der Rechtsschutzanspruch, ZZP 32 (1904), 1 ff.

Ders.: Der Feststellungsanspruch, in: FG für Bernhard Windscheid (1888), S. 2 ff.

Ders.: Handbuch des deutschen Civilprozessrechts Bd.1 (1885).

Wagner, Gerhard: Prozessverträge Privatautonomie im Verfahrensrecht (1998).

Walker, Wolf-Dietrich: Die Streitgegenstandslehre und die Rechtsprechung des EuGH – nationales Recht unter gemein-europäischem Einfluss, ZZP 111 (1998), 429 ff.

Werner, Bernhard: Rechtskraft und Innenbindung zivilprozessualer Beschlüsse im Erkenntnis- und Summarischen Verfahren (1983).

Wieczorek/Schütze: Zivilprozessordnung und Nebengesetze (3. Aufl. 2006).

Windscheid, Bernhard: Die Actio des Römischen Zivilrechts vom Standpunkte des heutigen Rechts (1856).

Ders./Kipp, Theodor: Lehrbuch des Pandektenrechts (9. Aufl. 1906).

Wolf, Joseph Georg: Die litis contestatio im römischen Zivilprozess (1968).

Yavas, Murat: Mehaz Kanun Ile Türk Hukukunda ve Mukayeseli Hukukta Medeni Yargilamaya Hakim Olan Ilkeler ve Hakimin Rolü, in: FS für Yavuz Alangoya (2007), S. 283 ff.

Yildirim, Mehmet Kamil: Icra Hukuku Ders Notlari (2002).

Ders.: Zivilprozessrecht im Lichte der Maximen (2001).

Ders.: Medeni Usul Hukukunda Dava Konusu Teorileri, HAD 1991, 23 ff.

Ders.: Medeni Usul Hukukunda Delillerin Degerlendirilmesi (1990).

Yilmaz, Ejder: Medeni Yargilama Hukukunda Islah (1982).

Yoshimura, Tokushige: Streitgegenstand und Verfahrensmaximen, ZZP 83 (1970), 245 ff.

Zeiss, Walter/Schreiber, Klaus: Zivilprozessrecht (11. Aufl. 2009).

Zeuner, Albrecht: Zum Verhältnis zwischen internationaler Rechtshängigkeit nach Art. 21 EuGVÜ und Rechtshängigkeit nach den Regeln der ZPO, in: *Prütting, Hanns* (Hrg.), FS für Gerhard Lüke (1997), S. 1003 ff.

Ders.: Zur Bemessung der Rechtskraft in den Fällen der Aufrechnung, JuS 1987, 354 ff.

Ders.: Rechtsvergleichende Bemerkungen zur objektiven Begrenzung der Rechtskraft im Zivilprozess, in: *Bernstein, Herbert/Drobnig, Ulrich/Kötz, Hein* (Hrg.), FS für Konrad Zweigert (1981), S. 603 ff.

Ders.: Die objektiven Grenzen der Rechtskraft im Rahmen rechtlicher Sinnzusammenhänge (1959).

Zimmermann, Walter: Zivilprozessordnung (8. Aufl. 2008).

Zöller, Richard: Zivilprozessordnung (25. Aufl. 2005).

Zweigert, Konrad/Kötz, Hein: Einführung in die Rechtsvergleichung (3. Aufl. 1996).

STUDIEN ZUM VERGLEICHENDEN UND INTERNATIONALEN RECHT

Herausgeber: Bernd von Hoffmann (†), Erik Jayme und Heinz-Peter Mansel

Band 1 Ferdinand Henke: Die Datenschutzkonvention des Europarates. 1986.

Band 2 Peter Czermak: Der express trust im internationalen Privatrecht. 1986.

Band 3 Peter Kindler: Der Ausgleichsanspruch des Handelsvertreters im deutsch-italienischen Warenverkehr. Eine rechtsvergleichende und kollisionsrechtliche Untersuchung. 1987.

Band 4 Wilhelm Denzer: Stellung und Bedeutung des Engineers in den FIDIC-Bauvertragsbedingungen. 1988.

Band 5 Marijan-Maximilian Lederer: Die internationale Enteignung von Mitgliedschaftsrechten unter besonderer Berücksichtigung der französischen Enteignungen 1982. 1989.

Band 6 Rainer Esser: Klagen gegen ausländische Staaten. 1990.

Band 7 Chang Jae-Ok: Auf dem Weg zu einer Materialisierung des Immateriellen? Personen-, Persönlichkeitsschutz und Geldersatz des immateriellen Schadens in rechtsvergleichender Hinsicht am Beispiel des koreanischen und japanischen Zivilrechts unter besonderer Berücksichtigung des deutschen Rechts. 1990.

Band 8 Paul-Frank Weise: Lex mercatoria. Materielles Recht vor der internationalen Handelsschiedsgerichtbarkeit.1990.

Band 9 Werner Born: Der Auftrittsvertrag für Musikgruppen im Bereich der Rock- und Popmusik. 1990.

Band 10 Ralf Erich Jürgens: IPR und Verfassung in Italien und in der Bundesrepublik Deutschland. 1990.

Band 11 Rainer Gildeggen: Internationale Schieds- und Schiedsverfahrensvereinbarungen in Allgemeinen Geschäftsbedingungen vor deutschen Gerichten. 1991.

Band 12 Klaus Grabinski: Die kollisionsrechtliche Behandlung des Durchgriffs bei rechtlich verselbständigten Unternehmen in privater oder öffentlicher Hand. 1991.

Band 13 Dieter Stummel: Konkurs und Integration. Konventionsrechtliche Wege zur Bewältigung grenzüberschreitender Insolvenzverfahren. 1991.

Band 14 Joachim Güntzer: Die Rechtsstellung des Geschäftsführers im spanischen Aktienrecht. Die Neuregelung des spanischen Aktienrechts nach dem Beitritt Spaniens zur EG. 1991.

Band 15 Sabine Isenburg-Epple: Die Berücksichtigung ausländischer Rechtshängigkeit nach dem Europäischen Gerichtsstands- und Vollstreckungsübereinkommen vom 27.9.1968. Untersuchungen zum Anwendungsbereich von Art. 21 EuGVÜ unter schwerpunktmäßiger Behandlung der Frage nach der Bestimmung eines europäischen Streitgegenstandsbegriffs. 1992.

Band 16 Ulrich Nickl: Die Qualifikation der culpa in contrahendo im Internationalen Privatrecht. 1992.

Band 17 Theo Rauh: Leistungserschwerungen im Schuldvertrag. Eine rechtsvergleichende Untersuchung des englischen, US-amerikanischen, französischen und deutschen Rechts unter besonderer Berücksichtigung der gerichtlichen Praxis. 1992.

Band 18 Bernadette Chaussade-Klein: Vorvertragliche "obligation de renseignements" im französischen Recht. 1992.

Band 19 Josef Sievers: Verbraucherschutz gegen unlautere Vertragsbedingungen im französischen Recht. Vom Code civil zum "Code de la consommation" – die Entstehung eines Sonderprivatrechts für Verbraucher. 1993.

Band 20 Achim Schäfer: Grenzüberschreitende Kreditsicherung an Grundstücken, unter besonderer Berücksichtigung des deutschen und italienischen Rechts. 1993.

Band 21 Eugenio Hernández-Breton: Internationale Gerichtsstandsklauseln in Allgemeinen Geschäftsbedingungen. Unter besonderer Berücksichtigung des deutsch-südamerikanischen Rechtsverkehrs (dargestellt am Beispiel Argentinien, Brasilien und Venezuela). 1993.

Band 22 Ingo Reng: Unterhaltsansprüche aufgrund nichtehelicher Lebensgemeinschaft – Internationales Privatrecht und ausländisches materielles Recht. 1994.

Band 23 Stefanie Roloff: Die Geltendmachung ausländischer öffentlicher Ansprüche im Inland. 1994.

Band 24 Katharina Ludwig: Der Vertragsschluß nach UN-Kaufrecht im Spannungsverhältnis von Common Law und Civil Law. Dargestellt auf der Grundlage der Rechtsordnungen Englands und Deutschlands. 1994.

Band 25 Malte Diesselhorst: Mehrparteienschiedsverfahren. Internationale Schiedsverfahren unter Beteiligung von mehr als zwei Parteien. 1994.

Band 26 Manfred Kost: Konsensprobleme im internationalen Schuldvertragsrecht. 1995.

Band 27 Wolff-Heinrich Fleischer: Das italienische Wettbewerbsrecht und die Probleme des selektiven Parfümvertriebs unter Berücksichtigung der Rechtslage in Frankreich und Deutschland. 1995.

Band 28 Angelika Fuchs: Lateinamerikanische Devisenkontrollen in der internationalen Schuldenkrise und Art. VIII Abschn. 2 b) IWF-Abkommen. 1995.

Band 29 Jacques Matthias Aull: Der Geltungsanspruch des EuGVÜ: "Binnensachverhalte" und Internationales Zivilverfahrensrecht in der Europäischen Union. Zur Auslegung von Art. 17 Abs. 1 S. 1 EuGVÜ. 1996.

Band 30 Hartmut Ost: EVÜ und fact doctrine. Konflikte zwischen europäischer IPR-Vereinheitlichung und der Stellung ausländischen Rechts im angelsächsischen Zivilprozeß. 1996.

Band 31 Stefan Wagner: Die Testierfähigkeit im Internationalen Privatrecht. 1996.

Band 32 Wolfgang Jakob Hau: Positive Kompetenzkonflikte im Internationalen Zivilprozeßrecht. Überlegungen zur Bewältigung von *multi-fora disputes*. 1996.

Band 33 Markus Schütz: UN-Kaufrecht und *Culpa in contrahendo*. 1996.

Band 34 Volker Geyrhalter: Das Lösungsrecht des gutgläubigen Erwerbers. Ein "vergessener" Kompromiß und die Auswirkungen auf das heutige deutsche Recht unter besonderer Berücksichtigung des internationalen Sachenrechts. 1996.

Band 35 Andreas Kramer: Abwicklungsstörungen bei Kaufverträgen. Die Lieferung vertragswidriger Sachen im deutschen und italienischen Recht. 1996.

Band 36 Petra Krings: Erfüllungsmodalitäten im internationalen Schuldvertragsrecht. 1997.

Band 37 Tonja Gaibler: Der rechtsgeschäftliche Irrtum im französischen Recht. 1997.

Band 38 Dirk Otto: Rechtsspaltung im indischen Erbrecht. Bedeutung und Auswirkungen auf deutsch-indische Nachlaßfälle. 1997.

Band 39 Gregor W. Decku: Zwischen Vertrag und Delikt. Grenzfälle vertraglicher und deliktischer Haftung dargestellt am Beispiel der Berufs- und Expertenhaftung zum Schutze des Vermögens Dritter im deutschen und englischen Recht. 1997.

Band 40 Gregor W. Decku: Zwischen Vertrag und Delikt. Grenzfälle vertraglicher und deliktischer Haftung dargestellt am Beispiel der Berufs- und Expertenhaftung zum Schutze des Vermögens Dritter im deutschen und englischen Recht. 1997.

Band 41 Ulrike Höpping: Auswirkungen der Warenverkehrsfreiheit auf das IPR unter besonderer Berücksichtigung des Internationalen Produkthaftungsrechts und des Internationalen Vertragsrechts. 1997.

Band 42 Helene Boriths Müller: Die Umsetzung der europäischen Übereinkommen von Rom und Brüssel in das Recht der Mitgliedstaaten. Dargestellt am Beispiel Deutschlands und Dänemarks. 1997.

Band 43 Bernd von Hoffmann / Myong-Chang Hwang (eds.): The Public Concept of Land Ownership. Reports and Discussions of a German-Korean Symposium held in Seoul on October 7-9, 1996. 1997.

Band 44 Oliver Heeder: Fraus legis. Eine rechtsvergleichende Untersuchung über den Vorbehalt der Gesetzesumgehung in Deutschland, Österreich, der Schweiz, Frankreich und Belgien unter besonderer Berücksichtigung des Internationalen Privatrechts. 1998.

Band 45 Heinrich Schütt: Deliktstyp und Internationales Privatrecht. Dargestellt an grenzüberschreitenden Problemen der Arzthaftung. 1998.

Band 46 Axel Steiner: Die stillschweigende Rechtswahl im Prozeß im System der subjektiven Anknüpfungen im deutschen Internationalen Privatrecht. 1998.

Band 47 Martina Schulz: Der Eigentumsvorbehalt in europäischen Rechtsordnungen. Rechtsvergleichende Untersuchung des deutschen, englischen und französischen Rechts unter besonderer Berücksichtigung von Erweiterungen und Verlängerungen. 1998.

Band 48 Karin Dreher: Die Rechtswahl im internationalen Erbrecht. Unter besonderer Berücksichtigung des italienischen IPR-Reformgesetzes N. 218 vom 31. Mai 1995. 1999.

Band 49 Giuliano Gabrielli: Das Verhältnis zwischen der Anfechtung wegen Eigenschaftsirrtums und den Gewährleistungsansprüchen im deutschen, österreichischen und italienischen Recht. 1999.

Band 50 Bernd von Hoffmann / Myong-Chan Hwang (eds.): Developments in Land Law. Reports and Discussions of a German-Korean Symposium held in Berlin and Trier on July 21-24, 1997. 1999.

Band 51 Volker Heidbüchel: Das UNCITRAL-Übereinkommen über unabhängige Garantien und Standby Letters of Credit. Vergleiche mit den Richtlinien der Internationalen Handelskammer, dem deutschen, englischen und US-amerikanischen Recht. 1999.

Band 52 Jan Christoph Nordmeyer: Pflichtteilsansprüche und Wiedervereinigung. Eine systematische Analyse der Ausgleichsansprüche nach BGB-Pflichtteilsrecht unter besonderer Berücksichtigung der durch den Wiedervereinigungsprozeß eingetretenen Wertveränderungen. 1999.

Band 53 Bettina Linder: Vertragsabschluß beim grenzüberschreitenden Verbraucherleasing. 1999.

Band 54 Almontasser Fetih: Die zivilrechtliche Haftung bei Vertragsverhandlungen. Eine rechtsvergleichende Studie zum deutschen, französischen, ägyptischen und islamischen Recht. 2000.

Band 55 Sona Rajani: Die Geltung und Anwendung des Gemeinschaftsrechts im Vereinigten Königreich von Großbritannien und Nordirland. Der Grundsatz der Parlamentssouveränität im Wandel. 2000.

Band 56 Joachim Kayser: Gegenmaßnahmen im Außenwirtschaftsrecht und das System des europäischen Kollisionsrechts. Eine Analyse der EU-Abwehrverordnung gegen die Auswirkungen extraterritorialer Rechtserstreckung eines Drittlandes. 2001.

Band 57 Albrecht Conrad: Qualifikationsfragen des Trust im Europäischen Zivilprozeßrecht. 2001.

Band 58 Bernd Borgmann: Die Entsendung von Arbeitnehmern in der Europäischen Gemeinschaft. Wechselwirkungen zwischen Kollisionsrecht, Grundfreiheiten und Spezialgesetzen. 2001.

Band 59 Aleksandar Jaksic: Arbitration and Human Rights. 2002.

Band 60 Islamisches und arabisches Recht als Problem der Rechtsanwendung. Symposium zu Ehren von Professor Emeritus Dr. iur. Omaia Elwan. Veranstaltet vom Institut für ausländisches und internationales Privat- und Wirtschaftsrecht der Universität Heidelberg und der Gesellschaft für Arabisches und Islamisches Recht e.V. Herausgegeben von Herbert Kronke, Gert Reinhart und Nika Witteborg. 2001.

Band 61 Patrick Fiedler: Stabilisierungsklauseln und materielle Verweisung im internationalen Vertragsrecht. 2001.

Band 62 Werner Mangold: Die Abtretung im Europäischen Kollisionsrecht. Unter besonderer Berücksichtigung des spanischen Rechts. 2001.

Band 63 Eike Dirk Eschenfelder: Beweiserhebung im Ausland und ihre Verwertung im inländischen Zivilprozess. Zur Bedeutung des US-amerikanischen discovery-Verfahrens für das deutsche Erkenntnisverfahren. 2002.

Band 64 Bernd Ehle: Wege zu einer Kohärenz der Rechtsquellen im Europäischen Kollisionsrecht der Verbraucherverträge. 2002.

Band 65 Heiko Lehmkuhl: Das Nacherfüllungsrecht des Verkäufers im UN-Kaufrecht. 2002.

Band 66 Jochen Nikolaus Schlotter: Erbrechtliche Probleme in der Société Privée Européenne. IPR-Harmonisierung im einheitlichen Europäischen Rechtsraum. 2002.

Band 67 Konrad Ost: Doppelrelevante Tatsachen im Internationalen Zivilverfahrensrecht. Zur Prüfung der internationalen Zuständigkeit bei den Gerichtsständen des Erfüllungsortes und der unerlaubten Handlung. 2002.

Band 68 Tobias Bosch: Die Durchbrechungen des Gesamtstatuts im internationalen Ehegüterrecht. Unter besonderer Berücksichtigung deutsch-französischer Rechtsfälle. 2002.

Band 69 Ursula Philipp: Form im amerikanischen Erbrecht. Zwischen Formalismus und harmless error. 2002.

Band 70 Christian Stefan Wolf: Der Begriff der wesentlich engeren Verbindung im Internationalen Sachenrecht. 2002.

Band 71 André Fomferek: Der Schutz des Vermögens Minderjähriger. Ein Vergleich des deutschen und des englischen Rechts unter Berücksichtigung des schottischen und irischen Rechts. 2002.

Band 72 nicht erschienen

Band 73 Markus Dreißigacker: Sprachenfreiheit im Verbrauchervertragsrecht. Der Verbraucher im Spannungsfeld zwischen kultureller Identität und Privatautonomie. 2002.

Band 74 Vassiliki Myller-Igknay: Auskunftsansprüche im griechischen Zivilrecht. Auswirkungen im deutsch-griechischen Rechtsverkehr sowie im deutschen internationalen Privat- und Verfahrensrecht. 2003.

Band 75 Stefan Bruinier: Der Einfluss der Grundfreiheiten auf das Internationale Privatrecht. 2003.

Band 76 Nika Witteborg: Das gemeinsame Sorgerecht nichtverheirateter Eltern. Eine Untersuchung im soziologischen, rechtsgeschichtlichen, verfassungsrechtlichen, rechtsvergleichenden und internationalen Kontext. 2003.

Band 77 Peter Stankewitsch: Entscheidungsnormen im IPR als Wirksamkeitsvoraussetzungen der Rechtswahl. 2003.

Band 78 Jan Wilhelm Ritter: Euro-Einführung und IPR unter besonderer Berücksichtigung nachehelicher Unterhaltsverträge. Eine Untersuchung mit Blick auf das deutsche, französische und schweizerische Recht. 2003.

Band 79 Wolf Richard Herkner: Die Grenzen der Rechtswahl im internationalen Deliktsrecht. 2003.

Band 80 Ira Ditandy: Internationale Zuständigkeit. Neuregelung durch die LOPJ 1985. Vergleich mit dem europäischen Vorbild und Auswirkungen auf das spanische internationale Zivilverfahrensrecht. 2003.

Band 81 Andrea Verena Schefold: Werbung im Internet und das deutsche Internationale Privatrecht. 2004.

Band 82 Klaus Herkenrath: Die Umsetzung der Richtlinie 93/13/EWG über missbräuliche Klauseln in Verbraucherverträgen in Deutschland, dem Vereinigten Königreich, Frankreich und Italien. Auswirkungen nationaler Umsetzungstechniken auf dem Harmonisierungserfolg. 2003.

Band 83 Alexander Thünken: Das kollisionsrechtliche Herkunftslandprinzip. 2003.

Band 84 Barbara v. Daumiller: Die Rechtswahl im italienischen internationalen Erbrecht: und ihre Auswirkungen im deutsch-italienischen Rechtsverkehr. 2003.

Band 85 Robert Mödl: Macht, Verantwortlichkeit und Zurechnung im Konzern. Eine rechtsvergleichende Untersuchung auf der Grundlage des deutschen, spanischen und US-amerikanischen Rechts. 2003.

Band 86 Ursula Kerpen: Das Internationale Privatrecht der Persönlichkeitsrechtsverletzungen. Eine Untersuchung auf rechtsvergleichender Grundlage. 2003.

Band 87 Barbara Ploeckl: Umgangsrechtsstreitigkeiten im deutsch-französischen Rechtsverkehr. Bestehende internationale und nationale Regelungen und der geplante *europäische Besuchstitel*. 2003.

Band 88 Katrin Wannemacher: Die Außenkompetenzen der EG im Bereich des Internationalen Zivilverfahrensrechts. Der räumliche Anwendungsbereich des Art. 65 EGV am Beispiel der EuGVO und der EheVO. 2003.

Band 89 Maren B. Eilinghoff: Das Kollisionsrecht der ungerechtfertigten Bereicherung nach dem IPR-Reformgesetz von 1999. 2004.

Band 90 Patrick Niehr: Die zivilprozessuale Dokumentenvorlegung im deutsch-englischen Rechtshilfeverkehr nach der deutschen und der englischen Prozessrechtsreform. 2004.

Band 91 Anna Christina Gördes: Internationale Zuständigkeit, Anerkennung und Vollstreckung von Entscheidungen über die elterliche Verantwortung. Die VO(EG) Nr. 1347/2000, ihre geplanten Änderungen und das Verhältnis beider zum Minderjährigen- und Kinderschutzabkommen. 2004.

Band 92 Martin Rädler: Rechtsbehelfe des Käufers eines Unternehmens oder einer unternehmerischen Beteiligung gegen den Verkäufer im deutschen und französischen Recht. 2004.

Band 93 Marc-Yngve Dietrich: Rechtsstellung und Beteiligung der Gläubiger im französischen Insolvenzverfahren. 2004.

Band 94 Katia Niemann: Die rechtsgeschäftliche und organschaftliche Stellvertretung und deren kollisionsrechtliche Einordnung. Deutschland und England im Vergleich. 2004.

Band 95 Daniel Ludwig: Neuregelungen des deutschen Internationalen Insolvenzverfahrensrechts. Eine Untersuchung unter vergleichender Heranziehung der Europäischen Insolvenzverordnung. 2004.

Band 96 Cordelia Faulenbach: Der gemeinschaftsrechtliche Vorbehalt im europäischen Wettbewerbsrecht. Die Herkunftslandanknüpfung der E-Commerce-Richtlinie unter dem Einfluss der Grundfreiheiten. 2004.

Band 97 Ulf Dörner: Der Vertragsgerichtsstand nach dem Protokoll von Buenos Aires. 2004.

Band 98 Martin Schmidhuber: Verhaltenskodizes im nationalen und grenzüberschreitenden elektronischen Geschäftsverkehr. Zur Frage der Integration der Selbstregulierung durch Private in die staatliche Rechtsordnung. 2004.

Band 99 Florian Kienle: Die fehlerhafte Banküberweisung im internationalen Rechtsverkehr. Unter besonderer Berücksichtigung des Artikels 4A US Uniform Commercial Code. 2004.

Band 100 Thomas Alexander Brandt: Die Adoption durch eingetragene Lebenspartner im internationalen Privat- und Verfahrensrecht. 2004.

Band 101 Florian Pulkowski: Subunternehmer und Internationales Privatrecht. Der Subunternehmer als Quasi-Verbraucher im Europäischen Kollisionsrecht. 2004.

Band 102 Ulrich Becker: Grundrechtsschutz bei der Anerkennung und Vollstreckbarerklärung im europäischen Zivilverfahrensrecht. Bestimmung der Grenzen für die Einführung eines europäischen Vollstreckungstitels. 2004.

Band 103 Thomas Badelt: Aufrechnung und internationale Zuständigkeit unter besonderer Berücksichtigung des deutsch-spanischen Rechtsverkehrs. 2005.

Band 104 Florian D. Wagner: Vorvertragliche Aufklärungspflichten im internationalen Franchising. Zur Harmonisierung von Delikts- und Vertragsstatut im internationalen Privatrecht unter besonderer Berücksichtigung der Franchise-Gesetzgebung des US-Bundesstaates Kalifornien. 2005.

Band 105 Vera Heine: Die Umsetzung der *EG-Richtlinie über missbräuchliche Klauseln in Verbraucherverträgen* im englischen und deutschen Recht. 2005.

Band 106 Alexander Franz: Überregionale Effektentransaktionen und anwendbares Recht. Eine kollisionsrechtliche Untersuchung unter besonderer Berücksichtigung der Vorschrift des § 17 a DepotG. 2005.

Band 107 Hanna-Maria Uhlenbrock: Gesetzliche Regelungen für nichteheliche Lebensgemeinschaften in Deutschland und Frankreich. Ein Vergleich des Unterhaltsrechts bei der eingetragenen Lebenspartnerschaft und beim Pacte civil de Solidarité. 2005.

Band 108 Katrin Stieß: Anknüpfungen im internationalen Urheberrecht unter Berücksichtigung der neuen Informationstechnologien. 2005.

Band 109 Hendrik Otto: Der gesetzliche Abschlussprüfer im italienischen Recht. Eine rechtsvergleichende Untersuchung unter besonderer Berücksichtigung der zivilrechtlichen Haftung. 2005.

Band 110 Frauke Stuphorn: Bankhaftung für Kreditauskünfte im deutschen und französischen Recht. 2005.

Band 111 Nina Fürer: Die zivilrechtliche Haftung für Raucherschäden. 2005.

Band 112 Giovanni B. Barillà: *Contratto autonomo di garanzia* e *Garantievertrag*. Categorie civilistiche e prassi del commercio. 2005.

Band 113 Timo Torz: Gerichtsstände im Internationalen Insolvenzrecht zur Eröffnung von Partikularinsolvenzverfahren. 2005.

Band 114 Martina Schmid: Die Grenzen der Auslegungskompetenz des EuGH im Vorabentscheidungsverfahren nach Art. 234 EG. Dargestellt am Beispiel der überschießenden Richtlinienumsetzung. 2005.

Band 115 Stephan Lesage-Mathieu: Dispositives Kollisionsrecht im prozessualen Kontext. 2005.

Band 116 Jürgen Görtz: Die subjektiven Grenzen der Rechtskraft US-amerikanischer Urteile. 2005.

Band 117 Vera Hoppe: Die Einbeziehung ausländischer Beteiligter in US-amerikanische class actions. Unter Berücksichtigung des Class Action Fairness Act 2005. 2005.

Band 118 Silke Pütz: Parteiautonomie im internationalen Urhebervertragsrecht – Eine rechtsdogmatische und rechtspolitische Betrachtung der Grenzen freier Rechtswahl im internationalen Urhebervertragsrecht unter besonderer Berücksichtigung des neuen deutschen Urhebervertragsrechts. 2005.

Band 119 Alice Nieroba: Die europäische Rechtshängigkeit nach der EuGVVO (Verordnung (EG) Nr. 44/2001) an der Schnittstelle zum nationalen Zivilprozessrecht. 2006.

Band 120 Jan Kayser: Alternative Formen gerichtlicher und außergerichtlicher Streitbeilegung im deutschen und französischen Zivilprozess. Les modes alternatifs judiciaires et extrajudiciaires de résolution des conflits en procédure civile allemande et française. 2006.

Band 121 Mirko Ehrich: Der internationale Anwendungsbereich des deutschen und französischen Rechts gegen irreführende Werbung. Freie Wahl von Form und Mittel, Rom II und Herkunftslandprinzip. 2006.

Band 122 Daniel Thelen: Die Haftung des Sekundärschädigers für Gewalttaten anderer im US-amerikanischen Deliktsrecht ausgehend von dem Problem rechtsextremistisch motivierter Gewalttaten. 2006.

Band 123 Anne Winterling: Die Entscheidungszuständigkeit in Arbeitssachen im europäischen Zivilverfahrensrecht. 2006.

Band 124 Sarah Gerling: Die Gleichstellung ausländischer mit inländischen Vollstreckungstiteln durch die Verordnung zur Einführung eines Europäischen Vollstreckungstitels für unbestrittene Forderungen. Im Vergleich zum bisherigen Recht und zur Rechtslage in den USA. 2006.

Band 125 Christian Bank: Präventivmaßnahmen börsennotierter Gesellschaften zur Abwehr feindlicher Übernahmeversuche in Deutschland und Großbritannien. Eine rechtsvergleichende Untersuchung des deutschen und britischen Rechts unter Berücksichtigung der Europäischen Übernahmerichtlinie. 2006.

Band 126 Christian Weis: Kaufrechtliche Gewährleistung und Garantievergabe in Deutschland und Spanien. Unter besonderer Berücksichtigung des Unternehmenskaufs. 2006.

Band 127 Emilio Maus Ratz: Der Nacherfüllungsanspruch nach UN-Kaufrecht. Im Lichte der deutschen, spanisch-mexikanischen und US-amerikanischen Rechtswissenschaft. 2006.

Band 128 Constanze Jacobs: Die Sachmängelgewähr im deutschen und belgischen Kaufrecht nach Umsetzung der Verbrauchsgüterkauf-Richtlinie. 2006.

Band 129 Ulrike Teichert: Lückenfüllung im CISG mittels UNIDROIT-Prinzipien – Zugleich ein Beitrag zur Wählbarkeit nichtstaatlichen Rechts. 2007.

Band 130 Sascha Reichardt: Internationale Zuständigkeit im Gerichtsstand der unerlaubten Handlung bei Verletzung europäischer Patente. 2006.

Band 131 Bilgehan Cetiner: Die Sachmängelhaftung des Verkäufers im UN-Kaufrecht und im neuen deutschen Schuldrecht. Eine rechtsvergleichende Studie. 2006.

Band 132 Jan Streer: Die Umsetzung der Verbrauchsgüterkaufrichtlinie im englischen Recht durch die Sale and Supply of Goods to Consumer Regulations 2002. 2007.

Band 133 Kathrin Wannenmacher: Einstweilige Maßnahmen im Anwendungsbereich von Art. 31 EuGVVO in Frankreich und Deutschland: Eine Betrachtung ausgesuchter Verfahren des einstweiligen Rechtsschutzes im internationalen Zivilverfahrensrecht – gerichtliche Zuständigkeit, Anerkennung und Vollstreckung. 2007.

Band 134 Wim Kreytenberg: Die individuelle Schwerpunktbestimmung internationaler Schuldverträge nach der Ausweichklausel des Artikel 4 Absatz 5 Satz 2 EVÜ. Ein Beitrag zur Förderung von Rechtssicherheit und Einzelfallgerechtigkeit im europäischen Kollisionsrecht der Schuldverträge. 2007.

Band 135 Nikolaus Geiben: Der Vorvertrag im Internationalen Privatrecht. Unter besonderer Berücksichtigung des Immobilienerwerbs im portugiesischen und brasilianischen Recht. 2007.

Band 136 Predrag Maksimovic: Der Kapitalschutz im europäischen, serbischen und deutschen Recht der Gesellschaft mit beschränkter Haftung. 2007.

Band 137 Alexander Rathenau: Die Anwendung des EuGVÜ durch portugiesische Gerichte unter Berücksichtigung des autonomen internationalen Zivilverfahrensrechts. 2007.

Band 138 Matthias Creydt: Die Besicherung von Weltraumvermögenswerten. Ein neues einheitliches internationales Sicherungsrecht und dessen Vergleich zum US-amerikanischen Mobiliarsicherungsrecht. 2007.

Band 139 Oliver Borkhardt: Registerpublizität und Kollisionsrecht besitzloser Mobiliarsicherheiten nach dem neuen Art. 9 UCC. 2007.

Band 140 Jens Engelmann-Pilger: Deliktische Haftung für das Fehlverhalten Dritter im Common Law. 2007.

Band 141 Bastian Rotmann: Der Schutz des Dritten in der europäischen Mobiliarzwangsvollstreckung. Eine rechtsvergleichende Untersuchung vor dem Hintergrund der Verordnung (EG) Nr. 805/2004 zur Einführung eines Europäischen Vollstreckungstitels für unbestrittene Forderungen. 2007.

Band 142 Oliver Ratzel: Die Präklusion isolierter Unterhaltsverfahren durch den ausländischen Scheidungsverbund. Zugleich ein Beitrag zur internationalen Verbundszuständigkeit im Lichte der Quellenveränderung. 2007.

Band 143 Bettina Maria Stade: Die Konstitutionalisierung des Zivilprozessrechts in Spanien und Deutschland vor dem Hintergrund der Europäisierung des Zivilprozessrechts. 2007.

Band 144 Julia El-Bitar: Der deutsche und der französische Kulturgüterschutz nach der Umsetzung der Kulturgüterrückgaberichtlinie. Eine materiellrechtliche und kollisionsrechtliche Untersuchung. 2007.

Band 145 Aris Kaschefi: Sachmängelhaftung im französischen Kaufrecht vor und nach Umsetzung der Verbrauchsgüterkaufrichtlinie. Mit rechtsvergleichenden Hinweisen zum deutschen Recht unter besonderer Berücksichtigung von Weiterfressersachverhalten. 2007.

Band 146 Isabel Roth: Die internationale Zuständigkeit deutscher Gerichte bei Persönlichkeitsrechtsverletzungen im Internet. 2007.

Band 147 Theresa Wilhelmi: Das Weltrechtsprinzip im internationalen Privat- und Strafrecht. Zugleich eine Untersuchung zu Parallelitäten, Divergenzen und Interdependenzen von internationalem Privatrecht und internationalem Strafrecht. 2007.

Band 148 Alice Halsdorfer: Privat- und kollisionsrechtliche Folgen der Verletzung von Kulturgüterschutznormen auf der Grundlage des UNESCO-Kulturgutübereinkommens 1970. 2008.

Band 149 Thomas Müller-Froelich: Der Gerichtsstand der Niederlassung im deutsch-amerikanischen Rechtsverkehr. Eine Untersuchung zu Fragen der Entscheidungs- und Anerkennungszuständigkeit. 2008.

Band 150 Christopher Luhn: Privatautonomie und Inhaltskontrolle von Eheverträgen. Ein kritischer Vergleich des deutschen und des australischen Rechts mit Bezügen zum Internationalen Privatrecht. 2008.

Band 151 Kristin Kohler: Die grenzüberschreitende Verbraucherverbandsklage nach dem Unterlassungsklagengesetz im Binnenmarkt. 2008.

Band 152 Dorothee Maria Kaulen: Die Anerkennung von Gesellschaften unter Artikel XXV Abs. 5 S. 2 des deutsch-US-amerikanischen Freundschafts-, Handels- und Schifffahrtsvertrags von 1954. 2008.

Band 153 Birka Vanessa Stroschein: Parteizustellung im Ausland. Eine systemvergleichende Untersuchung des Gemeinschafts- und Staatsvertragsrechts unter Einbeziehung des deutschen, französischen, englischen und US-amerikanischen Zustellungsrechts. 2008.

Band 154 Nancy Gruschinkse: Das europäische Kollisionsrecht der Aufrechnung unter besonderer Beachtung des Insolvenzfalles. 2008.

Band 155 Hans-Christian Frick: Sprachrisiko im Zeitalter des Ethnomarketings. US-amerikanische Erfahrungen und europäische Rechtsentwicklung. 2009.

Band 156 Stephan Mangold: Verbraucherschutz und Kunstkauf im deutschen und europäischen Recht. 2009.

Band 157 Robert Beier: Die gesetzlichen Rechte des überlebenden Ehegatten nach dem deutschen und spanischen Kollisionsrecht. Unter besonderer Berücksichtigung der *viudedad aragonesa*. 2009.

Band 158 Julia-Marie Oppermann: Internationale Handelsschiedsgerichtsbarkeit und Verjährung. 2009.

Band 159 Stephan Boese: Strukturprinzipien im Gläubigerschutz. Eine rechtsvergleichende Untersuchung zur GmbH und zur englischen Limited Company. 2009.

Band 160 Thomas Rosa: Das Kaufrecht nach dem Zivilgesetzbuch der Tschechischen und Slowakischen Republik. Eine rechtsvergleichende Darstellung im Lichte des deutschen Bürgerlichen Gesetzbuches. 2009.

Band 161 Roland Weis: Rechnungslegungspflichten von EU-Scheinauslandsgesellschaften im Land ihrer tatsächlichen wirtschaftlichen Betätigung. Insbesondere im Hinblick auf in Deutschland tätige englische Limiteds. 2009.

Band 162 Henning Frase: "Leoninische Vereinbarungen" und Ergebnisbeteiligungspflicht im deutschen und italienischen Gesellschaftsrecht. Zum *patto leonino* des italienischen Rechts und möglichen Entsprechungen im deutschen Recht. 2010.

Band 163 Christiane Tödter: Europäisches Kindschaftsrecht. Nach der Verordnung (EG) Nr. 2201/2003. 2010.

Band 164 Edda Gampp: *Perpetuatio fori internationalis* im Zivilprozeß und im Verfahren der freiwilligen Gerichtsbarkeit. 2010.

Band 165 Mei Wu: Die Reform des chinesischen Beweisrechts vor dem Hintergrund deutscher und US-amerikanischer Regelungsmodelle. 2010.

Band 166 Corina Leimert: Stand und Entwicklung des italienischen Rechts der Unternehmenszusammenschlüsse (gruppi di società / gruppi di imprese). 2010.

Band 167 Kasim Özen: Die Scheidungsgründe im türkischen Zivilgesetzbuch. 2010.

Band 168 Helena Isabel Maier: Marktortanknüpfung im internationalen Kartelldeliktsrecht. Eine internationalzuständigkeits- und kollisionsrechtliche Untersuchung unter Einbeziehung rechtsvergleichender Überlegungen zum englischen Recht. 2011.

Band 169 Thomas Spernat: Die gleichgeschlechtliche Ehe im Internationalen Privatrecht. Unter besonderer Berücksichtigung des Einflusses des EG-Vertrags. 2011.

Band 170 Max Johann Lipsky: Statutenwechsel im italienischen Sachenrecht – Auswirkungen auf den Im- und Export von Mobiliarsicherheiten. Eine Untersuchung der rechtlichen Beständigkeit dinglicher Kreditsicherheiten im deutsch-italienischen Rechtsverkehr. 2011.

Band 171 Silvia Karolina Seilstorfer: Die Umsetzung der Verbrauchsgüterkaufrichtlinie in Portugal mit rechtsvergleichenden Hinweisen zum deutschen Recht. 2011.

Band 172 Stephan Georg Knöchel: Anerkennung französischer Urteile mit Drittbeteiligung. Eine Untersuchung der Anerkennung von Drittbindungswirkungen nach der EuGVVO und autonomem deutschem Recht. 2011.

Band 173 Kristina Menzel: Vollstreckungsschutz zugunsten privater Altersvorsorge. Eine rechtsvergleichende Untersuchung zum deutschen und schweizerischen Recht. 2011.

Band 174 Manuela Krach: Scheidung auf Mexikanisch. Das materielle Recht der Scheidung im Mehrrechtsstaat Mexiko unter Berücksichtigung von Eheschließung und Ehewirkungen. 2011.

Band 175 Vanessa Sofia Wagner: Verkehrsschutz beim redlichen Erwerb von GmbH-Geschäftsanteilen. Ein Vergleich des Rechts für Gesellschaften mit beschränkter Haftung in Deutschland, England und Italien. 2011.

Band 176 Alexander Swienty: Der Statutenwechsel im deutschen und englischen internationalen Sachenrecht unter besonderer Betrachtung der Kreditsicherungsrechte. 2011.

Band 177 Kathrin Süß: Streitbeilegungsmechanismen im Verbraucherrecht. Unter besonderer Berücksichtigung der australischen Rechtsordnung. 2011.

Band 178 Efe Direnisa: Die materielle Rechtskraft im deutschen und türkischen Zivilverfahrensrecht. 2012.

www.peterlang.de